Otfried Jarren · Hartmut Weßler (Hrsg.)

Journalismus – Medien – Öffentlichkeit

Otfried Jarren · Hartmut Weßler (Hrsg.)

Journalismus – Medien – Öffentlichkeit

Eine Einführung

Westdeutscher Verlag

Die Deutsche Bibliothek – CIP-Einheitsaufnahme
Ein Titeldatensatz für diese Publikation ist bei
Der Deutschen Bibliothek erhältlich

1. Auflage August 2002

Alle Rechte vorbehalten
© Westdeutscher Verlag GmbH, Wiesbaden 2002

Der Westdeutsche Verlag ist ein Unternehmen der Fachverlagsgruppe BertelsmannSpringer.
www.westdeutschervlg.de

Das Werk einschließlich aller seiner Teile ist urheberrechtlich geschützt. Jede Verwertung außerhalb der engen Grenzen des Urheberrechtsgesetzes ist ohne Zustimmung des Verlags unzulässig und strafbar. Das gilt insbesondere für Vervielfältigungen, Übersetzungen, Mikroverfilmungen und die Einspeicherung und Verarbeitung in elektronischen Systemen.

Die Wiedergabe von Gebrauchsnamen, Handelsnamen, Warenbezeichnungen usw. in diesem Werk berechtigt auch ohne besondere Kennzeichnung nicht zu der Annahme, dass solche Namen im Sinne der Warenzeichen- und Markenschutz-Gesetzgebung als frei zu betrachten wären und daher von jedermann benutzt werden dürften.

Umschlaggestaltung: Horst Dieter Bürkle, Darmstadt
Layout und Satz: Andrea Faragó, Berlin
Druck und buchbinderische Verarbeitung: Wilhelm & Adam, Heusenstamm
Gedruckt auf säurefreiem und chlorfrei gebleichtem Papier
Printed in Germany

ISBN 3-531-13514-7

Vorwort der Herausgeber

Der vorliegende Band ist das Ergebnis intensiver Zusammenarbeit. Mit sieben Autoren und einer Autorin haben wir gemeinsam das Wagnis unternommen, ein Lehrbuch zu schreiben, das von der je spezifischen Expertise der Einzelnen profitiert und doch kohärenter ist, als das bei Sammelbänden gemeinhin der Fall ist. Es sollte in inhaltlicher und didaktischer Hinsicht ein Neuansatz versucht werden: durch das einheitliche Modell von Öffentlichkeit, das dem Band zugrunde liegt, sowie durch die Modularisierung und die spezifische optische Gestaltung des Lehrtextes. Dieser Versuch hat den Beteiligten mehr Koordinationsaufwand, mehr Überarbeitungsrunden und wohl auch mehr Kompromisse abverlangt als üblich. Unser erster Dank gilt deshalb den Kollegen und der Kollegin für ihre Ideen und Innovationen, aber auch für ihre Ausdauer und ihre Geduld.

Das Journalisten-Kolleg an der Freien Universität Berlin hat die Entwicklung des vorliegendes Bandes ideell und finanziell möglich gemacht – nicht zuletzt durch die beiden Autorenworkshops, zu denen wir nach Berlin einladen konnten. Die Vorgaben, die bei diesen Runden entstanden sind, hat Andrea Faragó in ein Layout übersetzt, das sich, wie wir meinen, durch besondere Klarheit und Lesefreundlichkeit auszeichnet.

Wir danken allen Berliner Kolleginnen und Kollegen für die angenehme und fruchtbare Zusammenarbeit in den letzten Jahren!

Otfried Jarren
Hartmut Weßler

Bremen/Zürich, im Juni 2002

Lesehilfen

Eine Reihe von grafischen Elementen strukturiert den Text und soll dadurch das Lesen erleichtern. Dazu gehören Besonderheiten im Schriftbild sowie Piktogramme am Seitenrand.

Durch eine Rasterfläche hervorgehoben sind kurze Einführungstexte am Beginn eines Kapitels. Durch sie wird das Kapitel an das Öffentlichkeitsmodell zurückgebunden, das ebenfalls am Anfang des Kapitels abgebildet ist. Auch die Zusammenfassungen am Ende der Kapitel oder am Ende wichtiger Abschnitte werden auf diese Weise herausgestrichen.

Die folgenden Piktogramme am Seitenrand weisen auf spezielle Text- oder Grafikelemente hin:

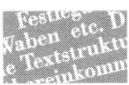

Fremdtexte sind Texte, die nicht von den Autoren der Kapitel stammen, also etwa Dokumente oder in sich abgeschlossene Zitate. Sie erscheinen zusätzlich in einer anderen Schriftart als der Grundtext.

Sowohl Schaubilder als auch Tabellen werden als **Abbildungen** bezeichnet und gekennzeichnet. Sie sind jeweils kapitelweise nummeriert.

Begriffsdefinitionen und andere grundlegende **Informationen** sind durch das bekannte kleine „i" markiert.

Exkurse beschäftigen sich mit Fragen der Forschungsmethodik und sind zusätzlich in einen Kasten gesetzt.

Literaturhinweise empfehlen geeignete Basisliteratur zum Themenbereich eines Kapitels.

Zusammenfassungen schließlich sind grau unterlegt (s.o.) und am Rand markiert.

Inhaltsübersicht

Kapitel 1

Hartmut Weßler
**Journalismus und Kommunikationswissenschaft:
Eine Einleitung**   17

Kapitel 2

Barbara Pfetsch/Stefan Wehmeier
**Sprecher: Kommunikationsleistungen
gesellschaftlicher Akteure**   39

Kapitel 3

Otfried Jarren/Werner A. Meier
**Mediensysteme und Medienorganisationen als
Rahmenbedingungen für den Journalismus**   99

Kapitel 4

Frank Esser/Hartmut Weßler
**Journalisten als Rollenträger: redaktionelle
Organisation und berufliches Selbstverständnis**   165

Kapitel 5

Ralph Weiß
**Publizistische Medienprodukte – im Blick der
Kommunikationswissenschaft**   241

Kapitel 6

Uwe Hasebrink
Publikum, Mediennutzung und Medienwirkung   323

Inhalt

Kapitel 1

Hartmut Weßler
Journalismus und Kommunikationswissenschaft: Eine Einleitung 17

1. Warum Kommunikationswissenschaft? Drei Beispiele für die Alltäglichkeit der Wissenschaft 17
2. Das Arbeiten mit Theorie 19
   - 2.1. Welche Fragen stellen Wissenschaft und Praxis? 21
   - 2.2. Was heißt „Theorie"? 23
3. Journalismus auf drei Ebenen 26
   - 3.1. Mikroebene: Journalistisches Handeln 26
   - 3.2. Mesoebene: Organisationen und ihre Beziehungen 28
   - 3.3. Makroebene: Journalismus und Gesellschaft 29
4. Die Struktur dieses Buches 31
   - 4.1. Die Bestandteile des Öffentlichkeitsmodells 32
   - 4.2. Die Beziehungen im Öffentlichkeitsmodell 33

Zusammenfassung 36

Literatur 37

Kapitel 2

Barbara Pfetsch/Stefan Wehmeier
Sprecher: Kommunikationsleistungen gesellschaftlicher Akteure 39

1. Medienaufmerksamkeit als Grundproblem der Kommunikation gesellschaftlicher Akteure 40
   - 1.1. Das Beispiel: Der SPD-Parteitag in Leipzig 1998 40
   - 1.2. Öffentlichkeit unter den Bedingungen der modernen Kommunikationsgesellschaft 43

2. **Gesellschaftliche Akteure: die Verortung von Sprechern und ihre Kommunikationsziele** — 46
   2.1. Akteure im Zentrum des Regierungssystems — 47
   2.2. Intermediäre Akteure: Parteien, Verbände und soziale Bewegungen — 50
   2.3. Wirtschaftsunternehmen als Akteure — 52
3. **Public Relations als Handlungsfeld** — 55
   3.1. Was ist PR? — 55
   3.2. Politische PR: Handlungsrepertoire und Professionalisierung — 57
      3.2.1. Besonderheiten politischer PR — 58
      3.2.2. Strategien politischer PR — 59
      3.2.3. Politisches Marketing in Wahlkämpfen — 64
      3.2.4. Politische Kampagnen — 67
   3.3. Unternehmens-PR: Handlungsrepertoire und Strategien — 69
      3.3.1. Instrumente und Tätigkeitsfelder der Unternehmens-PR — 69
      3.3.2. Strategien der Unternehmens-PR — 72
   3.4. Zur Professionalisierung von politischer und Unternehmens-PR — 76
4. **PR und Journalismus – PR oder Journalismus? Zur Forschung über ein schwieriges Verhältnis** — 79
   4.1. Empirische Überprüfungen der Determinationshypothese — 82
   4.2. Die Determinationshypothese in der Diskussion — 83
   4.3. Medien und politische PR: Interdependenzen auf Systemebene — 85
   4.4. Fazit — 86

Zusammenfassung — 88

Literatur — 90

Kapitel 3

Otfried Jarren/Werner A. Meier

Mediensysteme und Medienorganisationen als Rahmenbedingungen für den Journalismus — 99

1. **Die Verfasstheit des Mediensystems** — 100
   1.1. Politische Verfasstheit — 100
      1.1.1. Institutionalisierung der Medien — 101

	1.1.2.	Funktionszuschreibungen für Massenmedien	105
1.2.	Ökonomische Verfasstheit des Mediensystems		109
	1.2.1.	Ökonomisierungstendenzen	111
	1.2.2.	Verstärkte globale Vernetzung	113
	1.2.3.	Verstärkte Konzentrationsprozesse	118

2. Mediensystem und gesellschaftliche Akteure 125

- 2.1. „Mediengesellschaft": Entwicklung und Merkmale 126
  - 2.1.1. Entkopplung von gesellschaftlichen Akteuren und Medien 126
  - 2.1.2. Merkmale der „Mediengesellschaft" 128
  - 2.1.3. Streitfrage: Autonomie der Medien? 129
- 2.2. Medien und das intermediäre System der Gesellschaft 132
  - 2.2.1. Medienwandel und intermediäres System 132
  - 2.2.2. Medien als Constraints: Veränderte Bedingungen für Akteure der politischen Kommunikation 134

3. Medienorganisationen als Handlungsrahmen für Journalismus 136

- 3.1. Organisationsanalyse im Medienbereich 136
  - 3.1.1. Die Bedeutung der Organisationsebene 136
  - 3.1.2. Medien und Organisationen: Verständnis und Definitionen 138
- 3.2. Medienunternehmen als Organisationen 142
- 3.3. Streitfrage: Konvergenz zwischen öffentlich-rechtlichen und privaten Rundfunkveranstaltern? 143
- 3.4. Redaktionen als Organisationen – Analysebeispiele 148
- 3.5. Beispiel: Innere Organisation von Rundfunkunternehmen zwischen normativer Verpflichtung und eigener Gestaltung 150
- 3.6. Streitfrage: Bedingen sich Redaktionelle Organisation und journalistische Leistung sowie Qualität? 151

Zusammenfassung 156

Literatur 158

Kapitel 4
Frank Esser/Hartmut Weßler
Journalisten als Rollenträger: redaktionelle Organisation und berufliches Selbstverständnis 165

1. Forschung über Journalismus: Perspektiven und Gegenstände 166
   1.1. Die zwei Seiten der Berufsrolle: berufliche Anforderungen und berufliches Selbstverständnis 166
   1.2. Die zwei Seiten der Berufstätigkeit: Handlungserwartungen und Handeln 167
   1.3. Was ist Journalismus, was sind Journalisten? 168
2. Mesoebene: Redaktionelle Organisation und berufliche Anforderungen 172
   2.1. Beispiel Tageszeitung im internationalen Vergleich 173
   2.2. Beispiel privater Hörfunk in Deutschland 179
3. Mikroebene: Eigenschaften und Einstellungen der journalistischen Akteure im Zeit- und Ländervergleich 182
   3.1. Demographische Merkmale des Berufsfeldes 182
   3.2. Berufliches Aufgaben- und Selbstverständnis 188
      3.2.1. Journalistisches Selbstverständnis in den fünfziger und sechziger Jahren 189
      3.2.2. Deutsche Sonderrolle? Journalistenbefragung in den siebziger Jahren 190
      3.2.3. Generationenwechsel und Pluralisierung: Berufliches Selbstverständnis in den neunziger Jahren 195
   3.3. Politische Orientierung von Journalisten 197
   3.4. Recherchebereitschaft und Investigativjournalismus 200
      3.4.1. Recherchemethoden und Rechercheethik 200
      3.4.2. Rechercheintensität und Watchdog-Verständnis 203
   3.5. Wertewandel im deutschen Journalismus 207
   3.6. Handlungsrelevanz: Der Einfluss journalistischer Einstellungen auf Medieninhalte 209
      3.6.1. Weltanschauliche Übereinstimmung zwischen Journalisten und ihrem Medium 210

	3.6.2. Weltanschauliche Übereinstimmung zwischen Journalisten und ihrem Publikum	211
	3.6.3. Nachrichtliche Ausnahmephasen: Konflikte, Krisen, Kontroversen	211
	3.6.4. Aktives Aufgabenverständnis	213
	3.6.5. Geringe redaktionelle Kontrolle	214
4.	**Grenzprobleme des Journalismus: Drei Problemfelder**	**216**
	4.1. Problemfeld 1: Information und Unterhaltung	216
	4.2. Problemfeld 2: Journalismus und Public Relations	220
	4.3. Problemfeld 3: Inhalteproduktion und Marketing – das Beispiel Online-Medien	225
Zusammenfassung		**229**
Literatur		**231**

Kapitel 5

Ralph Weiß

Publizistische Medienprodukte – im Blick der Kommunikationswissenschaft   241

1.	**Einleitung**	**242**
2.	**Funktionale Typen publizistischer Angebote**	**244**
	2.1. Informieren, berichten, darstellen – Nachrichten und ihr „Wert"	244
	2.2. „Facts are sacred but comment is free" – Interpretation, Bewertung und Kritik	251
	2.3. Erzählen und Unterhalten – der Journalist als „Barde"	261
Zusammenfassung – Funktionen und Qualitäten publizistischer Produkte		267
3.	**Die Struktur publizistischer Angebote – Differenzierungen und Konvergenzen**	**267**
	3.1. Angebotsprofil der Tageszeitungen in der intermedialen Konkurrenz	268
	3.2. Programmstrukturen im „dualen" Fernsehen	270
	3.3. Die Debatte um die „Konvergenz" publizistischer Profile und die Rolle des Fernsehens als politischem Informationsmedium	274

3.4. Das Angebot des Radios – „formatiert" 277
3.5. Veränderung publizistischer Profile durch die Online-Kommunikation? 279
Zusammenfassung – Strukturen und Funktionen im Wandel 283

4. Problematisierungen: Inhaltliche Tendenzen im Journalismus 284
4.1. Negativismus und Sensationalismus 285
4.2. Personalisierung 291
4.3. Skandalisierung 297
Zusammenfassung – journalistische Tendenzen als Quelle von Problemen 303

5. Dimensionen der Qualität publizistischer Produkte 304
5.1. „Vielfalt" 305
5.2. „Relevanz" 307
5.3. „Professionalität" 308
Zusammenfassung: „Qualität" – Leitbegriff einer notwendigen Selbstreflexion 310

Literatur 312

Kapitel 6

Uwe Hasebrink
Publikum, Mediennutzung und Medienwirkung 323

1. Publika von Medienangeboten in der Diskussion 324
1.1. Warum sind Mediennutzung und Medienwirkung von Interesse? 324
1.2. Die Grundbegriffe 325

2. Den Publika auf der Spur: Methoden der Reichweitenforschung 329
2.1. Relevanz der Reichweitenforschung 329
2.2. Fernsehen 330
2.3. Hörfunk 333
2.4. Printmedien 334
2.5. Online-Medien 335
2.6. Fazit zur Reichweitenforschung 336

3. Was machen die Menschen mit den Medien? Thesen und Ergebnisse der Nutzungs- und Rezeptionsforschung 337
3.1. Medienkontakte: Reichweiten und Nutzungsdauern 338
3.1.1. Technische Erreichbarkeit 338

	3.1.2. Reichweiten der Medien	340
	3.1.3. Nutzungsdauer der Medien	343
3.2.	Medienauswahl: Bedürfnisse, Motive, Vorlieben und die Auswahlentscheidungen der Rezipienten	346
	3.2.1. Theoretischer Hintergrund: Nutzen und Belohnung durch Mediennutzung	346
	3.2.2. Stimmungsmanagement: Medienauswahl „aus dem Bauch"	351
	3.2.3. Alltägliche Mediennutzung: Routinen und Nutzungsmuster	351
	3.2.4. Repertoirebildung und Kanalheimaten	353
3.3.	Medienrezeption und -aneignung: Verarbeitung, Interpretation und Verwendung von medialen Angeboten	357
	3.3.1. Die Rezeptionssituation	357
	3.3.2. Die Beziehung zwischen Text und Leser	358
	3.3.3. Rezeption und Alltagsrationalität	360
3.4.	Fazit: Bewusste Auswahl oder „Couch potatoe"?	361
4.	**Was machen die Medien mit den Menschen? Thesen und Ergebnisse der Wirkungsforschung**	**362**
4.1.	Der Begriff der Medienwirkung	362
4.2.	Medienwirkungen auf individueller Ebene	365
	4.2.1. Wirkungen konkreter Darstellungsformen auf Einstellungen: Persuasionsforschung	365
	4.2.2. Wirkungen von Gewaltdarstellungen	367
4.3.	Medienwirkungen auf interpersonaler und gesellschaftlicher Ebene	369
	4.3.1. Der Zwei-Stufen-Fluss der Kommunikation und das Meinungsführerkonzept	370
	4.3.2. Agenda-Setting: Medien bestimmen die Tagesordnung	370
	4.3.3. Kultivierungshypothese	371
4.4.	Fazit zur Medienwirkungsforschung	372
5.	**Problemfelder der Publikumsforschung**	**375**
5.1.	Keine Chance für Politik? Zur Informations- und Unterhaltungsorientierung des Publikums	376
	5.1.1. Reichweiten politischer Informationsangebote in den drei tagesaktuellen Medien	376

5.1.2. Das Beispiel Fernsehen: Gezielte Vermeidung von
Informationsangeboten durch Unterhaltungsslalom? 377
5.1.3. Perspektiven der Nutzung politischer Information 379
5.2. Ergänzung oder Ersatz? Zu den Konsequenzen der Ausbreitung
„neuer" Medien für die Nutzung „alter" Medien 381
5.3. Individualisierung oder Integration? Konsequenzen der
zielgruppenorientierten Ausdifferenzierung der Medien 386
5.3.1. Anhaltspunkte für die Fragmentierung des Publikums 386
5.3.2. Zur Konstruktion von Zielgruppen 388
5.4. Konsument oder Bürger? Journalistische Qualität aus der Perspektive
des Publikums 391
5.4.1. Zum Qualitätsbegriff 393
5.4.2. Qualität aus der Perspektive des Publikums: Missverständnisse
und empirische Evidenzen 394
5.4.3. Zielgruppenorientierung und Integrationsfunktion als
Qualitätsmerkmale 395
5.4.4. Fazit: Die Rolle des Publikums bei der Verständigung über
journalistische Medienqualität(en) 396
5.5. Gefährdung oder Kompetenz? Zur Debatte um potenziell schädliche
Auswirkungen von Medienangeboten 396

Zusammenfassung 401

Literatur 402

Autorenverzeichnis 413

Kapitel 1
Journalismus und Kommunikationswissenschaft: Eine Einleitung

Hartmut Weßler

1. Warum Kommunikationswissenschaft? Drei Beispiele für die Alltäglichkeit der Wissenschaft

(1) Wirkt die Rezeption von Gewaltdarstellungen in den Medien aggressionsfördernd oder nicht? Diese Frage ist geradezu ein Klassiker der Kommunikationsforschung (vgl. Friedrichsen/Vowe 1995), aber auch ein Klassiker der öffentlichen Medienkritik. Dabei zeigt sich: Das Thema Wirkung von Gewaltdarstellungen lässt sich – wie viele andere Berichterstattungsthemen– heute ohne wissenschaftliche Kenntnisse nicht mehr angemessen einschätzen.

(2) „Der Leser will das so" ist eine gängige Floskel im journalistischen Alltag. Mit ihr werden redaktionelle Entscheidungen gerechtfertigt; denn über die Frage, was der Leser und was die Leserin will, haben wohl alle Journalistinnen und Journalisten eine Vorstellung im Kopf. Seit dem Einzug der Marktforschung in die Medienhäuser sind diese Vorstellungen verstärkt von den Ergebnissen der angewandten Kommunikationsforschung geprägt, die als Planungsinstrument in den Redaktionen immer wichtiger wird (vgl. Böhme-Dürr/Graf 1995).

(3) „Journalisten geht es nur um Sensationen" – eine Einschätzung, die nicht wenige Mediennutzer teilen. Doch welchem Leitbild folgen Journalistinnen und Journalisten in ihren täglichen Arbeit wirklich? Gerade zu dieser Frage liefert die kommunikationswissenschaftliche Forschung eine Fülle fundierter Ergebnisse. Sie schreibt dabei kein bestimmtes Leitbild vor – das ist nicht ihre Aufgabe –, sondern regt zur Reflexion des journalistischen Selbstverständnisses an.

Allen drei Beispielen ist eines gemeinsam: Wissenschaftliches Wissen ist keine verzichtbare Zugabe mehr, *Wissenschaft ist – wie im Wettlauf von Hase und Igel – immer schon da.* Eine Diskussion über die Wirkungen von Gewaltdarstellungen „ohne Wissenschaft" ist schon deshalb nicht mehr vorstellbar, weil sich eben Wissenschaftler mit Studien zu diesem Thema in die öffentliche Diskussion einschalten. Die Wissenschaftsforscher Ulrike Felt, Helga Nowotny und Klaus Taschwer (1995, S 246) sprechen gar von einem neu entstandenen „Hybridraum" zwischen Wissenschaft, Medien und anderen gesellschaftlichen Bereichen, durch den „sowohl die Definition relevanter Probleme als auch der Qualität wissenschaftlicher Leistungen" zunehmend zu einem gesamtgesellschaftlichen Diskussionsgegenstand wird.

Der Journalismus hat es heute sowohl in der Berichterstattungspraxis, als auch in der redaktionellen Planung und der Selbstverständnis-Diskussion der Zunft mit Wissenschaft zu tun. Wie viele andere gesellschaftliche Bereiche hat sich der Journalismus „verwissenschaftlicht" (vgl. Weßler 1995). Das zeigt sich schon daran, dass Anfang der 90er Jahre mehr als vier Fünftel der Journalistinnen und Journalisten in Deutschland Studienerfahrungen an einer Hochschule hatten; knapp zwei Drittel verfügten über ein abgeschlossenes Hochschulstudium (vgl. Weischenberg/Löffelholz/Scholl 1994, S. 57).

Verwissenschaftlichung bedeutet nun aber nicht, dass sich die Grenzen zwischen Journalismus und Wissenschaft aufgelöst hätten. Zwar gibt es zwischen Journalismus und Wissenschaft manche Ähnlichkeit. Beide produzieren – zumindest im Prinzip – Fakten, nicht Fiktionen und unterscheiden sich dadurch beispielsweise von der Literatur oder der Werbung. Aber Journalismus und Wissenschaft sind jeweils für ganz verschiedene Typen von Fakten zuständig. Im Journalismus geht es um aktuelle Informationen, die grundsätzlich für jeden und jede verständlich sein sollen. Der Journalismus zeichnet sich deshalb durch eine Laienorientierung aus (vgl. Gerhards/Neidhardt 1991, S. 47), die der Wissenschaft zunächst einmal fremd ist. In der Wissenschaft geht es um besonders gut abgesichertes Wissen, die Aktualität ist dabei zweitrangig. Und dieses Wissen erschließt sich am leichtesten den Experten des jeweiligen Fachgebiets. Diese grundsätzlichen

Unterschiede zwischen Journalismus und Wissenschaft führen immer wieder zu gegenseitigen Irritationen und Verständigungsschwierigkeiten, die inzwischen selbst recht gut erforscht sind (vgl. Göpfert 1997).

Verwendung wissenschaftlichen Wissens bedeutet keine unveränderte Übernahme oder *Transplantation* von wissenschaftlichen Erkenntnissen in die Praxis. Wie bei manchen Organtransplantationen wären dann Abstoßungsreaktionen unvermeidlich. Aber dieses Modell ist durch die neueren Arbeiten der Verwendungsforschung – tatsächlich gibt es in der Soziologie für dieses Themengebiet einen eigenen Forschungszweig – überholt.

Als Verwendung (sozial)wissenschaftlichen Wissens wird heute die inhaltliche und formale Verwandlung dieses Wissens nach den Anforderungen und Bedingungen des jeweiligen Praxisbereichs, also auch denen des Journalismus, verstanden.

Das bedeutet, dass „sozialwissenschaftliches Wissen nicht *als* sozialwissenschaftliches Wissen praktisch wird. Um praktisch zu werden, müssen die Argumentationen vielmehr 'verwandelt', das heißt ihrer sozialwissenschaftlichen Identität entkleidet und nach Maßgabe der Bedingungen der Handlungspraxis 'neu' konstituiert werden" (Beck/Bonß 1989, S. 27). Das Wissen selbst darf sich bei der Verwendung also verändern. Mehr noch: Wenn es wirklich verwendet werden soll, muss es sogar verwandelt und den eigenen Bedürfnissen angepasst werden. Es geht also um eine Art „allmähliche Verfertigung des Wissens beim Lesen", zu der dieses Buch einlädt.

2. Das Arbeiten mit Theorie

„Das ist doch alles graue Theorie, die Praxis sieht doch völlig anders aus." Für viele Menschen, auch manche (angehende) Journalistinnen und Journalisten, hat „Theorie" keine Farbe, während „das Leben" selbstverständlich bunt ist. Und – so will es der Volksmund – die „Theorie" steht der „Praxis" verständnislos gegenüber. „Ja, mach nur einen Plan, sei nur ein großes Licht, und mach dann noch 'nen zweiten Plan, gehn tun sie beide nicht." Was Bertolt Brecht im „Lied von der Unzulänglichkeit menschlichen Strebens" so pointiert formuliert hat, entspricht auch mancher Alltagserfahrung: Was man sich im Kopf ausgedacht hat, bewährt sich im Handeln (manchmal) nicht.

Allerdings fallen an diesen geflügelten Worten zwei Dinge auf: Erstens wird hier unter „Theorie" eine Art *direkter Handlungsanleitung* verstanden, eben ein „Plan", den es „umzusetzen" gilt. Das ist verständlich: Wenn es ein praktisches Problem zu bewältigen gilt, wenn also zum Beispiel die Akzeptanz eines Radioprogramms oder die Qualität einer Special-Interest-Zeitschrift gesteigert werden soll, geht man intuitiv auf die Suche nach einer Handlungsanleitung. Hinter dem alltagssprachlichen Verständnis von „Theorie" als Handlungsanleitung steht aber wieder das Modell der Transplantation von „Theorie"-Wissen aus der Wissenschaft in die Praxis, das wir oben bereits kennengelernt haben. Und dieses Modell ist nun tatsächlich Teil einer Theorie, die an der Praxis gescheitert ist.

Praxisprobleme wie die in dem genannten Radiosender oder der besagten S-I-Zeitschrift lassen sich manchmal besser lösen, wenn dabei theoretisches Wissen mit heran gezogen wird – und zwar gerade deshalb, weil Theorien mit ihren abstrakten Begriffen nicht für jedes neue Problem und jede neue Situation wieder neu erfunden werden müssen. Eine „Umsetzung" von Theorie im Maßstab 1:1 kann es aber schon deshalb nicht geben, weil wissenschaftliche Theorien nicht vorrangig zur Lösung von Praxisproblemen erdacht werden. Die Wissenschaft produziert Theorien zu anderen Zwecken. Und das führt zu dauernden Missverständnissen zwischen Wissenschaftlern und Praktikern (dazu mehr im Abschnitt 2.1.).

Zweitens erwecken die oben genannten geflügelten Worte unausgesprochen den Eindruck, dass die Wissenschaft, die der Praxis gegenübersteht, im wesentlichen „Theorie" zu bieten habe. Hier lohnt ein genauerer Blick auf das, was die Wissenschaft im einzelnen produziert (vgl. Abschnitt 2.2.). Auch dadurch kann man der pauschalen Resignation, die in den Zitaten zum Ausdruck kommt, ein wenig entgegenwirken.

2.1. Welche Fragen stellen Wissenschaft und Praxis?

Praktische Probleme sind der Ausgangspunkt von Überlegungen, die in beruflichen Praxiskontexten angestellt werden. „Was kann ich tun, um ... ?" ist deshalb die Frage, die sich für die Redaktion des kränkelnden Radiosenders oder der Special-Interest-Zeitschrift stellt (siehe Abbildung 1.1.). Die Antworten, die zu diesem Typ von Frage passen, haben etwa folgende Form: „Du solltest x tun" oder „Du hast folgende Alternativen".

Fragentypus	Ziel	Vorrangiger Handlungsbereich
Ist es wirklich so? Wie ist es genau?	Beschreibung	Wissenschaft
Warum ist es so?	Erklärung	Wissenschaft
Was ist davon zu halten, dass... ?	Bewertung	Praxis
Was kann ich tun, um ... ?	Handlung	Praxis

Abb. 1.1.: Wissenschaft und Praxis im Vergleich

Die Antworten, die die Wissenschaft gibt, lauten dagegen in der Regel etwa so: „Die Qualität der Zeitschrift x ist gemessen an den Kriterien a, b und c so und so groß" oder „Die Akzeptanz eines Radioprogramms hängt im allgemeinen von den Faktoren x, y und z ab". Es ist offensichtlich: Die Antworten der Wissenschaft sind keine Antworten auf die Fragen der Praxis. Dies bedeutet allerdings nicht, dass man aus den Antworten, die die Wissenschaft auf ihre eigenen Fragen gibt, gar nichts lernen könnte für die Lösung von Praxisproblemen. Wenn man weiß, wie es um die Qualität der Special-Interest-Zeitschrift bestellt ist, kann man zumindest den Spielraum für weitere Qualitätssteigerungen abschätzen. Und wenn bekannt ist, wovon die Akzeptanz eines Radioprogramms im allgemeinen abhängt, weiß man zumindest, an welchen Stellschrauben es sich überhaupt zu drehen lohnt und welche man getrost ignorieren darf. Und von hier aus kann man dann einen Weg zur konkreten Problemlösung finden. Genau dieser kreative Vorgang ist mit dem Begriff der Verwendung wissenschaftlichen Wissens als Verwandlung unter den Bedingungen des Praxisbereichs gemeint (siehe oben).

Ausgangspunkt für die Fragen der Praxis ist die Notwendigkeit zu handeln. Worauf antwortet nun die Wissenschaft? Die Wissenschaft produziert ihr Wissen unter „handlungsentlasteten" Bedingungen (vgl. Beck/Bonß 1989, S. 27). Sie will zunächst einmal den Augenschein hinterfragen, indem sie nachbohrt: „Ist es wirklich so, dass... ?" Sie will eine möglichst genaue *Beschreibung* der Qualität einer Zeitschrift oder der Akzeptanz eines Senders abgeben. Möglicherweise trügt ja der flüchtige Eindruck, und die Special-Interest-Zeitschrift ist – zum Beispiel verglichen mit ihren Konkurrenten – durchaus qualitativ hochwertig. Für eine präzise Beschreibung braucht man klare und nachvollziehbare Maßstäbe: Wann ist die Qualität hoch oder niedrig, welche Kriterien müssen jeweils erfüllt sein?

Aber die Wissenschaft fragt noch weiter: Sie will vor allem wissen: „Warum ist es so, wie es ist?" Sie sucht nach *Erklärungen*. Auch hier gibt sie sich nicht mit der erstbesten plausiblen Vermutung zufrieden, sondern sie testet systematisch verschiedene Erklärungen auf ihre Stichhaltigkeit. Vielleicht ist die Akzeptanz des Radiosenders gesunken, weil die Regionalberichterstattung zurückgefahren wurde. Vielleicht liegt es aber daran, dass es rein zahlenmäßig mehr Konkurrenzsender gibt als vorher und deshalb ein nur leichtes Absinken der Hörerzahlen schon als Erfolg zu werten ist. Die Antwort auf die Warum-Frage macht also auch für die Lösung des Praxisproblems (Akzeptanz erhöhen) einen erheblichen Unterschied – auch wenn sie sich ursprünglich nicht primär auf die Handlungsfrage richtet.

Zwischen Beschreibung und Erklärung einerseits und Handlung andererseits liegt noch ein Zwischenschritt, den die Praxis meist unausgesprochen schon vollzogen hat, wenn sie nach den Handlungsmöglichkeiten fragt, nämlich die Frage: „Was ist davon zu halten, dass... ?" Dass eine sinkende Akzeptanz schlecht und ein Hörerzuwachs gut ist, leuchtet unmittelbar ein. Aber selbst für diese einfache Bewertung ist ein Maßstab nötig, ein Zielwert, an dem sich die Bewertung orientiert. Und diesen Zielwert kann die Wissenschaft selbst nicht alleine liefern. Zwar kann sie helfen, über Zielwerte zu diskutieren, indem sie zum Beispiel zeigt, welche Ziele sich gegenseitig ausschließen und welche auch gemeinsam zu verwirklichen sind. Für welche Ziele man sich letztlich entscheidet, kann die Wissenschaft aber nicht für die Praxis entscheiden.

2.2. Was heißt „Theorie"?

Eine wissenschaftliche Theorie gibt Antworten auf die Frage nach dem Wie eines Sachverhalts, vor allem aber nach dem Warum. Sie bündelt die Vermutungen über die Ursachen für einen bestimmten Sachverhalt wie etwa die sinkenden Hörerzahlen bei einem Radioprogramm oder die aggressionsfördernden Wirkungen medialer Gewaltdarstellungen. Und sie tut dies auf eine ganz bestimmte Art und Weise:

- Eine wissenschaftliche Theorie verknüpft die Vermutungen über die Ursachen von Sachverhalten in systematischer Weise. Das heißt, dass die einzelnen Aussagen, die eine Theorie enthält, miteinander verknüpft sind und aufeinander aufbauen und dass sie sich nicht widersprechen dürfen. So sind direkt entgegengesetzte Ursachenvermutungen eben in konkurrierende Theorien eingebunden, nicht in die gleiche Theorie. „Theorie" ist also nicht einfach das Gegenteil von „Praxis", sondern eine ganz spezielle Form von Gedankengebäude, in der Ursachenvermutungen systematisch verknüpft sind, so dass sie nicht eine beliebige, sondern eine ganz bestimmte Erklärung eines Sachverhalts ermöglichen. Dieser Unterschied zwischen dem wissenschaftlichen und dem alltäglichen Gebrauch des Wortes „Theorie" ist für das Verständnis dieses Buches grundlegend.
- Wenn wir von Ursachenvermutungen sprechen, zeigt das schon, dass eine Theorie nicht „an sich" wahr oder falsch ist. In der empirischen Wissenschaft, wie sie in diesem Buch behandelt wird, müssen Theorien vielmehr überprüfbar sein und sie müssen auch tatsächlich überprüft werden. Überprüfbare Vermutungen, die sich aus wissenschaftlichen Theorien ableiten lassen, werden Hypothesen genannt. Sie bilden sozusagen das Silbergeld, mit dem empirisch arbeitende Wissenschaftler permanent umgehen.

> Eine Theorie ist im Rahmen der empirischen Wissenschaft ein System von miteinander verknüpften und widerspruchsfreien Aussagen über einen Ausschnitt der Realität. Aus ihr lassen sich empirisch überprüfbare Vermutungen (Hypothesen) ableiten.

Die Existenz von Theorien und Hypothesen allein befriedigt natürlich noch nicht das Erkenntnisinteresse der Wissenschaft. Entscheidend ist, welche Theorie sich als realitätsgerechter erweist. Um dies herauszufinden, hat die Wissenschaft *Methoden* entwickelt, die nach bestimmten Regeln angewendet werden müssen, um zu wissenschaftlichen *Ergebnissen* zu führen (vgl. Diekmann 1999; siehe Abbildung 1.2.). In der Publikumsforschung für unseren kränkelnden Radiosender etwa werden Hörerumfragen im Mittelpunkt stehen, die bestimmten methodischen Standards genügen müssen.

Abb. 1.2.:
Die „Produkte"
der Wissenschaft

Produkt	Zweck des Produktes
Theorien	Systematisierung von Ursachenvermutungen
Methoden	für alle nachvollziehbare und überprüfbare Produktion von Ergebnissen
Ergebnisse	Beschreibung und Erklärung von Analysegegenständen (Sachverhalten)

Die Einhaltung methodischer Regeln dient dazu, dass Ergebnisse nicht willkürlich zustande kommen. Deswegen muss das methodische Vorgehen in der empirischen Wissenschaft offen gelegt werden: Im Idealfall soll ein zweiter Forscher mit der gleichen Methode zu den gleichen Ergebnissen kommen können. Diese Anforderung an die empirische Wissenschaft wird *intersubjektive Nachprüfbarkeit* genannt.

Theorie und Methoden gehören im allgemeinen zu den Bereichen der Wissenschaft, die eher im Verborgenen leben. Nach außen sichtbar werden im allgemeinen nur die Ergebnisse wissenschaftlicher Forschung. Das ist insofern logisch, als die Praxis – auch der Journalismus – an die Wissenschaft vor allem die Erwartung heranträgt, über einen Sachverhalt etwas möglichst Abgesichertes auszusagen. Doch angesichts des allgegenwärtigen

Expertenstreits wird es immer wichtiger, die Qualität wissenschaftlicher Ergebnisse einschätzen zu können. Und dazu ist zumindest grundlegendes Wissen über die wissenschaftlichen Methoden und ihre Regeln notwendig. Die Theorien zu kennen, die zum Beispiel hinter der Forschung über die Wirkungen von Fernsehgewalt stehen, vermittelt darüber hinaus ein umfassenderes Verständnis davon, wie ein Sachverhalt erklärt werden kann. Sozialwissenschaftliche Theorien knüpfen dabei häufig an unseren Alltagsvorstellungen an, aber sie verfeinern, präzisieren und systematisieren diese Vorstellungen erheblich.

Doch auch die Wissenschaft bietet keine einheitlichen und endgültigen Wahrheiten. Hinter dem Expertenstreit liegt häufig das, was man in der Wissenschaft den *Paradigmenstreit* nennt: eine Auseinandersetzung zwischen grundsätzlich verschiedenen Sichtweisen auf ein Phänomen, die sich gegenseitig ausschließen. Dass man sich auch in der Wissenschaft nicht auf eine einzige Sichtweise einigen kann, liegt daran, dass Wissenschaftler mit unterschiedlichen Interessen und Zwecken an die Arbeit des Beschreibens und Erklärens herangehen können. Auch wissenschaftlicher Erkenntnisfortschritt ist keine bloße Akkumulation von immer mehr Wissen, sondern ein Prozess, in dem sich an bestimmten Punkten die dominante Sichtweise radikal ändert, also ein *Paradigmenwechsel* eintritt (vgl. Kuhn 1976).

Uneinigkeit unter Wissenschaftlern ist also nicht notwendigerweise ein Zeichen für „schlechte Wissenschaft", sondern der Normalfall des Erkennens in einer Welt, die von pluralen Werten und damit von unterschiedlichen Zwecksetzungen geprägt ist. Bei der Aneignung wissenschaftlicher Erkenntnisse, wie sie dieses Buch anregt, geht es also darum, den Paradigmenstreit zu verstehen und sich ein Urteil zu bilden, nicht darum, die letztverbindliche Lehrmeinung "aufzusaugen".

3. Journalismus auf drei Ebenen

Journalismus ist der zentrale Gegenstandsbereich dieses Buches. Aber was genau ist Journalismus aus der Sicht der Wissenschaft? Kann man nicht erwarten, dass zumindest die hauptzuständige Kommunikations- und Medienwissenschaft von einem ihrer zentralen Gegenstände eine klare und eindeutige Vorstellung hat? So einfach ist die Sache nicht. Die Wissenschaft betrachtet Journalismus nämlich nicht aus einer einzigen, sondern aus mehreren verschiedenen Perspektiven.

Was also ist Journalismus für die Wissenschaft? Vereinfacht gesagt gibt die Wissenschaft auf diese Frage Antworten aus drei verschiedenen Blickrichtungen.

Perspektiven auf den Journalismus
1. Blickrichtung: Journalismus ist das, was Journalistinnen und Journalisten tun
2. Blickrichtung: Journalismus ist das, was in und zwischen Organisationen geschieht, die sich auf Journalismus spezialisiert haben
3. Blickrichtung: Journalismus ist ein Teilsystem der Gesellschaft

Diese drei wissenschaftlichen Blickrichtungen auf den Journalismus operieren jeweils auf unterschiedlichen Ebenen der Analyse, für die sich in den Sozialwissenschaften die Bezeichnungen Mikro-, Meso- und Makroebene durchgesetzt haben. Die Sozialwissenschaften arbeiten dabei wie ein Fotoapparat mit verschiedenen Objektiven: Ein Teleobjektiv, das die Elementarteilchen des gesellschaftlichen Lebens – wie einzelne Menschen oder einzelne Handlungen – sichtbar macht; ein Objektiv mit mittlerer Brennweite, das die gesellschaftlichen Organisationen und Institutionen fokussiert; und ein Weitwinkelobjektiv, das einen Überblick über die gesamte Gesellschaft erlaubt.

3.1. Mikroebene: Journalistisches Handeln

Journalismus ist das, was Journalistinnen und Journalisten tun: Die erste Perspektive der Wissenschaft auf den Journalismus setzt auf der Ebene einzelner Personen an, die handeln. Aus dieser Blickrichtung „sehen" wir also beispielsweise eine Redakteurin, die bei der Polizeipressestelle anruft, oder einen Reporter, der vor laufender Kamera den Bundeskanzler interviewt. Eine Einschränkung ist dabei allerdings wichtig: Wir sehen jeweils nicht „die ganze" Person, sondern eine Person in einer bestimmten beruflichen Rolle, eben der Redakteurs- oder der Reporterrolle. Für den wissenschaftlichen Blick auf den Journalismus interessiert also nicht der Mensch „an sich", sondern der Mensch in seiner (Berufs-)Rolle als Journalist. Auf der Mikroebene sind Journalisten *Rollenträger*, und Journalismus ist nur das, was diese Rollenträger *beruflich* tun.

Der Blick auf den einzelnen Rollenträger bedeutet nicht, dass dieser isoliert für sich allein handelt. Die Handlungen von Journalistinnen und Journalisten greifen ineinander und sie sind zu einem großen Teil routinisiert. Die Auswahl von berichtenswerten Ereignissen, das Schreiben einer Nachricht, auch der Ablauf einer Recherche – all dies sind meist routinisierte Handlungsabläufe. Ebenso eingespielt ist der Umgang mit Informanten, Kollegen, Vorgesetzten und Untergebenen sowie mit dem Publikum, sofern es für die Rollenträger überhaupt in Erscheinung tritt.

Die Wissenschaft versucht zunächst einmal, solche routinisierten Handlungsabläufe und ihre gegenseitigen Verkettungen möglichst präzise zu erfassen und zu beschreiben. Wie wir oben gesehen haben, interessiert sich der wissenschaftliche Blick auf das journalistische Handeln aber neben der Beschreibung auch für die Gründe dieser Handlungen. Wissenschaft will erklären, warum Journalistinnen und Journalisten so handeln, wie sie handeln. Und für die Erklärung von Handlungen existieren mehrere konkurrierende Handlungsmodelle, die wiederum in größere Theoriegebäude eingebettet sind. Zu den prominenteren Handlungsmodellen gehören:

1. das Rational-choice-Modell, das davon ausgeht, dass Handelnde stets die Handlungsalternative wählen, die nach einem rationalen Kalkül den größten Nutzen verspricht, und
2. das Modell des kommunikativen Handelns, das auf der Vorstellung aufbaut, dass menschliches Handeln auf gegenseitige Verständigung abzielt.

Es würde jedoch den Rahmen dieser Einleitung sprengen, wollte man die Handlungsmodelle im einzelnen ausbreiten (vgl. die Beiträge in Löffelholz 2000, Abschnitt 4).

3.2. Mesoebene: Organisationen und ihre Beziehungen

Journalismus ist das, was in und zwischen Organisationen geschieht, die sich auf Journalismus spezialisiert haben: Diese zweite Perspektive richtet den wissenschaftlichen Blick nicht auf einzelne Personen und Handlungen, sondern auf die Organisationen, in denen dieses Handeln stattfindet. Sichtbar werden in dieser Perspektive zum Beispiel ganze Redaktionen oder Medienunternehmen. Auch auf der mittleren Analyseebene geht es der Wissenschaft zunächst um präzise Beschreibung.

Beschrieben werden zum einen die inneren Strukturen von Organisationen, zum Beispiel die Hierarchien und Entscheidungswege in einem Medienunternehmen oder die Ressortaufteilung in einer Redaktion. Aber auf der Mesoebene geht es nicht nur um einzelne Organisationen und ihr Innenleben, es geht auch um die Beziehungen zwischen Organisationen. Medienunternehmen können konkurrieren und kooperieren, sie können sich zusammenschließen und neue Organisationen bilden, zum Beispiel Verbände, die ihre Interessen vertreten, oder überbetriebliche Ausbildungsstätten. Verschiedene Organisationen können miteinander Verträge (beispielsweise Tarifverträge) schließen oder gegeneinander kämpfen (zum Beispiel durch Streik und Aussperrung). Teile von Organisationen können – wie im Prozess des Outsourcings – ausgegliedert oder netzwerkartig miteinander verbunden werden wie die Profit Center eines Konzerns. In den Bereich der Organisationsbeziehungen gehören schließlich auch die Verbindungen zwischen Medienorganisationen und Organisationen aus anderen Bereichen der Gesellschaft. Wie gestaltet sich etwa das Verhältnis zwischen Medienunternehmen und politischen Parteien in den Rundfunkräten der öffentlich-rechtlichen Rundfunkanstalten?

Auch Organisationsstrukturen und Organisationsbeziehungen, wie sie auf der mittleren Analyseebene sichtbar werden, will die Wissenschaft nicht nur beschreiben, sondern auch erklären. Dafür gibt es konkurrierende Theorieansätze, die hier nicht einzeln ausgebreitet werden können. Häufig aber fragt die Wissenschaft nach der „Logik" einer Organisation, die sich vor allem in ihrem primären Ziel niederschlägt. Organisationen, die auf Gewinnmaximierung angelegt sind, sind häufig anders strukturiert und verhalten sich anders als solche, denen es primär um die Propagierung bestimmter Werte und Anliegen geht, wie Kirchen oder Bürgerinitiativen. Diese Organisationslogiken können dann die Strukturen und Beziehungen der Organisationen zumindest teilweise erklären.

3.3. Makroebene: Journalismus und Gesellschaft

Journalismus ist ein Teilsystem der Gesellschaft: Wenn wir oben festgestellt haben, dass Journalismus und Wissenschaft Fakten produzieren, während es in der Literatur und der Werbung um Fiktionen geht, haben wir bereits auf eine Arbeitsteilung zwischen verschiedenen gesellschaftlichen Bereichen aufmerksam gemacht. In den Blick kommen dabei nicht einzelne Handelnde und auch nicht Organisationen mit ihren Beziehungen, sondern abstrakte Gebilde wie „die Politik" oder eben „der Journalismus", die sich aus einem komplexen Geflecht von Organisationen zusammensetzen. Für diese Gebilde hat sich unter dem Einfluss der Systemtheorie des Soziologen Niklas Luhmann die Bezeichnung *funktionale Teilsysteme* durchgesetzt. Hinter dieser Bezeichnung steht die Vorstellung, dass diese komplexen Gebilde dadurch voneinander abgegrenzt werden können, dass sie eine jeweils ganz bestimmte (Primär-)Funktion für die Gesamtgesellschaft erfüllen.

Der Kommunikationswissenschaftler Siegfried Weischenberg beispielsweise hat dem Journalismus die Funktion zugeschrieben, „Themen aus den diversen sozialen Systemen (der Umwelt) zu sammeln, auszuwählen, zu bearbeiten und diesen sozialen Systemen (der Umwelt) als Medienangebote zur Verfügung zu stellen". Und das wichtigste Merkmal dieser Themen ist ihre Aktualität (Weischenberg 1992, S. 41). Demgegenüber erfüllt etwa die Politik laut Luhmann die Funktion, allgemein verbindliche Entscheidungen für die Gesellschaft herbeizuführen. Im Fall des Journalismus sind die Funktionszuschreibungen allerdings nicht unumstritten. Im Gegenteil: In der Kommunikationswissenschaft hat sich im Laufe der 90er Jahre eine rege Kontroverse über die systemtheoretische Bestimmung von Journalismus entwickelt (vgl. als Überblick Görke/Kohring 1996; Löffelholz 2000).

Wissenschaftliche Untersuchungen, die sich auf der Makroebene mit Journalismus beschäftigen, behandeln neben der Identifizierung der Teilsysteme über ihre Primärfunktion und andere grundlegende Merkmale auch das Verhältnis zwischen den verschiedenen Teilsystemen. Für die Kommunikationswissenschaft ist besonders das Verhältnis zwischen Politik und Journalismus bzw. Politik und Medien seit langem ein zentrales Thema (vgl. als Überblick Jarren 1988), das auch in diesem Buch an verschiedenen Stellen auftaucht.

Die wissenschaftliche Beschäftigung mit Journalismus auf der Makroebene entfernt sich am weitesten von den Perspektiven, die wir gewohnt sind, im Alltag einzunehmen. Die entsprechenden Texte sind deshalb nicht immer leicht zu verstehen. Hinzu kommt, dass sich auf der Makroebene beschreibende und erklärende Aussagen nicht so deutlich unterscheiden lassen wie auf der Mikro- und der Mesoebene. Denn die Primärfunktion des Journalismus beschreibt die Besonderheit dieses Teilsystems und ist zugleich eine Erklärung für die Art und Weise, wie der Journalismus funktioniert, warum er bestimmte Themen und Ereignisse ignoriert und andere hervorhebt etc. Andererseits haben Untersuchungen auf der Makroebene den großen Vorteil, dass sie die allgemeinsten Aussagen über die Funktionsweise des Journalismus ermöglichen, dass sie einen Rahmen abstecken, von dem aus man die vielen konkreten Vorgänge, die zum Journalismus gehören, besser verstehen kann.

Keine der drei genannten Blickrichtungen auf den Journalismus ist von vornherein falsch oder unsinnig. Allerdings hängt das, was die Wissenschaft über Journalismus sagen kann, ganz entscheidend davon ab, welche Blickrichtung sie jeweils einnimmt. Und deshalb ist es wichtig, diese drei Perspektiven strikt auseinander zu halten, wenn wir die Aussagen einschätzen wollen, die verschiedene Wissenschaftler über Journalismus machen. Aussagen über Journalismus auf einer Analyseebene lassen sich nicht durch Aussagen auf einer anderen ersetzen. So kann eine Erklärung für journalistische Handlungsabläufe auf der Mikroebene nicht das Verhältnis von Politik und Medien auf der Makroebene klären. Das Arbeiten mit verschiedenen Perspektiven ist zunächst etwas ungewohnt, denn im Alltag machen wir uns nicht dauernd klar, dass man die Welt (oder wenigstens den Journalismus) auch noch aus ganz anderen Perspektiven betrachten kann. Wir haben meistens *eine* Blickrichtung, die sich *im Alltag bewährt* hat. Insofern verlangt die Wissenschaft hier gewissermaßen einen größeren *Arbeitsspeicher*, in dem wir die anderen möglichen Perspektiven zum Vergleich verfügbar halten.

4. Die Struktur dieses Buches

Eine Möglichkeit, dieses Buch zu strukturieren, hätte darin bestanden, die drei Ebenen jeweils einzeln abzuhandeln und alles zusammenzutragen, was die Kommunikationswissenschaft an Wissen auf diesen Ebenen hervorgebracht hat. Das hätte zwar das gesamte Material in eine klare Gliederung gebracht, aber auch gewichtige Nachteile gehabt. Denn erstens hat es in der Geschichte der Kommunikationswissenschaft eine Entwicklung gegeben, die zunächst stark die Mikroebene betonte und später zu einem Boom von Makroansätzen führte; die Mesoebene bleibt bis heute eher unterbelichtet, wird aber inzwischen etwas stärker beachtet. Diese Entwicklung zwischen den Ebenen kann bei einer Ebenengliederung nicht richtig verdeutlicht werden. Und zum zweiten lassen sich die Probleme des Journalismus, denen sich die Wissenschaft widmet, oftmals nicht so eindeutig einer Ebene zuordnen. Sie werden – sinnvollerweise – unter verschiedenen Perspektiven analysiert, was bei einer Ebenengliederung ebenfalls nicht gut deutlich gemacht werden kann.

Dieses Buch folgt deshalb einer anderen Gliederung (siehe Abbildung 1.3.). Es stellt den Journalismus in die Mitte, bettet ihn aber in den größeren gesamtgesellschaftlichen Kommunikationszusammenhang ein. Neben dem Journalismus und den Medien geht es auch um die Kommunikation anderer gesellschaftlicher Akteure (linke Seite) und um das Publikum der Medien (rechte Seite). Diese Gliederung des Gegenstandsbereichs stellt ein vereinfachtes *Modell öffentlicher Kommunikation* dar, das sich auf die Überlegungen stützt, die die Soziologen Jürgen Gerhards und Friedhelm Neidhardt angestellt haben (vgl. Gerhards/Neidhardt 1991).

Abb. 1.3.:
Gesellschaftliche Öffentlichkeit: Das Analysemodell dieses Bandes

4.1. Die Bestandteile des Öffentlichkeitsmodells

Öffentlichkeit ist diesem Modell zufolge „an und für sich nichts weiter als ein leeres Feld, dessen Besonderheit darin besteht, frei zugänglich zu sein für alle, die etwas sagen oder das, was andere sagen, hören wollen" (Neidhardt 1994, S. 19). Diejenigen, die sich in der Öffentlichkeit zu Wort melden, werden *Sprecher* genannt; ihnen gegenüber steht das *Publikum*. Zum Phänomen der Öffentlichkeit gehört nicht nur die „große" Öffentlichkeit, die die Massenmedien herstellen, sondern zum Beispiel auch die „Kommunikation au trottoir" oder der Austausch im Rahmen von öffentlichen Veranstaltungen. Während Sprecher und Publikum auf diesen niedrigeren Ebenen von Öffentlichkeit noch weitgehend direkt miteinander kommunizieren können, ist das bei der gesellschaftsweiten Kommunikation nicht mehr möglich. Hier werden – und damit kommt der Journalismus ins Spiel – *Vermittler* benötigt, die den Kontakt zwischen Sprechern und Publikum herstellen.

Das Öffentlichkeitsmodell, das diesem Buch zu Grunde liegt, unterscheidet also drei Rollen, die die Akteure in der Öffentlichkeit übernehmen können.

- Die *Sprecherrolle* wird von gesellschaftlichen Akteuren wahrgenommen, die Öffentlichkeitsarbeit betreiben und so die Aufmerksamkeit der Medien auf sich ziehen. Dazu gehören

zum Beispiel Parteien, Verbände, Unternehmen und soziale Bewegungen.
- Die *Vermittlerrolle* wird von Journalistinnen und Journalisten wahrgenommen, die in Massenmedien tätig sind.
- Das *Publikum* schließlich besteht aus all denjenigen Mediennutzern, die sich nicht als Sprecher beteiligen; aber auch die Sprecher selbst sind Teil des Publikums, wenn sie die Kommunikation über sich selbst und andere Sprecher beobachten.

Diese Dreiteilung erweitert das in der Medienforschung vielfach übliche zweigeteilte Modell, das nur Medium und Publikum betrachtet, um den Bereich der Sprecherkommunikation und bezieht daher *Public Relations* als Gegenstand systematisch in die Betrachtung ein (Kapitel 2). Trotz dieses größeren Rahmens stehen *Medien und Journalismus im Zentrum des Modells;* sie nehmen auch den größeren Teil dieses Buches ein. Deshalb bietet es sich an, diesen zentralen Bereich noch weiter zu unterteilen, um ihn genauer betrachten zu können. Dabei wird zum einen der *institutionelle Kontext* betrachtet, in dem Journalismus zustande kommt (Mediensystem und Medienorganisationen, Kapitel 3). Zum zweiten ist den *Rollenträgern* selbst (Journalistinnen und Journalisten) ein eigenes Kapitel gewidmet (Kapitel 4). Und drittens werden die *Handlungsergebnisse* (Inhalte und Formen von Medienprodukten) genauer unter die Lupe genommen (Kapitel 5). Das *Publikum* und damit Fragen der Mediennutzung und der Medienwirkung sind Thema des abschließenden sechsten Kapitels.

4.2. Die Beziehungen im Öffentlichkeitsmodell

Zwischen dem dreigeteilten Bereich des Journalismus in der Mitte und den gesellschaftlichen Akteuren (links) sowie dem Publikum (rechts) bestehen jeweils besondere Wechselbeziehungen. Sie werden in den Kapiteln zu den fünf Bestandteilen des Modells jeweils genauer charakterisiert. Als Einführung genügt hier deshalb eine Skizze.

Die *gesellschaftlichen Akteure* wie Unternehmen, Parteien, Verbände oder auch soziale Bewegungen stehen erstens in einer Wechselbeziehung zum Mediensystem und den Medienorganisationen (Makro- und Mesoebene). Viele Akteure versuchen im Rahmen von medienpolitischen Auseinandersetzungen Einfluss zu nehmen auf die Ausgestaltung des Mediensystems und auf die Erfolgschancen von Medienanbietern. Aber Wechselbeziehungen sind immer zweiseitig. So sind die Akteure umgekehrt auch abhängig von den Medienorganisationen, weil diese ihnen Publizität verschaffen oder verweigern können (Kapitel 2 und 3).

Es gibt zweitens direkte Beziehungen zwischen den gesellschaftlichen Akteuren und einzelnen Redaktionen und Journalisten (Meso- und Mikroebene), die wegen der oftmals gegenläufigen Interessen spannungsreich sein können. Auch hier gilt: Nicht nur gesellschaftliche Akteure sind abhängig von Journalisten, sondern Journalisten sind auch auf ihre Informanten angewiesen (Kapitel 2 und 4).

Drittens schließlich nehmen die gesellschaftlichen Akteure durch ihre PR-Bemühungen Einfluss auf die Medienprodukte (Mikroebene) und damit auf die Leistungen, die der Journalismus für die Gesellschaft als Ganzes erbringt (Makroebene). Umgekehrt wird aber auch das Bild, das die Medien von den gesellschaftlichen Akteuren zeichnen, von diesen immer wichtiger genommen, so dass sie sich in ihrem Kommunikationsverhalten auf die Logik der Medien einstellen und sich teilweise an diese Logik anpassen (Kapitel 2 und 5).

Auch das *Publikum* steht in Wechselbeziehungen zu allen drei Facetten des Journalismus. Spätestens seit der Öffnung des Rundfunksystems für privatwirtschaftliche Anbieter in den 80er Jahren ist das Publikum mit seinen Vorlieben zum zentralen Bezugspunkt für nahezu alle Medienorganisationen geworden. Das Publikum hat so – vermittelt über sein Mediennutzungsverhalten – einen starken Einfluss auf die Organisationslogik der Medien und das Kräfteverhältnis zwischen ihnen – und damit letztlich auch auf die Struktur des Mediensystems (Meso- und Makroebene) (Kapitel 3 und 6).

Im Wechselverhältnis zwischen Journalisten und Publikum ist eine Intensivierung der Interaktion zu beobachten (Mikro- und Mesoebene). Journalisten produzieren vermehrt für klar definierte Zielgruppen, deren Informationsbedürfnisse und Vorlieben sie heute besser kennen als früher und mit denen sie – zumindest potenziell – stärker direkt kommunizieren können (z.B. per E-mail). Das Publikum nutzt umgekehrt einen Kranz unterschiedlicher, teils generalistischer, teils spezialisierter Medienangebote und übt mit seinen Auswahlentscheidungen Einfluss darauf aus, welche Medien Erfolg haben und wie Journalisten ihren Beruf ausüben (Kapitel 4 und 6).

Das Wechselverhältnis zwischen Medienprodukten und Publikum schließlich wurde in der Geschichte der Kommunikationswissenschaft höchst unterschiedlich eingeschätzt. „Was machen die Medien mit den Menschen?" und „Was machen die Menschen mit den Medien?" sind hier die beiden gegenläufigen Perspektiven, die beide auf der Mikroebene individueller Mediennutzung und Medienwirkung ansetzen. Seit einiger Zeit gibt es vermehrt Versuche, diese Perspektiven miteinander zu verbinden (Kapitel 5 und 6).

Das hier entwickelte Öffentlichkeitsmodell erleichtert einerseits die Strukturierung dieses Bandes, indem es die Elemente gesellschaftlicher Öffentlichkeit nach ihren Rollen und Funktionen ordnet sowie durch ihre Beziehungen charakterisiert. Das Modell ist aber auch mit einer bestimmten Theorie der Medienleistungen verbunden. Auf seiner Grundlage lassen sich Erwartungen daran formulieren, was der Journalismus für die Gesellschaft leisten soll: Diese Erwartungen gehen über die reine Abbildung der gesellschaftlichen Kommunikation hinaus. Journalismus soll nach dieser Vorstellung zumindest offen sein für Argumente aller Art und nicht nur für die Verlautbarungen besonders (PR-)mächtiger Akteure und er soll die Auseinandersetzungen innerhalb der Gesellschaft rational und argumentativ gestalten. Er soll weniger Palaver als Diskurs ermöglichen (vgl. Neidhardt/Gerhards/Rucht 1999; siehe auch Weßler 1999 sowie Kapitel 5 dieses Bandes). Inwiefern es sinnvoll ist, diese Forderungen an die Medien zu stellen, und wie die Medien dabei abschneiden, das ist der rote Faden dieses Bandes.

Zusammenfassung

Der Journalismus und die Wissenschaften, die sich mit ihm und der gesellschaftlichen Kommunikation insgesamt beschäftigen, unterscheiden sich in wichtigen Aspekten. Während es im Journalismus vorrangig um aktuelle Informationen geht, bemüht sich die Wissenschaft um besonders gut abgesichertes Wissen. Deshalb stellen sich in der Wissenschaft andere Fragen als im Journalismus. Während im Journalismus – wie in anderen gesellschaftlichen Praxisbereichen – Handlungsprobleme den Ausgangspunkt bilden, richtet sich die handlungsentlastete Wissenschaft vornehmlich auf Beschreibung und Erklärung von Sachverhalten.

Für die Beobachtung des Journalismus verwendet die Kommunikationswissenschaft verschiedene Perspektiven, die sich nicht gegeneinander austauschen lassen:

1. Auf der Mikroebene stehen Journalisten als Rollenträger mit ihrem beruflichen Handeln im Mittelpunkt.
2. Auf der Mesoebene werden die Strukturen und Beziehungen von Medienorganisationen betrachtet.
3. Auf der Makroebene wird Journalismus als ein gesellschaftliches Teilsystem von Systemen mit anderen Primärfunktionen abgegrenzt.

Dieses Buch betrachtet den Journalismus nicht isoliert, sondern in seinen Wechselbeziehungen zu anderen gesellschaftlichen Akteuren wie Parteien, Verbänden, Unternehmen einerseits und zum Publikum andererseits. Am Journalismus selbst werden drei verschiedenen Facetten unterschieden: Mediensysteme und -organisationen als institutioneller Kontext des Journalismus, Journalistinnen und Journalisten als Rollenträger und Medienprodukte als Handlungsprodukte des Journalismus.

Literatur

Beck, Ulrich/Bonß, Wolfgang (1989): Verwissenschaftlichung ohne Aufklärung? Zum Strukturwandel von Sozialwissenschaft und Praxis. In: Beck, Ulrich/Bonß, Wolfgang (Hg.): Weder Sozialtechnologie noch Aufklärung? Analysen zur Verwendung sozialwissenschaftlichen Wissens. Frankfurt/Main: Suhrkamp, S. 7-45.

Literatur-Tipp

Böhme-Dürr, Karin/Graf, Gerhard (Hg.) (1995): Auf der Suche nach dem Publikum. Medienforschung für die Praxis. Konstanz: UVK.

Diekmann, Andreas (1999): Empirische Sozialforschung. Grundlagen, Methoden, Anwendungen. 5., durchgesehene Auflage. Reinbek: Rowohlt Taschenbuch.

Felt, Urike/Nowotny, Helga/Taschwer, Klaus (1995): Wissenschaftsforschung: eine Einführung. Frankfurt/Main, New York: Campus.

Friedrichsen, Mike/Vowe, Gerhard (Hg.) (1995): Gewaltdarstellungen in den Medien. Theorien, Fakten, Analysen. Opladen, Wiesbaden: Westdeutscher Verlag.

Gerhards, Jürgen/Neidhardt, Friedhelm (1991): Strukturen und Funktionen moderner Öffentlichkeit: Fragestellungen und Ansätze. In: Müller-Doohm, Stefan/Neumann-Braun, Klaus (Hg.): Öffentlichkeit, Kultur, Massenkommunikation. Beiträge zur Medien- und Kommunikationssoziologie. Oldenburg: BIS-Verlag, S. 31-89.

Gerhards, Jürgen/Neidhardt, Friedhelm/Rucht, Dieter (1998): Zwischen Palaver und Diskurs. Strukturen und öffentliche Meinungsbildung am Beispiel der deutschen Diskussion zur Abtreibung. Opladen/Wiesbaden: Westdeutscher Verlag

Literatur-Tipp

Göpfert, Winfried (1997): Verständigungskonflikte zwischen Wissenschaftlern und Wissenschaftsjournalisten. In: Biere, Bernd Ulrich/Liebert, Wolf-Andreas (Hg.): Metaphern, Medien, Wissenschaft. Zur Vermittlung der AIDS-Forschung in Presse und Rundfunk. Opladen, Wiesbaden: Westdeutscher Verlag, S. 70-79.

Görke, Alexander/Kohring, Matthias (1996): Unterschiede, die Unterschiede machen. Neuere Theorieentwürfe zu Publizistik, Massenmedien und Journalismus. In: Publizistik, 41. Jg., S. 15-31.

Jarren, Otfried (1988): Politik und Medien im Wandel: Autonomie, Interdependenz oder Symbiose? Anmerkungen zur Theoriedebatte in der politischen Kommunikation. In: Publizistik, 33. Jg., S. 619-632.

Kuhn, Thomas S. (1976): Die Struktur wissenschaftlicher Revolutionen. Zweite Auflage. Frankfurt/Main: Suhrkamp.

Literatur-Tipp

Löffelholz, Martin (Hg.) (2000): Theorien des Journalismus. Ein diskursives Handbuch. Opladen, Wiesbaden: Westdeutscher Verlag.

Neidhardt, Friedhelm (1994): Jenseits des Palavers. Funktionen politischer Öffentlichkeit. In: Wunden, Wolfgang (Hg.): Öffentlichkeit und Kommunikationskultur. Beiträge zur Medienethik. Band 2. Hamburg, Stuttgart: Steinkopf, S. 19-30.

Schönbach, Klaus/Stürzebecher, Dieter/Schneider, Beate (1994): Oberlehrer und Missionare? Das Selbstverständnis deutscher Journalisten. In: Neidhardt, Friedhelm (Hg.): Öffentlichkeit, öffentliche Meinung, soziale Bewegungen. Sonderheft 34 der Kölner Zeitschrift für Soziologie und Sozialpsychologie. Opladen, Wiesbaden: Westdeutscher Verlag., S. 139-161.

Scholl, Armin/Weischenberg, Siegfried (1998): Journalismus in der Gesellschaft. Opladen, Wiesbaden: Westdeutscher Verlag.

Weischenberg, Siegfried (1992): Journalistik. Band 1: Mediensysteme, Medienethik, Medieninstitutionen. Opladen, Wiesbaden: Westdeutscher Verlag.

Weischenberg, Siegfried/Löffelholz, Martin, Scholl, Armin (1994): Journalismus in Deutschland. Merkmale und Einstellungen von Journalisten In: Journalist, 44. Jg., Nr. 5, S. 55-69.

Weßler, Hartmut (1999): Öffentlichkeit als Prozeß. Deutungsstrukturen und Deutungswandel in der deutschen Drogenberichterstattung. Opladen/Wiesbaden: Westdeutscher Verlag

Weßler, Hartmut (1995): Die journalistische Verwendung sozialwissenschaftlichen Wissens und ihre Bedeutung für gesellschaftliche Diskurse. Empirische Ergebnisse, theoretische Konzepte und Forschungsperspektiven. In: Publizistik, 40. Jg., S. 20-38.

Kapitel 2
Sprecher: Kommunikationsleistungen gesellschaftlicher Akteure

Barbara Pfetsch/Stefan Wehmeier

Im Öffentlichkeitsmodell, das diesem Buch zugrunde liegt, nehmen alle, die sich in der Öffentlichkeit zu Wort melden wollen, eine Sprecherrolle ein. Durch die Kommunikation mit den Medien wollen sie nicht nur Aufmerksamkeit für ihre Themen und Meinungen finden, sondern auch öffentliche Zustimmung in Form von Unterstützung, Wählerstimmen oder Konsumentscheidungen hervorrufen. Die Beziehung der gesellschaftlichen Akteure zu den Medien ist dabei nicht einseitig: Die Journalisten sind vielmehr darauf angewiesen, dass die Sprecher sie mit Themen und Meinungen versorgen. Bei dem Verhältnis von Sprechern und Journalisten geht es grundsätzlich um den Tausch von Information gegen Publizität. Dieser Tausch läuft nicht reibungslos ab, weil Sprecher und Medien unterschiedliche Ziele verfolgen. Und sie agieren im Rahmen der modernen Kommunikationsgesellschaft, in der öffentliche Aufmerksamkeit knapp und die Kommunikationskanäle begrenzt sind. Diese Bedingungen schaffen eine Konstellation, die durch starke Konkurrenz zwischen den Sprechern um Medienaufmerksamkeit und durch starke Konkurrenz zwischen den Medien um möglichst exklusive Informationen und ein Maximum an Publikationsaufmerksamkeit

> charakterisiert ist. Gesellschaftliche Akteure sehen sich einer Situation ausgesetzt, in der sie „Öffentlichkeitsarbeit" betreiben müssen: Sie professionalisieren die Kommunikationsbeziehungen mit den Medien, indem sie innerhalb ihrer Organisation einen eigenen Handlungsbereich „Public Relations" mit einschlägigen Kommunikationsexperten schaffen.
>
> Das folgende Kapitel diskutiert die Bedingungen, die Handlungsoptionen und die Probleme der Öffentlichkeitsarbeit gesellschaftlicher Akteure und will eine Reihe von Fragen beantworten: Was sind die Voraussetzungen und Konsequenzen der Kommunikation gesellschaftlicher Akteure in der modernen Kommunikationsgesellschaft? Wie agieren Regierungen, Interessengruppen, Parteien und soziale Bewegungen, wenn sie sich mediale Geltung verschaffen wollen und wie legitimieren sie ihre Öffentlichkeitsarbeit? Wie unterscheiden sich Ziele, Kommunikationsoptionen und Erfolgschancen dieser Akteure? Und was ist der Unterschied zwischen der Öffentlichkeitsarbeit politischer Organisationen und der PR von Wirtschaftsunternehmen? Schließlich fragen wir nach der Professionalisierung politischer und unternehmerischer PR und diskutieren die Folgen einer professionalisierten Öffentlichkeitsarbeit für den Journalismus und die gesellschaftliche Kommunikation insgesamt.

1. Medienaufmerksamkeit als Grundproblem der Kommunikation gesellschaftlicher Akteure

1.1. Das Beispiel: Der SPD-Parteitag in Leipzig 1998

„Am Eingang des Saales verharren die künftigen Sieger. Langsam wechselt die Beleuchtung von Lichtstimmung II a zu Lichtstimmung IV, es wird überwältigend fernsehfeierlich in der Messehalle 2 in Leipzig, wie Weihnachten. Weit reißt Gerhard Schröder einen Augenblick die Augen auf, Oskar Lafontaine winkt fast hilfesuchend zu den eingedunkelten Rängen empor. Ist da nicht einer, den er kennt? Beide Männer wirken ein bisschen erschrocken. Wo

hinein sind sie da geraten? Parteitag in Leipzig? Hollywood an der Pleiße. Oder kommt Henry Maske? Dröhnend setzt die Musik ein, aus Lautsprecher-Batterien schmettert ein Triumphmarsch los, ‚Ready to go', was ‚Ich bin bereit' heißt und den Siegeswillen des Kanzlerkandidaten der SPD untermalen soll [...]
Die Sender Phoenix und n-tv übertragen die politische Inszenierung, die ausdrücklich als Medienspektakel geplant ist – wenn schon, denn schon. [...]
Wechsel auf Lichtstimmung IV. Als er an der Bühne angekommen ist, bewegt sich der Kandidat zu den pathetischen Klängen der Auftrittsmusik, die der US-Präsidenten-Hymne aus dem Film ‚Air Force One' nachempfunden ist, schon so sicher wie der Held einer Vorabendserie." (Der Spiegel, 20. April 1998)

Mit diesen Worten schildert der Spiegel-Reporter Jürgen Leinemann den Parteitag der SPD im Jahre 1998 in Leipzig. Wie viele andere Journalisten hebt er vor allem die professionelle, auf die Medien zugeschnittene Inszenierung der Kandidatenkür im Vorfeld der Bundestagswahl hervor:

„Noch nie hat man erlebt, dass sich ein sozialdemokratischer Parteitag so bereitwillig den Regeln der Mediendemokratie unterworfen hat, wie das in Leipzig geschah", schreibt die „FAZ" am 18. 4. 2000 und die „Süddeutsche Zeitung" kommentiert am gleichen Tag:

„Der Leipziger SPD-Parteitag war kein Parteitag, sondern eine Show, ein Kunstprodukt für einen Medienhelden [...] Niemand weiß, nach welchen Regeln Schröder Politik machen und mit welchem Partner er spielen wird; er weiß es wohl nicht einmal selbst, aber er beherrscht die Spielregeln der Medienwelt. Der verschwommene Gehalt seiner politischen Botschaft gehört dazu."

Die meisten Beobachter registrieren den SPD-Parteitag als historische Zäsur der politischen Kommunikation in der Bundesrepublik. Denn hier wurde so offensichtlich wie kaum jemals zuvor, wie politische Akteure sich den Regeln der Mediendemokratie unterwerfen, um ihre politischen Ziele zu erreichen. Und viele Kommentatoren verbinden die Mediatisierung von Politik mit dem Vorwurf, dass die Verpackung wichtiger sei als der Inhalt, dass nur noch die Bilder zählen, weil man nur noch den Bildern die Suggestionskraft zutraut, in den Köpfen der Wähler als Politik hängenzubleiben.

Die Kritik von Journalisten am SPD-Parteitag ist freilich wohlfeil, denn sind es nicht gerade die Medien, die der Politik die Regeln ihrer öffentlichen Präsenz diktieren? Und ist es nicht scheinheilig, wenn gerade diejenigen, die kontrollieren, was die Bürger über Politik erfahren, darüber klagen, dass politische Akteure die Regeln der Medien in ihrem Handeln vorwegnehmen?

Diese Überlegungen verweisen auf ein Dilemma der modernen politischen Kommunikation: Einerseits sind die Bemühungen gesellschaftlicher Akteure um öffentliche Präsenz ohne die ständige Interaktion mit Journalisten und die Vorwegnahme der Medienregeln zum Scheitern verurteilt. Andererseits – und das zeigt die Kritik am SPD-Parteitag und der Hinweis auf das Regiebuch der SPD – droht mit einem Übermaß an medialen Inszenierungsmechanismen die Gefahr, dass die originären Inhalte gesellschaftlicher Akteure und ihre Identität gerade durch die Dramatisierung verloren gehen. Die Öffentlichkeitsarbeit gesellschaftlicher Akteure bewegt sich also in einem Spannungsfeld: ==Zu wenig oder ausschließlich sachbezogene PR bedeutet Sprachlosigkeit, zuviel oder eine symbolisch überdramatisierte PR gefährdet die Glaubwürdigkeit des Sprechers und seiner Anliegen.==

Das Spannungsfeld, in dem sich gesellschaftliche Gruppen bei ihrer öffentlichen Kommunikation bewegen, soll im folgenden Kapitel aus unterschiedlichen Perspektiven beleuchtet werden. Zunächst gehen wir auf die Rahmenbedingungen der öffentlichen Kommunikation in modernen Gesellschaften ein. Der Verweis auf die Charakteristika der modernen Kommunikationsgesellschaften soll den Blick schärfen für die Zwänge, unter denen verschiedene gesellschaftliche Akteure um öffentliche Aufmerksamkeit konkurrieren (vgl. dazu auch Kapitel 3, Abschnitt 2).

Wenngleich alle gesellschaftlichen Akteure das gleiche allgemeine Ziel verfolgen, nämlich in der Öffentlichkeit positiv wahrgenommen zu werden, so unterscheiden sich die spezifischen Kommunikationsabsichten, ihre Handlungsoptionen, Ressourcen und Erfolgschancen je nach Position, Status und Legitimationsgrundlage einer Organisation in der Gesellschaft. Darüber hinaus unterscheiden sich die sachlichen, personellen und finanziellen Ressourcen, die für die Öffentlichkeitsarbeit eingesetzt werden. Aus diesem Grund diskutieren wir im zweiten Abschnitt des Kapitels die gesellschaftliche Verortung verschiedener gesellschaftlicher Akteure – Regierungen, intermediäre Organisationen (wie Parteien, Verbände, soziale Bewegungen) sowie Wirtschaftsunternehmen –, um Aufschluss über deren Kommunikationsziele und Handlungsoptionen zu erhalten.

Im dritten Abschnitt befassen wir uns mit dem konkreten Handlungsfeld der Public Relations: Was ist PR, was sind die Berufsrollen und Erwartungen an PR-Spezialisten, wie professionell ist der Handlungsbereich? Diese Fragen werden wir einerseits für den Sektor der politischen PR, andererseits für den Sektor der Wirtschafts-PR beantworten.

Die Probleme der PR treten in besonderer Weise hervor, wenn es um die Grenzziehung zwischen PR und Journalismus geht. Da sowohl PR-Experten als auch Journalisten daran arbeiten, öffentliche Aufmerksamkeit zu erzeugen, ist das Verhältnis einerseits durch Kooperation, andererseits aber auch durch Zielkonflikte und Reibungen geprägt. Dem Beziehungsgeflecht zwischen Journalismus und PR ist daher der vierte Abschnitt gewidmet.

1.2. Öffentlichkeit unter den Bedingungen der modernen Kommunikationsgesellschaft

In dem in Kapitel 1 entwickelten Modell der öffentlichen Kommunikation sind die Sprecher diejenigen Akteure, die ihre Botschaften in die öffentliche Kommunikation einspeisen. Mit ihren Wortmeldungen versuchen sie, für ihre Anliegen Aufmerksamkeit und Zustimmung zu erzeugen. Hinter den Bemühungen um öffentliche Präsenz und positive Akzeptanz stehen in der Regel politische oder ökonomische Interessen. In dem Maße, in dem das Publikum für gesellschaftliche Organisationen als Kundschaft, als Sympathisantenschar und Wählerschaft Bedeutung besitzt, steigt das ökonomische und politische Interesse an öffentlicher Aufmerksamkeit und Zustimmung. Um beim Publikum, beim Konsumenten oder beim Wähler „anzukommen", brauchen gesellschaftliche Akteure die Medien als institutionalisiertes Forum der Öffentlichkeit.

Die Bemühungen gesellschaftlicher Akteure, sich öffentlich Geltung zu verschaffen, sind in hohem Maße geprägt durch die Herausbildung der modernen Kommunikationsgesellschaft. Der Soziologe Richard Münch charakterisiert diese Umwelt anschaulich, wenn er schreibt:

„Den besten visuellen Eindruck der Kommunikationswelt, in der wir leben, bieten amerikanische Kleinstädte. Nähert man sich ihnen auf dem Freeway, sieht man zunächst nur einen weit in den Himmel ragenden Schilderwald, in dem McDonald's, Wendy's, Carl's, Taco Bell, Exxon oder 78 krampfhaft mit ihrer eigenen hochgereckten Identitätsmarke auf sich aufmerksam machen. Unter dem Schilderwald verschwindet die Stadt im Einheitsraster der üblichen Bungalowsiedlungen. Wenn es ein unmittelbar anschauliches Sinnbild der Kommunikationsgesellschaft gibt, dann dieses. Von der Stadt ist nur sichtbar, was sich mit hochragender Schilderstange zeigt." (Münch 1993, S. 264)

Eine der wichtigsten Entwicklungstendenzen dieser Topologie der Mediengesellschaft – Münch spricht in diesem Kontext abweichend von „Kommunikationsgesellschaft" – betrifft die öffentliche Meinungsbildung; denn der enorme Anstieg der Sprecher und Kommunikationen verschärft die Rahmenbedingungen, unter denen sich gesellschaftliche Sprecher öffentlich Geltung verschaffen:

„Die professionell arbeitenden Organisationen haben diese Lektion der Kommunikationsgesellschaft längst gelernt. Die Public-Relations-Abteilungen von Unternehmen, Regierungen, Ministerien, Parteien, Verbänden und Hilfsorganisationen sind in Personal und eingesetztem Kapital mächtig gewachsen. Public-Relations-Agenturen haben in Zahl, Personal und Umsatz stark expandiert. Dasselbe gilt für die Werbeabteilungen der entsprechenden Organisationen und Werbeagenturen. Die Folge dieser Expansion der Public-Relations- und Werbebranche ist natürlich ein stetiges Wachstum der Mitteilungen an bestimmte Zielgruppen und an die Öffentlichkeit insgesamt. Aus diesem Wachstum der Botschaften ergibt sich wiederum, dass gelungene Kommunikation den Erfolg in allen Lebensbereichen und Lebenslagen maßgeblich bestimmt. Wirtschaft, Politik, Wissenschaft, Statusgruppen, Hilfsbedürftige, Städte, Gemeinden müssen ihren Erfolg daran messen, in welchem Umfang sie von ihren Adressaten wahrgenommen und gehört werden und in welchem Umfang es ihnen gelingt, ein von der Öffentlichkeit akzeptiertes positives Bild von sich zu zeichnen und eine wohlwollende Haltung zu ihren Anliegen zu erzeugen. Gezielte Imagepflege ist unter diesen Bedingungen keine Sache außergewöhnlicher Eitelkeit, sondern eine elementare Angelegenheit des Überlebens." (Münch 1993, S. 265).

Die Konjunktur der Kommunikation wird dadurch angeheizt, dass die Zahl der Kommunikatoren enorm gewachsen ist und weiter wächst, während öffentliche Aufmerksamkeit ein knappes Gut ist. Neben den politisch legitimierten etablierten Institutionen wie Regierungen versuchen Parteien, Verbände, Kirchen und spontanere soziale Bewegungen in der öffentlichen Kommunikation mitzumischen. Zudem suchen auch Wirtschaftsunternehmen, die öffentliche Kommunikation in ihrem Sinne zu beeinflussen. Bei der Überfüllung der Kommunikationskanäle mit Botschaften können sie alle nur durch massive Kommunikationsanstrengungen Aufmerksamkeit erzielen. Dies hat Konsequenzen für die in die Medien eingespeisten Botschaften, die sowohl interessanter und wichtiger als auch kompetenter und glaubwürdiger erscheinen müssen als die der Mitkonkurrenten (vgl. Neidhardt 1994, S. 17). Und da sich das Publikum nur über die Massenmedien erreichen lässt, hängt der Kommunikationserfolg nicht zuletzt davon ab, inwieweit es den Sprechern gelingt, sich bei ihren Botschaften der von den Massenmedien vorgegebenen Auswahl- und Aufmerksamkeitsregeln, der sog. Nachrichtenfaktoren (vgl. Schulz 1976; Staab 1990; siehe auch Kap. 5, Abschnitt 2.1.) zu bedienen. In ihrer Auswahl von berichtenswerten Informationen belohnen die Massenmedien solche Ereignisse und Themen, die eine Dramatisierung und Stilisierung von Diskrepanzen, Konflikten, Konkurrenzen, Überraschungen, Ängsten und Bedrohungen sowie Schaden und Abweichungen von der Norm in sich bergen.

Eine Konsequenz ist, dass der Bedarf an spektakulären Ereignissen und Inszenierungen, die Medienpräsenz versprechen und die sich für die eigene politische oder ökonomische Zielsetzung ausschlachten lassen, wächst. Diese Entwicklung wird durch die zunehmende Konkurrenz der Medien untereinander noch verschärft. Für gesellschaftliche Organisationen bedeutet dies:

„Im allgemeinen Hupkonzert muss man noch lauter, länger und origineller hupen, im Schilderwald der Werbeplakate ein noch größeres, auffälligeres und unübersehbares Zeichen setzen." (Münch 1993, S. 264).

2. Gesellschaftliche Akteure: die Verortung von Sprechern und ihre Kommunikationsziele

Betrachtet man das Orchester derjenigen, die sich öffentlich zu Wort melden, so kann man mindestens drei Gruppen von Sprechern grob unterscheiden:

1. *Akteure im Zentrum des Regierungssystems:* Vor allem Regierungen auf nationaler und föderaler Ebene, aber auch Parlamente, Gerichte und staatliche Institutionen. Mit diesen Institutionen verbinden sich in der Regel politische und staatliche Macht- und Herrschaftspositionen auf verschiedenen Ebenen und dadurch der Anspruch, gesamtgesellschaftlich verbindliche Entscheidungen zu treffen, die nicht zuletzt aus Gründen der Legitimierung und Akzeptanz kommuniziert werden müssen.
2. *Akteure des sogenannten intermediären Systems*: Sie spielen eine entscheidende Rolle bei der Artikulation und Aggregation von Interessen spezifischer Zielgruppen und Bevölkerungssegmente und versuchen, ihre Interessen und Themen in die öffentliche Diskussion einzuspeisen, um sie auf die politische Agenda zu setzen. Dazu gehören zunächst die etablierten Parteien und Verbände sowie die Kirchen und Gewerkschaften. Diese Organisationen kommunizieren einerseits langfristige politische Programme und andererseits

kurzfristige Forderungen und Stimmungen ihrer Klientel. Zum intermediären System gehören aber auch soziale Bewegungen, die als jüngere und spontanere Zusammenschlüsse häufig moralische Anliegen vertreten, die von den etablierten Verbänden und Parteien vernachlässigt werden. Zu diesen Sprechern zählen u.a. die Umweltbewegung, die Friedensbewegung, die Tierschutzbewegung, aber auch „moralische Unternehmer" wie Greenpeace und Amnesty International oder Hilfsorganisationen, die sich für die Rechte von Benachteiligten unterschiedlichster Art einsetzen (z.B. Frauen, ethnische Minderheiten, Schwule oder Senioren). (Zum intermediären System vgl. auch Kap. 3, Abschnitt 2.2.)

3. *Wirtschaftsunternehmen*: Sie melden sich in der öffentlichen Kommunikation zu Wort, weil ihre PR unter dem Diktum einzelwirtschaftlicher Ziele und Gewinnabsichten steht. Darüber hinaus geht es bei der Kommunikation der Gesamtheit von Wirtschaftsunternehmen aber auch um gesellschaftliche Zielsetzungen; denn die Entscheidungen auf der politischen Ebene beeinflussen die Rahmenbedingungen einzelwirtschaftlichen Handelns.

Abbildung 2.1. gibt einen Überblick über die Handlungsziele und Handlungsoptionen, die Ressourcen und Erfolgschancen der unterschiedlichen Organisationen in bezug auf ihr Engagement in der öffentlichen Kommunikation.

2.1. Akteure im Zentrum des Regierungssystems

Im Zentrum des politischen Systems steht die Regierung. Das Interesse von Regierungen besteht darin, Themen von allgemeinverbindlicher Relevanz in ihr Programm aufzunehmen und möglichst umfassende Akzeptanz für ihre Entscheidungen zu finden. Mit der Regierungsrolle ist daher der Anspruch verbunden, allgemeines Vertrauen und Zustimmungsbereitschaft zu erzeugen. Legitimationsprozesse sind in entscheidender Weise von der Kommunikationspolitik abhängig. Denn Legitimität, so Ulrich Sarcinelli (1998, S. 253), „knüpft den Geltungsanspruch politischer Herrschaft an eine kommunikative Begründungsleistung".

Abb. 2.1.: Kommunikation unterschiedlicher Akteurstypen

	Regierungs-organisationen	Parteien, Verbände, soziale Bewegungen	Wirtschafts-unternehmen
Handlungsziele	Akzeptanz für Entscheidungen (Machterhalt)	Zustimmung für (z.T. gemeinwohlorientierte) Teilinteressen	ökonomischer Gewinn
Handlungs-repertoire (wichtige Elemente)	Regierungskonferenzen, Auslandsreisen, Kampagnen- und Informationsarbeit	Kampagnenarbeit, Inszenierung von Ereignissen, Informationsarbeit	asymmetrische Marktkommunikation, symmetrische Gesellschaftskommunikation
Ressourcen	umfangreicher Informationsapparat (u.a.: Bundespresseamt, Sprecher von Ministerien)	verhältnismäßig schmale Budgets, eher kleine PR-Stäbe	verhältnismäßig große Budgets, teils große PR-Stäbe
Erfolgschancen	unterstellter Gemeinwohlanspruch erhöht öffentliche Aufmerksamkeit, Selbstverständnis des politischen Journalismus als Kritikinstanz verringert Durchsetzungschancen von Themen und Wertungen tendenziell	*Parteien:* Spagat zwischen Kernwählerschaft und Wechselwählern *Verbände:* abhängig vom Rückhalt der Mitglieder und der persuasiven Darstellung von Teilinteressen als Gemeinwohlinteresse *soziale Bewegungen:* abhängig von der Durchsetzung des Anspruchs auf Führerschaft über ein öffentliches Thema	abhängig einerseits von der Höhe der finanziellen Investition in Kommunikationsmittel, andererseits von der Übereinstimmung zwischen Kommunikation und Handeln. Fehlender Gemeinwohlanspruch steht der finanziellen Potenz der PR gegenüber

Die Kommunikation von Regierungen zielt zunächst auf die Vermittlung ihrer Programme, doch jenseits der „Sachpolitik" ist jede Regierung an der erfolgreichen Selbstdarstellung interessiert, die sich bei den nächsten Wahlen in Wählerstimmen niederschlagen soll. Die öffentliche Zustimmung zu politischen Projekten ist davon abhängig, dass die Kommunikation der Akteure überzeugend wirkt. Insofern spricht Münch (1993, S. 267) vom „Triumph der Kommunikationspolitik über die Sachpolitik" und argumentiert, dass – angesichts begrenzter sachlicher Handlungsspielräume – nur die Kommunikationspolitik über die Durchsetzung politischer Programme entscheidet.

In einem repräsentativen Regierungssystem wie der Bundesrepublik hat die Regierung wesentliche strategische Vorteile, wenn sie sich öffentlich zu Wort meldet. Sie verfügt über die politische Initiative und agiert auf der Grundlage von intern ausgehandelten und mit den Mehrheitsfraktionen festgelegten Positionen. Aufmerksamkeitsvorteile hat sie zudem aufgrund von Prominenz und Prestige der Regierungsmitglieder. Im Vergleich zu konkurrierenden Sprechern verfügt die Regierung zudem über die größeren materiellen Ressourcen der Öffentlichkeitsarbeit. Regierungsamtliche Öffentlichkeitsarbeit ist im Presse- und Informationsamt der Bundesregierung (BPA) und in den Ministerien institutionalisiert. Hier wird nicht nur politische PR im Sinne der Beeinflussung der öffentlichen Meinung betrieben, sondern auch die öffentliche Meinung mittels Umfragen beobachtet.

Zu den wichtigsten Kommunikationsstrategien der Regierung gehört das sogenannte Agenda-Setting. Hier geht es darum, die Themen der Medienagenda zu bestimmen und für diese Themen das dominante Interpretationsmuster, die richtigen Schlagworte und möglicherweise schon eine Problemlösung zu kommunizieren. Empirische Studien belegen, dass die politische Bedeutung dieser Strategie weitreichend ist. Denn mit einem Thema verbindet sich der Maßstab, nach denen Politiker beurteilt werden (vgl. Iyengar/Kinder 1987). Der thematische Fokus der Medien bildet also die Grundlage dafür, wie wir Politiker, deren Amtsführung und auch deren Charakter bewerten. In diesem Sinne ist eine geschickte und strategisch geplante Thematisierungspolitik eine entscheidende Voraussetzung für die Leistung und das Image einer Regierung.

Durch ihre Entscheidungsposition und die Routineabläufe des politischen Alltags stehen der Regierung zahlreiche Gelegenheiten zur Verfügung, um ihre Themen ins öffentliche Rampenlicht zu rücken. Gipfeltreffen, Regierungskonferenzen, Auslandsreisen und Kongresse bieten als geplante Ereignisse allemal die Gelegenheit, sich mediengerecht in Szene zu setzen. Es ist unter diesen Umständen fast zwangsläufig, dass es zu einer hohen Personalisierung von Politik in der öffentlichen Wahrnehmung kommt. „Wir geben im vollen Bewusstsein, sachlich nicht genug zu wissen und sachlich nicht entscheiden zu können, dem nach unserem Dafürhalten besseren Darsteller den Zuschlag", schreibt Münch (1993, S. 267). In diesem Sinne ist es dann auch nur konsequent, wenn der Kanzler mit einer Limousine bei Thomas Gottschalk im „Wetten-dass"-Studio vorfährt oder wenn sich Parteivorsitzende bei Sabine Christiansen die Türklinke in die Hand geben.

Wenn die Personalisierung zu den Erfolgsbedingungen moderner Kommunikationspolitik gehört, dann ist es nicht verwunderlich, dass diejenigen Institutionen im Kern des Regierungssystems, die diese Bedingung nicht oder nur schwer erfüllen können, eine nachgeordnete Rolle im öffentlichen Bewusstsein spielen. Dazu gehören beispielsweise das Parlament, das allenfalls durch seinen Präsidenten ins Rampenlicht rückt, und Institutionen wie das Bundesverfassungsgericht, das lediglich dann im Lichte der Öffentlichkeit steht, wenn es in Zusammenhang mit der Entscheidung politischer Konflikte auftritt.

2.2. Intermediäre Akteure: Parteien, Verbände und soziale Bewegungen

Parteien und Verbände haben nicht den Aufmerksamkeitsvorteil von legitimierten Regierungen. Vielmehr müssen sich diese Organisationen ständig neu positionieren, um Medieninteresse und öffentliche Aufmerksamkeit zu erlangen. Die Bedingungen der Kommunikationspolitik von Parteien und Verbänden stehen unter dem Zeichen einer umfassenden gesamtgesellschaftlichen Modernisierung im Sinne der Individualisierung. Darunter versteht die Soziologie die Befreiung des Einzelnen von Beschränkungen des Lebensstandards und Lebensstils herkömmlicher sozialer Klassen, Schichten und Konfessionen (vgl. Beck 1986). Diese Entwicklung hat für alle gesellschaftlichen Akteure tiefgreifende Folgen: Die Bindungen des Einzelnen an soziale und politische Milieus haben sich abgeschwächt, d.h. die Frage nach der politischen und weltanschaulichen Loyalität ist für den einzelnen immer schwieriger zu beantworten (vgl. Schmitt/Holmberg 1995).

Für *politische Parteien* liegt eine Konsequenz dieser Entwicklung darin, dass sie mit abnehmenden Stammwählerschaften und einem wachsenden Anteil von Nichtwählern und Wechselwählern konfrontiert sind. Die Parteien versuchen dies durch stärkere Anstrengungen auf dem Feld der Kommunikation und Werbung zu kompensieren. Insbesondere die großen Volksparteien, die um die politische Mitte werben, stehen dabei vor dem Problem, dass die programmatischen Unterschiede nur begrenzt sind und sie in vielen Institutionen zusammenarbeiten müssen. Bei der öffentlichen Darstellung kommt es daher umso mehr auf die symbolische Demonstration von behauptete Unterschieden und in vielen Fällen von Politiksurrogaten an.

Die Ultima Ratio der Kommunikationspolitik politischer Parteien ist der Wahlerfolg, der über Machterhalt und Machtverlust entscheidet. Wahlkämpfe sind damit die prototypische Situation der Parteienkommunikation. Die Kommunikationsstrategien konzentrieren sich langfristig darauf, eine günstige Ausgangsposition im Wahlkampf zu erarbeiten, d.h. mit den in den Massenmedien hervorgehobenen Themen und Themeninterpretationen die eigene Seite zu stärken und die gegnerische Seite zu schwächen (vgl. Radunski 1983). Wichtig scheint dabei zu sein, für die „eigenen" Themen und Initiativen die richtigen Schlagworte und aussichtsreichsten Interpretationsmuster durchzusetzen (vgl. Pfetsch 1994).

Wenngleich Verbände nicht dem Druck von Wahlen und dem Problem der kurzfristigen, aber regelmäßigen Mobilisierung in Wahlkämpfen ausgesetzt sind, so ist die Grundkonstellation ihrer Kommunikationspolitik ähnlich wie die der Parteien. Sie müssen ihre themen- oder bereichsspezifischen Forderungen und Interessen vor dem allgemeinen Publikum überzeugend legitimieren und gleichzeitig versuchen, ihre eigenen Anhänger langfristig an sich zu binden. Die Verbände sind dabei noch stärker auf die Unterstützung ihrer eigenen Klientel angewiesen als die Parteien. In einem quasi-korporatistischen System, wie es in der Bundesrepublik Tradition hat, sitzen die Verbände als Verhandlungspartner von Regierung und Staat in internen und bei langfristigen Verhandlungsrunden im Vorfeld politischer Entscheidungen mit am Tisch. Das „Bündnis für Arbeit" oder konzertierte Aktionen in der Sozialpolitik, aber auch im Bildungs-, Verkehrs- und Gesundheitswesen gehören zum politischen Alltag. Die Erfolgsaussichten von Verbänden dürften dabei von zwei Dingen abhängen: Erstens, wie stark sich die Organisationseliten auf die Sanktionsmacht und den Rückhalt ihrer Mitglieder verlassen können, und zweitens, wie glaubwürdig ein Verband mit seiner öffentlichen Rhetorik reklamieren kann, dass das individuelle Organisationsinteresse in Wirklichkeit dem Gemeinwohl dient.

Im Gegensatz zu den Wirtschaftsverbänden oder Automobilclubs, die ihre Kommunikationspolitik an klaren Frontstellungen ausrichten können, haben solche Organisationen Probleme, die ihre Existenz auf moralische oder weltanschauliche Motive gründen. So sind die Kirchen und die Gewerkschaften in besonderer Weise vom Mitgliederschwund betroffen. Sie tun sich schwer, mit ihren „weichen" Botschaften in der Konkurrenz um mediale Aufmerksamkeit zu bestehen. Für solche Organisationen gilt in besonderer Weise, dass mit der Kommunikationspolitik immer auch die Organisationsidentität zur Disposition steht.

Konkurrenz erwächst diesen Organisationen durch die sogenannten *Neuen Sozialen Bewegungen*. Zahlreiche Beispiele öffentlicher Mobilisierung zeigen, dass gerade auch nichtetablierte Akteure, Protestgruppen oder Basisbewegungen in der Auseinandersetzung um mediale Aufmerksamkeit erfolgreich sind. Dies liegt daran, dass Öffentlichkeit ein prinzipiell offenes System ist, an dem jeder teilnehmen kann, der seine Rechnung mit der Währung von Aufmerksamkeitswerten wie Überraschung, Dramatik oder Kuriosität begleichen kann. Da diese Gruppen in der Regel kaum über einen großen Apparat von professionellen Öffentlichkeitsarbeitern verfügen, ist es für sie umso wichtiger, unter strategischer Zuhilfenahme von Aufmerksamkeitswerten für ihre Anliegen werben (vgl. Gerhards 1992).

2.3. Wirtschaftsunternehmen als Akteure

Wirtschaftsunternehmen sind ein zentraler Bestandteil von marktwirtschaftlich verfassten pluralistischen Gesellschaften. Ihr Handeln ist in erster Linie auf den Markt ausgerichtet, ihr Denken kreist um die Gewinn- und Verlustrechnung. Gleichwohl steckt der Staat den politischen, rechtlichen und sozialgesetzlichen

Rahmen ab, der die Unternehmen in ihrem Handeln bindet. Das Prinzip der „Sozialen Marktwirtschaft" ist eine Antwort auf das Problem, dass der Markt nicht alle zur Stabilität einer Gesellschaft notwendigen Güter in angemessener Weise selbst bereitstellt (vgl. Abelshauser 1991; vgl. Schefold 1999): Würde man öffentliche Leistungen wie etwa Schulbildung, Infrastruktur oder soziale Einrichtungen dem freien Preismechanismus überlassen, so wäre eine Entwicklung wahrscheinlich, bei der die Integration und der soziale Ausgleich der Gesellschaft gefährdet wären. Zudem hatten die Architekten der Sozialen Marktwirtschaft auch im Blick, die Tendenz zur Monopolbildung zu kontrollieren.

Als gesellschaftliche Akteure kennen Wirtschaftsunternehmen den Markt als Dreh- und Angelpunkt. Marktkommunikation ist daher für sie eine der entscheidenden Kommunikationsoptionen. Damit sind vor allem Aspekte des Marketings gemeint, also primär verkaufsorientierte bzw. verkaufsfördernde Kommunikationsmaßnahmen. Diese Schwerpunktsetzung der Kommunikationspolitik galt bis zum Ende der sechziger Jahre für die meisten Wirtschaftsunternehmen in der Bundesrepublik. Unter den Bedingungen des deutschen Wirtschaftswunders waren andere Kommunikationskonzepte kaum notwendig, denn in vielen Branchen herrschte ein Verkäufermarkt: Wenige Anbieter trafen auf viele Nachfrager, so dass nicht der Absatz problematisch war, sondern vielmehr die Befriedigung der massiven Käufernachfrage. Dies änderte sich langsam. Massenmärkte entstanden: Aus dem Verkäufermarkt wurde ein Käufermarkt. In dem Maße, in dem die Käufer zwischen vielen ähnlichen Produkten und Marken auswählen konnten, gewannen das Marketing sowie produkt- und markenbezogene PR-Maßnahmen an Bedeutung. Zudem hatten sich die politischen und wirtschaftlichen Rahmenbedingungen in Deutschland verändert: Die Regierung war erstmals SPD-geführt, die Wirtschaft, die bis dahin bruchlos gewachsen war und dem Land Vollbeschäftigung beschert hatte, stagnierte bei gleichzeitiger Inflation.

In dieser Zeit begannen die Unternehmer sich Gedanken über ihr öffentliches Image zu machen. Eine Umfrage aus den frühen siebziger Jahren belegt, dass das Vertrauen der Bevölkerung in die Unternehmerschaft schwand. Während 1968 noch 59 Prozent der Bevölkerung der Aussage „Der Unternehmer ist sozial" und 49 Prozent dem Statement „Der Unternehmer ist vorbildlich" zustimmten, waren es 1972 nur noch 18 bzw. 3 Prozent (vgl. Jessen/Lerch 1978, S. 80). Die Sorge um die Wahrnehmung der Wirtschaft in der Öffentlichkeit gewann eine zusätzliche Bedeutung, als in den siebziger und achtziger Jahren eine Diskussion um die Verantwortung von Unternehmen gegenüber der Umwelt einsetzte. Das Kommunikationsziel von Unternehmen erweiterte sich: Neben die klassische Marktkommunikation trat eine Orientierung auf gesellschaftliche Bezugsgruppen und ökologische und ethische Verantwortung. Nun ging es darum, das Image des eigenen Unternehmens und auch das Handeln der Unternehmerschaft positiv darzustellen und gesellschaftliches Vertrauen zu erwerben.

Bei der Kommunikation von Wirtschaftsunternehmen kann man zwischen kurzfristigen und langfristigen sowie marktbezogenen und gesellschaftsbezogenen Kommunikationszielen unterscheiden. Kurzfristige und marktbezogene Kommunikationsziele sind eher absatz-, langfristige und gesellschaftsbezogene Kommunikationsziele sind eher vertrauensorientiert.

Abb. 2.2.: Kommunikationsziele von Wirtschaftsunternehmen

Bei der langfristigen und gesellschaftsbezogenen Kommunikation, die das Ziel hat, allgemeines Vertrauen zurückzugewinnen oder zu erhalten (vgl. Bentele 1994), spielt Transparenz eine große Rolle. Die Transparenznorm betrifft vor allem Informationen über das Unternehmen und seine Produkte oder Dienstleistungen. Sie hält z.B. dazu an, Produktionsverfahren offenzulegen, zu sagen, woher Rohstoffe bezogen und wie sie verarbeitet werden und was mit Abfallprodukten geschieht. Transparenz lässt sich aber auch symbolisch demonstrieren, indem man etwa – wie VW in Dresden – eine gläserne Fabrik baut. Solche Versuche der symbolischen Herstellung von Transparenz richten sich nicht nur direkt an die Bürger und Kunden, sondern auch an die Medien, von denen sich die Wirtschaft eine positive Resonanz erhofft.

3. Public Relations als Handlungsfeld

3.1. Was ist PR?

Der Begriff der Public Relations ist vielschichtig und je nach analytischer Ebene und Perspektive bezeichnet PR entweder ein gesellschaftliches Teilsystem zur Herstellung von öffentlichem Vertrauen (vgl. Ronneberger/Rühl 1992) oder eine Organisationsstrategie zur Durchsetzung von spezifischen Kommunikations- oder Unternehmenszielen (vgl. Röttger 2000). Public Relations kann aus der Sicht gesellschaftlicher Organisationen als ein Mittel der Reduktion von Unsicherheit begriffen werden (vgl. Theis 1993). Diese Unsicherheit entsteht durch die vielfältige und in ihren Anforderungen manchmal widersprüchliche Umwelt von Organisationen (Medien, Wähler, Mitglieder oder Konsumenten) sowie durch die allgemeine Konkurrenz um öffentliche Aufmerksamkeit. Öffentlichkeitsarbeit – als organisatorisch verankertes Kommunikationsmanagement in bezug auf die Umwelt der Organisation – entwickelt Strategien zur Durchsetzung von Organisationsinteressen gegenüber der Öffentlichkeit.
Charakteristisch für die PR ist, dass sie sowohl auf die internen als auch die externen Kommunikationsbeziehungen abzielt: In

Bezug auf die Organisation selbst kann man PR als eine strategische Managementaufgabe verstehen, in deren Rahmen Konzeptionen für die Darstellung der Organisation in der Öffentlichkeit entwickelt werden. Diese Konzepte zielen gleichermaßen auf die Medien als Vermittler von Informationen wie auf die für die Organisation relevanten Teilöffentlichkeiten. Das können Kunden und Lieferanten, Wähler, Mitglieder oder bestimmte Bevölkerungsgruppen sein, die eine Organisation erreichen möchte. Gleichwohl sind die Medien die wichtigste Bezugsgruppe der PR; denn durch ihre Reichweite und Glaubwürdigkeit eröffnen sie den Organisationen die umfassendsten Chancen einer positiven Außendarstellung. In diesem Sinne lässt sich PR wie folgt definieren:

„Öffentlichkeitsarbeit oder Public Relations ist das Management von Informations- und Kommunikationsprozessen zwischen Organisationen einerseits und ihren internen oder externen Umwelten (Teilöffentlichkeiten) andererseits." (Bentele 1997, S. 22)

Die organisations- und handlungstheoretische Perspektive auf die PR hat den Vorzug, dass sie Kategorien der organisatorischen Verankerung (Zuständigkeiten, Teilzuständigkeiten, Ausdifferenzierung politischer Institutionen, Zeit- und Planungshorizonte, Handlungsebenen, zentralisierte und dezentralisierte Entscheidungsprozesse) anbietet (vgl. Theis 1993) und somit Maßstäbe für eine Analyse der Professionalisierung sowie des Erfolges bzw. Misserfolges der Öffentlichkeitsarbeit setzt (vgl. z.B. Jarren 1994). Soll die Analyse der PR über die Beschreibung von Kommunikationsaktivitäten einzelner Organisationen hinaus gehen, so rückt gerade das Zusammenspiel von PR und Journalismus in den Mittelpunkt der Betrachtung. Was also sind Unterschiede, was sind Gemeinsamkeiten von PR und Journalismus?

Journalisten und Public Relations-Akteure suchen zu informieren und zum Teil auch zu überzeugen. Beide haben den Anspruch, Themen der öffentlichen Kommunikation bereitzustellen, die Anschlusskommunikation erlauben oder provozieren. Gleichwohl liegen die Unterschiede zwischen PR und Journalismus auf der Hand: Journalismus betreibt in der Regel Fremddarstellung, d.h. es werden Ereignisse, Themen und Handlungen kommuniziert, die nichts mit der eigenen Organisation zu tun haben. Obwohl man nicht in Abrede stellen kann, dass auch Journalisten, z.B. wenn sie über ihren eigenen Verlag berichten oder wenn sie über spezifische Unternehmen oder Produkte schreiben, interessengeleitet arbeiten mögen, so ist die Norm des Journalismus die der Objektivität und Neutralität. Dafür sieht der Journalismus bestimmte durch Kodizes fixierte Professionsnormen vor, wie z.B. die Trennung von Nachricht und Kommentar. Im Gegensatz dazu sind die Ziele und Botschaften der PR durch Interessen definiert, denn im Mittelpunkt stehen die Selbstdarstellung der Organisation in der internen und externen Umwelt sowie die Kontrolle von Umweltkontingenzen. Im Konzert der öffentlichen Sprecher versuchen Unternehmen und Non-Profit-Organisationen sich selbst und ihre Ziele in ein positives Licht zu rücken, indem sie ihre Leistungen und diejenigen für die Gesellschaft hervorheben. Diese Funktion ist immer interessengeleitet, sei es dass ein neues Produkt auf den Markt kommt, sei es dass ein Unternehmen ein neues Image aufbauen möchte, sei es dass eine Non-Profit-Organisationen die Abholzung der Regenwälder anprangert oder sei es dass ein Unternehmen in einer Krisensituation versucht, transparent zu sein und Vertrauen wiederherzustellen.

Ein weiteres Unterscheidungskriterium ist, dass Journalismus in der Regel nur in eine Richtung kommuniziert. Die Rezipienten haben zwar die Möglichkeit, sich z.B. in Form von Leserbriefen zu äußern, doch ist der Dialog nicht das hervorstechende Kennzeichen der klassischen Massenkommunikation. Gleiches gilt im Grundsatz auch für die PR, doch die neueren Ansätze betonen den Aspekt der dialogischen Kommunikation und entwickeln dafür entsprechende Instrumente (siehe auch die Übersicht 2.4. in Abschnitt 3.3.1. dieses Kapitels).

3.2. Politische PR: Handlungsrepertoire und Strategien

Die Produkte der politischen Öffentlichkeitsarbeit sind vielfältig und prägen unsere alltägliche Wahrnehmung von Politik. Als Zeitungsleser, Fernsehzuschauer, Bürger und Wähler nehmen wir das Ergebnis der politischen Öffentlichkeitsarbeit täglich bewusst oder unbewusst zur Kenntnis. Sei es, dass uns Berichte über Regierungsvorhaben wie die Steuerreform, Stellungnahmen von Politikern zu aktuellen Problemen wie z.B. den BSE-Skandal, Anzeigen zur AIDS-Prävention oder Plakate zur Einführung des Euro begegnen. Bemerkenswert ist indessen, dass die politische Kommunikationsforschung jenseits episodischer Berichte von Praktikern kaum systematisches Wissen über das Handlungsrepertoire der politischen Öffentlichkeitsarbeit und noch weniger über die Frage, wann welche Handlungsoptionen eingesetzt werden, zur Verfügung stellt. Im folgenden wollen wir daher den Versuch machen, das konkrete Handlungsrepertoire, also die unterschiedlichen Maßnahmen und Produkte der politischen Öffentlichkeitsarbeit zu diskutieren.

3.2.1. Besonderheiten politischer PR

Staatliche Öffentlichkeitsarbeit und politische PR gehören in der Bundesrepublik inzwischen zu den selbstverständliche Kommunikationsoptionen der „Politikvermittlung" (vgl. Sarcinelli 1987), die uns auf allen Ebenen des politischen Systems begegnet. Politische Öffentlichkeitsarbeit unterscheidet sich von der Wirtschafts- und Unternehmens-PR durch mindestens zwei Aspekte (vgl. Jarren 1994, S. 655):

1. Öffentlichkeitsarbeit für das politische System muss sich mit „dem Allzuständigkeitsproblem von Politik und den daraus resultierenden Folgen" herumschlagen und
2. Öffentlichkeitsarbeit für das politische System „wendet sich im Grundsatz an die gesamte Bürgerschaft, also zumindest an alle Wähler, gleichermaßen."

Am deutlichsten wird diese Gesamtzuständigkeit bei der staatlichen Öffentlichkeitsarbeit der Bundesregierung: Die Regierung verfügt mit dem Bundespresse- und Informationsamt (BPA) über eine rund 700köpfige Behörde für Öffentlichkeitsarbeit, die der Regierungssprecher leitet. Daneben verfügen die Ministerien über Sprecher und Pressestellen, ebenso der Bundesrat, der Bundespräsident, das Bundesverfassungsgericht, die Länder und Kommunen. Die Presse- und Öffentlichkeitsarbeit dieser politischen Institutionen kann sich auf den Artikel 5 des Grundgesetzes berufen (vgl. Gebauer 1999). Das Grundrecht auf Informations- und Meinungsfreiheit sichert das Recht der Bürger, sich über staatliche Entscheidungs- und Handlungsprozesse zu informieren und die Landespressegesetze sichern das Privileg von Journalisten, bei staatlichen Behörden Auskunft zu erhalten.

Vor dem Hintergrund der historischen Erfahrungen im NS-Staat ist staatliche Öffentlichkeitsarbeit in der Bundesrepublik allerdings ein besonders sensibles Feld. Eine der grundlegenden Rechtsnormen in diesem Bereich ist daher, dass sich staatliche PR eindeutig von Propaganda und Manipulation abgrenzen muss. Daher hat es in der Geschichte der Bundesrepublik immer wieder massive Konflikte um die Trennung von staatlicher PR und politischer Parteienwerbung, also um die Auslegung von Normen, gegeben. So urteilte das Bundesverfassungsgericht im März 1977 nach einer Klage der CDU, dass staatliche Öffentlichkeitsarbeit erforderlich und legitim ist, dass sich die Regierung aber in Wahlkampfzeiten nicht mit politischen Parteien identifizieren, sich nicht parteilich betätigen und auch nicht die Instrumente ihrer Öffentlichkeitsarbeit als Wahlwerbung missbrauchen darf (vgl. Bentele 1998, S. 132).

Angesichts der wachsenden Kommunikationserfordernisse in der modernen Mediengesellschaft, der sich auch Regierungen ausgesetzt sehen, sind die vom Verfassungsgericht vorgegebenen Grenzen schwer zu ziehen. In Wahlkampfzeiten kommt es nach wie vor regelmäßig zu politischen und rechtlichen Auseinandersetzungen über die Grenzen zwischen legitimer Regierungsinformation und nicht-legitimer Parteien- und Wahlwerbung.

3.2.2. Strategien politischer PR

Betrachtet man die PR-Instrumente, so gilt bis heute, dass die *konventionelle Presse- und Medienarbeit* in Deutschland als der Königsweg gilt, wenn es darum geht, die Verlautbarungen von Regierungen und politischen Institutionen publik zu machen und breit zu streuen. Mit anderen Worten: Öffentlichkeitsarbeiter betrachten die aktuelle Presse- und Medienarbeit als ihre Kernaufgabe (vgl. Jarren 1994, S. 666) und widmen ihr den weitaus größten Teil ihrer Arbeit. Die aktuelle Medienarbeit beinhaltet die kontinuierliche Produktion von mehr oder weniger gelungenen Pressematerialien, die ständige Auskunfts- und Ansprachebereitschaft von Mitarbeitern in Pressestellen, die Aufrechterhaltung laufender Kontakte zu Journalisten sowie die Veranstaltung von regelmäßigen Pressegesprächen und Pressekonferenzen.

Dieser Ansatz der politischen Öffentlichkeitsarbeit kann allerdings nur so lange erfolgreich sein, wie Journalisten und Publikum die Prämisse von politischer Kommunikation als einseitigem Verkaufsgeschäft, die Problemlösungskompetenz von Politik sowie die Politiker als glaubwürdige Quelle akzeptieren. Wenn das allgemeine Vertrauen in die Politik abnimmt, die Konkurrenz der Quellen sowie der Medien selbst steigt und die Medien sich von ihren Gemeinwohlverpflichtungen tendenziell lösen, dann muss die Verlautbarungspolitik der konventionellen aktuellen Medienarbeit zwangsläufig an Effektivität verlieren. In einer solchen Situation beginnen Politiker und Kommunikationsexperten in politischen Institutionen sich Gedanken über *strategische Kommunikation und News Management* machen.

Wenn Parteien und Politiker ihre Kommunikationsaktivitäten strategisch planen und nach den Regeln der Medienlogik inszenieren, steht dahinter die Annahme, dass der politische Prozess auch zwischen den Wahlen als eine „permanente Kampagne" mit dem Ziel der öffentlichen Meinungsführerschaft zu begreifen sei. News Management erscheint vor dem Hintergrund solcher Überlegungen als ein praktischer und gleichzeitig politischer Lösungsansatz. Während sich die Ziele von News Management leicht identifizieren lassen, ist es schwierig, das konkrete Handlungsrepertoire dieser Kommunikationsstrategien zu rekonstruieren. In Anlehnung an die Forschung zur Wahlkampfkommunikation kann man aber folgende Handlungsoptionen zum Repertoire des News Managements zählen:

1. Die Personalisierung von Politik;
2. die symbolische Dramatisierung politischer Themen und die Inszenierung von „Pseudo-Ereignissen", d.h. Ereignisse deren Sinn ausschließlich darin besteht, in den Medien berichtet zu werden (vgl. Boorstin 1987);

3. Negativismus und symbolisch aufgeladene politische Angriffe und
4. Formen des „Framing", d.h. der kommunikativen Durchsetzung eines fixierten Interpretationsrahmens für ein Thema oder Problem.

Diese Kommunikationsoptionen lassen sich in zwei Haupttypen grob unterteilen: Die eher *medienorientierte Variante* des News Managements ist weitgehend mit dem Aktionsrepertoire des politischen Marketings gleichzusetzen. Politische Themen und Images werden demnach als symbolische und synthetische Produkte angesehen, die auf spezifische (Teil-)Öffentlichkeiten und deren Befindlichkeiten zugeschnitten sind und in der Kommunikation kompromisslos an die Formate, Nachrichtenwerte und die Logik der Medien angepasst werden. Im Vordergrund steht die Medienaufmerksamkeit, die politische Substanz ist eher nachrangig. Formen wie die Personalisierung von Politik, die Dramatisierung politischer Themen und Pseudo-Ereignisse können als konkrete Techniken dieser medienorientierten Strategie angesehen werden.

Eine eher *(partei-)politische Variante* des News Managements setzt indessen auf die politischen Ziele der Informationsproduzenten und versucht, die machtpolitischen Kalküle innerhalb des politischen Systems zu nutzen. Politische Botschaften sind demnach immer Ausdruck des politischen Willens und werden hinsichtlich ihres Nutzens für die jeweilige politische Organisation und die Integration bzw. Mobilisierung ihrer Mitglieder betrachtet. Diese Variante des News Managements versucht, die Produktionsregeln und die Auswahlkriterien der Massenmedien für ihre strategischen Zwecke zu instrumentalisieren, ohne die politische Zielsetzung aufzugeben. Handlungsoptionen des politischen News Managements sind Negativismus und politische Attacken, aber auch Versuche des Framing.

Die Frage, ob eher medienorientierte oder eher politische Stile des News Managements zum Zuge kommen, hängt von den strukturellen und normativen Grundlagen und Rahmenbedingungen der politischen Kommunikation eines Landes ab (vgl. Pfetsch 1998): Diese Kontextbedingungen sind durch die Werte und Strukturen des politischen Systems und des Mediensystems bedingt, die jeweils unterschiedliche Kommunikationsrollen und organisatorische Verankerungen der politischen Öffentlichkeitsarbeit hervorbringen. So kann man annehmen, dass die politische Kommunikation in einem parlamentarischen Regierungssystem wie der Bundesrepublik Deutschland sich nicht ausschließlich auf medienorientierte Stile des News Managements, also z.B. auf populäre Fernsehauftritte des Bundeskanzlers in Showsendungen, beschränken kann. Die Kommunikation des Bundeskanzlers muss vielmehr die Konstellation der Regierung als einer von Parlaments- und Bundesratsmehrheiten abhängigen Koalition sowie die Machtbeziehungen der Parteien miteinbeziehen und kann sich daher nicht ausschließlich auf die Medien kaprizieren. Es ist daher wahrscheinlich, dass in Deutschland vorwiegend politische News Management-Stile und Handlungsoptionen im Vordergrund stehen.

Dies lässt sich an der Regierungskommunikation in Berlin zeigen: Die offizielle Verlautbarungspolitik des Bundespresseamtes wird politisch flankiert durch eine strategisch geplante und politisch motivierte Informationspolitik. Diese wird zumeist abgesichert durch die Kooperation zwischen Journalisten und Regierungssprechern in den sog. politischen Hintergrundkreisen, die dazu dienen, politische Motive zu beleuchten, Sprachregelungen zu lancieren und die Reaktion von Journalisten zu testen. Die Hintergrundkreise beruhen auf einem vereinbarten Kodex in bezug auf die Veröffentlichung bzw. Nichtveröffentlichung der jeweiligen Information.

„Das sogenannte Hintergrundgespräch ist so etwas wie ein Katalysator der Bonner Medienrepublik, eine black box, in der Meinungen gerichtet und beschleunigt werden. Hier treffen sich Politiker und Journalisten zum meist vertraulichen Informationsaustausch. Für den Politiker hat das den Vorteil, dass er erwählte Journalisten meinungsmäßig massieren kann; Journalisten umgekehrt können endlich einmal über ein Reformkonzept nachdenken, ohne wenige Stunden später schon zum Laptop eilen zu müssen und (vielleicht vorschnell) Lob oder Verdammung zu verbreiten.

So gesehen bringt das Hintergrundgespräch für den rechtschaffenen Politiker nur Vorteile. Nur manchmal, wenn nicht alles läuft wie geplant, kann es ein ganzes Reformkonzept kippen. Arbeitsminister Walter Riester ist genau dies jüngst passiert. Um zu verstehen, was ihm widerfahren ist, muss man folgendes wissen: In Hintergrundgesprächen gibt es drei Geheimnisstufen. Die laxeste, Codewort ‚unter eins', bedeutet: Wenn Riester dies und das sagt, darf der Journalist am nächsten Tag schreiben, Riester sagte dies und das. Die nächstschärfere Stufe, ‚unter zwei', erlaubt nur noch, das Zitat mit der Angabe ‚hieß es in Regierungskreisen' zu versehen. Und die vertraulichste, ‚unter drei', erlaubt gar nicht mehr zu zitieren, der Journalist darf nur noch Bescheid wissen – für sich selbst und seine Kommentare.

Am vorvergangenen Montag also lud der Minister fünf Journalisten zu einem Hintergrundgespräch, und zwar streng ‚unter drei', um über sein neues Rentenkonzept zu plaudern. Als die fünf bei Riester Platz genommen hatten, sagte einer, er wisse sowieso schon alles, jemand habe es ihm ‚unter zwei' gesteckt. Er könne also bei Riesters Unter-Drei-Gespräch nicht bleiben, da er dann verpflichtet sei, nichts zu schreiben. Riester reagierte prompt. ‚Na gut, dann machen wir es unter zwei' – und das Verhängnis nahm seinen Lauf. Noch bevor die Zeitungen gedruckt waren, wusste beinah jeder in Bonn, dass fünf Journalisten ‚exklusiv' wussten, was alle wissen wollten und darüber auch noch ‚exklusiv' am nächsten Tag schreiben durften.

Reaktion 1, die Journalisten: Wer nicht geladen war, reagiert sauer. ‚Bild' titelte mit ‚Zwangsrente' und drohte eine ‚Wutwelle' an. Die große Westdeutsche Allgemeine Zeitung (WAZ), so erzählte man im Arbeitsministerium, musste feststellen, dass die kleine Westfälische Allgemeine wusste, was sie auch gern gewusst hätte – und kommentierte gegen Riesters Konzept an, als habe er die Zerschlagung der WAZ-Gruppe angeordnet.

Reaktion 2, die Politiker: Weil auch Abgeordnete eitle Menschen sind und gefragt werden wollen, schlugen sie auf Riester ein. Als sie sein Konzept zertrümmert und ihr Ego befriedigt hatten, stellt der Grünen-Fraktionschef Rezzo Schlauch stellvertretend für viele andere fest: ‚Wir müssen uns das Konzept noch einmal genau anschauen'." (Marc Hujer, Süddeutsche Zeitung, 28. Juni 1999)

3.2.3. Politisches Marketing in Wahlkämpfen

Während die politische PR zwischen den Wahlen auf die Instrumente der Pressearbeit und des News Managements gerichtet ist, erreicht die Parteienkommunikation in Wahlkämpfen ihren Höhepunkt. Abbildung 2.3. skizziert modellhaft den Prozess der Wahlkampfkommunikation. Auf der linken Seit des Modells sind die Einflussfaktoren auf den Planungsprozess und die Strategiebildung der Wahlkampfkommunikation aufgeführt. In der Mitte stehen die wichtigsten Kommunikationskanäle, die die Wahlkampfbotschaften transportieren sollen. Die rechte Seite bildet schließlich die Wähler als Empfänger von Wahlkampfbotschaften ab. Die Reaktionen des Publikums beeinflussen in einem Feedbackprozess wiederum die Wahlkampfplanung.

Abb. 2.3.:
Modell der
Wahlkampf-
kommunikation

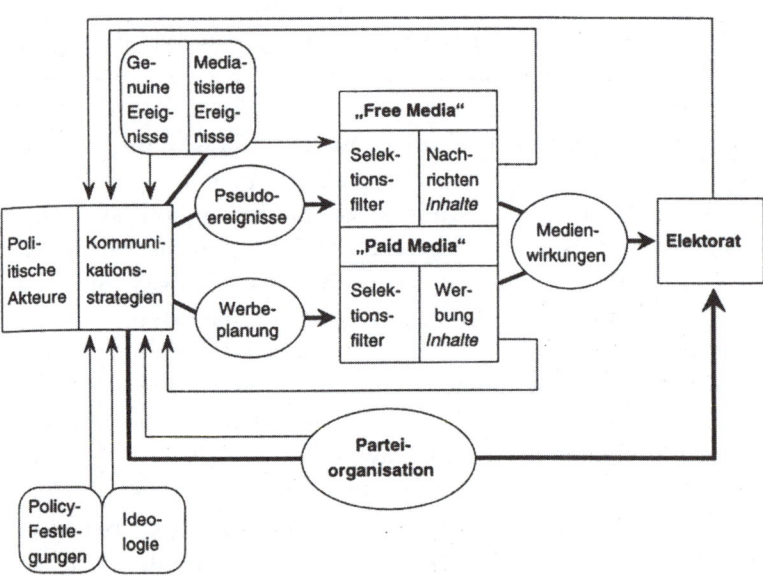

Quelle: Schmitt-Beck/Pfetsch 1994, S. 117

Betrachtet man den Planungsprozess von Wahlkämpfen, so gelten bei der Strategiefindung verschiedene einschränkende Faktoren: Durch programmatische Festlegungen (Policy-Festlegungen) und ideologische Bindungen der Wähler sind den Parteien Beschränkungen auferlegt. Zudem profilieren sich die Wähler durch ihr Entscheidungsverhalten bei früheren Wahlen als spezifische Zielgruppe, deren Präferenzen beobachtet werden müssen. Die Meinungsforschung ist heute bei den meisten Parteien ein selbstverständliches Element der Wahlkampfplanung.

In Bezug auf die Massenmedien unterscheidet das politische Marketing im Wahlkampf zunächst zwischen „paid media" und „free media". Die „bezahlten" Medien umfassen alle Arten von bezahlter Werbung, von Plakaten und Eigenpublikationen der Parteien über Zeitungsanzeigen bis hin zu den Werbespots im Fernsehen. Im Rahmen ihrer finanziellen Möglichkeiten haben politische Parteien hier weitgehende Gestaltungsfreiheit und können ihre Werbung nach den Regeln dieser „Kunst" auf ihre Ziele abstimmen.

Die entscheidende Bedeutung für die Politikvermittlung im Wahlkampf wird den „free media" zugesprochen, die die alltägliche Medienberichterstattung umfasst. Die Parteien schreiben vor allem dem Fernsehen ein starkes politisches Wirkungspotenzial zu, nicht zuletzt in bezug auf die Beeinflussung der sich kurzfristig entscheidenden Wähler. Im „Medienwahlkampf" wird daher versucht, die aktuelle Berichterstattung als kostenlosen Werbeträger zu instrumentalisieren. Wahlkampfmanager unterstellen, dass die medienvermittelte politische Realität von den Wählern nicht als Produkt von Wahlkampfstrategien erkannt, sondern als „Politik schlechthin" wahrgenommen wird (vgl. Radunski 1983, S. 136).

Die Versuche von Wahlkampfmanagern, die Nachrichtenmedien als Plattform zu instrumentalisieren, stoßen an drei Seiten auf Grenzen:

1. Der Wahlkampf markiert eine Konkurrenzsituation, in der eine Vielzahl von politischen Akteuren mit strukturell ähnlichen Strategien um die Aufmerksamkeit der Medien kämpft. Schon aus Kapazitätsgründen können nicht alle Informationsangebote von den Medien gleichermaßen berücksichtigt werden.
2. Die Medienrealität ist nicht nur ein Reflex der Inszenierungsstrategien politischer Akteure, sondern stellt zugleich auch eine Verarbeitung der „genuinen" politischen Ereignisse

(Kepplinger 1990, S. 46) dar. Dies sind Ereignisse der materiellen Politik, die ihre Relevanz aus ihrem Stellenwert im politischen Entscheidungsprozeß gewinnen. Häufig werden diese allerdings kommunikationsstrategisch überformt und gestaltet; man kann sie dann als „mediatisierte Ereignisse" (ebd.) bezeichnen. Der eingangs erwähnte Wahlparteitag der SPD im Jahre 1998 oder Auslandsreisen von Kandidaten gehören zu diesen Ereignissen. Viele genuine politische Ereignisse liegen jedoch auch außerhalb der Kontroll- und Einflussmöglichkeiten politischer Akteure. Der Zusammenbruch des Regimes in der DDR im Vorfeld der Bundestagswahl 1990 war eine Entwicklung, die alle Parteien unter Reaktionszwang setzte. Die jederzeit bestehende Möglichkeit derartiger Einwirkungen „höherer Gewalt" bringt in jeden Wahlkampf ein Moment der Zufälligkeit und stellt für die professionelle Kompetenz, Flexibilität und Kreativität der Kommunikationsstrategen eine Herausforderung dar.
3. Schließlich setzt die Eigeninitiative der Medien dem politischen Marketing im Wahlkampf Schranken. Massenmedien reagieren nicht nur auf externe Reize, sondern greifen bestimmte Themen auch aus eigener Initiative auf. Sie engen dadurch den Raum ein, der zur Verfügung steht, um inszenierte Ereignisse zu berücksichtigen. Freilich gibt es auch hier eine Grauzone, denn vermeintlich exklusive Medienberichte gehen häufig auf die Initiative von politischen Akteuren z.B. in Hintergrundgesprächen zurück.

Ein wichtiger Aspekt der Wahlkampfkommunikation betrifft schließlich die Dynamik der Kommunikation. In Wahlkämpfen diskutieren die Parteien nicht miteinander, sondern vermittelt durch das Mediensystem allenfalls übereinander, wenn nicht aneinander vorbei. Sie stehen in einem „publizistischen Konflikt" (Kepplinger 1994), d.h. einer Konstellation, in der mehrere Akteure zugleich konkurrierend versuchen, durch kommunikative Inszenierungsstrategien die Medien zu ihren Gunsten zu beeinflussen. Jeder von ihnen gerät dadurch unter den Druck, permanent auch auf die Inszenierungen der anderen Akteure zu reagieren.

3.2.4. Politische Kampagnen

Im Gegensatz zu den thematisch breit angelegten und regelmäßig wiederkehrenden Wahlkämpfen markieren Kampagnen "dramaturgisch angelegte, thematisch begrenzte, zeitlich befristete kommunikative Strategien zur Erzeugung öffentlicher Aufmerksamkeit" (Röttger 2001a, S. 15). Im Mittelpunkt einer Kampagne steht also die Zuspitzung *eines* Problems, für das öffentlich mobilisiert werden soll. Kampagnen verfolgen, wie Röttger (2001a, S. 16-17) zeigt, eine „kommunikative Doppelstrategie": Sie sind einerseits in ihrer inhaltlichen Aufbereitung und zeitlichen Ereignisstruktur auf die Medienlogik angelegt und zielen auf eine hohe Medienresonanz ab. Sie sind andererseits direkt auf die Aufmerksamkeit und das Vertrauen des Publikums oder spezifischer Teilöffentlichkeiten gerichtet und zielen auf deren Mobilisierung ab.

„Medienresonanz und Bevölkerungsmobilisierung bedingen und beeinflussen sich gegenseitig; eine hohe Medienresonanz begünstigt eine hohe Publikumsresonanz und umgekehrt. Dem Zusammenspiel von Medienresonanz und Wahrnehmung durch das Publikum haftet allerdings immer auch die Gefahr einer Verselbständigung der Kommunikation an. Zum Beispiel dann, wenn sich intendierter Protest in nicht beabsichtigten Boykott oder gar gewalttätige Aktionen verwandelt" (Röttger 2001a, S. 16).

Kampagnen sind, wie Vowe (2001) zeigt, risikoreiche „Feldzüge um die öffentliche Meinung", die eine hohe Eigendynamik entfalten können, weil kein Akteur das Handeln der anderen Akteure gezielt steuern kann, so dass der Erfolg einer Kampagne kaum planbar ist. Umso stärker wachsen die Bemühungen von gesellschaftlichen Sprechern, ihre Kampagnenkommunikation zur professionalisieren. Das traditionelle Instrumentarium der PR ist daher nur eine notwendige, nicht aber eine hinreichende Bedingung für die erwünschten Effekte. Kampagnen leben vor allem von symbolischen Dramatisierungen der Botschaft und von häufig klischeehaften und stereotypen Vereinfachungen ihres Anliegens. Zum Arsenal der Darsteller gehören Helden und Retter,

Gute und Böse, Krieger und Opfer. Die Drehbücher der Aktionen spitzen sich darauf zu, die als immer höher wahrgenommenen Selektionshürden der Medien und Wahrnehmungsschranken des Publikums zu überwinden:

„Reichte vor einigen Jahren eine Demonstration von Animal Peace vor einem Pelzgeschäft aus, um in die Medien zu kommen, müssen die TierschützerInnen heute mindestens bei minus zehn Grad nackt demonstrieren, um überhaupt noch Interesse für ihr Anliegen wecken zu können. Ein Ende der Entwicklung ist nicht abzusehen." (Röttger 2001a, S. 17-18)

Kampagnen galten lange Zeit als klassisches Kommunikationsmittel von unkonventionellen politischen Gruppen und sozialen Bewegungen. Klassische Themen der Kampagnenkommunikation sind Anliegen wie Frieden, Frauenrechte, der Schutz der Umwelt und der Anti-Atomprotest, die Verbesserung der städtischen Infrastrukturen, liberale Bürgerrechte und Demokratisierung sowie die Lage in der Dritten Welt. Die Kampagnenkommunikation unterlag in den jüngsten Jahren starken Wandlungsprozessen, die sich sowohl auf die Themen als auch auf die „Unternehmer" der Kampagnenkommunikation beziehen.

1. Seit den 90er Jahren gehört der Rechtsradikalismus zu den bedeutenden Themen der Kampagnenkommunikation von Bewegungen.
2. Neue technische Möglichkeiten der Netzkommunikation, z.B. auch das Internet, und die weltweite Zunahme von NGOs sowie deren kommunikative Vernetzung bewirken einen Aufschwung der Kampagnenkommunikation. Die Möglichkeiten der Netzwerkkommunikation erlauben inzwischen neue Dimensionen der globalen Mobilisierung, die sowohl von rechten wie auch von linken Bewegungen genutzt werden.
3. Eine Reihe von traditionell gemeinwohlorientierten Organisationen wie z.B. Greenpeace und Amnesty International haben sich inzwischen so professionalisiert, dass sie als Unternehmen mit vergleichsweise traditionellen hierarchischen

Organisationsstrukturen gelten können. Auch politische Parteien erkennen inzwischen die Vorteile kampagnenbezogener Kommunikation: So zeigte die CDU vor der Hessen-Wahl Anfang 1999 mit der Unterschriften-Aktion gegen die doppelte Staatsbürgerschaft, dass eine kampagnenorientierte Kommunikation kurzfristig Bürger mobilisieren und sogar Wahlergebnisse beeinflussen kann.

3.3. Unternehmens-PR: Handlungsrepertoire und Strategien

Unternehmens- und Agentur-PR verzeichnet in der Bundesrepublik seit Mitte der 80er Jahre hohe Zuwachsraten: Anfang der 90er Jahre wuchs die Zahl der PR-Agenturen jährlich zwischen 20 und 30 Prozent (vgl. Dorer 1994, S. 13); die durchschnittliche Umsatzsteigerung betrug Ende der 90er ebenfalls zwischen 20 und 30 Prozent (vgl. Vesper/Pfeffer 2000), im Jahr 2000 lag sie bei 26 Prozent (www.pr-ranking.de). Zu den wesentlichen Entwicklungen des PR Sektors gehören aber nicht nur das Wachstum der Branche, sondern eine Erweiterung des Handlungsrepertoires und der Kommunikationsstrategien.

3.3.1. Instrumente und Tätigkeitsfelder der Unternehmens-PR

Die traditionellen Instrumente der Unternehmens-PR sind vielfältig. Die Praktiker unterscheiden hier zunächst, ob sich die Maßnahmen auf interne bzw. externe sowie schriftliche bzw. mündliche Kommunikationsprozesse beziehen. Abbildung 2.4. gibt einen Überblick über die unterschiedlichen PR-Instrumente. Auch bei der Unternehmens-PR gehören die Pressemitteilung und die Pressekonferenz zum klassischen Handlungsrepertoire von Öffentlichkeitsarbeitern.

In beiden Fällen geht es zumeist darum, den Medien – in der Hoffnung auf Berichterstattung – Informationen über das Unternehmen betreffende Zusammenhänge zu geben. Dies kann die Vorstellung eines neuen Produkts, eines neuen Mitarbeiters oder der geschäftlichen Bilanz sein (Bilanzpressekonferenz). Pressemitteilung und Pressekonferenz gelten, wie auch das Hintergrundgespräch (siehe Abschnitt 3.2.2. dieses Kapitels), der Jour Fixe (ein regelmäßig mit Journalisten stattfindendes Treffen), der Geschäftsbericht, der Newsletter und die Fachtagung als eher sachliche Informationsübermittlung. Werblicheren Charakter haben dagegen die Imagebroschüre, der Tag der Offenen Tür, die Pressereise, der PR-Film und PR-Events. PR-Filme werden häufig auf Messen und bei Tagen der Offenen Tür sowie anderen Besuchsveranstaltungen eingesetzt. Vorläufer von PR-Events lassen sich schon im 19. Jahrhundert finden. So präsentierte Alfred Krupp bei der 1. Internationalen Industrie- und Kunstausstellung im Jahr 1851 in London einen 2.000 kg schweren Gussstahlblock, der symbolisch demonstrieren sollte, zu welchen Leistungen seine Firma fähig war (vgl. Kunczik 1997). Solche und ähnliche Events waren im 19. Jahrhundert eine seltene Ausnahme. Erst in der Mediengesellschaft kommt es zu einer Inflation von Medienevents im Rahmen der Wirtschafts-PR. D.h. auch die Unternehmen antizipieren die Bedingungen der Mediengesellschaft, indem sie versuchen, ihre Botschaften durch Events unterhaltsam zu dramatisieren, um beim breiten Publikum Aufmerksamkeit zu finden (vgl. Klenk 1999).

Abb. 2.4.: Instrumente der Unternehmens-PR

	extern		intern
schriftlich	Pressemitteilung Presseeinladung Imagebroschüre Geschäftsbericht Kundenzeitschrift Newsletter	Internet E-Mail Chatroom Plakat Flyer	Mitarbeiterzeitung Schwarzes Brett Geschäftsbericht Newsletter Intranet E-Mail
mündlich/ audiovisuell	Pressekonferenz Telefonkonferenz Hintergrundgespräch Jour Fixe Fachtagungen Tag der offenen Tür	Pressereise PR-Event PR-Film Hotline Netmeeting	Betriebsversammlung Betriebsjubiläum Betriebsausflug Tag der offenen Tür PR-Film Meeting (face to face)

Die Tatsache, dass Pressemitteilungen zu den ältesten Instrumenten der Öffentlichkeitsarbeit zählen, bedeutet nicht gleichzeitig, dass dieses Instrument von den Unternehmen oder PR-Agenturen beherrscht wird. Den Autoren von Pressemitteilungen aus der Wirtschaft stellt der stellvertretende Chefredakteur des „Handelsblattes", Bernd Ziesemer, im Fachmedium „PR Report", ein schlechtes Zeugnis aus: Er moniert unverständliche Satzungetüme, häufige Verwendung von Anglizismen und die Hervorhebung von Nichtigkeiten (vgl. PR-Report, 10. 11. 2000, S. 4).

Pressemitteilungen, die diese Schwächen aufweisen, landen zumeist im Redaktionspapierkorb. Beachten hingegen gesellschaftliche Sprecher bei ihrer Arbeit journalistische Produktionsroutinen, dann steigt die Chance, dass die Botschaft wahrgenommen, ausgewählt und journalistisch verarbeitet wird (vgl. Gazlig 1999: 197).

Neben den klassischen PR-Instrumenten hat sich das Internet mit seinen vielfältigen technischen Möglichkeiten entwickelt. Das Internet stellt PR-Praktiker zum einen vor die Aufgabe, ihr Unternehmen im World Wide Web zu präsentieren. Daten, Bilder, Pressemitteilungen und vieles mehr lassen sich bei den meisten Unternehmens-Websites herunterladen. Zum anderen eröffnet das Internet neue Möglichkeiten und Anforderungen hinsichtlich der Kommunikationsaktivitäten und -formen: Hier bieten sich für Unternehmen neue Formen dialogischer Kommunikation, etwa via E-Mail und Chatroom. Gleichzeitig sind Unternehmen gefordert, schnell zu reagieren. Dies gilt sowohl für das Beantworten von E-Mail-Anfragen als auch für das Updaten der Unternehmensinformationen auf der Homepage.

Blickt man insgesamt auf die Tätigkeit von PR-Praktikern, so fällt auf, dass PR aus einer Kombination von Kundenberatung, Konzept- und Analyseentwicklung, persönlicher Kontaktpflege, Textformulierung und Durchführung von PR-Aktionen besteht. Klaus Merten hat dieses Spektrum von Tätigkeiten in einer Umfrage unter PR-Praktikern erforscht (vgl. Merten 1997). Abbildung 2.5. zeigt, dass PR-Praktiker je nach Position und Organisation unterschiedliche Kommunikationsrollen einnehmen: Das Spektrum reicht vom Redakteur, der eine Mitarbeiterzeitung erstellt, über den PR-Referenten, der vornehmlich externe Kommunikation betreibt und Journalisten zuarbeitet, den Leiter Unternehmenspresse, der für Kundenzeitschriften und Imagebroschüren zuständig ist, bis zum Geschäftsleiter Kommunikation, der alle Kommunikationsmaßnahmen eines Unternehmens verantwortet und möglicherweise Mitglied der Geschäftsführung ist. Festzuhalten ist hier, dass Agenturmitarbeiter hauptsächlich mit Kundenberatung und Konzept-/Analyseentwicklung beschäftigt sind (zusammen 35,7 Prozent des Zeitbudgets), während selbständige PR-Berater hauptsächlich Texte formulieren (22,8 Prozent), persönliche Kontakte pflegen und Kunden beraten (zusammen 31,2 Prozent). Bei Mitarbeitern der Unternehmenskommunikation und Pressesprechern stehen jeweils die persönliche Kontaktpflege und Textformulierung im Vordergrund (33,8 Prozent bei Mitarbeitern der Unternehmenskommunkation, 38,6 Prozent bei Pressesprechern). Bemerkenswert ist, dass sämtliche Berufsrollen nur wenig Zeit für eine Erfolgskontrolle der PR-Tätigkeiten einräumen (zwischen 3,5 und 5,2 Prozent).

Abb. 2.5.: Zeitbudgets und Tätigkeitsprofile von PR-Praktikern

Anteile (%) von Tätigkeiten an der Gesamt-PR-Tätigkeit	Agentur	Selbständige PR-Berater	Unternehmen	Pressesprecher
Persönliche Kontaktpflege	14,9	15,6	17,0	18,2
Textformulierung	14,3	22,8	16,8	20,4
Durchführung von PR-Aktionen	11,0	11,4	15,3	14,3
Konzept-/Analyseentwicklung	17,5	14,3	12,8	13,7
Administrative Aufgaben	11,4	7,6	12,6	13,1
Film-, Photo-, AV-Produktion	1,8	1,8	4,2	2,3
Layout-Arbeiten	1,5	2,6	3,3	2,0
Mediaplanung	4,4	2,0	2,7	1,5
Erfolgskontrolle	4,5	3,5	5,2	4,5
Kundenberatung	18,2	15,6	2,8	4,0
Sonstige Tätigkeiten	2,8	2,8	8,2	6,3
Fallzahlen	100 % 118	100 % 61	100 % 96	100 % 71

Quelle: Merten 1997, S. 48

3.3.2 Strategien der Unternehmens-PR

Die Entwicklung von Kommunikationsstrategien in der Unternehmens-PR lässt zunächst eine fast inflationäre Zahl an Spezialgebieten erkennen, die häufig mit englischen Begriffen besetzt werden (z.B. Change Management). Viele dieser Bezeichnungen muss man als Modeerscheinungen mit einer begrenzten Halbwertszeit betrachten. Zu den eher nachhaltigen Veränderungen in der PR von Wirtschaftsunternehmen zählt indessen die Ausdifferenzierung unterschiedlicher strategischer PR-Felder wie Investor Relations, Image Management und Issues Management sowie die Krisen-PR.

„*Investor Relations*" ist die Bündelung und strategische Ausrichtung der Finanzkommunikation (vgl. Täubert 1998). Im Zuge der weltweiten Tendenz zur Kapitalbeschaffung an der Börse sind auch in Deutschland viele Firmen dazu übergegangen, sich Kapital am Aktienmarkt zu verschaffen. Damit sie während des Börsengangs öffentlich wahrgenommen werden, vertrauen viele dieser Firmen ihre Finanzkommunikation PR-Agenturen an. Investor Relations soll den Unternehmen während des Börsengangs Bekanntheit verschaffen und nach dem Börsengang die Kommunikation mit den aktuellen und potenziellen Aktionären sowie den relevanten Wirtschaftsmedien pflegen. Investor Relations stehen insofern vor einer schwierigen Kommunikationsaufgabe, als im Zeitalter vernetzter Kommunikation schon das kleinste Gerücht zu einem Absturz oder einem Höhenflug an der Börse führen kann.

Unter „*Image Management*" versteht man die strategische Planung einer Imageveränderung von Organisationen. Image Management beschäftigt sich mit der aktiven Gestaltung des Images mit dem Ziel der Platzierung einer Unternehmensidentität in der Öffentlichkeit. Imagebildung und -veränderung sind langfristige Prozesse, in denen Glaubwürdigkeit und Überzeugungskraft die entscheidenden Variablen sind. Das Unternehmen muss dabei einerseits die öffentlichen Erwartungen und Ansprüche planerisch vorwegnehmen und andererseits als öffentlicher Akteur eine eigenständige Reaktion auf diese Erwartungen inszenieren (vgl. Buss/Fink-Heuberger 2000, S. 74). Das Image hat damit eine Scharnierfunktion zwischen Öffentlichkeit und Organisation.

Mit „*Issues Management*" wird eine Strategie bezeichnet, die Themen mit Gefahren- oder Chancenpotenzial für eine Organisation beobachtet und kommunikativ bearbeitet (vgl. Röttger 2001b, Gaunt/Ollenburger 1995). Issues Management knüpft an die kommunikationswissenschaftlichen Konzepte des Agenda-Setting und Agenda-Building an. Agenda-Setting bezeichnet den Prozess, durch den die Massenmedien die Themen und deren

Rangfolge in der öffentlichen Diskussion setzen, die dann vom Publikum übernommen werden (vgl. dazu Kapitel 6, Abschnitt 4.3.). Agenda Building ist diesem Prozess vorgelagert: Hier geht es um die Genese von Themen, die Massenmedien aufgreifen. Unternehmen versuchen den Agenda-Building-Prozess mittels Issues Management anzustoßen oder in ihrem Sinne zu verändern. Um gefahren- und chancenreiche Themen erkennen zu können, müssen umweltbeobachtende Verfahren angewandt werden: Mittels Monitoring (z.B. Medienresonanzanalysen, Newsgroups im Internet) wird nach Themen gesucht, auf die das Unternehmen entweder aufzuspringen oder die es in seinem Sinne zu verändern sucht. So werden die Issues analysiert, in ihrer Wichtigkeit für das Unternehmen bewertet und strategisch bearbeitet. Issues Management richtet sich hauptsächlich an strategische Anspruchsgruppen wie Bürgerinitiativen, Protestgruppen oder Verbraucherschutzorganisationen. Diese Anspruchsgruppen werden, wenn möglich, dialogisch angesprochen und unter Umständen sogar in unternehmerische Projekte eingebunden.

Issues Management kann zugleich als Grundlage für „Krisen-PR" dienen. So beginnt erfolgreiches Krisenmanagement nicht erst dann, wenn eine Krise ausgebrochen ist. Krisen-PR gehört bei vielen Unternehmen zu den kontinuierlichen Kommunikationsaufgaben. Dies kann auf unterschiedliche Weise geschehen: Mittels Issues Management können Unternehmen, wie oben dargelegt, die für sie „gefährlichen" Themen erkennen und kommunikativ bearbeiten. Krisensituationen können also mittels einer guten Informationsbeschaffung, -auswertung und -verbreitung verhindert werden. Handelt es sich um Unternehmen, deren Alltagsgeschäft erhebliche Risiken (etwa Chemieunternehmen, Luftfahrtgesellschaften) bergen, kann der Umgang mit Krisensituationen durch den Aufbau interner Krisenorganisationen und durch das regelmäßige Simulieren von Krisenfällen geübt werden.

Eine Krisenfall wird dann als gegeben angenommen, wenn Organisationen sich Situationen von Bedrohung, Überraschung und Zeitdruck gegenübersehen (vgl. Bühl 1984: 27). Dabei kann man zwischen „Über-Nacht-Krisen" (etwa Unfälle, Naturkatast-

Kommunikationsleistungen gesellschaftlicher Akteure 75

rophen) und „Sich abzeichnenden Krisen" (Managementprobleme, Unternehmensverkäufe) unterscheiden (Klenk 1989: 30). Aufgrund ihrer durch Nachrichtenwerte geprägten Funktionslogik greifen Massenmedien solche Krisensituationen als berichtenswerte Ereignisse auf – häufig verschärft sich dadurch die Krisensituation, denn neben der eigentlichen Krise ist dann noch eine kommunikative Krise zu bewältigen.

Entscheidend für Unternehmen ist, dass die Kommunikation mit allen relevanten Anspruchsgruppen (vor allem Betroffene, Mitarbeiter, Medien) offen, transparent, aktiv und rasch geschieht. Beispiele wie etwa die der Fall Schneider/Deutsche Bank (vgl. Haller 1998) oder Greenpeace/Shell/BrentSpar (vgl. Vowe 2001) zeigen, dass eine defensive, hinhaltende Kommunikation im Krisenfall zu Unmut bei Journalisten und der Bevölkerung führt und die Glaubwürdigkeit sowie das Image des Unternehmens beschädigen kann. Am Beispiel des Krisenmanagements der ehemaligen Swissair nach dem Absturz von Flug 111 wollen wir zeigen, wie ein funktionierendes Krisenmanagement aussehen kann (vgl. van Beveren/Hubacher 1999).

Am 2. September 1998 um 3.20 Uhr früh stürzte eine Maschine des Typs MD-11 vor der US-amerikanischen Küste bei Halifax in den Ozean. Swissair reagierte auf den Absturz offen und schnell. Noch während der Nacht wurde eine Telefonkonferenz mit dem Partner Delta Airlines organisiert, der in den USA mit der Krisenbearbeitung beauftragt wurde. Bereits um 3.30 Uhr wurde das erste Statement via Fax und Internet veröffentlicht, der Swissair-Krisenstab trat um 4.40 Uhr morgens zusammen. Am Tag wurden alle Angehörigen (zumeist US-Bürger und Schweizer) informiert, die Passagierliste im Internet veröffentlicht, eine Infohotline sowie ein Family Assistance Center in Genf bei Swissair und eine Krisenkommandozentrale bei Delta in New York in Flughafennähe eingerichtet. Diese hier nur skizzenhaft beschriebene Krisenpolitik von Swissair gilt heute als Musterbeispiel für eine gelungenes Krisenmanagement. Es basierte auf zwei Grundlagen:

1. Einer vorhandenen Krisenpräventionsstruktur. Nach dem Unfall einer Swissair-Maschine in Athen im Jahr 1979 hat die Gesellschaft ein 2-gliedriges Krisenmanagement entwickelt. Ein Emerging Committee, bestehend aus Mitarbeitern unterschiedlicher Abteilungen, wurde als zentrale Stabsabteilung eingerichtet und einem Geschäftsleitungsmitglied unterstellt. Das Committee ist für die Koordination der Entscheidungen zuständig. Für die Betreuung der Hinterbliebenen und Mitarbeiter wurde das Swissair Emergency Team geschaffen.
2. Einer offenen und transparenten Kommunikation, die rasch und umfassend die Öffentlichkeit informiert. So kommunizierte Swissair auch unvollständige Informationen, um nicht in Verdacht zu geraten, Informationen zurückzuhalten.
3. war für den Erfolg bei den Medien auch die Organisation der Informationsbeschaffung und -verbreitung wichtig. So richtete man in der Schweiz ein Informationszentrale ein, die wie eine Zeitungsredaktion mit Redakteuren für unterschiedliche Gebiete aufgebaut war. Zentral war dabei der „News-Desk", bei dem alle Informationen zum Unglück einliefen. Anfragen von Journalisten wurden am News-Desk erfasst und zu den entsprechenden Mitarbeitern der Kommunikation oder zu Spezialisten weitergeleitet. Die Glaubwürdigkeit der Swissair-Kommunikation wurde zudem dadurch gestärkt, dass die Gesellschaft die Werbekampagne mit dem Slogan „Swissair – the refreshing airline" in den USA sofort absetzte.

3.4. Zur Professionalisierung von politischer und Unternehmens-PR

Das Wachstum der Kommunikationsleistungen und die Zunahme strategisch orientierter Kommunikationsmittel in Wirtschaft und Politik werden häufig als Beleg für eine umfassende Professionalisierung der Kommunikationsleistung gesellschaftlicher Akteure in der gegenwärtigen Mediengesellschaft gedeutet. Bei genauer Betrachtung zeigt sich aber, dass die PR in Deutschland, wenn man berufssoziologische Maßstäbe anlegt, (noch) keine Profession ist, sondern sich allenfalls auf dem Wege der Professionalisierung befindet. Berufszweige, denen man den Status einer Profession zuschreibt (etwa Ärzte oder Anwälte), sind durch fixierte

Ausbildungs- und Zugangsregeln zum Beruf, ein Fixierung des Berufswissens sowie von Normen und Regeln des „professionellen" Verhaltens und damit verbundene Kontrollinstanzen und Sanktionsmöglichkeiten bei Zuwiderhandeln, die bis hin zum Berufsverbot reichen können (vgl. Daheim 1970). Solche Strukturen fehlen bei Public Relations ebenso wie allgemein anerkannte Qualifikationsgrundlagen, eigene spezialisierte Kenntnisse und verbindliche ethische Standards (vgl. Röttger 2000).

Gleichwohl sind vor allem für die Wirtschafts-PR Anzeichen einer Professionalisierung der Branche zu erkennen:

1. Die Ausdifferenzierung von PR-Instrumenten und strategischen Handlungsoptionen spricht für eine Spezialisierung der Handlungsfelder der Öffentlichkeitsarbeit.
2. Die Spezialisierung geht einher mit einem Wachstum der Branche, die mit vorsichtigen Tendenzen einer Verberuflichung der PR-Tätigkeit verbunden ist: Während die PR lange Zeit zu den Aufgaben von Generalisten, d.h. Geschäftsführern und Unternehmensinhaber zählte, wuchs in den vergangenen 20 Jahren vor allem die Zahl derjenigen, die PR als eigenständige Aufgabe bearbeiten. Inzwischen schätzt man, dass die PR-Branche in der Bundesrepublik mehr als 20.000 Mitarbeiter beschäftigt (vgl. Rolke 1999, S. 432). Der Organisationsgrad der PR-Praktiker ist allerdings nicht sehr hoch: Die Zahl der DPRG-Mitglieder liegt bei rund 1.800. Damit ist nicht einmal jeder zehnte PR-Praktiker Mitglied der Standesorganisation. Die Gesellschaft Public Relations Agenturen (GPRA) listet zudem nur 28 Mitgliedsagenturen auf.[1]. Die Gründe liegen u.a. in den recht hohen Mitgliedschaftskosten und strengen Aufnahmekriterien.
3. Die Kommunikationsfunktion PR ist in den vergangenen Jahren aufgewertet worden: Zahlreiche Unternehmen haben die Leiter der Kommunikationsabteilung in die Vorstandsetage aufgenommen. Beispiele sind u.a. Klaus Kocks als ehemali-

---

[1] Eine genaue Zahl der PR-Agenturen ist nicht ermittelt. An der Honorarumfrage 2000 (siehe dazu www.pr-ranking.de) haben 148 Agenturen teilgenommen. Die Zahlen für PR-Agenturen und Einzelberater schwanken zwischen 500 und 900 (vgl. Fuhrberg 1997: 255).

ger Markenvorstand und Kommunikationschef bei VW und Dieter Hahn als Leiter der Unternehmenskommunikation und gleichzeitig stellvertretender Geschäftsführer der Kirch-Gruppe. Andere Unternehmen verschmelzen wiederum PR und Marketing zu einer Abteilung mit strategischer Managementfunktion. Sie folgen dem aus der Betriebswirtschaftslehre stammenden Konzept der Integrierten Kommunikation (vgl. Bruhn/Boenigk 1999). Zuweilen sind es aber auch reine Kostengründe, die Unternehmen dazu bewegen, die Kommunikations- und die Marketingabteilung zusammenzulegen.

4. Auf Tendenzen einer Professionalisierung weist schließlich die Auseinandersetzung mit der Berufsethik hin. Die Bestrebungen, einen Standeskodex zu institutionalisieren, mündeten u.a. 1985 in der Gründung des Deutschen Rats für Public Relations (DRPR). Der DRPR berät – analog zum Deutschen Presserat – über Verstöße gegen PR-Kodizes wie den „Code de Lisbonne" oder den „Code d'Athènes". Die Mitglieder der DPRG und der GPRA verpflichten sich beim Eintreten in die jeweilige Organisation dazu, diese ethischen Kodizes anzuerkennen. Rechtlich bindend ist die Einhaltung der Kodizes allerdings nicht, der DRPR kann bei Zuwiderhandeln allenfalls eine öffentliche Rüge aussprechen.

Während man für die Wirtschafts-PR in Deutschland Anhaltspunkte für eine Professionalisierung finden kann, muss man der politischen Öffentlichkeitsarbeit in Deutschland nach wie vor beträchtliche Professionalisierungsdefizite, ein geringer Organisationsgrad sowie ein Mangel an spezifischen Berufs- und Funktionsrollen bescheinigen (vgl. Jarren 1994; 1997). Die Öffentlichkeitsarbeit in politischen Organisationen ist allenfalls in dem Sinne professionell, als sie von hauptberuflichen Kommunikationsexperten in festen PR- oder Pressestellen ausgeübt wird. Die hauptberuflichen Sprecher politischer Organisationen kann man als „Politikvermittlungsexperten" (vgl. Tenscher 1999, S. 8-9) bezeichnen, d.h. als Personen, die in einer oder für eine politische Institution arbeiten, ohne selbst ein politisches Amt zu bekleiden. Ihre Aufgaben liegen im Management politischer Informations- und Kommunikationsprozesse, in der Politikberatung und/oder in der Vermittlung von Politik zwischen ihrem politischen Auftraggeber und politischen (Teil)-Öffentlichkeiten. Diese Rolle hat in verschiedenen westlichen Regierungssystemen seit den 80er Jahren, vor allem aber in Großbritannien seit der Thatcher-Regierung und in den USA seit der Reagan-Administration beachtliche Prominenz erfahren. Kommunikationsexperten und Regierungssprecher, die als sog. „Spindoctors" bezeichnet werden, sorgen dafür, dass die Informationspolitik von Regierungen gegenüber den Medien sorgfältig geplant und orchestriert wird. „Spindoctors" wie James Carwell und George Stephanopoulos in den U.S.A., Bernard Ingram und Alastair Campbell in Großbritannien, Andreas Fritzenkötter und Uwe-Karsten Heye in Deutschland – gehören zu einer Kategorie von Kommunikationsmanagern, deren Philosophie dem News Management entspricht. Doch während die Professionalisierung politischer PR in Großbritannien und den USA weit fortgeschritten ist (vgl. Rybarczyk 1997), kann auch die Existenz einiger weniger Spindoctors nicht darüber hinwegtäuschen, dass dieser Bereich in der Bundesrepublik unterprofessionalisiert ist.

4. PR und Journalismus – PR oder Journalismus? Zur Forschung über ein schwieriges Verhältnis

„Unternehmen lassen Wirtschaftsjournalisten Reden für die Hauptversammlung schreiben, über die dann dieselben Journalisten berichten sollen. Gern auch geben Redakteure gestandenen Managern auf Seminaren Tipps, wie sie sich gegen diese Redakteure wehren können. Redaktionelle Beiträge entpuppen sich als pure Werbung, die vom Hersteller und vom Medium bezahlt werden." (Süddeutsche Zeitung, 26. Juni 2001)

Mit diesen Worten schildert der Journalist Hans Leyendecker das Verhältnis (mancher) Journalisten und (mancher) Wirtschaftsvertreter. In durchaus kritischer Absicht soll diese Zuspitzung verdeutlichen, dass es Umstände gibt, bei denen sich die Grenzen zwischen Journalismus und PR verwischen. Der journalistischen Pointierung Leyendeckers über die ambivalenten Beziehungen von PR-Leuten und Journalisten begegnet die Kommunikationswissenschaft mit einer Differenzierung der Fragestellungen. Sind Journalisten die Erfüllungsgehilfen der Öffentlichkeitsarbeit betreibenden Organisationen oder gelingt es ihnen, die „Normaldistanz" (vgl. Ruß-Mohl 1997) zu ihren Quellen zu wahren? Sind Medienbetriebe auf die PR-Stellen von Unternehmen angewiesen und wie hoch ist die Autonomie beider Organisationen? Welche Rolle spielt die PR im Zusammenwirken verschiedener gesellschaftlicher Teilsysteme? Wichtig ist dabei, dass das Verhältnis von PR und Journalismus als komplexe Beziehung gesehen wird, die auf der Handlungs-, Organisations- und Gesellschaftsebene analysiert werden kann (vgl. Kapitel 1, Abschnitt 3).

Die kommunikationswissenschaftliche Forschung hat auf diese Fragestellungen mit einer Vielzahl von theoretischen und empirischen Studien reagiert, die jeweils verschiedene Aspekte und Ebenen des Tausches von (PR-)Informationen gegen Publizität beleuchten. Die überwiegende Zahl dieser Untersuchungen ist auf der Mikro- bzw. Mesoebene angesiedelt, d.h. sie betrachten das spezifische Verhältnis von PR-Praktikern und Journalisten oder Pressestellen und Redaktionen.

Journalisten sehen sich selbst als kritische Begleiter gesellschaftlicher Entwicklungen, als Kommentatoren, zumindest aber als wichtige Instanzen im Wettstreit öffentlicher Meinungen. In ihren subjektiven Einstellungen stehen sie der PR vielfach kritisch gegenüber, häufig wird PR sogar als lästig empfunden (vgl. zu PR und Journalismus auch Kapitel 4, Abschnitt 4.2). Eine repräsentative Berufsfeldstudie zum Journalismus Anfang der 90er Jahre zeigt, dass rund die Hälfte der befragten Journalisten in Deutschland sagen, die Öffentlichkeitsarbeit habe einen „(sehr) geringen Einfluss auf ihre Arbeit" (Löffelholz 1997, S. 193f.). Dieses Bild differenziert sich gleichwohl, wenn man sich unterschiedliche Bereiche des Journalismus ansieht. Wie Tabelle 2.7. zeigt, räumen mehr als zwei Drittel der Agenturjournalisten, und mehr als die Hälfte der Journalisten für Anzeigenblätter, Zeitungen und private Rundfunkstationen der PR einen hohen Einfluss auf ihre Arbeit ein.

Kommunikationsleistungen gesellschaftlicher Akteure

Bereiche	Zuweisung eines mittleren bis sehr großen PR-Einflusses
Agenturjournalisten	67,3
Anzeigenblattjournalisten	53,1
Zeitungsjournalisten	51,4
Rundfunkjournalisten (privat)	51,1
Zeitschriftenjournalisten	46,5
Rundfunkjournalisten (öffentlich-rechtlich)	39,9
Lokaljournalisten	63,5
Sportjournalisten	63,1
Wirtschaftsjournalisten	49,9
Kulturjournalisten	46,7
Unterhaltungsjournalisten	46,7
Politikjournalisten	34,1

Quelle: Löffelholz 1997, S. 195

Abb. 2.7.: Journalisten beurteilen den PR-Einfluss

Gerade bei Nachrichtenagenturen und -redaktionen landen täglich stapelweise Pressemitteilungen und Presseeinladungen. Was geschieht mit diesem Material? Wird es wahrgenommen, gelesen, verwertet, regt es zur weiteren Recherche an oder landet es schlicht im Papierkorb? Eine Frage, die Baerns (1979, 1991) zum Thema ihrer Forschungen machte. Sie wollte wissen, wie hoch der Einfluss von PR-Material auf den journalistischen Output ist. Daher untersuchte sie Pressemitteilungen einerseits und journalistische Berichterstattung von Agenturen, Tageszeitungen, Hörfunk- und Fernsehsendungen andererseits. Zunächst verglich sie das Pressematerial eines großen Essener Unternehmens mit der nachfolgenden Berichterstattung, anschließend wiederholte sie die Studie anhand der Pressemitteilungen der Landespressekonferenz Nordrhein-Westfalen.

Die Studie von Baerns räumte mit dem eingangs skizzierten Selbstbild des kritischen Journalisten auf. Sie stellte fest, dass die Öffentlichkeitsarbeit die Themen und das Timing der journalistischen Berichterstattung determiniert: Rund zwei Drittel der Nachrichten und Berichte zur Landespolitik basieren auf PR-Material, ohne dass journalistische Nachrecherche, Bewertung oder Kommentierung stattgefunden hätte. Die Ergebnisse von Baerns sprechen für die sog. *Determinationshypothese*, die seit den 80er Jahren in der Forschung diskutiert wird.

Im deutschen Sprachraum hatten die Untersuchungen von Baerns eine Art Signalwirkung: Seit den 80er Jahren wird recht kontinuierlich nicht mehr nur das Verhältnis von politischen Kommunikatoren und Journalismus, sondern auch von anderen Sprechern (Wirtschaft, Verbände, Vereine etc.) und den Massenmedien untersucht. Es sind vor allem drei Linien innerhalb der Forschung erkennbar.

1. Empirische Untersuchungen, die die Determinationshypothese aufgreifen und diese überprüfen;
2. Weiterentwicklungen der Modellierung des Verhältnisses von öffentlichen Sprechern (PR) und Journalismus;
3. die von der Determinationshypothese zumeist losgelöste Erforschung des Verhältnisses von politischer Kommunikation und Journalismus, die u.a. die sogenannte Mediatisierungsthese hervorgebracht hat.

4.1. Empirische Überprüfungen der Determinationshypothese

Baerns Ergebnisse ernteten sowohl Bestätigung als auch Kritik. So bestätigen u.a. Fröhlich (1992) und Salazar-Volkmann (1994) zentrale Aussagen der Determinationshypothese. In ihren Untersuchungen fanden sie zahlreiche Hinweise darauf, dass PR in der Lage ist „im Normalfall Themen, Timing, Inhalte und Bewertungen im Mediensystem zu platzieren" (Salazar-Volkmann 1994: 203). Beide Forscher untersuchten inhaltsanalytisch Pressemitteilungen von Messen und die Berichterstattung über die Messen. Sie stimmen in ihrem Urteil auch Grossenbacher zu, der für die Schweiz feststellte, dass „das Mediensystem [...] das von den PR vorgegebene Themenangebot – auch in seiner Gewichtung – praktisch unverändert übernimmt" (Grossenbacher 1986: 730).

Zu anderen empirischen Ergebnissen kamen u.a. Saffarnia (1993) und Schweda/Opherden (1995), die ihre Untersuchungen im Bereich politischer Kommunikation durchführten. Saffarnia kritisiert etwa, dass Baerns sich mit einem großen Essener Wirtschaftsunternehmen und den politischen Institutionen des Landes Nordrhein-Westfalen eher Organisationen ausgesucht habe, von denen man annehmen kann, dass sie per se eine hohe Aufmerksamkeit bei Medien erzeugen, ihre Pressemitteilungen es demnach im Selektionsprozess einfacher haben als weniger bekannte Organisationen. Saffarnias eigene Untersuchungen zeigen für Österreich, dass die PR von weniger bedeutsamen Sprechern – wie etwa von Studentengruppen oder Bürgerinitiativen – die Berichterstattung nicht unbedingt zu determinieren vermag (vgl. Saffarnia 1993: 419-421). Schweda/Opherden betonen zudem, dass eine hohe Übernahmequote von Pressemitteilungen „nicht gleichbedeutend ist mit einer Dominanz der gesamten Berichterstattung durch Fremdbeiträge" (Schweda/ Opherden 1995: 206). In ihrer Untersuchung von drei Düsseldorfer Lokalzeitungen stellten sie fest, dass lediglich 18 Prozent der Berichterstattung direkt durch eine Pressemitteilung initiiert sind.

4.2. Die Determinationshypothese in der Diskussion

Die recht widersprüchlichen Ergebnisse der empirischen Prüfung der Determinationshypothese führten zu Weiterentwicklungen der Untersuchungsanlage und zu neuen Konzeptionen. Zu berücksichtigen ist z.B. die Einstellung der Journalisten gegenüber der Quelle sowie der Nachrichtenwert des Ereignisses. Am Beispiel von Chemieunternehmen und Umweltschutzorganisationen in Konfliktsituationen konnten Barth/Donsbach (1992) zeigen, dass es Öffentlichkeitsarbeiter umso schwerer haben, ihre Themen in den Medien durchzusetzen, je mehr Skepsis den Organisationen entgegengebracht wird und je kontroverser der Nachrichtengehalt der Ereignisse ist. Zu ähnlichen Ergebnissen kam später Gazlig (1999), der die Bedeutung von Nachrichtenfaktoren für die Publikationschancen der Themen von Pressemitteilungen in der Presse untersuchte.

Neben diesen Schwächen in der Untersuchungsanlage legt Baerns Determinationshypothese auch ein zu simples Reiz-Reaktions-Schema bei der Modellierung von PR und Journalismus zugrunde (vgl. Hoffjann 2001, Schantel 2000). Vor allem dieses

Defizit der Determinationshypothese wollen diejenigen Arbeiten beheben, die eine *Interdependenz* von PR und Journalismus betonen. Die Arbeiten zur Interdependenzthese gehen davon aus, dass gesellschaftliche Sprecher und Redaktionen voneinander abhängen.

„Die Medien sind auf den Input der Öffentlichkeitsarbeit ebenso angewiesen wie diese auf die Publikationsleistung der Medien angewiesen ist. PR-Schaffende müssen, um ihr Ziel zu erreichen, sich den Nachrichtenwerten und der Produktionsroutine der Journalisten anpassen und diese antizipieren. Journalisten honorieren solches Wohlverhalten mit zurückhaltender Transformation der PR-vermittelten Informationen." (Grossenbacher 1986, S. 730)

Medien und die Kommunikation gesellschaftlicher Akteure sind in dieser Sichtweise als einander ergänzend zu verstehen. Da sich sowohl Journalismus als auch PR an Aufmerksamkeitsfaktoren wie etwa Prominenz ausrichten, kommt es zu einer Medienberichterstattung, deren Quellen kaum noch transparent sind und deren Qualität mangels eigenrecherchierter Themen hinterfragbar ist. Zudem existiert die Befürchtung, dass der Grad der Interdependenz vor allem zwischen politischen Akteuren und Journalisten derart zunimmt, dass es zu einer Symbiose kommt (vgl. Saxer 1998, S. 64f.; Plasser 1987). Saxer führt hier als Beispiel die Vergabe von Rundfunklizenzen an, bei denen z.T. diejenigen protegiert würden, von denen regierungsfreundliche Berichterstattung erwartet werde (politische Patronage). Ebenso könnte man die Mitsprache politischer Mandatsträger bei der Besetzung von Intendanten- und Chefredakteursposten bei öffentlich-rechtlichen Anstalten als Beispiel anführen.

Die Überlegungen von Grossenbacher wurden in den 90er Jahren weitergeführt und mündeten im sog. Intereffikationsmodell. Unter *Intereffikation* verstehen Bentele, Liebert und Seeling (1997) eine Interaktion des gegenseitigen Ermöglichens (lat. inter und efficare). Damit meinen sie, dass PR und Journalismus einerseits zwei sich gegenüberstehende autonome Handlungssysteme sind, die aber andererseits aufeinander angewiesen sind. Beide Seiten erbringen Adaptions- und Induktionsleistungen: So ist etwa die Ausrichtung der Produktion des PR-Materials auf journalistische Anforderungen eine Adaptionsleistung der PR. Die Setzung von Terminen und Gesprächspartnern, z.B. bei Pressekonferenzen, ist hingegen eine Induktionsleistung der PR; sie macht dem Journalismus Vorgaben, an die er sich halten muss. Ruß-Mohl (1999, S. 170) kritisiert am Intereffikationsmodell, dass die realen Einflussnahmen von PR auf Journalismus beschönigt, verharmlost und verschleiert werden. Hoffjann (2001, S. 186) spricht davon, dass Öffentlichkeitsarbeit nicht in jedem Fall durch Journalismus erst ermöglicht werde, da sie auch direkt mit den Rezipienten kommunizieren könne. Kritik aus der systemtheoretischen Perspektive entzündet sich an der unscharfen Funktionsabgrenzung zwischen PR und Journalismus (vgl. Schantel 2000, S. 86). Sowohl für die Determinationshypothese als auch für die Annahme von Interdependenz oder Intereffikation gilt, dass sie vornehmlich die Mikro- und Mesoaspekte von Journalismus und PR beleuchten: Sie befassen sich in der Regel mit Organisationen oder einzelnen Akteuren und ihren Umwelten.

4.3. Medien und politische PR: Interdependenzen auf Systemebene

Während die Determinationshypothese implizit von einer „Ohnmacht" der Medien gegenüber den gesellschaftlichen Sprechern ausgeht, postuliert die Mediatisierungsthese, dass sich die Öffentlichkeitsarbeit in der Darstellung von Sachverhalten den von den Medien diktierten Aufmerksamkeitsregeln unterwerfe. Im Zentrum dieser makrotheoretischen Arbeiten über PR steht die Grenzziehung zwischen Politik und Öffentlichkeit, wobei die politische PR im Grenzbereich zwischen den beiden Sozialsystemen operiert. Systemtheoretische Arbeiten gehen davon aus, dass die politische PR die Funktion hat, die Politik für das Massenkommunikationssystem gemäß dessen Leitdifferenz „öffentlich vs. nicht öffentlich" vorzusortieren (vgl. Marcinkowski 1993). Politische Öffentlichkeitsarbeit sucht Anschluss an redaktionelle Entscheidungsprogramme. Kritiker sprechen davon, dass sich die (politische) PR den Produktionsprozessen, -routinen und -erfordernissen des Journalismus unterwirft (vgl. Hoffjann 2001, S. 181-184). Als ein Indikator der Mediatisierung wird etwa die Zunahme von symbolischer Politik in der Mediengesellschaft gesehen (vgl. Kapitel 3, Abschnitt 2.2.2.). Wenn sich die Politik an die publizistische Operationslogik anpasse, wachse die Gefahr, dass das politische System seine Identität verliert. Politische Organisationen gerieten latent in Gefahr, ihre Identität massenmedialen Inszenierungsstrategien zu opfern. In ähnlicher Weise argumentiert Sarcinelli (1998b), wenn er in demokratietheoretischer Perspektive argumentiert, dass die Kluft zwischen Politikherstellung und Politikdarstellung wächst. Diese Diskrepanzen sind zunächst ein konstituierendes Element moderner demokratischer Prozesse. Gleichwohl kann es in Situationen, in denen die Schere zwischen materieller Politik und politischer PR zu weit auseinander klafft, zu Legitimationsproblemen des politischen Systems und/oder seiner Akteure kommen.

4.4. Fazit

Die hier skizzierten Vorstellungen über das Verhältnis von Public Relations und Journalismus stellen Modelle dar, die jeweils einen spezifischen Aspekt der Interdependenz der beiden Bereiche in den Vordergrund rücken und andere vernachlässigen. Gemeinsam ist allen Ansätzen, dass sie auf die eine oder andere Weise versuchen, die Spannungen und Widersprüche zu erklären, die dem Tausch von Information gegen Publizität zugrunde liegen. Während die Thesen der Determination, Interdependenz und Intereffikatikon vor allem die Meso- und Mikroebene beleuchten, also das Verhältnis zwischen Redaktionen und Pressestellen oder einzelnen Journalisten und einzelnen Sprechern im Blick haben, ist die Mediatisierungsthese auf der Makroebene angesiedelt. Hier werden Politik respektive politische Kommunikation und Journalismus zumeist als Funktionssysteme aufgefasst, die aus der Vielzahl der Organisationen und ihrer Akteure gebildet werden.

Die theoretischen Ansätze versuchen, die verschiedenen Wirkungsfaktoren und Wirkungsrichtungen analytisch zu trennen. Dagegen ist das Alltagsverhältnis zwischen Öffentlichkeitsarbeitern und Journalisten dadurch geprägt, dass widersprüchliche Einflussfaktoren entweder zeitgleich oder nacheinander wirksam sind. Dies macht es verständlich, dass sich die Forschung so schwer tut, das Verhältnis von Public Relations und Journalismus eindeutig und verallgemeinernd zu beschreiben und zu erklären.

Zusammenfassung

Das Kapitel hat verdeutlicht, unter welchen Rahmenbedingungen unterschiedliche gesellschaftliche Sprecher kommunizieren und welches instrumentelle wie strategische Handwerkszeug ihnen dabei zur Verfügung steht. Als Sprecher wurden dabei folgende gesellschaftliche Akteure erkannt:

1. staatliche Kommunikatoren wie das Bundespresse- und Informationsamt, das Bundeskanzleramt oder einzelne Ministerien auf Bundes- und Länderebene;
2. sogenannte intermediäre Kommunikatoren wie Parteien, Verbände, Vereine und kirchliche Organisationen;
3. Wirtschaftsunternehmen.

Die Sprecher reagieren auf die Entwicklung der Gesellschaft zu einer Mediengesellschaft. Sie müssen auf mediale Aktivitäten und Erfordernisse eingehen und prägen andererseits selbst den Stil medialer Kommunikationstrends wie etwa den der symbolischen Politik mit. Als allgemeines Ziel aller Sprecher gilt die Aufmerksamkeitsgenerierung. Diese wird im Zeitalter der Mediengesellschaft einfacher und schwieriger zugleich: Mehr TV- und Radiosender, mehr Zeitschriften und neue Medien wie das Internet stehen als potenzielle Träger ihrer Botschaften zur Verfügung. Gleichzeitig ist die Aufnahmekapazität des Publikums für mediale Informationen begrenzt, das Publikum wird durch mediale Angebotsvervielfachung fragmentiert – es ist somit schwieriger, große Publika zu erreichen, manchmal erscheint es gar fraglich, ob die Botschaften gehört werden, selbst wenn sie transportiert worden sind.

Gesellschaftliche Akteure suchen einerseits indirekt über die Massenmedien und andererseits direkt über eigene Medien oder nicht-mediale Verfahren wie etwa Diskussionsrunden oder Lobbying ihre Botschaften zu lancieren. Dies tun sie wiederum nicht nur ad hoc z.B. via Pressemitteilung, sondern auch strategisch: Bei der Politik werden diese Kommunikationsstrategien vor allem in Wahlkampfzeiten augenfällig – beschrieben wurden sie als News Management und politisches Marketing. Das klassische strategische Kommunikationsmittel intermediärer Kommunikatoren sind Kampagnen, die unter Anwendung von „Framing"-Strategien durchgeführt werden: Der Öffentlichkeit wird ein Interpretationsrahmen für ein Thema angeboten, d.h. ein Problem wird benannt, Ursache und Verursacher werden bezeichnet und mögliche Lösungen propagiert. Kommunizieren Wirtschaftsunternehmen strategisch, verfügen auch sie über bestimmte Verfahren wie etwa Image Management und Investor Relations.

Insgesamt kann man insofern von einer Professionalisierung der Kommunikationsleistung gesellschaftlicher Sprecher ausgehen, als diese zunehmend strategisch agieren: Sie stellen sich unter anderem auf Produktionsroutinen des Journalismus ein, beachten verstärkt Nachrichtenfaktoren bei ihrer Kommunikation mit Massenmedien und planen ihre Kommunikationsziele, im Rahmen von News Management, Framing und Issues Management langfristig.

Diese Professionalisierungsprozesse sind insgesamt bei Wirtschaftsunternehmen stärker ausgeprägt als bei politischen Parteien und intermediären Kommunikatoren. Von einer „Profession PR" analog zu Ärzten oder Juristen kann aber keineswegs gesprochen werden: Verbindliche ethische Standards sind nicht vorhanden, eine allgemein akzeptierte Basis-Qualifikation fehlt, spezielles PR-eigenes Wissen und Know-How ist noch rar.

 **Literatur**

Abelshauser, Werner ([6]1991): Wirtschaftsgeschichte der Bundesrepublik Deutschland (1945-1980). Frankfurt am Main: Suhrkamp.

Arbeitskreis Evaluation der GPRA (Hg.) (1997): Evaluation von Public Relations. Dokumentation einer Fachtagung. Frankfurt am Main: IMK.

Baerns, Barbara (1979): Öffentlichkeitsarbeit als Determinante journalistischer Informationsleistungen. Thesen zur realistischeren Beschreibung von Medieninhalten. In: Publizistik, 24. Jg. , S. 301-316.

Baerns, Barbara ([2]1991): Öffentlichkeitsarbeit oder Journalismus? Zum Einfluss im Mediensystem. Köln: Verlag Wissenschaft und Politik.

Barth, Henrike/Wolfgang Donsbach (1992): Aktivität und Passivität von Journalisten gegenüber Public Relations. Fallstudie am Beispiel von Pressekonferenzen zu Umweltthemen. In: Publizistik, 37. Jg., S. 151-165.

Beck, Ulrich (1986): Risikogesellschaft. Auf dem Weg in eine andere Moderne. Frankfurt/Main: Suhrkamp.

Bentele, Günter (1994): Öffentliches Vertrauen – normative und soziale Grundlage für Public Relations. In: Armbrecht, Wolfgang/Zabel, Ulf (Hg.): Normative Aspekte der Public Relations. Grundlagen und Perspektiven. Eine Einführung. Opladen, Wiesbaden: Westdeutscher Verlag, S. 131-158.

Bentele, Günter (1997): Public Relations. Grundlagen und einige Positionsbestimmungen. In: Donsbach, Wolfgang (Hg.): Public Relations in Theorie und Praxis. Grundlagen und Arbeitsweise der Öffentlichkeitsarbeit in verschiedenen Funktionen. München: Reinhard Fischer, S. 21-36.

Bentele, Günter (1998): Politische Öffentlichkeitsarbeit. In: Sarcinelli, Ulrich (Hg): Politikvermittlung und Demokratie in der Mediengesellschaft. Beiträge zur politischen Kommunikationskultur. Opladen, Wiesbaden: Westdeutscher Verlag, S. 124-145.

Bentele, Günter/Liebert, Tobias/Seeling, Stefan (1997): Von der Determination zur Intereffikation. Ein integriertes Modell zum Verhältnis von Public Relations und Journalismus. In: Bentele, Günter/Haller, Michael (Hg.): Aktuelle Entstehung von Öffentlichkeit. Akteure, Strukturen, Veränderungen. Konstanz: UVK, S. 225-250.

Beveren, Tim van/Hubacher, Simon (1999): Flug Swissair 111: Die Katastrophe von Halifax und ihre Folgen. Zürich; München: Pendo.

Boorstin, Daniel J. (1987): Das Image. Der Amerikanische Traum. Reinbek b. Hamburg: Rowohlt.

Bruhn, Manfred/Boenigk, Michael (1999): Integrierte Kommunikation. Entwicklungsstand im Unternehmen. Wiesbaden: Gabler.

Bühl, Walter L. (1984): Krisentheorien. Politik, Wirtschaft und Gesellschaft im Übergang. Darmstadt: Wissenschaftliche Buchgesellschaft.

Buss, Eugen/Fink-Neuberger, Ulrike (2000): Image Management. Erfolgsregeln für das öffentliche Ansehen von Unternehmen, Parteien und Organisationen. Frankfurt am Main: F.A.Z.-Institut.

Daheim, Hansjürgen (1970): Der Beruf in der modernen Gesellschaft. Versuch einer soziologischen Theorie beruflichen Handelns. Köln: Kiepenheuer & Witsch.

Derieth, Anke (1995): Unternehmenskommunikation. Eine theoretische und empirische Analyse zur Kommunikationsqualität von Wirtschaftsorganisationen. Opladen: Westdeutscher Verlag.

Dorer, Johanna (1994): Public-Relations-Forschung im Wandel? Öffentlichkeitsarbeit im Spannungsfeld zwischen Verwissenschaftlichung und Professionalisierung der Berufspraxis. In: Publizistik, 39. Jg., S. 13-26.

Fröhlich, Romy (1992): Qualitativer Einfluss von Pressearbeit auf die Berichterstattung. In: Publizistik, 37. Jg., S. 37-49.

Fuhrberg, Reinhold (1998): PR-Dienstleistungsmarkt Deutschland. In: Günter Bentele (Hrsg.): Berufsfeld Public Relations. PR Kolleg Berlin Kommunikation & Management. Berlin, S. 241-248.

Gaunt, Philip/Ollenburger, Jeff (1995): Issues Management Revisited. A Tool That Deserves Another Look. In: Public Relations Review, 21. Jg., S. 199-210.

Gazlig, Thomas (1999): Erfolgreiche Pressemitteilungen. Über den Einfluß von Nachrichtenfaktoren auf die Publikationschancen. In: Publizistik, 37. Jg., S. 185-199.

Gebauer, Klaus-Eckart (1999): Regierungskommunikation. In: Jarren, Otfried/Sarcinelli, Ulrich/Saxer, Ulrich (Hg.): Politische Kommunikation in der demokratischen Gesellschaft. Ein Handbuch mit Lexikonteil. Opladen, Wiesbaden: Westdeutscher Verlag, S. 465-472.

Gerhards, Jürgen (1992): Dimensionen und Strategien öffentlicher Diskurse. In: Journal für Sozialforschung, 32.Jg., S.307-318.

Grossenbacher, René (1986): Hat die „Vierte Gewalt" ausgedient? Zur Beziehung zwischen Public Relations und den Medien. In: Media Perspektiven 11/1986 S. 725-731.

Haller, Monika (1998): „Reden wir darüber"? Der Fall Schneider. In: Bentele, Günter/Rolke, Lothar (Hg.): Konflikte, Krisen und Kommunikationschancen in der Mediengesellschaft: casestudies aus der PR-Praxis. Berlin: Vistas, S. 57-110.

Hoffjann, Olaf (2001): Journalismus und Public Relations. Ein Theorieentwurf der Intersystembeziehungen in sozialen Konflikten. Opladen, Wiesbaden: Westdeutscher Verlag.

Iyengar, Shanto /Kinder, Donald R. (1987): News that matters. Television and American Opinion, Chicago, London: The University of Chicago Press.

Jarren, Otfried (1994): Kann man mit Öffentlichkeitsarbeit die Politik „retten"? Überlegungen zum Öffentlichkeits-, Medien- und Politikwandel in der modernen Gesellschaft. In: Zeitschrift für Parlamentsfragen, 25. Jg., S. 653-673.

Jarren, Otfried (1997): Medien als Akteure. Die Risiken politischer Kommunikation aus institutionentheoretischer Sicht, In: Frankfurter Rundschau, 19. August 1997, S. 16.

Jessen, Joachim/Lerch, Detlef (1978): PR für Manager. Das Bild der Unternehmen. München: Wirtschaftsverlag Langen-Müller-Herbig.

Kepplinger, Hans Mathias (1990): Realität, Realitätsdarstellung und Medienwirkung. In: Wilke, Jürgen (Hg.): Fortschritte der Publizistikwissenschaft. Freiburg, München: Alber, S. 39-55.

Kepplinger, Hans Mathias (1994): Publizistische Konflikte. Begriffe, Ansätze, Ergebnisse. In: Neidhardt, Friedhelm (Hg.): Öffentlichkeit und soziale Bewegungen. Sonderheft 34 der Kölner Zeitschrift für Soziologie und Sozialpsychologie, Opladen, Wiesbaden: Westdeutscher Verlag, S. 214-233.

Klenk, Volker (1999): Mega-Events als Instrument der Imagepolitik. Eine Mehrmethodenstudie zu Images und Imagewirkungen der universellen Weltausstellung Expo `92. Berlin. Vistas.

Klenk, Volker (1989): Krisen-PR mit Hilfe von Krisenmodellen. In: pr magazin, Nr. 2, S. 29-36.

Kunczik, Michael (1997): Geschichte der Öffentlichkeitsarbeit in Deutschland. Köln, Weimar, Wien: Böhlau.

Leyendecker, Hans (2001): Wie geschmiert. Nichts ist für Journalisten wichtiger als die Entscheidungsfreiheit – doch die berufsethischen Grundsätze wandeln sich. In: Süddeutsche Zeitung, 26. Juni 2001, S. 19.

Löffelholz, Martin (1997): Dimensionen struktureller Kopplung von Öffentlichkeitsarbeit und Journalismus. Überlegungen zu einer Theorie selbstreferentieller Systeme und Ergebnisse einer repräsentativen Studie. In: Bentele, Günter/Haller, Michael: Aktuelle Entstehung von Öffentlichkeit. Akteure, Strukturen, Veränderungen. Konstanz: UVK, S. 187-208.

Marcinkowski, Frank (1993): Publizistik als autopoietisches System. Politik und Massenmedien. Eine systemtheoretische Analyse. Opladen, Wiesbaden: Westdeutscher Verlag.

Merten, Klaus (1997): Das Berufsbild von PR – Anforderungsprofile und Trends. Ergebnisse einer Studie. In: Schulze-Fürstenow, Günter/Martini, Bernd-Jürgen (Hg.) (1994ff.): Handbuch PR. Öffentlichkeitsarbeit in Wirtschaft, Verbänden, Behörden. Neuwied: Luchterhand, 3.635, S. 1-23.

Literatur-Tipp

Münch, Richard (1993): Journalismus in der Kommunikationsgesellschaft. In: Publizistik, 38. Jg., S. 261-279.

Neidhardt, Friedhelm (1994): Öffentlichkeit, öffentliche Meinung, soziale Bewegungen. In: ders. (Hg.), Öffentlichkeit, öffentliche Meinung, soziale Bewegungen. Sonderheft 34 der Kölner Zeitschrift für Soziologie und Sozialpsychologie, Opladen, Wiesbaden: Westdeutscher Verlag, S. 7-41.

Pfetsch, Barbara (1998): Government News Management. In: Graber, Doris/Norris, Pippa/McQuail, Denis (Hg.): The Politics of News: The News of Politics. Washington: Congressional Quarterly Press, S. 70-94.

Pfetsch, Barbara (1994): Themenkarrieren und politische Kommunikation. Zum Verhältnis von Politik und Medien bei der Entstehung der politischen Agenda. In: Aus Politik und Zeitgeschichte B 39/94, S.11-20.

Plasser, Fritz (1987): Ein demokratisches Supersystem? Zur Verschränkung von Parteien- und Mediensystem. In: Plasser, Fritz: Parteien unter Stress. Zur Dynamik der Parteiensysteme in Österreich, der Bundesrepublik Deutschland und den Vereinigten Staaten. Wien: Böhlau, S. 81-88.

Radunski, Peter (1980): Wahlkämpfe. Moderne Wahlkampfführung als politische Kommunikation. München, Wien: Olzog.

Radunski, Peter (1983): Strategische Überlegungen zum Fernsehwahlkampf. In: Schulz, Winfried/Schönbach, Klaus (Hg.): Massenmedien und Wahlen. München: Ölschläger, S. 131-145.

Röttger, Ulrike (2001a): Campaigns (f)or a Better World?. In: dies. (Hg.): PR-Kampagnen. Über die Inszenierung von Öffentlichkeit. 2., überarb. und erg. Auflage. Wiesbaden: Westdeutscher Verlag, S. 15-34.

Röttger, Ulrike (Hg.) (2001b): Issues Management. Theoretische Konzepte und praktische Umsetzung. Eine Bestandsaufnahme. Wiesbaden: Westdeutscher Verlag

Literatur-Tipp

Röttger, Ulrike (2000): Public Relations – Organisation und Profession. Öffentlichkeitsarbeit als Organisationsfunktion. Eine Berufsfeldstudie. Wiesbaden: Westdeutscher Verlag.

Rolke, Lothar (1999): Die gesellschaftliche Kernfunktion von Public Relations – ein Beitrag zu kommunikationswissenschaftlichen Theoriediskussion. In: Publizistik, 44. Jg., S. 431-444.

Ronneberger, Franz/Rühl, Manfred (1992): Theorie der Public Relations. Ein Entwurf. Opladen: Westdeutscher Verlag

Ruß-Mohl, Stephan (1997): Arrividerci Luhmann? Vorwärts zu Schumpeter! Transparenz und Selbstreflexivität: Überlegungen zum Medienjournalismus und zur PR-Arbeit von Medienunternehmen. In: Fünfgeld, Hermann/Mast, Claudia (Hg.): Massenkommunikation. Ergebnisse und Perspektiven. Opladen, Wiesbaden: Westdeutscher Verlag, S. 193-211.

Ruß-Mohl, Stephan (1999): Spoonfeeding, Spinning, Whistleblowing. Beispiel USA: Wie sich die Machtbalance zwischen PR und Journalismus verschiebt. In: Rolke, Lothar/Wolff, Volker (Hg.): Wie die Medien die Wirklichkeit steuern und selber gesteuert werden. Wiesbaden: Westdeutscher Verlag, S. 163-176.

Rybarczyk, Christoph (1997): Great communicators? Der Präsident, seine PR, die Medien und ihr Publikum. Eine Studie zur politischen Kommunikation in den USA. Hamburg: Lit.

Saffarnia, Pierre A. (1993): Determiniert Öffentlichkeitsarbeit tatsächlich den Journalismus? Empirische Belege und theoretische Überlegungen gegen die PR-Determinierungsannahme. In: Publizistik, 38. Jg., S. 412-425.

Salazar-Volkmann, Christian (1994): Marketingstrategien und Mediensystem. Pressearbeit und Messeberichterstattung am Beispiel der Frankfurter Messen. In: Publizistik, 39. Jg., S. 4-12.

Sarcinelli, Ulrich (1987): Politikvermittlung und demokratische Kommunikationskultur. In: ders. (Hg.): Politikvermittlung. Beiträge zur politischen Kommunikationskultur. Bonn: Bundeszentrale für Politische Bildung, S. 20ff.

Sarcinelli, Ulrich (1998): Legitimität. In: Jarren, Otfried/Sarcinelli, Ulrich/Saxer, Ulrich (Hg.): Politische Kommunikation in der demokratischen Gesellschaft. Ein Handbuch mit Lexikonteil. Opladen, Wiesbaden: Westdeutscher Verlag, S. 253-268.

Saxer, Ulrich (1998): Mediengesellschaft. Verständnisse und Missverständnisse. In: Sarcinelli, Ulrich (Hg.): Politikvermittlung und Demokratie in der Mediengesellschaft. Bonn: Bundeszentrale für Politische Bildung, S. 52-73.

Schantel, Alexandra (2000): Determination oder Intereffikation? Eine Metaanalyse der Hypothesen zur PR-Journalismus-Beziehung. In: Publizistik, 45. Jg., S. 70-88.

Schefold, Bertram (1999): Vom Interventionsstaat zur sozialen Marktwirtschaft: der Weg Alfred Müller-Armacks. Düsseldorf: Verlag Wirtschaft und Finanzen.

Schmidt, Manfred G. (1983): Politische Konjunkturzyklen und Wahlen. Ein internationaler Vergleich. In: Kaase, Max/Klingemann, Hans-Dieter (Hg.): Wahlen und politisches System. Opladen: Westdeutscher Verlag, S. 174-197.

Schmitt, Hermann/Holmberg, Sören (1995): Political Parties in Decline? In: Hans-Dieter Klingemann; Dieter Fuchs (Hrsg.): Citizens and the State. Beliefs in Government Volume One. Oxford/New York: Oxford University Press, S.95-133.

Schmitt-Beck, Rüdiger/Pfetsch, Barbara (1994). Politische Akteure und die Medien der Massenkommunikation: Zur Generierung von Öffentlichkeit in Wahlkämpfen. In: Neidhardt, Friedhelm (Hg.): Öffentlichkeit und soziale Bewegungen. Sonderheft 34 der Kölner Zeitschrift für Soziologie und Sozialpsychologie. Opladen: Westdeutscher Verlag, S. 106-138.

Schuler, Thomas (1999): „Mehr Konsens als Dissens". Bertelsmann-Historiker stimmen Fischlers Vorwurf der Geschichtsverfälschung teilweise zu, streiten aber ums Archiv. In: Berliner Zeitung, 21. Juli 1999 (Online-Archiv: www.berlinonline.de/archiv).

Schulz, Winfried (1976): Die Konstruktion von Realität in den Nachrichtenmedien. Analyse der aktuellen Berichterstattung. Freiburg, München: Alber.

Schweda, Claudia/Opherden, Rainer (1995): Journalismus und Public Relations. Grenzbeziehungen im System lokaler politischer Kommunikation. Wiesbaden: DUV.

Springer, Heiner (1996): Das Kommunikationszentrum als Forum für Information und Dialog: Das Beispiel Bayer AG. In: Bentele, Günter/Steinmann, Horst/Zerfaß, Ansgar (Hrsg.): Dialogorientierte Unternehmenskommunikation. Grundlagen, Praxiserfahrungen, Perspektiven. Berlin: Vistas, S. 351-368.

Staab, Joachim Friedrich (1990): Nachrichtenwert-Theorie. Formale Struktur und empirischer Gehalt. Freiburg, München: Alber.

Täubert, Anne (1998): Unternehmenspublizität und Investor Relations: Analyse von Auswirkungen der Medienberichterstattung auf Aktienkurse. Münster: Lit.

Tenscher, Jens (1999): Politikvermittlungsexperten. Eine akteurs-und handlungsorientierte Untersuchung zu Selbst- u. Fremdinszenierungen im Rahmen politisch-medialer Interaktionen In: Landauer Arbeitspapiere und Preprints, Nr. 07.

Theis, Anna Maria (1993): Organisation – eine vernachlässigte Größe in der Kommunikationswissenschaft. In Bentele, Günter/Rühl, Manfred (Hg.): Theorien öffentlicher Kommunikation. München: Ölschläger, S. 309-313.

Vesper, Sebastian A./Pfeffer, Gerhard A. (2000): PR-Boom: Viel Licht und wenig Schatten. In: PR Report, 7. April, S. 11-16.

Vowe, Gerd (2001): Feldzüge um die öffentliche Meinung. Politische Kommunikation in Kampagnen am Beispiel von Brent Spar und Mururoa. In: Röttger, Ulrike (Hg.): PR-Kampagnen: Über die Inszenierung von Öffentlichkeit. 2., erg. Und überarb. Auflage. Wiesbaden: Westdeutscher Verlag, S. 121-142.

Literatur-Tipp

Kapitel 3
Mediensysteme und Medienorganisationen als Rahmenbedingungen für den Journalismus

Otfried Jarren/Werner A. Meier

In diesem Kapitel geht es um den institutionellen und organisatorischen Rahmen, in dem Journalismus betrieben wird. Das in einem Land jeweils vorfindliche Mediensystem hat großen Einfluss darauf, welche Leistungen Medien für die Gesellschaft erbringen können und sollen. Und die Verfasstheit der Medienorganisationen – zum Beispiel ihre privatwirtschaftliche oder öffentlich-rechtliche Organisationsform – bestimmt den Handlungsspielraum, den Journalistinnen und Journalisten in ihrem täglichen Handeln nutzen können.

Wie das Schaubild zeigt, weisen Mediensysteme und Medienorganisationen als Kontexte für journalistisches Handeln starke Verbindungen sowohl zu den gesellschaftlichen Akteuren als auch zum Publikum auf. Gesellschaftliche Akteure versuchen einerseits, Einfluss auf die Institutionalisierung von Medien zu gewinnen und auszuüben: Über medienpolitische Initiativen und ihre Vertreter in Aufsichtsgremien bestimmen sie mit darüber, wie das Mediensystem ausgestaltet und reguliert ist. Der Einfluss einzelner Akteure etwa aus der Politik auf den Inhalt einzelner Medienprodukte schwindet demgegenüber. Umgekehrt produzieren die Medien Handlungsbedingungen für die gesellschaftlichen Akteure, indem diese zu ei-

> ner dauernden Medienbeobachtung und zur Anpassung ihrer Aktivitäten an die Regeln der Öffentlichkeitswirksamkeit gezwungen werden.
>
> Das Publikum nimmt, vor allem vermittelt über Befunde aus der Nutzungsforschung, einen Einfluss auf die Medienorganisationen durch seine Vorlieben und die daraus entstehende Nachfrage nach Medienleistungen. Die Medien stellen sich auf das Publikum durch eine Anpassung ihrer Produkte ein. Insofern hat die Organisationsform der Medien auch einen entscheidenden Einfluss auf die Eigenart und Qualität der Medienprodukte.
>
> Dieses Kapitel will zwei Leitfragen klären: Wie wirkt sich der Wandel des Mediensystems – charakterisiert durch Ökonomisierung, Globalisierung und Konzentration – auf die Handlungsspielräume von gesellschaftlichen Akteuren aus? Und welchen Einfluss hat die Organisationsform einzelner Medienunternehmen auf die Handlungsspielräume von Journalistinnen und Journalisten sowie auf die Erstellung von Medienprodukten?

1. Die Verfasstheit des Mediensystems

1.1. Politische Verfasstheit

Seit bald 200 Jahren gehören Tageszeitungen, seit fast 100 Jahren Radio und seit rund 50 Jahren Fernsehen zum Erscheinungsbild moderner Gesellschaften. Massenmedien sind zu einer gesellschaftlichen Institution geworden und scheinen vor allem nationale Gesellschaften maßgeblich zu prägen. Zwar werden ab und zu ältere Medien von neueren an den Rand gedrängt, aber die Medien insgesamt haben sich langfristig gesellschaftlich etabliert und institutionell abgesichert. Dieser Institutionalisierungsprozess ist aber nicht nur das Resultat einer autonom verlaufenden Medienentwicklung, sondern auch das Ergebnis des Gesellschaftswandels. Die Gesamtgesellschaft, vor allem die Institutionen Wirtschaft und Politik, weisen den Medien ständig bestimmte Aufgaben zu, formulieren bestimmte Erwartungen an sie und schaffen gleichzeitig Freiräume, die von Medienorganisationen ausgefüllt werden können. Zeitungsverlage, Radiostationen und Fernsehveranstalter passen sich den gesellschaftlichen Rahmenbedingungen an, versuchen aber gleichzeitig eigene Zielsetzungen durchzusetzen. Die Institutionalisierung erfolgt in einem immer wieder sich austarierenden Wechselspiel zwischen gesellschaftlicher Anpassung und institutioneller Emanzipation der führenden Repräsentanten. Zwischen Gesellschaft bzw. sich manifestierenden Gesamtinteressen einerseits und Medienunternehmen bzw. den dort konzentrierten Interessen andererseits besteht demnach sowohl ein symbiotisches als auch ein antagonistisches Verhältnis.

Die Politik bietet den Medien Themen an, die zu Entscheidungen führen (z. B. Wahlen, Abstimmungen), während die Medien den politischen und wirtschaftlichen Akteuren eine Plattform bieten und Öffentlichkeit herstellen (Symbiose). Umgekehrt gehört es zur Aufgabe der Medien, jegliche politische und wirtschaftliche Machtausübung auf ihre Legitimität zu prüfen, was im Widerspruch steht zum Versuch der Mächtigen, ihre Handlungen, Befugnisse und Positionen über Publizität abzusichern (Antagonismus).

Insgesamt sind moderne Gesellschaften aus Gründen der Komplexität und ihrer formal demokratischen Verfasstheit existenziell auf bestimmte Medien- und Kommunikationsleistungen angewiesen, und auch Medienorganisationen benötigen ausreichend wertschöpfende Gesellschaften, um ihre finanziellen, betriebswirtschaftlichen und publizistischen Ziele zu erreichen.

1.1.1. Institutionalisierung der Medien

Die zentralen gesellschaftlichen Institutionen wie Politik, Wirtschaft und Kultur setzen den Medien formal und inhaltlich Grenzen und zwingen sie zu bestimmten Leistungen. Neben den politischen und wirtschaftlichen Pflichten genießen Medien aber auch Rechte und Privilegien. Der Staat garantiert ihnen Entwicklungs- und Entfaltungsmöglichkeiten und die Durchsetzung organisationseigener Zielsetzungen. Da gesellschaftliche Institutionen sich ständig ausdifferenzieren und verändern, ergeben sich innerhalb und zwischen den Institutionen kleinere und größere Koordinationsprobleme, Spannungen und Widersprüche bei der Aushandlung von Leistungen, Funktionen und Zielsetzungen. Die Erwartungen an die Medien und die tatsächlichen Leistungen der Medien sind einem steten Wandel unterworfen. Je nach institutionellen Voraussetzungen, Strukturen und dem Handeln der dominierenden Akteure auf der einen Seite und je nach gesamtgesellschaftlichen Bedingungen auf der anderen werden den Medien denn auch unterschiedliche Funktionen zugeschrieben und unterschiedliche Leistungen abverlangt.

Medien sind eine gesellschaftliche Institution, die sich ihre eigenen Strukturen schafft, eigenständig Ziele und Zwecke formuliert, die aber in der Regel nur dann auch erreicht werden, wenn diese den Kernzielen der Gesellschaft nicht zuwider laufen.

Geht man davon aus, dass jede Gesellschaft ein vitales Interesse an einem funktionierenden, d.h. leistungsfähigen Mediensystem hat und dass Medien langfristig nur ökonomisch und politisch überleben können, wenn sie sich den politischen Gegebenheiten anpassen, so können vier idealtypische Grundformen gesellschaftlicher Kontrolle unterschieden werden. Diese vier institutionellen Regelungen von Staat und Massenmedien können in Anlehnung an den Entwurf von Siebert, Peterson und Schramm aus dem Jahre 1956 als wirtschaftsliberal, sozialverantwortlich, autoritär und totalitär charakterisiert werden (vgl. auch Saxer 1994).

Allen Idealtypen liegt demnach die Annahme zugrunde, dass Medien und Journalismus in ihrer Funktions- und Arbeitsweise sich mehr oder wenig freiwillig an die allgemeinen staats- und gesellschaftspolitischen Strukturen anpassen. Jede Gesellschaft, jeder Staat formuliert für die Institutionalisierung der Medien bestimmte Gesetze und Leitlinien, in der Hoffnung, damit das Mediensystem kontrollieren zu können und gleichzeitig die erwünschten publizistischen und wirtschaftlichen Leistungen von den Medien zu erhalten.

In der nachfolgenden Abbildung 3.1. werden fünf zentrale Dimensionen (Eigentumsverhältnisse, Steuerung, Ziele, Erwartungen und deren Rechtfertigung) aufgeführt, um diese Idealty-

Mediensysteme und Medienorganisationen

pen zu beschreiben. Selbstverständlich können weitere Charakterisierungen zur Ausdifferenzierung herangezogen werden (vgl. Weischenberg 1992, S. 86 f.).

	Wirtschaftsliberale Institutionalisierung	Sozial-verantwortliche Institutionalisierung	Autoritäre Institutionalisierung	Totalitäre Institutionalisierung
Eigentumsverhältnisse der Medien	privatwirtschaftlich	privatwirtschaftlich oder öffentlich	staatlich, privatwirtschaftlich oder öffentlich	staatlich
Steuerung und Kontrolle der Medien	Markt und Selbstregulierung	Staatliche Behörden, unternehmerische und redaktionelle Selbstkontrolle	Staatsapparat	Staatspartei und Staatsapparat
Ziele der Medien	Förderung der Wirtschaftssubjekte und Kontrolle der politischen Machtausübung	Förderung allgemeiner Wohlfahrt (vor allem politische Aufklärung und Partizipation)	Strukturelle Absicherung von Regierung, Staat und gesellschaftlicher Ordnung	Absicherung der Staatspartei mit ihren spezifischen Herrschaftsinteressen
Normative Erwartungen an die Medien	Medien genießen nicht nur die Handels- und Gewerbefreiheit, sondern auch die Presse- u. Werbefreiheit, die ihnen erlaubt, im eigenen Interesse zu handeln	Medien haben bestimmten Verpflichtungen gegenüber der Gesellschaft nachzukommen (Bringschuld in Form von Qualität, Vielfalt und Pluralismus)	Medien haben die gültigen moralischen und politischen Werte zu unterstützen und insgesamt die soziale Ordnung zu stabilisieren	Medien haben die Aufgabe, im Sinne der Staatspartei Meinungen zu formen und Verhalten zu beinflussen
Institutionelle Rechtfertigung der Medien	Medien sind frei von wirtschaftlichen und politischen Einflüssen, kennen weder Vor- noch Selbstzensur und nehmen ihre Rolle als Kontrolleur in Staat und Gesellschaft wahr	Medien sind vielfältig wie die Gesellschaft selbst, handeln im öffentlichen Interesse und erfüllen die ihnen von der Gesellschaft auferlegten Leistungsanforderungen und Aufgaben	Medien verstehen sich als Dienstleistung des Staates und tragen den vom Staatsapparat dekretierten sozialen Wandel publizistisch mit	Medien erfüllen eine wichtige Erziehungs- und Aufklärungsfunktion im Sinne der staatlich erwünschten Normen und Einstellungen

Abb. 3.1.: Idealtypische Institutionalisierungsformen der Massenmedien

Im *wirtschaftsliberalen* Institutionalisierungsmodell unterliegen die Medien keinerlei staatlicher Steuerung und Kontrolle. Der unternehmerische Zugang zur Medienbranche ist für alle offen und die Sammlung und Verbreitung von Nachrichten erfolgt ohne staatliche Zensur. Das Veröffentlichungsrecht liegt ausschließlich bei den Medienunternehmen selbst, die zwar formal über ein großes Maß an politischer und wirtschaftlicher Autonomie verfügen, gleichzeitig aber ökonomischen Zwängen unterliegen.

Bei der *sozialverantwortlichen*, demokratiepolitisch geprägten Institutionalisierung werden Medienorganisationen und Journalismus stärker von der Gesellschaft in die Pflicht genommen. Der Staat legt Wert auf pluralistisch organisierte Medien und Mediensysteme, damit die unterschiedlichen gesellschaftlichen Bedürfnisse und Interessen von Politik, Kultur und Wirtschaft sich manifestieren können. Angestrebt wird eine aufgeklärt-dienende Funktion der Medien. In der Berichterstattung wird eine hohe journalistische Qualität erwartet, die durch die Einhaltung professioneller und gesellschaftsverträglicher Standards erreicht werden soll.

Die normativen Prinzipien des *autoritären* Institutionalisierungsmodells legen fest, dass sich die formal unabhängigen Medien den herrschenden Autoritäten und den geltenden politischen und moralischen Werten unterzuordnen haben. Die eingeschränkte Autonomie des Mediensystems behindert zwar den institutionellen Ausdifferenzierungsprozess und das entsprechende Leistungsangebot, ermöglicht aber eine fallweise effiziente Indienstnahme der Massenmedien für bestimmte gesellschaftspolitische Zielsetzungen.

Bei der *totalitären* Institutionalisierung verfügt der staatliche Machtapparat über ein vollständiges Monopol aller Medien und sie stehen ausschließlich den Repräsentanten der Macht zur Verfügung. Die Medien haben dafür zu sorgen, dass Aufklärung, Information, Erziehung und Mobilisierung im Sinne des dominanten Machtapparates erfolgt.

Bei allen aufgeführten Institutionalisierungsmodellen werden die Medien – wenn auch in unterschiedlichem Ausmaß – in die Pflicht genommen, einen substanziellen Beitrag zur Rechtfertigung, Stabilisierung und Entwicklung der jeweiligen herrschenden Gesellschaftsstrukturen zu leisten. Allerdings hat jedes Institutionalisierungsmodell neben Stärken auch Schwächen. Daher sind Medien und die staatlichen Steuerungs- und Kontrollorgane mehr oder weniger permanent gezwungen, sich zu rechtfertigen. Dabei treten zwischen Anspruch und Wirklichkeit, zwischen dem Soll- und dem Ist-Zustand vielfach beträchtliche Unterschiede auf. Dies hängt auch damit zusammen, dass der gesellschaftlichen Steuerung und der staatlichen Regulierung der Institution Medien erhebliche Grenzen gesetzt sind.

Dies ist auch ein Grund dafür, dass in der Realität die Institutionalisierungsformen sich überschneiden. Während das amerikanische Mediensystem eher durch die Charakteristiken des wirtschaftsliberalen Institutionalisierungsmodells geprägt ist, sind die europäischen Medien stärker im sozialverantwortlichen Modell verankert. Mit der seit längerem betriebenen Deregulierung von Radio und Fernsehen in Europa ist allerdings davon auszugehen, dass es zu einer langsamen Angleichung an „amerikanische Verhältnisse" kommt.

1.1.2. Funktionszuschreibungen für Massenmedien

Je nach Institutionalisierungsmodell werden von den Medien bestimmte publizistische Leistungen erwartet. In der Publizistik- und Kommunikationswissenschaft ist es jedenfalls üblich – basierend auf den bekannten wirtschaftsliberalen, sozialverantwortlichen und autoritären Institutionalisierungsbedingungen – bestimmte Leistungen als Funktionskatalog zusammenzufassen.

So unterscheidet Burkhart (1998, S. 368-400) soziale, politische und ökonomische Funktionen der Massenmedien, die jeweils für das soziale, politische und ökonomische System einer Gesellschaft erbracht werden. Besonders hebt er dabei die Informationsfunktion hervor, die für alle gesellschaftlichen Teilsysteme zu erbringen ist (Abbildung 3.2.).

Bei den *sozialen* Funktionen geht es für die Medien insgesamt darum, das Individuum möglichst optimal in das Gemeinwesen zu sozialisieren und zu integrieren. Medien werden als Sozialisierungsinstanz aufgefasst, die dem einzelnen Menschen die Eingliederung in die Gesellschaft zwar erleichtern, aber gleichzeitig auch seine Identität und seine Persönlichkeit entwickeln helfen sollen.

Abb. 3.2.:
Funktionen der Massenmedien

soziale	politische	ökonomische
Informationsfunktion		
Sozialisationsfunktion	Transparenzfunktion, Herstellung von Öffentlichkeit	kapitalökonomische Funktion
soziale Orientierungsfunktion	Artikulationsfunktion	warenzirkulierende Funktion
Rekreationsfunktion (Unterhaltung, Eskapismus)	politische Bildungs- und Aufklärungsfunktion	regenerative Funktion
Integrationsfunktion	Kritik- und Kontrollfunktion	herrschaftliche Funktion
soziales	politisches	ökonomisches
gesellschaftliches System		

Quelle: nach Burkart 1998, S. 368 (vereinfacht)

Die *politischen* Funktionen der Medien bestehen darin, den einzelnen Mitgliedern der Gesellschaft die Möglichkeit zu verschaffen, informiert, aufgeklärt und aktiv an den anstehenden Entscheidungsprozessen teilzunehmen und damit zu einem gewissen Grad auch selbstverantwortlich handeln zu können. Die Fähigkeit, Kritik an politischen Machtträgern wirkungsvoll ausüben zu können, kann als ein zentraler Indikator funktionierender Demokratie betrachtet werden. Dazu sind aber solche Massenmedien notwendig, die vielfältige Artikulationschancen bieten und möglichst weitgehende Transparenz über politische und gesellschaftliche Zusammenhänge herstellen.

Mit den *ökonomischen* Funktionen sind alle jene Leistungen der Massenmedien gemeint, welche diese für die Wirtschaft erbringen. Im Vordergrund steht die unmittelbare Kapitalverwertung zur Gewinnerzielung. Mit der Zirkulationsfunktion – vor allem in Form der Werbung – haben die Medien die Ware-Geld-Beziehungen zu aktivieren und insgesamt den Wirtschaftskreislauf zu beschleunigen. Die regenerative Funktion beinhaltet die Befriedigung des Wunsches nach Entspannung, um nachher hoch motiviert an die Arbeit zu gehen und einen Mehrwert zu produzieren. Mit der herrschaftlichen Funktion sollen die Medien Legitimationshilfe für die kapitalistische Wirtschaft im besonderen und die herrschende Gesellschaft im allgemeinen leisten.

Aus der Abbildung 3.2. wird ersichtlich, dass sich Funktionszuweisungen an Massenmedien auf das Gesellschaftssystem als Ganzes und auf einzelne Institutionen oder Teilsysteme beziehen. Ebenso wird deutlich, dass die Funktionszuweisungen generell eine normative Perspektive auf die Medien widerspiegeln: Postuliert wird die Wünschbarkeit von Leistungen, ohne dass abgeklärt erscheint, ob die strukturellen Voraussetzungen zur Erfüllung der erwünschten Funktion überhaupt gegeben sind. So hat Jarren darauf hingewiesen,

„dass eine Art ‚Generalintegrationsleistung' von den Medien nicht erwartet werden kann. Medien erbringen Integrationsleistungen im Wesentlichen in der Interaktion mit Akteuren aus anderen Teilsystemen im Prozess [...] Themen und Wissen, auch Kenntnisse über Normen, Werte und Verfahren, werden zwar gesellschaftsweit weitgehend über Medien vermittelt, aber nicht von ihnen (allein) erzeugt. Dies geschieht über Akteure [...] die dem intermediären System zuzurechnen sind. Sie sind es, die vor allem Themen für die Medienvermittlung bereitstellen und damit weitgehend die öffentliche Agenda bestimmen. Medien greifen auf die bereitgestellten Informationen zu, weniger greifen sie eigenständig Themen auf" (Jarren 2000, S. 37/38; siehe dazu genauer Abschnitt 2.2. dieses Kapitels).

Ausgeklammert bleiben in den Funktionszuschreibungen häufig auch Konflikte und Widersprüche zwischen den Funktionen sowie deren Gewichtung untereinander. Während politische Eliten vor allem die politischen Leistungen, d.h. die Informations-, Bildungs- und Aufklärungsfunktion in den Vordergrund stellen, forcieren gewinnorientierte Medien die Unterhaltungsfunktion, und bieten vielfältige Möglichkeiten, mittels Medien dem Alltagstrott mindestens kurzzeitig zu entrinnen (Eskapismus).

In der Regel werden lediglich diejenigen Funktionen katalogisiert, die faktisch nachgefragt werden. Es wird davon ausgegangen, dass Medien in erster Linie auf gesellschaftliche Interessen und Bedürfnisse reagieren. Demgegenüber müssen auch sozial unerwünschte Leistungen und Auswirkungen von Medien in die Betrachtung miteinfließen. Lazarsfeld und Merton sprechen in diesem Zusammenhang von narkotisierenden Dysfunktionen und nehmen an, dass die Berieselung mit einer Flut von Informationen die menschlichen Energien eher einschlafen lassen als mobilisieren:

„In dieser Beziehung können die Massenmedien zu den bedeutendsten und wirksamsten gesellschaftlichen Narkotika gerechnet werden" (Lazarsfeld / Merton 1973, S. 458).

Funktionskataloge, die Information, Aufklärung und Partizipation in den Vordergrund stellen, fokussieren in erster Linie die Interessen eines kritisch räsonierenden Publikums (vgl. Habermas 1990) und leiten davon normative Leistungserwartungen an die Medien ab:

„Als Agenten der Öffentlichkeit leisten die Medien wichtige Dienste: Sie helfen dem Publikum, sich im Alltag besser zurechtzufinden, den eigenen Ort in der Gesellschaft zu erkennen, an Kultur teilzunehmen, Veränderungen zu verstehen, Risiken vorauszusehen, mit Konflikten verantwortlich umzugehen und aus Erfahrungen sozialer und kultureller Differenz zu Respekt und Toleranz zu finden" (Hunziker/Meier 1997).

Damit Medien vor allem als Agenten eines „kritischen Publikums oder einer „kritischen Öffentlichkeit" handeln können, werden von Medien bestimmte institutionelle Voraussetzungen eingefordert (vgl. McQuail 2000, S. 142 f.). So sollten Medien möglichst unabhängig von Staat und Wirtschaft, von organisierten Interessen sein und die gemeinwohlorientierten, öffentlichen Interessen und Aufgaben in den Vordergrund stellen. Erwartet wird, dass die Medien eigentumsmäßig und inhaltlich vielfältig und pluralistisch sind, eine Vielzahl von Informationsquellen zur Verfügung stellen und die Heterogenität der Gesellschaft widerspiegeln.

Mit solchen Erwartungen und Forderungen wird zum Ausdruck gebracht, dass Medien für das Funktionieren der Demokratie auf der einen Seite und für die Bewältigung aktueller gesellschaftlicher Probleme andererseits eine zentrale Rolle zu spielen haben. Medien haben daher nicht nur einen Beitrag zur Früherkennung und Frühwarnung vor gesellschaftlichen Risiken und Gefahren, zur Erklärung, Interpretation und Kommentierung sozialer Ereignisse und Phänomene zu leisten, sondern sich auch aktiv für die Konfliktbewältigung einzusetzen. Beispielsweise wird erwartet, dass die Medien in ihrer Berichterstattung die allgemeinen Menschenrechte sowie ethnische und religiöse Minderheiten respektieren, eine Verständigung zwischen allen Gesellschaftsmitgliedern über räumliche, soziale und kulturelle Schranken hinweg anstreben und alles vermeiden, was Krieg, Kriminalität und Gewalt begünstigt.

Die Medien als Institution und Branche reagieren auf solche gesellschaftlichen Forderungen sehr zurückhaltend. Sie plädieren in der Regel für eine möglichst große unternehmerische Freiheit und erfüllen vor allem diejenigen Erwartungen, die den eigenen unternehmerischen und finanziellen Interessen entgegen kommen.

1.2. Ökonomische Verfasstheit des Mediensystems

In modernen Demokratien erfolgt die Produktion und der Vertrieb von Medien in der Regel unter den Bedingungen der Handels- und Gewerbefreiheit. Dies gilt in besonderem Maße für Zeitungen und Zeitschriften, die meist von gewinnorientierten Verlagsunternehmen herausgegeben und deren Dienstleistungen

auf regionalen, nationalen oder sogar internationalen bzw. sprachregionalen Werbe- und Lesermärkten verkauft werden. Bei den elektronischen Medien Radio und Fernsehen hingegen wirken nicht nur die Märkte als Steuerungsinstanzen; auch Verfassung, ordnungspolitische Grundsätze und Mediengesetze versuchen, den unternehmerischen Spielraum von Radio- und Fernsehveranstaltern aktiv zu gestalten.
Mit der Institutionalisierung der Medien als wirtschaftsliberale und unternehmerische Gegenposition zum absolutistischen Herrschafts- und Kontrollstaat im 19. Jahrhundert ist jede moderne Demokratie mit einem strukturellen Dilemma konfrontiert.

- Inwieweit sind gewinnstrebende Medien in der Lage, neben den klaren wirtschaftlichen Vorgaben von Investoren und Eigentümern gleichzeitig auch die von Staat und Gesellschaft erwarteten und eingeforderten politischen und kulturellen Ziele zu erreichen?
- Inwieweit untergräbt das wirtschaftsliberale Modell freier Massenmedien die eigenen Ideale, wenn der Zugang von Sprechern und gesellschaftlichen Gruppierungen zu Presse, Radio und Fernsehen durch politische und wirtschaftliche Macht sowie durch Eigentumsrechte derart eingeschränkt wird, dass oligopolistische Märkte und die Dominanz von Medienkonzernen zu den charakteristischen Strukturmerkmalen moderner Mediengesellschaften gehören?

Das spannungsgeladene Verhältnis von privatwirtschaftlicher Institutionalisierung und den in sich widersprüchlichen gesellschaftlichen Aufgaben aktueller, publizistischer Medien, ist schon früh erkannt worden. So postulierten Marx/Engels in der Mitte des 19. Jahrhundert, dass die erste Freiheit der Presse darin bestehe, *kein* Gewerbe zu sein. Der liberale Staat hingegen proklamierte die Gewerbefreiheit als erste Freiheit und gewährte der Presse aus diesem Grund Pressefreiheit. Gleichzeitig zähmte er die kritische und aufklärerische Partei- und Gesinnungspresse, indem er diese dem wirtschaftlichen Wettbewerb mit den kommerziell erfolgreichen „Unterhaltungsblättern" aussetzte.

Mediensysteme und Medienorganisationen

Mit der Etablierung der Boulevardzeitungen und der parteilosen Geschäftspresse nimmt die Zeitung endgültig den Charakter einer Unternehmung an, *„welche Anzeigenraum als Ware produziert, die nur durch einen redaktionellen Teil absetzbar wird. Das ist eine fundamentale Umgestaltung des Wesens der Zeitung."* (Bücher 2001/1926, S. 180). Dadurch stieg die Abhängigkeit der Zeitungen und Zeitschriften vom Verkauf der Annoncen als Ware kontinuierlich an. Die Werbeeinnahmen inklusive Stellenanzeigen machen bei Zeitungen heute zwischen 60% und 80% der Gesamteinnahmen aus. Damit sind Medien vom Erfolg oder Misserfolg auf dem Werbemarkt strukturell abhängig.

Der wirtschaftliche Druck auf die Medien fördert in erster Linie das betriebswirtschaftliche und weniger das publizistische und gesellschaftliche Denken und Handeln von Medienschaffenden (vgl. Meier/Jarren 2001). Die zunehmende marktwirtschaftliche und unternehmerische Logik fördert ein Innovationspotenzial, das vor allem kaufmännisch geprägt ist. Folglich entstehen vor allem solche Produkte, die auf die Interessen der Werbeauftraggeber zugeschnitten sind (Lifestyle-Zeitschriften, Pendlerzeitungen, Special-Interest-Zeitschriften, Stadtmagazine, Wirtschafts- und Sonntagsblätter). Auch bei der Lancierung neuer Fernsehformate spielen publizistische Ideen, Kreativität und gesellschaftliche Relevanzkriterien nur eine geringe Rolle. Medien verstehen sich immer stärker als Investitionsobjekt zur Erzielung von Kapitalrenditen, als „Content-Provider" für alle Wirtschaftszweige und als Marketinginstrument einer Neuen Ökonomie.

Nachfolgend werden daher einige Trends beschrieben, die einerseits als Ursache für gesamtgesellschaftlichen Wandel bedeutungsvoll sind, gleichzeitig aber auch die Entwicklung der Institution Medien maßgeblich beeinflussen. Dazu gehören Ökonomisierungs-, Globalisierungs-, und Konzentrationsprozesse.

1.2.1. Ökonomisierungstendenzen

Im Rahmen des behaupteten Strukturwandels der Medien scheint der Prozess der Ökonomisierung einen zentralen Stellenwert einzunehmen.

 Unter Ökonomisierung kann die Ausweitung der ökonomischen Logik auf Strukturen und Prozesse verstanden werden, die bisher einer anderen Logik folgten (vgl. Jarren 1998)

Die Printmedien, aber vor allem Radio und Fernsehen sind traditionell in Europa primär den Systemen Politik und Kultur und erst zweitrangig dem System Wirtschaft zugeordnet worden. Der langsame Wechsel der Systemzugehörigkeit von der Kultur zur Wirtschaft hat zur Folge, dass wirtschaftliche Prinzipien einen immer stärkeren Einfluss bei der Institutionalisierung, Produktion, Diversifizierung, Vermarktung und Konsumtion von Medien spielen.

Altmeppen betrachtet diesen Vorgang als sozialen Prozess, „[...] bei dem zunehmend die ökonomischen Regeln kapitalistischer Gesellschaften gelten und bei dem soziales Handeln weitgehend von ökonomischen Kalkülen geprägt wird" (Altmeppen 1996, S. 257). Um genau das zu produzieren, was die anvisierten Kunden und Zielgruppen erwarten und dies noch kostengünstiger als andere Anbieter, werden in Medienunternehmen systematisch solche unternehmerischen und betriebswirtschaftlichen Maßnahmen getroffen, die der kommerziellen Logik entsprechen, so z.B. die Forcierung unternehmerischer Zusammenschlüsse zur Erzielung von Synergieeffekten.

Offensichtlich ist, dass das strategische Handeln der Medienunternehmen auch das redaktionelle Handeln im Hinblick auf Management und Marketing beeinflusst. Dienstleistungen und Produkte werden strikt kunden- und marktgerecht aufbereitet (redaktionelles Marketing). Die unternehmerische Verantwortung wird selbst auf der Stufe der Redaktion wahrgenommen. Verstärkt orientieren sich redaktionelle Beiträge an den Bedürfnissen von Zielgruppen und Werbeauftraggebern und werden entsprechend despektierlich als Marketing- und Werbeumfeldjournalismus bezeichnet.

Fazit: Der Markt fungiert als dominantes Steuerungsinstrument. Auf deregulierten und fallweise globalen Medienmärkten und für Informationsgesellschaften werden Inhalte zu einer knappen, kommerziell wertvollen Ressource. Rentabilitäts- und Wirtschaftlichkeitsüberlegungen dominieren die Handlungen des Medienmanagements. Auch in der Medienpolitik werden den wirtschaftlichen Zielsetzungen Priorität eingeräumt und der Weg für eine systematische „Kapitalisierung" der Medienindustrien geebnet (vgl. Knoche 2001). Dabei wächst nicht nur das Gewinnstreben in den Medienunternehmen, sondern das Nutzenmaximierungspostulat kommt auch in der täglichen journalistischen Medienpraxis routinemäßig zur Anwendung.

1.2.2. Verstärkte globale Vernetzung

Zwar haben die Entwicklung und Intensivierung weltweiter Kommunikation und globaler Vernetzung von Informations- und Verkehrsmitteln heute besondere Dimensionen erreicht, doch die Globalisierung ist keineswegs ein neues Phänomen. Der Aufbau von globalen Handelsbeziehungen im 16. Jahrhundert setzte ausgebaute Kommunikationsnetzwerke voraus. Mit der Entwicklung des Druckes zirkulierten schon sehr bald auch alle Arten von Schriften zwischen den aufkommenden Nationalstaaten. Im 19. Jahrhundert schließlich wurde der Ausbau der Kommunikationsinfrastruktur auf globaler Ebene aus wirtschaftlichen, politischen und militärischen Überlegungen heraus systematisch betrieben. Alle Kolonialmächte bauten eine mediale Infrastruktur auf, die eine rasche Kommunikation zwischen Zentrum und den Peripherien erlaubte. Aus politischen wie wirtschaftlichen Bedürfnissen heraus entstanden international operierende Nachrichtenbüros, die die Welt in Einflusssphären bzw. Märkten aufteilten und ihre Kundschaft mit Nachrichten versorgten. Mit dem Aufkommen der Telegrafie entwickelte sich dieses Netzwerk zu einem globalen Nachrichtenagentursystem, das sich noch im letzten Jahrhundert als Kartell formierte und bis heute den weltweiten Handel mit Nachrichten kontrolliert. Anfang der 70er Jahre des 19. Jahrhunderts waren die europäischen Kolonialmächte sowohl mit den USA als auch mit Indien, China und Australien durch Unterwasserkabel verbunden. 1924 konnte der englische König Georg V. anlässlich der Weltausstellung stolz verkünden, dass sein Telegramm den britischen Kabeln entlang in lediglich 80 Sekunden um die Welt ging (vgl. Thompson 1995).

Auch die Filmindustrie in Hollywood entwickelte sich von Beginn an als Oligopol. Die wenigen großen Filmstudios begannen schon früh, die Märkte global zu bearbeiten. Mit dem Aufkommen des Radios fingen auch die Kurzwellensender an, mit fremdsprachigen Sendungen das Ausland zu „bedienen". Vor und während des zweiten Weltkrieges beteiligten sich rund 50 Staaten an diesen Aufklärungs- und Propagandaaktivitäten. Nach dem Krieg wurde mit dem Slogan „Free Flow of Information" der Weg für globale Medienaktivitäten zusätzlich geebnet (vgl. Viele Stimmen – eine Welt 1981). Mit dem Aufkommen von multinationalen Medienkonzernen scheint nun die Globalisierung der Kommunikation zu einem strukturellen Merkmal einer wie auch immer definierten „Weltinformationsgesellschaft" zu werden.

Seit Jahrzehnten wird eine Debatte über die kulturellen Auswirkungen von Konsumgütern, Medienprodukten, Lebensstilen und Werthaltungen auf andere Länder, Kontinente und Kulturen geführt. In den 70er Jahren dominierte der „Kulturimperialismus-Diskurs", der aufzuzeigen versuchte, dass die nordamerikanische Kulturindustrie mit der Eroberung ausländischer Märkte hegemoniale Interessen verfolgt. Aus der Kritik dieser Sichtweise entstand in den 80er Jahren ein „Revisionismus-Diskurs", der die in politischen Arenen und auf wissenschaftlichen Foren formulierten Vorwürfe theoretisch, methodisch und empirisch zu entkräften versuchte (vgl. Kunczik 1998).

Die 90er Jahre wurden nun von einer Globalisierungsdebatte beherrscht, die sich dadurch auszeichnet, dass einerseits zwar die bekannten Argumentationsmuster der vergangenen Jahrzehnte kaum entkräftet wurden, sich aber auch neue Betrachtungsweisen herausbilden. Während Globalisierungs-Euphoriker die Entstehung einer globalen Medienkultur unter angloamerikanischer Führung begrüßen und als Fortschritt feiern, bedauern die Skeptiker den angerichteten Schaden. Während die einen behaupten, die Globalisierung führe zu keiner kulturellen Vereinheitlichung, sind die anderen der Überzeugung, eine breite Durchsetzung einer globalen Kultur bewirke eine Standardisierung von Produkten und damit eine nachhaltige Prägung der Erfahrung, Geschmacks- und Lebensstile von Generationen und

Klassen (vgl. Beynon/Dunkerley 2000). Befürchtet wird, dass der Globalisierungsprozess eine kulturelle Verarmung der Medienleistungen und einen Verlust kultureller Identität zur Folge hat (vgl. Müller 1997).

Anstelle der Auseinandersetzung um globale Homogenisierung, postuliert der amerikanische Soziologe Roland Robertson die Etablierung des Begriffs Glokalisierung. Er behauptet, dass Glokalisierung die Wiederherstellung, ja sogar die Produktion von „Heimat", „Gemeinschaft" und „Lokalität" mit sich gebracht habe. Die Anpassung an lokale Bedingungen erfolge in erster Linie zur Befriedigung einer zunehmend differenzierten Nachfrage. Aus ökonomischer Perspektive heißt dieses Mikro-Marketing nichts anderes als „das Zuschneiden von und Werben für Güter und Dienstleistungen auf globaler oder fast globaler Ebene für zunehmend differenzierte lokale und partikulare Märkte" (Robertson 1998, S. 198).

Neben der kulturellen Nähe ihrer Produkte sind die Medien auch durch ihre Aufgaben und Leistungen und deren Auswirkungen auf Staat und Gesellschaft vielfältig mit den Bereichen Wirtschaft und Politik gekoppelt. Medienunternehmen sind dabei sowohl auf politische, vor allem rechtliche Entscheidungen von Nationalstaaten, als auch auf (sprach-)kulturelle Akzeptanz zur Konstituierung wie auch zur Entwicklung von Märkten und Produkten anhaltend angewiesen. Die dadurch entstehenden und nachhaltig wirkenden ökonomischen, politischen und kulturellen Bindungen und die daraus resultierenden „Traditionen" erschweren die Abkoppelung von Medienunternehmen und Produkten aus ihrem angestammten gesellschaftlichen und wirtschaftlichen Umfeld. Selbst Medienkonzerne haben beim Verkauf von Produkten und Dienstleistungen spezifische Marktbedingungen und kulturspezifische Charakteristika zu berücksichtigen: „think global act local" oder „all business is local" heißt das Motto. Folglich dominieren selbst bei den weltweit größten Medienunternehmen lediglich und vorrangig multinationale Strategien: Es werden im Ausland Tochterunternehmen gegründet und (oder) mit einheimischen Firmen Beteiligungen eingegangen, um den spezifischen Bedingungen der jeweiligen Märkte ausreichend Rechnung zu tragen. Besonders nicht-amerikanische Medienunternehmen, die ihres begrenzten Binnenmarktes wegen relativ früh ihre nationalstaatlichen oder sprachkulturellen Grenzen verlassen haben, können sich keineswegs auf den Export „erfolgreicher" Produkte verlassen, sondern haben sich konsequent an die neuen Marktverhältnisse im Ausland anzupassen. In der Regel übernehmen sie vorhandene Produkte, streben wirtschaftliche Beteiligungen an oder entwickeln zusammen mit einheimischen Partnern neue Objekte.

Den Einstieg in fremde Rundfunkmärkte mittels Direktinvestitionen erschweren nicht nur protektionistische politische Maßnahmen, sondern auch das fehlende Know-how zwingt die ausländischen Investoren zur Zusammenarbeit mit inländischen Veranstaltern und Medienschaffenden. Die global operierende Zeitungsgruppe Metro mit Sitz in Luxemburg, die sich vom schwedischen Medienkonzern Modern Times Group losgelöst und verselbständigt hat, geht überall in Europa, Nord- und Südamerika mit inzwischen 19 „Gratisblättern" nach dem gleichen Grundkonzept – gedrucktes CNN – auf den lokalen Markt, nimmt aber die notwendigen Anpassungen mit inländischem Know-how und Kapital vor.

Die Intensivierung des internationalen Wettbewerbs fördert Globalisierungstendenzen, während die verstärkte Kundenorientierung und Ökonomisierung zugleich Provinzialisierungstendenzen begünstigt. Medienmärkte strukturieren sich in erster Linie über die Sprache und soziopolitische Einheiten. Sind Sprache und nationalstaatliche Grenzen identisch, so kommen Internationalisierungsprozesse kaum in Gang, es sei denn, die gleiche Sprache werde auch in anderen – nicht notwendigerweise benachbarten – Ländern gesprochen. Wird in benachbarten Ländern die gleiche Sprache gesprochen, so erhöhen sich die grenzüberschreitenden Transaktionen in Form von Importen und Exporten massiv. Sofern Medienmärkte keine politischen und technischen Einschränkungen erfahren, können unter solchen Bedingungen grenzüberschreitende Sprachraummärkte entstehen. Besonders im Medienbereich wirkt sich die Bildung von möglichst großen einheitlichen oder vereinheitlichten Kultur- und Sprachräumen kostensenkend aus.

Allerdings sind der Internationalisierung publizistischer Produkte Grenzen gesetzt. Je mehr bestimmte kognitive Leistungen notwendig sind, um die publizistischen Produkte zu „verstehen" und zu schätzen, desto geringer ist deren Verkäuflichkeit in einem anderen gesellschaftlichen Kontext. Werden die Medienprodukte konsequent als Ware betrachtet, so können Globalisierung und Provinzialisierung nebeneinander auftreten. Allen faktischen Globalisierungsvorgängen zum Trotz erfolgt aus Gründen der Verkäuflichkeit auch eine verstärkte „Lokalisierung" im Informationsbereich. Die „Pflichtstoffe" aus dem Ausland werden zugunsten „gesellschaftlicher Nähe" reduziert und gleichzeitig die regionale Nachrichtenperspektive ausgeweitet. „Weltereignisse" werden durchgehend „lokalisiert" und „kontextgerecht" aufbereitet. Herausragende Ereignissen aus dem Ausland wie beispielsweise ein Reaktorunfall oder ein Großbrand in einem Tunnel werden zwar publizistisch berücksichtigt; die Berichterstattung bekommt aber schon nach dem ersten Tag eine kontextspezifische Eigendynamik. Der kontextabhängige Blick auf die Sicherheit in den eigenen Tunnels und auf die Sicherheit in und um die eigenen Kernkraftwerke gewinnt rasch die Oberhand. Das Schlüsselereignis selbst mutiert zum bloßen Aufhänger und provoziert allenfalls kontextspezifische Thematisierung.

Im TV-Unterhaltungsbereich beispielsweise versucht das Programmmanagement ständig, „erfolgreiche" Sendungen und Genres aus dem Ausland (Soaps, Talk-Shows, Spiele, Late-Night-Show etc.) regional einzufärben und marktgerecht zu qdaptieren. Die zumindest zu Beginn erfolgreiche Reality-Show „Big Brother" läuft zwar in vielen europäischen Ländern, aber mit zunehmender Sendedauer werden die länder- und kontextspezifischen Anpassungen des Formats und der Spielregeln ausgeprägter. Gleichzeitig führt der wachsende Kostendruck zu stärkeren Einkäufen oder zu Co-Produktionen im angloamerikanischen Ausland, da die Finanzierung teurer Eigenprodukte wegen der vergleichsweise geringen Größe der Zuschauer- und Werbemärkte in keinem Verhältnis zur nur langsam wachsenden Nachfrage steht.

1.2.3. Verstärkte Konzentrationsprozesse

Die Konzentration in der Medienbranche bietet vielen – vor allem großen – Konzernen wirtschaftliche und politische Vorteile. Da bei der Produktion von Medien hohe Fixkosten und nur geringe variable Kosten anfallen, verbilligen sich die Leistungen mit zunehmender Abnehmerzahl (Fixkostendegression). Mit zunehmender Auflage einer Zeitung fällt der Stückpreis. Derjenige, der den größten Marktanteil oder sogar das Monopol besitzt, kann das Produkt am billigsten abgeben. Darüber hinaus wachsen Unternehmen mit optimalen Größen und Mengen schneller als andere. Auf der Suche nach optimalen Betriebs-, Serien- und Absatzgrößen werden Konzentrationsprozesse ausgelöst. Unternehmen in führenden Marktpositionen können zudem Größenvorteile und ihre breite Angebotspalette gegenüber der Konkurrenz ausspielen. Solche hoch integrierten Medienunternehmen ersparen sich eine Reihe von Kosten für die Suche nach geeigneten Marktpartnern, um Verträge abschließen zu können. Durch Diversifikation können zudem die Absatz-Risiken einzelner Produkte reduziert werden. Aus betriebswirtschaftlicher, einzelwirtschaftlicher Perspektive ergeben sich in der Regel Kosten- und Wettbewerbsvorteile, wenn allgemeine und medienspezifische Konzentrationsprozesse in Gang gesetzt werden.

Medienunternehmen können dabei auf vielfältige Weise miteinander unternehmerisch verflochten sein: durch eine vorgängige Fusion, durch eine lose Konzernbildung mit einer Vielzahl von eigenständig operierenden Firmen, durch eine Gemeinschaftsunternehmung (Joint Venture), durch eine langfristige Zusammenarbeit (strategische Allianz), durch die Bildung einer strategischen Gruppe (z.B. Fernsehfamilien) oder durch zeitlich begrenzte Kooperations- und Zusammenarbeitsverträge.

Im Medienbereich betrachtet man die Vielzahl möglicher unternehmerischer Verflechtungen zum Zwecke des Konzernwachstums, zur Effizienzsteigerung oder zur Verbesserung der Wettbewerbsposition mit besonderer Aufmerksamkeit. Die Kontrolle der Ressourcen oder Marktanteile eines bestimmten Mediensektors (z.B. des Fernsehsektors) durch ein oder wenige Unternehmen wird als *horizontale Konzentration* oder horizontale Verflechtung

Horizontale Verflechtung	Zusammenschluss von Anbietern auf dem gleichen Markt, (z.B. Zeitungsmarkt)
Vertikale Verflechtung	Zusammenschluss von vor- und nachgelagerten Produktionsstufen (z.B. Filmproduktion, Filmhandel, Filmverwertung, TV-Anstalten, Filmtheater)
Multimediale Verflechtung	Schaffung eines Multi Media Anbieters (z.B. Print- und elektronische Medien) unter einem Konzerndach
Diagonale Verflechtung	Bildung eines Mischkonzerns mit Firmen aus verschiedenen Branchen (z.B. Medien-, Computer- und Telekommunikationsbranche)

Abb. 3.3.: Verflechtungen von Medienunternehmen

bezeichnet (vgl. Abbildung 3.3.). Der Zusammenschluss mehrerer Medienprodukte oder Medienunternehmen gleichen Typs (z.B. Rundfunkunternehmen) verschafft dem führenden Anbieter Vorteile im Qualitäts- und Preiswettbewerb gegenüber der Konkurrenz. Zusätzlich verbessert wird das Know-how, das die Etablierung neuer Produkte auf dem Markt erleichtert.

Eine solche unternehmerische Kontrolle von Ressourcen und Marktanteilen können – wie alle Konzentrationsprozesse –sowohl publizistische als auch wirtschaftliche Auswirkungen haben. Bei horizontaler Verflechtung verringert sich die Zahl der Anbieter und der wirtschaftliche Wettbewerb nimmt ab. Den Verlagsunternehmen geht es darum, die verschiedenen – und doch ähnlichen – Titel so auf dem Werbe- und Lesermarkt zu positionieren, dass eine optimale Ausschöpfung der Nachfrage erreicht werden kann. In Deutschland haben Bertelsmann und Kirch „Senderfamilien" gebildet. Sie dienen in erster Linie dazu, die einzelnen Sender für bestimmte Zielgruppen und Qualitätsstandards zu positionieren. Auf diese Weise können Übertragungsrechte und Produktionen durch Wiederholungen ausgeschlachtet und minderwertige Ware aus Paketkäufen untergebracht werden.

Die *vertikale* Verflechtung zielt auf die Kontrolle der verschiedenen Stufen des Produktions- und Distributionsprozesses eines bestimmten Mediums. Die ökonomischen und publizistischen

Folgen vertikaler Medienkonzentration beschreibt der Medienökonom Jürgen Heinrich wie folgt:

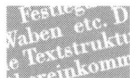

„Bei einer Zunahme der vertikalen Medienkonzentration wird auf den verschiedenen Produktions- und Handelsstufen die Marktkoordination zunehmend durch unternehmerische Koordination ersetzt. Dies mag Ausdruck der größeren Effizienz sein, aber es verringert prinzipiell den direkten Einfluss der Nachfrage und der Konkurrenz und erlaubt, unternehmenseigene Vorstellungen stärker durchzusetzen, als es bei Marktkonkurrenz üblich ist." (Heinrich 1999, S. 210)

Multimediale Verflechtung liegt vor, wenn ein Unternehmen auf Märkten tätig ist, deren Produkte weder von der Produktions-, noch von der Absatzseite unmittelbar verbunden sind. Die Verbindung von Unternehmen über das ursprüngliche Tätigkeitsfeld hinaus bedeutet den Versuch, mittels einer Konzernstruktur die Produktion und Distribution verschiedener Medien zu kontrollieren (Cross-Media-Ownership). So versuchen traditionelle Zeitungs- und Zeitschriftenverlage bei den elektronischen Medien Fuß zu fassen, weil dort die Wachstumschancen optimistischer eingeschätzt werden als auf den eher gesättigten Printmedienmärkten. Auch hier geht es nicht nur um den Einfluss auf die Informationsvielfalt und die Meinungsbildung, sondern auch wettbewerbsrechtliche Gründe sprechen gegen einen Medienverbund, weil durch die Produktion von Aufmerksamkeit für die jeweils anderen Medien (cross-marketing) wettbewerbsverzerrende Synergieeffekte realisiert werden können, die eine verstärkte Marktdominanz ermöglichen. Der Konzernchef von Bertelsmann, Thomas Middelhoff, erklärt an einem Beispiel, was unter optimaler Verwertung von kreativem Potential innerhalb des Konzerns zu verstehen ist:

„Unsere Musikfirma BMG hat die Oper „Turandot" in der Verbotenen Stadt in Peking aufgeführt. Daraus wurde dann eine CD gemacht, die Fernsehtochter CLT-Ufa produzierte einen Film, unse-

Mediensysteme und Medienorganisationen

re Illustrierte „Stern" schreibt einen Artikel dazu. Und jetzt können wir die CD noch über unsere Clubs und über Internet vertreiben" (Spiegel 47/1998, S. 94).

Die Mehrfachnutzung gleicher Inputs wirkt sich als Verbundvorteil besonders zwischen verwandten Medienmärkten aus. Eine solche Cross-Media-Strategie erlaubt zusätzlich eine Cross-Selling- und Cross-Promotion-Strategie, was Vorteile sowohl auf dem Publikums- als auch auf dem Werbemarkt ergibt.

Die Übernahme des weltweit größten Medienkonzerns Time Warner durch den Online-Dienst AOL im Januar 2000 ist als ein Paradebeispiel für multimediale Verflechtung zu bewerten. Dieser Zusammenschluss stellt ein ungeheures Potenzial für AOL im Internet dar und damit verbunden ist eine weitere Konzentration im Internet, da der Anteil an der gesamten Online-Zeit der AOL-Seiten wachsen dürfte. Weitere Beispiele sind die Fusion des größten europäischen Rundfunkkonzerns CLT-Ufa mit dem britischen Inhalteproduzenten Pearson TV im April 2000 zur RTL Group, wo seit Anfang 2001 Bertelsmann die Mehrheit hält, die Übernahme des Webportals Lycos durch das spanische Internetunternehmen Terra Networks, ein Tochterunternehmen des spanischen Telekommunikationskonzerns Telefonica, sowie die Fusion von Vivendi und Seagram zu Vivendi Universal.

Während die Ursachen und Formen der Medienverflechtung vergleichsweise leicht zu beschreiben sind, lassen sich deren wirtschaftliche Auswirkungen aus Komplexitätsgründen kaum konkret prognostizieren. Dennoch ist die Liste von Folgen aufschlussreich:

- „Die Möglichkeiten der Einflussnahme des Medieneigentümers auf Medieninhalte wird ausgeweitet.
- Die Möglichkeit, Meinungen intern zu subventionieren, wird verbessert.
- Die Möglichkeit und das Motiv, den redaktionellen Teil der Medien für werbliche Zwecke zu missbrauchen, gewinnt an Gewicht.
- Die Möglichkeiten der Mehrfachverwertung nehmen zu (z.B. Spiegel-TV, Stern-TV).

- Die Unternehmensphilosophie kann auch intermedial verbreitet werden.
- Die Kontrolle durch den Markt nimmt ab.
- Der intermediale Wettbewerb wird verschlechtert.
- Der Marktzutritt erschwert.

Die Liste ist eindrucksvoll lang, aber es ist nur eine Auflistung von Möglichkeiten, der Kontrolle durch den Markt oder die Politik zu entkommen" (Heinrich 1999, S. 210).

Die ungenügenden Wettbewerbsbedingungen können sich zu einem gesellschaftspolitischen Problem ausweiten, weil das Risikopotential für die Demokratie bei zunehmender Verflechtung ansteigt. Bei der Bildung eines „Risikokatasters" steigender Medienkonzentration sind jedenfalls eine Reihe von Vorgängen zu berücksichtigen.

Dominierende Medienunternehmen sind aufgrund ihres steigenden Marktanteils, ihrer ausgeprägten Finanzkraft und ihres konzerninternen Koordinationspotentials in der Lage, die Marktzutrittsbarrieren gegenüber der Konkurrenz zu erhöhen und gleichzeitig schwächere Anbieter aus dem Markt zu drängen.

In Deutschland sind zwar 22 private und 12 öffentliche Fernsehsender bundweit unlimitiert zu empfangen. Von Spartenprogrammen wie Musik-, Wirtschaft- oder Nachrichtenkanälen abgesehen hat der Zuschauer allerdings nur die Auswahl zwischen drei Anbietern: den öffentlich-rechtlichen Anstalten ARD und ZDF, der Kirch-Gruppe und der Bertelsmann RTL-Gruppe. Welches Ausmaß die Medienkonzentration bereits erreicht hat, zeigt eine Zahl, die die Bertelsmann AG errechnet hat: Danach beschäftigt sich im Durchschnitt jeder zweite Mediennutzer in Deutschland täglich eine Stunde lang mit Produkten des Bertelsmann-Konzerns (vgl. Röper 2001)

Horizontale, vertikale und multimediale Konzentrationsprozesse haben daher eine Bündelung der bestehenden Ressourcen in die Verfügungsgewalt weniger Unternehmen zur Folge. Aufgrund ihrer Marktstärke sind diese in der Lage, wettbewerbsbeeinträchtigende Vormachtstellungen in den verschiedenen Medienmärkten aufzubauen. Die sich immer rascher vollziehenden

Fusionen und Übernahmen haben die Befürchtung genährt, dass die Medienindustrie in immer stärkeren Masse von einigen wenigen – vor allem US-amerikanischen – „Mediengiganten" und einzelnen „Medienzaren" wie Silvio Berlusconi, Rupert Murdoch, Leo Kirch oder Jean-Marie Messier von Vivendi Universal kontrolliert wird.
Und die Möglichkeit, durch Eigentum von Medien publizistische Macht auszuüben und diese publizistische Macht auch in persönliche, politische oder wirtschaftliche umzusetzen, übt nicht nur eine besondere Faszination aus, sondern hat konkrete Konsequenzen. Besonders dem Amerikaner australischer Herkunft, Rupert Murdoch, wird vorgehalten, er nehme in geradezu unanständig direkter Weise Einfluss sowohl auf Programmgestaltung und Vielfalt in seinen eigenen Medien als auch auf die medienpolitischen Steuerungsversuche einzelner Länder.
Als 1981 „The Times", das Vorzeigeblatt der englischen Presse, zum Verkauf stand, griff Rupert Murdoch zu und erwarb damit ein ganzes Paket von selbständigen Times-Beilagen. Die ihm wohlgesinnte konservative Regierung unter Margaret Thatcher kam der Ablehnung durch die staatliche Monopolkommission zuvor und erteilte ihm eine Ausnahmebewilligung. Im Wahlkampf unterstützte der Medienmogul mit allen seinen Presseerzeugnissen – immerhin 40 Prozent der überregionalen Gesamtauflage – regelmäßig die konservative Partei. Erst als dem heutigen englischen Premier Tony Blair gute Wahlchancen eingeräumt wurden, wechselte Murdoch das Lager – und stand einmal mehr auf der Seite der Sieger. Den Wechsel erleichtert hat aber eine Mediengesetzgebung der Konservativen, die Murdoch nicht passte. Umgekehrt praktiziert Rupert Murdoch gegenüber den chinesischen Machthabern einen Dauerkotau, um einen privilegierten Zugang zu diesem lukrativen Markt zu erhalten. Die Abschaltung des Senders BBC World Service auf seinem Satelliten Star-TV und der Skandal um die politischen Memoiren von Chris Patten, dem ehemaligen Gouverneur von Hongkong, sind deutliche Indikatoren für die angesprochene Problematik.
Der unabhängige Journalismus gerät somit über unternehmerische Konzentration unter Druck. Auf der einen Seite beeinflussen die Geschäftsinteressen großer Medienkonzerne die Art und

Weise des gesellschaftlichen Diskurses maßgeblich und auf der anderen Seite bestimmen die kommerziellen Zielsetzungen die Art und Weise der medienpolitischen Steuerung und Regulierung in hohem Maße. Die Lockerung der Regeln zur Begrenzung von Eigentum bei gleichzeitiger Beteuerung der Konzentrationsbekämpfung durch staatliche Behörden verdeutlicht den Machtzuwachs von Medienkonzernen gegenüber dem politischen System.

Das Missbrauchspotential ist bei Medienorganisationen bedeutend größer als bei anderen Industrien, weil die Medienware sowohl privates Konsumgut als auch Bestandteil der öffentlichen Meinungsbildung ist. Führende Medienorganisationen besitzen gegenüber anderen Unternehmen das Privileg, dass sie ihr eigenes Schicksal oder dasjenige anderer, ihre eignen oder zu eigen gemachten wirtschaftlichen und gesellschaftspolitischen Zielsetzungen auf die mediale Agenda setzen können.

Allerdings sind bei der Evaluierung wachsender Verflechtung auch Konzentrationsfolgen zu berücksichtigen, die gesellschaftlich eher erwünscht sind. So wächst mit zunehmender Markt- und Kapitalstärke der Medienunternehmen auch deren Autonomie gegenüber mächtigen Akteuren und „Pressure Groups" aus Politik und Wirtschaft sowie gegenüber ausländischer Konkurrenz. Zudem wird die Bündelung der vorhandenen Kräfte und Ressourcen in kleinräumigen Märkten erleichtert und kann zu qualitativ besseren Leistungen führen. Dabei verbessert sich die Wettbewerbsfähigkeit gegenüber einer allenfalls mächtigen Konkurrenz. Die gesteigerte Ertragskraft ermöglicht prinzipiell den Ausbau der publizistischen Leistungen sowie eine bessere Entlohnung und verbesserte Arbeits- und Recherchemöglichkeiten der Medienschaffenden.

Auch wenn die wachsende Konzentration nicht durchgehend eindeutige Auswirkungen zur Folge haben, so sind die Risiken für unabhängigen Journalismus gestiegen. In Medienkonzernen mit branchenfremden Eigentümern und Verflechtungen steigt der Druck, die eigenen wirtschaftlichen Interessen publizistisch abzusichern. Mit dem Begriff des Konzernjournalismus wird zum Ausdruck gebracht, dass die schönfärberische Berichterstattung in eigener Sache vielfach zur Optimierung von Marktpositionen und zur Stärkung der unternehmerischen Ertragskraft ge- und

missbraucht wird. Zugleich werden Aktivitäten und Produkte der Konkurrenz kritisiert und fallweise diskreditiert (siehe dazu auch Kapitel 4, Abschnitt 4.2.).
Wachsende Konzentration delegitimiert die Medien insgesamt und vergrößert die Chancen und Risiken des ökonomischen und publizistischen Machtmissbrauchs. Die Einschränkung der publizistischen (Meinungs-)Vielfalt und die inhaltlichen Homogenisierung durch Konzerninteressen stellen jedenfalls eine schwere Hypothek für eine demokratiepolitische Legitimierung der Medien dar.

"Die Professionalisierung der Berichterstattung über die Medien, die wir in den letzten Jahren zweifellos verzeichnen konnten, wird gleichsam vom Verflechtungsprozess wieder neutralisiert. Im Interesse der Konzerne liegen cross-promotion aller Art, PR und Geschäfte auf Gegenseitigkeit, nicht aber unabhängige medienpublizistische Kompetenz – ganz davon abgesehen, dass der männerbündischen Schutz- und Trutzgemeinschaft im Journalismus wirkliche Selbstreflexion ohnehin fremd ist. Da das Mediengewerbe als einer der wenigen zukunftssicheren Arbeitsmärkte gilt, werden neue Generationen durch Aus- und Weiterbildungsprozesse und das tägliche Medien-Environment selbst mit [...] den Usancen des kapitalistischen Kommunikationsmarktes sozialisiert, und das Potenzial an kritischer Gegenbewegung schwindet zusehends." (Hachmeister 2000, S. 20)

2. Mediensystem und gesellschaftliche Akteure

Die in einer Gesellschaft vorfindbaren Medienstrukturen, also die politisch-rechtliche und ökonomische Verfasstheit des Mediensystems sowie die Organisationsformen der Medien sind für alle gesellschaftlichen Akteure relevant, weil diese Bedingungen ihre kommunikativen Handlungsmöglichkeiten beeinflussen. Insbesondere politische und gesellschaftliche Akteure sind aus legitimatorischen Gründen darauf angewiesen, die Gesellschaftsmitglieder kommunikativ zu erreichen. Die Frage ist, ob und inwieweit die Medien, öffentlich-rechtlich verfasste oder privatwirtschaftlich organisierte, dieses Vermittlungsinteresse berücksichtigen, wie sie mit unterschiedlichen Akteuren umgehen, welchen Interessen bzw. Themen sie welche Priorität und Relevanz beimessen.

2.1. „Mediengesellschaft": Entwicklung und Merkmale

2.1.1. Entkopplung von gesellschaftlichen Akteuren und Medien

Es gibt bislang keine umfassenden sozialhistorischen Untersuchungen darüber, wie sich die gesellschaftlichen Kommunikations- und Medienstrukturen entwickelt haben. Daher wissen wir wenig über den möglichen Wandel des Verhältnisses von gesellschaftlichen Akteuren zu den Medien. Generell ist festzustellen, dass sich erst im historischen Prozess ein Mediensystem mit allen Bevölkerungsgruppen zugänglichen und in thematisch-ideologischer Hinsicht relativ offenen Medien entwickelt hat. So entwickelte sich aus den Medien des räsonierenden Bürgertums eine von Honoratioren und später vom Bürgertum und von der Arbeiterschaft getragene Gesinnungs-, Partei- und Gruppenpresse. Erst in der zweiten Hälfte des 19. Jahrhunderts waren alle gesellschaftlichen Klassen und Schichten in das Printmediensystem integriert. Damit war die Basis für die Entwicklung einer sich stärker an ökonomischen Prinzipien – und weniger an ideologischen Gruppeninteressen – orientierenden Geschäftspresse gegeben. Die Gesinnungspresse mit einer mehr oder minder klar definierten Klientel wurde zu Beginn des 20. Jahrhunderts zunächst durch die politische und konfessionelle Richtungspresse und diese dann durch die sogenannte Geschäfts- und Generalanzeigerpresse abgelöst. Im Bereich der Printmedien finden wir heute, nachdem die meisten der verbliebenen Wochenzeitungen von Kirchen, Parteien und Gewerkschaften eingestellt wurden, eine weitgehend gruppenunabhängige Geschäftspresse vor. Dieser Wandel ist für die gesellschaftlichen Akteure bedeutsam, denn sie verfügen damit kaum noch über eigene Publikationsorgane (Partei-, Gewerkschafts-, Kirchenpresse).

Mit dem nach dem 2. Weltkrieg etablierten öffentlichen Rundfunk erhielten die dominanten gesellschaftlichen Gruppen allerdings die Möglichkeit, dort ihre Interessen anzumelden und durchzusetzen (Personal- und Programmpolitik). Beim öffentlich-rechtlichen Rundfunk wurde nach dem Organisationsmodell des Binnenpluralismus die Rückbindung an gesellschaftliche Gruppen – vor allem an die Parteien – durch gesetzliche Bestimmungen zum konstitutiven Prinzip. So soll der Rundfunk die Interessen der gesellschaftliche relevanten Gruppen vermitteln und mit seinen auf Pluralität und Vielfalt angelegten Radio- und Fernsehprogrammen gesamtgesellschaftlich integrierend wirken.

Das Modell der gesellschaftlichen Rückbindung von Medien wurde Mitte der 80er Jahre auch auf den privaten Rundfunk zu übertragen versucht. In den Landesmedienanstalten der deutschen Bundesländer entscheiden Vertreter dieser Gruppen über Lizenzen für Privatsender sowie über Programmbeschwerden. Doch faktisch haben sie auf die privaten Unternehmen, die Organisation der Redaktionen und deren Programme kaum noch einen Einfluss, weil sie nicht – wie beim öffentlichen Rundfunk – unmittelbar an der Programmgestaltung teilhaben können. Damit vollzieht sich eine strukturelle Änderung in der Beziehung zwischen Medien und gesellschaftlichen Akteuren: Eine organisatorische Anbindung an die ökonomisch wie sozial an Bedeutung gewinnenden privaten Rundfunk- und Multimedia-Unternehmen besteht nicht mehr. Empirisch lässt sich beobachten, dass die Unternehmen vorrangig bezogen auf Marktziele agieren und sind weniger an politischen oder gesellschaftlichen Verpflichtungen orientieren. Es wird deshalb vielfach von „Kommerzialisierung" oder „Ökonomisierung" gesprochen (siehe Abschnitt 1.2. in diesem Kapitel).

Die zunehmende Abkoppelung der Massenmedien von gesellschaftlichen Akteuren wirkt sich auf den moralischen Diskurs über Medien(angebote) selbst aus: Die gesellschaftliche Kritik an Medien(programmen) verpufft zumeist ungehört. So gibt es innerhalb dieser Medienorganisationen keine Gremien, bspw. mit Vertretern der Gesellschaft, in denen Programmkritik geübt würde. Selbst die Kritik an Formaten wie „Big Brother" dient letztlich der Aufmerksamkeitssteigerung und wird in Marketingstrategien integriert. Medienkritik in den Medien ist akut gefährdet durch die zunehmende multimediale Konzentration (vgl. Ruß-Mohl/Fengler 2000; siehe auch Kapitel 4, Abschnitt 4.2.).

2.1.2 Merkmale der "Mediengesellschaft"

Während sich die Presse historisch mit den gesellschaftlichen Gruppen entwickelt hat und der öffentliche Rundfunk in seinen Gremien Vertreter dieser Gruppen kennt, findet sich bei den neu etablierten Medienunternehmen einen derartige Rückbindung weder programmatisch noch organisatorisch. Aufgrund der Strukturveränderung zwischen Medien und Gesellschaft wie auch der zunehmenden ökonomischen Bedeutung der Medien- (und Telekommunikations-) Branche, wird vielfach vom Entstehen einer „Mediengesellschaft" gesprochen. Charakteristika der „Mediengesellschaft" sind:

- Die publizistischen Medien haben sich quantitativ und qualitativ immer mehr ausgebreitet: Die Zahl der Medien und die Angebotsformen haben sich verändert. Während es bspw. in den 60er Jahren nur ARD und ZDF als Fernsehanbieter (mit je einem Abendprogramm) gab, hat sich allein das Fernsehangebot in den letzten 40 Jahren erheblich ausgeweitet.
- Es haben sich neben den herkömmlichen Massenmedien neue Medienformen herausgebildet (Zielgruppenzeitschriften; Spartenkanäle; Netzmedien).
- Die Vermittlungsleistung und -geschwindigkeit von Informationen durch Medien hat zugenommen. So stehen uns bspw. durch das Internet rund um die Uhr Nachrichten zur Verfügung.
- Die Medien durchdringen immer stärker und engmaschiger alle gesellschaftlichen Bereiche („Medialisierung"). So müssen Organisationen mit einer ständigen Medienberichterstattung rechnen und sich auf diese ständige Nachfrage einstellen (bspw. durch den Ausbau von PR-Stellen).
- Die Medien erlangen aufgrund ihrer hohen Beachtungs- und Nutzungswerte gesamtgesellschaftliche Aufmerksamkeit und Anerkennung. So erfahren Mitglieder in Organisationen bspw. über wichtige Sach- oder Personalentscheidungen vielfach zuerst aus den allgemeinen Medien.

Bezogen auf die gesellschaftlichen Akteure ist festzustellen, dass Medien mehr und mehr zur Voraussetzung für deren Informations- und Kommunikationspraxis werden: Ohne publizistische Medien gibt es keine anhaltende, stabile Kommunikation zwischen den Akteuren wie auch zwischen Akteuren und den Bürgern. So ist die politische Öffentlichkeit in modernen Gesellschaften hinsichtlich ihrer Struktur, der Inhalte und der Prozesse weitgehend medial beeinflusst. Die „Medialisierung" der politischen Kommunikation ist eine Folge dieser Veränderung (vgl. Sarcinelli 1998a).

Medialisierung kann im Kontext politischer Kommunikation dreierlei bezeichnen: „(1) die wachsende Verschmelzung von Medienwirklichkeit und politischer wie sozialer Wirklichkeit, (2) die zunehmende Wahrnehmung von Politik im Wege medienvermittelter Erfahrung sowie (3) die Ausrichtung politischen Handelns und Verhaltens an den Gesetzmäßigkeiten des Mediensystems" (Sarcinelli 1998c, S. 678 f.).

Auf die Bedingungen der „Mediengesellschaft", in der zudem die elektronischen Medien gegenüber den Printmedien an Bedeutung gewinnen, haben sich die Akteure und Sprecher einzustellen. Und sie tun dies durch die Entwicklung von medienbezogenen Kommunikationsstrategien und die Schaffung von PR-Organisationseinheiten. Dies schafft auch veränderte Bedingungen für den Journalismus (vgl. dazu im einzelnen Kapitel 2).

2.1.3. Streitfrage: Autonomie der Medien?

Die Frage, ob sich die Medien im Zuge des gesellschaftlichen Differenzierungsprozesses zu einem weitgehend autonomen System der Gesellschaft entwickelt haben, wird unterschiedlich beantwortet: Einige Vertreter systemtheoretischer Ansätze – wie Marcinkowski (1993) oder Luhmann (1996) – gehen von der Existenz eines publizistischen Systems aus, das nach eigenen Regeln funktioniere und zur Selbstreproduktion fähig sei.

Als System wird eine Menge von untereinander abhängigen Elemente und Beziehungen verstanden. Dabei handelt es sich um eine theoretische Konstruktion. Etwas als ein „System" aufzufassen bedeutet, sich einem gewählten Gegenstand mit bestimmten Begriffen und unter einem bestimmten Aspekt zu nähern, so um bestimmte Elemente einer derartigen Einheit bezogen auf Beziehungen zu Umwelten zu betrachten. Ein System wird dann als autonom angesehen, wenn es sein Verhalten selbst bestimmen kann. Dazu muss es über Kapazitäten zur Selbststeuerung durch eigene Entscheidungen gegenüber der Umwelt verfügen. Die Systemtheorie sieht in Politik, Recht, Wirtschaft, Wissenschaft oder Medien autonome Systeme.

Die Betrachtung von Medien als autonome soziale Systeme führt zu der These, dass mittels Politik und Recht eine Ausgestaltung der Medienstrukturen und eine Steuerung der Medien zur Erbringung spezifischer Leistungen entweder gar nicht möglich ist (weil Medien als System autonom sind), oder nur durch komplexe Regulierungsansätze erreicht werden kann (vgl. Jarren/Donges 2000). Innerhalb der systemtheoretischen Debatte ist allerdings noch kein einheitliches Verständnis des Systemcharakters von Medien auszumachen.

Dennoch hat die systemtheoretische Denkweise innerhalb der Sozialwissenschaften im Grundsatz Anerkennung gefunden, und so wird zumindest von systemischen Eigenschaften bei den Medien ausgegangen: Die Betrachtung von Medienorganisationen und -strukturen zeigt, dass es sich um „verfestigte" soziale Gebilde mit einem hohen Maß an Eigenkomplexität handelt. Zwar sind Strukturen nicht unveränderbar, aber sie lassen sich nicht ohne weiteres verändern. Beispiel: Ein von Werbeerlösen abhängiger Radiosender muss sich vorrangig an den Interessen der Werbekunden, der Mediaagenturen usw. orientieren. Programmlich bedeutet das keine Determination, wohl aber eine strukturelle Abhängigkeit des Senders von den ökonomischen Zielsetzungen bei allen Personal- und Programmfragen. Vor allem politische Akteure haben durch die Mitwirkung an Aushandlungsprozessen auf die Ausgestaltung der Medienordnung und die Ausbildung von Strukturen und Organisationen im Medienbereich einen gewissen Einfluss. Doch der Einfluss der Politik ist bei privaten Rundfunkunternehmen erkennbarer geringer als bei öffentlichen Anstalten (vgl. Wehmeier 1998). Generell ist relevant, dass soziale System ein hohes Maß ein Eigensinn aufweisen und Autonomie beanspruchen, d. h. sie sind nur unter bestimmten Bedingungen von außen beeinflussbar.

In der normativ argumentierenden Rechtswissenschaft wird zwar grundsätzlich an der Notwendigkeit zur Ausgestaltung der Medienordnung mittels Recht aus Gründen der Erhaltung und Weiterentwicklung der demokratischen Gesellschaft festgehalten, aber zunehmend werden aufgrund negativer Erfahrungen mit der Durchsetzung hierarchischer rechtlicher Programme gegenüber Medien neue Ansätze und Instrumente der Steuerung und Regulierung diskutiert, beispielsweise Formen einer „regulierten Selbstregulierung" (vgl. Hoffmann-Riem/Schulz/Held 2000). Damit wird der Eigensinn von sozialen Systemen grundsätzlich anerkannt, aber es wird normativ erwartet, dass bspw. Rundfunksender Formen der Selbstkontrolle, des Qalitätsmanagements einführen und dass innerhalb von Branchen die gesellschaftliche Verantwortung bspw. durch Ombudsstellen, Jugendschutzbeauftragte u.ä.m. übernommen werden. Das Konzept der regulierte Selbstregulierung macht den Unternehmen allgemeine Ziel- oder Verfahrensvorgaben, überlässt aber den Akteuren die konkrete Umsetzung (vgl. Jarren/Donges 2000).

Wenn also empirisch ein Zugewinn an Autonomie der Medien vom politischen System und auch ein Verlust an politischen sowie rechtlichen Ausgestaltungschancen festgestellt werden kann, so kann zugleich eine zunehmende Ausrichtung und Verpflichtung der Medien auf das ökonomische System beobachtet werden („Ökonomisierung"). Es ist zu erwarten, dass es im Zuge der weiteren Ausdifferenzierung des Mediensystems sowie der Integration der traditionellen (bislang mittelständisch geprägten) Medienbranche in die neu entstehende kapitalstarke Telekommunikations- und Medienbranche zu einer weiteren Ökonomisierung der Medien kommt. Medien – zumindest die auf Werbung angewiesenen Medienunternehmen – organisieren mit ihren Programmen Kaufkraftgruppen für die Wirtschaft oder werden sogar Bestandteil des Marketinginstrumentariums anderer Unternehmen und Branchen. Es bildet sich ein hochgradig wettbewerbsorientiertes, zunehmend global ausgerichtetes Mediensystem heraus, dass zwar gegenüber nationalstaatlichen politischen Akteuren an Autonomie zu gewinnen vermag, das aber zugleich von ökonomischen Akteuren verstärkt beeinflusst wird.

2.2. Medien und das intermediäre System der Gesellschaft

Der Prozess hin zur „Mediengesellschaft" und die zunehmende Ökonomisierung im Mediensystem hat Auswirkungen auf die Struktur des intermediären Systems der Gesellschaft und auch auf Prozesse der politischen Kommunikation, die im intermediären System sich vollziehen: Medien dominieren die Vermittlungsstruktur und werden mehr und mehr zur Voraussetzung der Kommunikation von gesellschaftlichen Organisationen.

2.2.1. Medienwandel und intermediäres System

Parteien, Gewerkschaften, Verbände, Akteure der Neuen Sozialen Bewegung – sie gehören als Vermittlungsorganisationen zwischen Gesellschaft und Staat gleichsam zur sozialen Infrastruktur einer Gesellschaft. Intermediäre Organisationen sorgen dafür, dass Interessen formuliert, aufgegriffen, an das politische System adressiert und letztlich von diesem entschieden werden können (vgl. Abbildung 3.4.).

Während die meisten Organisationen bestimmte Interessen und Ziele verfolgen, haben die Medien eine Sonderstellung inne: Sie repräsentieren keine Mitgliederinteressen, und sie verfolgen immer weniger eine inhaltlich einheitliche ideologische Linie. Sie sollen, so die normative Anforderung, vielmehr als Resonanzboden für extern an sie herangetragene Themen fungieren, Themen und Meinungen der Akteuren auswählen, gewichten, kommentieren und – vor allem – vermitteln. Sie sollen damit den gesellschaftlichen Diskurs zwischen den Akteuren aus unterschiedlichen Systemen und zugleich die Teilhabe und Teilnahme aller an der politischen Kommunikation ermöglichen. Aufgrund der beschriebenen Entkopplung der Medien von den gesellschaftlichen Organisationen und ihrer stärker gewordenen ökonomischen Ausrichtung sind sie mehr und mehr aus dem Schatten der anderen intermediären Organisationen herausgetreten und haben sich – wenn wir die Struktur des intermediären Systems betrachten – eigenständig positioniert.

Mediensysteme und Medienorganisationen 133

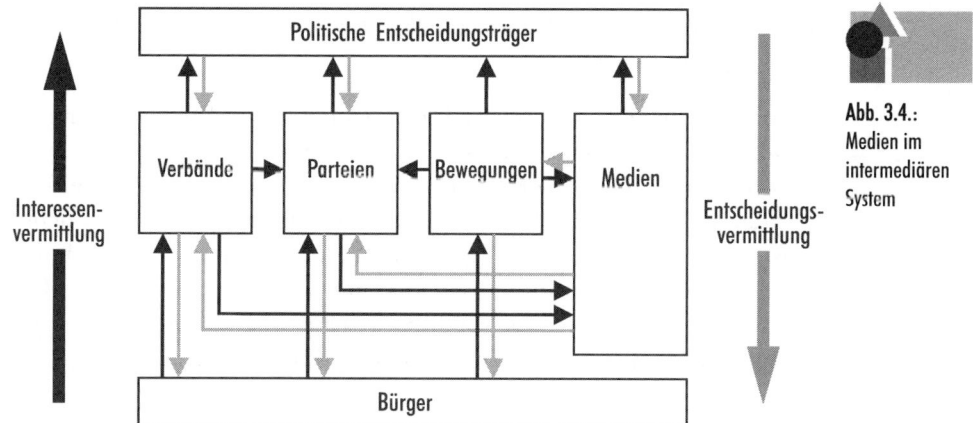

Abb. 3.4.:
Medien im intermediären System

Die beobachtbare Werbemarkt- und Publikumsorientierung konfligiert mit der Orientierung auf politische Akteure, deren Vermittlungsbedarf an Themen und mit der Notwendigkeit, dass Mediennutzer nicht nur als Rezipienten, sondern eben auch als Bürger anzusehen und zu informieren sind. Es besteht die Gefahr, dass die Medien sich immer weniger auf den von den anderen intermediären Organisationen getragenen politischen Willensbildungs- und Entscheidungsprozess mit seinen eigenen Regeln, Zeitmaßen und Akteuren beziehen. So werden parlamentarische Prozesse, das mühsame Aushandeln von politischen Kompromissen, von Medien beispielsweise häufig als Entscheidungsschwäche des politischen Systems angeprangert. Demokratische Prozesse, die idealiter von unten nach oben verlaufen sollen, sind aber auf Beteiligung und Aushandlung angelegt. Die traditionelle Politikorientierung der Medien, zumindest aber die Politikzentrierung im Zusammenhang mit den Aktivitäten gesellschaftlicher Organisationen, könnte abnehmen (vgl. die empirischen Hinweise in Bruns/Greger/Marcinkowski 2000). Eine Strukturveränderung im intermediären System – mit Folgen für die intermediären Akteure, weil sie an Vermittlungsmöglichkeiten einbüßen, und auch für den Verlauf sowie die Inhalte politischer Kommunikationsprozesse (vgl. Jarren 1998, S. 85 f.).

2.2.2. Medien als Constraints: Veränderte Bedingungen für Akteure der politischen Kommunikation

„Ganz offensichtlich lösen sich die bisher für politische Kommunikation maßgeblichen Medien [...] von ihrer Mediatisierungsfunktion, die sie bisher übernommen haben. Dahinter steht der Zwang, sich eigenständig als Wirtschaftsunternehmen [...] zu positionieren. In der Konsequenz entwickeln die einzelnen Medien ein institutionelles Eigeninteresse, das sich auf den Erfolg am Markt richtet. Darüber lockern sie ihre Verhaftung an gesellschaftliche Gruppen, Ideologien und Interessen." (Krotz 1998, S. 101 f.).

Medien üben ihre vermittelnde Funktion zwar aus, aber sie tun dies mehr und mehr eigenständig: In den Medien entsteht eine eigene Handlungslogik im Umgang mit gesellschaftlichen und politischen Akteuren sowie in der Bezugnahme auf das Publikum, und in den Medienorganisationen wird strategisch bezogen auf selbstgesetzte Ziele – und weniger bezogen auf die Vermittlungsziele gesellschaftlicher Akteure – gehandelt. In der Politikvermittlung gewinnen Formen mit unterhaltendem Charakter an Bedeutung, und so müssen sich Politiker in diesen Formaten vielfach auch als Privatpersonen („Homestory") vorstellen. Grenzen zwischen Informations- und Unterhaltungsprogrammen werden z.B. durch Formate wie „Christiansen" verwischt. Empirisch ist zudem festzustellen, dass der Grad an Selbstbezüglichkeit zunimmt, indem Medien verstärkt über Medien berichten. Die Medien verstehen sich weniger als „Werkzeuge" oder „Vermittler" anderer Organisationen, sondern als Diener eines Publikums und übernehmen insoweit eine eigenständige Vermittlerrolle, die durch Stichworte wie „Serviceorientierung", „Boulevardisierung" und „Infotainment" beschrieben werden kann (vgl. dazu genauer Kapitel 5).

Je mehr die Medien sich selbst als Akteure begreifen, desto stärker beeinflussen sie damit die Handlungsmöglichkeiten politischer wie gesellschaftlicher Organisationen, vor allem derjenigen, die konstitutiv auf die Vermittlungsleistung der Medien angewiesen sind. Eine Folge dieser Entwicklung ist, dass politische und gesellschaftliche Akteure wie Parteien, Gewerkschaften, aber auch Neue Soziale Bewegungen ihre kommunikative Infrastruktur ausbauen (müssen): Mittels PR-Abteilungen wird gezielt versucht, Inhalte mittels der Medien zu verbreiten. Durch „Medienpartnerschaften" und verdeckte Formen der Zusammenarbeit (Zulieferung von Texten, Film- oder O-Ton-Material) versuchen die Akteure auf den Wandel zu reagieren. Die stärker gewordene ökonomische Ausrichtung der Medien hat vor allem für die im demokratischen Wettbewerb stehenden politischen Parteien ihren Preis: der Aufwand für Medienleistungen und damit der Finanzbedarf steigt kontinuierlich an, was sich insbesondere in Wahlkampfzeiten zeigt. In den USA kosten Präsidentschaftswahlkämpfe bereits Milliarden, was nicht ohne Folgen für die demokratische Chancengleichheit von Parteien und Kandidaten bleibt. Um andererseits nicht für Medienleistungen bezahlen zu müssen, werden die Kommunikationsmaßnahmen laufend verfeinert:

- Durch die Kreation von Pseudoereignissen unter Ausnutzung von Nachrichtenfaktoren (wie bspw. Konflikt),
- durch die Zunahme von „symbolischer Politik",
- durch verstärkte Formen der Personalisierung und „Intimisierung" sowie
- durch die Beteiligung von Politikern an Sport- und Talksendungen usw.

passt sich ein Teil der Akteure den medialen Vermittlungsbedingungen an.

„Als polemische Formel meint symbolische Politik politisches Handeln als Ersatz- und Täuschungshandeln. [...] S.P. ist keine Erfindung der Mediengesellschaft. [...] Dabei begünstigt die Expansion des Medien>sektors und ein damit verbundener verschärfter Kampf um öffentliche Aufmerksamkeit den Einsatz von politischen Symbolstrategien" (Sarcinelli 1998b, S. 729).

Die genannten Veränderungen wirken sich auf die politischen Organisationen aus (Elitendominanz, „Professionalisierung" von Tätigkeiten, Zurückdrängung der freiwilligen Leistungen von Mitgliedern). So hat in Deutschland der „Kanzlerbonus" in der Medienberichterstattung deutlich zugenommen und politische Alltagsereignisse werden in den Medien vorrangig von wenigen politischen Akteuren kommentiert (vgl. Bruns/Marcinkowski 1997). Demokratietheoretisch problematisch ist die Tatsache, dass es vielfach zu engen Verflechtungen zwischen Medien oder ganzen Medienkonzernen und politischen Akteuren kommt („Berlusconi-Effekt").

Den Mechanismus zur Kreation von Medienereignissen haben schließlich auch Akteure der Neuen Sozialen Bewegungen, also bspw. Umweltschutzorganisationen wie „Greenpeace" oder „Robin Wood", erkannt: Durch eigens für die Medien kreierte Ereignisse (Turmbesteigungen; Selbstfesselung an Betriebszäunen) und eine enge Zusammenarbeit mit einzelnen Journalisten oder Medien machen sie auf sich und ihre Ziele aufmerksam und beschaffen sich mittels der Berichterstattung die notwendigen Ressourcen durch Spendenkampagnen (vgl. die Beiträge in Röttger 2001). Die Medien ihrerseits haben vor allem dann ein Interesse an Inszenierungen und Partnerschaften, wenn die so erzeugten Events auf ein größeres Publikumsinteresse stoßen. Die stärkere Orientierung auf das Publikum führt zur Entwicklung neuer Formate und Sendeformen („Christiansen") – auch für die Politikberichterstattung insgesamt.

3. Medienorganisationen als Handlungsrahmen für Journalismus

3.1. Organisationsanalyse im Medienbereich

3.1.1. Die Bedeutung der Organisationsebene

Die moderne Welt besteht aus Organisationen – wer wüsste das nicht. Aber Organisationsfragen des Medienbereichs finden in der Alltagspraxis ebenso wenig Aufmerksamkeit wie in der Kommunikationswissenschaft. Das ist erklärlich, aber nicht verständlich: Die Rezipienten stören sich an bestimmten Medieninhalten und fallweise protestieren sie gar öffentlich gegen Sex oder Gewalt im Programm oder gegen einen bestimmten Sender.

Dass aber Rezipienten für oder gegen bestimmte Fusionen oder Organisationsformen argumentieren, das gibt es selten. Qualitätsdefizite im Rundfunk, die oftmals beklagten Sex- und Gewaltsendungen, sind aber keine Zufälle, sie sind nicht allein auf individuelle Fehlleistungen einzelner Kommunikatoren, sondern zumeist auf spezifische Organisationen und in ihnen vorherrschende Handlungsformen zurückzuführen: Ist ein Sender auf hohe Publikumsquoten angewiesen, weil er sich ausschließlich aus Werbung finanziert, so muss ein „attraktives" Programm erstellt werden. Andere Regeln gelten für den gebührenfinanzierten öffentlichen Rundfunk, der nicht Aufmerksamkeit und Quoten um jeden Preis erzielen muss. Bestimmte Programmleistungen und -qualitäten können also typisierend auf bestimmte Organisationstypen und die sich daraus ergebende Medienstruktur („duales Rundfunksystem") zurückgeführt werden (vgl. McQuail 2000; siehe auch „Streitfrage Konvergenz" in Abschnitt 3.3. dieses Kapitels).

Die Organisationsdimension von Medien wird in der Kommunikationswissenschaft vielfach nicht hinreichend berücksichtigt, weil eine individualistische Denkweise vorherrscht. So wurden Journalisten lange Zeit als individuell handelnde Personen betrachtet. Dabei blieben die ihre Handlungen bestimmenden Faktoren (Zugehörigkeit zu einer Redaktion; Verpflichtung auf ein redaktionelles Programm und auf betriebswirtschaftliche Organisationsvorgaben) zumeist ohne hinreichende Beachtung (vgl. dazu genauer Kapitel 4). Dies hat mit der Geschichte des Faches und den vorherrschenden Paradigmen zu tun, in denen es lange Zeit um „Publizisten", also einzelne Personen, und vor allem um Wirkungsfragen, und damit um Einzelne und allenfalls Gruppen geht. In den Kommunikationsmodellen wird die Paar- oder Individualkommunikation abgebildet: Ein Kommunikator stellt Informationen bereit und vermittelt diese mittels eines technischen Mediums an ein Publikum. Doch beim Kommunikator handelt es sich um eine Person, die in eine Redaktion integriert ist und diese ist Teil eines Betriebes. In den Kommunikationsmodellen wird das Medium zwar als Organisation, vielfach aber nur als ein den Kommunikationsprozess beeinflussender Faktor gesehen. Die industrielle Produktionsweise im Medienbereich ist zwar erkannt, aber es wurde weder theoretisch noch begrifflich die Konsequenz daraus gezogen. Organisationsfragen werden eher vereinzelt, so in der Journalismus- (vgl. Rühl 1969, 1989; Weischenberg 1992; Altmeppen 1999), der Medienorganisations- (vgl. Neverla/Walch 1993) und seit kurzem in der PR-Forschung (vgl. Röttger 2000), behandelt. Theis spricht deshalb von einer „vernachlässigten Größe" (1993, S. 309). Zwar wird in vielen einführenden Darstellungen von Medienorganisation oder -system gesprochen, doch blieben die damit bezeichneten Gegenstände eigentümlich blass. Ein Blick in die vorliegenden Fachlexika bestätigt diesen Eindruck bis in die heutige Zeit, denn Stichworte wie Medienorganisation oder -struktur finden wir kaum.

Ebenso wie der Begriff „Organisation" ist der Begriff „Medium" zwar vielfach im Gebrauch, aber unklar definiert. Die begriffliche Unschärfe zeigt sich besonders deutlich, wenn von „Neuen Medien" gesprochen wird, vor allem, wenn damit lediglich neue technische Vertriebswege gemeint sind (vgl. Meier/Bonfadelli 1997). Vielfach steht, wenn von Medien gesprochen wird, die Materialität oder Technizität im Mittelpunkt, weniger die spezifischen sozialen Eigenschaften von Medien. Medien werden erst durch ihre soziale Form, durch ihre organisatorische Verfasstheit und die daraus resultierenden Bedingungen (Arbeitsmöglichkeiten für Kommunikatoren; inhaltliche Angebotsformen etc.), zu einem relevanten Gegenstand der Medienforschung.

3.1.2. Medien und Organisationen: Verständnis und Definitionen

Medien können nicht nur als technische Mittel oder Mittler verstanden werden. Der Medienbegriff ist nicht zu trennen von organisationalen Bedingungen, denn sie bestimmen die soziale Kommunikationspraxis der Medien. Saxer (1999) hat auf die Doppelnatur von Medien hingewiesen und dabei zwischen dem kommunikationstechnischen (beim Buch bspw.: Materialität, Druck, Schrift, Schreib- und Lesefähigkeit) und dem sozialen Potential von Medien unterschieden (beim Buch bspw.: Autoren, Autorenorganisationen, Verlage, Lesezirkel). Nach Saxer sind die Kommunikationstechniken selbst eher als aussagenneutral anzusehen. Erst durch ihre Institutionalisierung, also durch die gewählte Organisationsform und die damit verbundenen rechtlichen, ökonomischen und kulturellen Regeln, erhalten Medien ihre soziale Bedeutung.

„Medien sind komplexe institutionalisierte Systeme um organisierte Kommunikationskanäle von spezifischem Leistungsvermögen." (Saxer 1999, S. 6)
Zu unterscheiden sind nach Saxer:
- Medien als Kommunikationskanäle (Transportsysteme für bestimmte Zeichensysteme)
- Medien als (komplexe) Organisationen (arbeitsteilig organisierte Produktions- und Distributionsstätten)
- Medien als Institutionen, die eine bestimmte soziale Informations- und Kommunikationspraxis prägen (Normen- und Regelsystem zur Stabilisierung moderner Gesellschaften).

Im folgenden interessieren uns Medien als *Organisationen*, weshalb wir uns zunächst mit dem Organisationsbegriff befassen und dann nach Medienstrukturen fragen.

Im allgemeinsten Verständnis sind Organisationen soziale Gebilde, die für bestimmte Zwecke und auf relative Dauer etabliert werden. In ihnen wird zielgerichtet und in der Regel arbeitsteilig gehandelt. Der Organisationsbegriff wird mehrdeutig benutzt:
- Organisation als Tätigkeit (Organisieren)
- Organisation als Merkmal/Eigenschaft sozialer Gebilde (Organisiertheit)
- Organisation als Resultat des Organisierens und damit als soziales Gebilde (Organisat) (vgl. Kieser/Kubicek 1992).

Organisationen als soziale Gebilde, die sich beschreiben lassen, in denen gehandelt wird, für die bestimmte Regeln gelten und die spezifische Leistungen erbringen, sind für unsere Fragestellung relevant. Mit dem Handlungsbezug unterscheiden wir uns von systemtheoretischen Definitionen, die ihren Gegenstand abstrakter fassen und von Organisationen als Entscheidungen sprechen (vgl. Marcinkowski 1993, S. 98 f.; vgl. Luhmann 2000). Da aber Organisationen mehr als Entscheidungssysteme sind, reicht diese Definition nicht aus, auch weil wir dann Entwicklung und

Wandel von Organisationen nicht empirisch erfassen könnten. Zudem sind Organisationen nicht nur zweckrationale (auf reine Aufgabenerfüllung ausgerichtete) soziale Gebilde, weil in ihnen in vielfältiger Weise gehandelt und agiert wird: Büros dienen Menschen als Bühne, es gibt Intrigen und Mobbing zwischen Arbeitskollegen, Seilschaften können die Organisation dominieren, Arbeitsbeziehungen können auch das Privatleben prägen – in Organisationen wird gelebt (vgl. Beiträge in Heinrich/Schulz zur Wiesch 1998).

Die moderne Gesellschaft ist von Organisationen geprägt und ihr Vorhandensein ist ein Ergebnis des gesellschaftlichen Differenzierungsprozesses. Wir sind zeitlebens in unterschiedliche Organisationen eingebunden, zwangsweise (Kindergarten, Schule) oder freiwillig (Betrieb, Verein). Organisationen dienen uns dazu, Berechenbarkeit, Planbarkeit und Zuverlässigkeit in unsere unterschiedlichen sozialen Rollen und Handlungen zu bringen. Organisationen haben vor allem eine entlastende Funktion: Bestimmte soziale Aufgaben werden an sie delegiert. Andererseits setzen sie Grenzen, schränken also durch Angebotsformen und Regeln Handlungsmöglichkeiten ein: Sie treten Individuen als weitgehend verselbständigte Sozialsysteme (mit Mitgliedschafts- und Entscheidungsregeln, Hierarchien etc.) gegenüber. Die spezifischen Logiken und Gesetzmäßigkeiten von Organisationen können zwar prinzipiell durch die Handlungen Einzelner oder von Gruppen geändert werden, das ist aber eher die Ausnahme als die Regel. Ein neues Redaktionsmitglied hat sich zunächst an die formalen Regeln und an die sozialen Routinen einer Redaktion zu halten. Wer neu ist, wird in die Organisation sozialisiert. Veränderungen sind möglich, doch geschehen diese in gemeinsamer Interaktion mit den bereits vorhandenen Mitgliedern. Auch ein neuer Redaktionsleiter wird Veränderungen im Prozess einführen, und sich zunächst mit den vorherrschenden Arbeitsweisen und Regeln vertraut machen.

Vielfach wird, vor allem alltagssprachlich, nicht zwischen Organisationen und Systemen unterschieden. Organisationen können dann als soziale Systeme aufgefasst werden, wenn sich dauerhafte Rollen- und Interaktionsstrukturen in ihnen ausprägen und sie über einen bestimmten Grad an Eigenkomplexität verfügen. Von Organisationsautonomie spricht man, wenn Organisationen relativ unabhängig von Einflüssen aus unterschiedlichen Umwelten, bspw. bei der Zielfindung oder Personalauswahl, entscheiden können.

Merkmale von Organisationen sind:
- Sie sind bewusst, planvoll und dauerhaft an der Erreichung bestimmter Ziele ausgerichtet. Beispiel: Eine Talkshowredaktion orientiert sich an den Talkshows anderer Sender und entwickelt ein spezifisches Format.
- Sie besitzen eine geschaffene und anerkannte Ordnung und Struktur (Festlegung von Leitungs- und Anordnungsbefugnissen mit Kommunikations- und Entscheidungswegen). Beispiel: Innerhalb einer Redaktion ist geregelt, dass bestimmte Ereignisse in der Wahlkampfberichterstattung immer zuerst mit dem Ressortleiter abzusprechen sind, der dann ggf. die Entscheidung der Chefredaktion einzuholen hat („Richtlinien zur Wahlberichterstattung"). Ferner sind die Kompetenzen zwischen Chefredaktion und Herausgebern geregelt, wird zwischen „Alltagsgeschäft" und „Strategieentscheidungen" unterschieden.
- Die Aktivitäten und die verfügbaren Ressourcen werden so koordiniert, dass die Erreichung des Ziels auf Dauer gewährleistet werden kann. Beispiel: Einer Lokalredaktion werden für die Erstellung des Teilprodukts bestimmte Personal- und Sachmittel zugewiesen.

Organisationen weisen Formen von Hierarchien mit horizontalen wie vertikalen Aufgaben- und Kompetenzverteilungen auf. Sie geben sich eine formale Struktur, weil sich die Handlungen der Organisationsangehörigen auf den Zweck der Organisationsziele ausrichten sollen (vgl. Hahne 1998). Der Grad an formellen Regelungen ist desto ausgeprägter, je ziel- und damit zweckgerichteter, je größer und damit arbeitsteiliger eine Organisation ist. Die Unterschiede werden bei einem Vergleich zwischen einem lokalen Verlag mit einer einzigen Redaktion und einem global tätigen Multi-Media-Unternehmen besonders augenfällig.

Medienorganisationen mit ähnlichen Aufgaben können für beschreibende oder analytische Zwecke zu spezifischen Organisationsensembles zusammengefasst werden, wenn für alle Organisationen ähnliche Bedingungen und Regeln gelten. So können, unabhängig vom unterschiedlichen rechtlichen Status, alle Hörfunk- und Fernsehsender zum Bereich „Rundfunk" zusammengefasst werden. Dort herrschen bezogen auf publizistische Ziele ähnliche Technikformen, Organisations- und Arbeitsweisen vor. Vielfach wird, um den Zusammenhang unterschiedlicher Organisationen in einem Sektor deutlich zu machen, von einer Branche (Medienbranche) gesprochen (vgl. Kübler 1994, S. 107f.). Mit dem Begriff wird jedoch zu sehr die ökonomische Dimension der Medien betont, die eben auch eine publizistische (und somit gesellschaftliche) Funktion haben.

3.2. Medienunternehmen als Organisationen

Medienorganisationen können wir also als soziale Handlungssysteme begreifen, in denen sinnhaft und strategisch agiert wird (vgl. Siegert 1993, S.13). In dieser Sichtweise interessiert, wie ein Fachverlag oder eine Sportredaktion verfasst sind und zu welchen Leistungen diese Organisationen jeweils in der Lage sind. Medienleistungen sind aber nicht allein das Ergebnis von Handlungen innerhalb eines Betriebes, sondern sie sind abhängig von den Beziehungen zu anderen Medienunternehmen wie auch von Zulieferern und Kunden. Zudem sind sie auch abhängig von den im Medienbereich agierenden Verbänden, gesellschaftlichen wie staatlichen Akteuren, weil diese auf Produktions- und Kooperationsbedingungen einwirken, indem sie Regeln setzen. Letztere machen durch rechtliche Entscheidungen, durch Gesetze oder Rundfunklizenzen inhaltliche Vorgaben für Medienunternehmen. An Lizenzentscheidungen beteiligte oder in Aufsichtsgremien mitwirkende gesellschaftliche Akteure fordern von Medien bestimmte Programmleistungen und -qualitäten. So ist in einer Lizenzurkunde festgelegt, dass bspw. ein privater Fernsehveranstalter bestimmte regionale „Fensterprogramme" anzubieten hat.

Höchst unterschiedliche Organisationen wirken damit – alle zusammen, aber keineswegs koordiniert – in vielfältiger Weise auf Medienorganisationen ein. Von der Anzahl der Akteure und der Dominanz spezifischer Akteure ist abhängig, ob eher von einer staatlich-politisch oder marktlich geprägten Medienstruktur gesprochen werden kann: Solange der Rundfunk nur öffentlich-rechtlich verfasst und dieser ohne Konkurrenz war, dominierten staatliche und politische Entscheidungsträger des Nationalstaats. Mit der Zulassung privater Veranstalter veränderte sich das Akteursspektrum und es gewinnen in diesen Strukturen ökonomische Akteure an Gewicht (vgl. Abschnitt 1.2 in diesem Kapitel).

3.3. Streitfrage: Konvergenz zwischen öffentlich-rechtlichen und privaten Rundfunkveranstaltern?

Die Organisation des Rundfunks war und ist politisch umstritten. Aufgrund der Erfahrungen aus Weimarer Republik und NS-Zeit sowie aufgrund von Vorgaben der Alliierten wurden im Nachkriegsdeutschland nur staats- und wirtschaftsunabhängige öffentlich-rechtliche Rundfunkorganisationen zugelassen. 1984 wurde mit der Ermöglichung privater Fernseh- und Radiounternehmen die Rundfunkstruktur verändert, es wurde eine sog. duale Rundfunkordnung durch Staatsvertrag der Bundesländer etabliert. Den beiden Säulen in dieser Ordnung werden spezifische Aufgaben zugewiesen. So erhielt der öffentlich-rechtliche Rundfunk einen Grundversorgungsauftrag, der die Zuweisung von Gebührenmitteln rechtfertigt. Ob und wie der Grundversorgungsauftrag erfüllt wird, darüber wird seit Beginn der dualen Rundfunkordnung gestritten. Zugleich entstand eine wissenschaftliche und politische Debatte über die Frage, ob zwischen den beiden unterschiedlichen Organisationstypen eine Art Konvergenz beim Programmangebot festzustellen sei. Passen sich die öffentlich-rechtlichen Sender an bestimmte privat-kommerziellen Sendeformen (bspw. im Unterhaltungsbereich) an oder nicht? Reagieren öffentliche Sender auf die private Konkurrenz, müssen sie sich aufgrund einer zunehmenden Ökonomisierung des Rundfunksektor anpassen oder haben sich die Publikumsinteressen gewandelt? Gibt es also Anpassungsleistungen, Konvergenz, und was sind die Erklärungen für programmliche Veränderungen?

Inhaltsanalytische Studien, sowohl von der ARD (vgl. Krüger 1996) als auch von den Landesmedienanstalten in Auftrag gegeben (vgl. Weiß 1997) oder von Verbänden initiiert, kommen zu unterschiedlichen Ergebnissen und werden für politische Debatten genutzt oder besser: instrumentalisiert (siehe dazu genauer Kap. 5, Abschnitt 3.2. und 3.3.).

Die Behauptung einer Konvergenz zwischen öffentlich-rechtlichem Rundfunk und Privatfunk kann sich also nicht allein auf bestimmte Programmleistungen stützen, sondern muss weitere, für die jeweilige Unternehmensform relevante Faktoren wie Produktionslogik (Anteil Eigen- zu Fremdproduktion), innere Verfasstheit oder Finanzbedingungen berücksichtigen. Erst die Verknüpfung von Programm- und Organisationsanalyse macht deutlich: Die Wahl einer bestimmte Betriebsform mit dem daraus resultierende Zwang zu bestimmten Formen der Finanzierung, führt zum Aufbau bestimmter redaktioneller Einheiten, zur Wahl bestimmter Sendeformate – und alles zusammen bestimmt die Programmleistung und natürlich auch die -qualität (vgl. dazu Altmeppen/Donges/Engels 1999).

An den Organigrammen des privaten Senders VOX (Abbildung 3.5.) und des öffentlich-rechtlichen MDR (Abbildung 3.6.) lassen sich Unterschiede in der Organisationsverfassung und damit die dominanten Zielsetzungen der Organisationen zeigen: Der Intendant des MDR wird vom Rundfunkrat kontrolliert. Dem Intendanten sind einige Stabsstellen zugeordnet, in denen organisationsübergreifende Aufgaben bearbeitet werden. Die Programmarbeit im Hörfunk- und Fernsehbereich werden von der Hörfunk- und der Fernsehdirektion verantwortet, denen jeweils wieder Chefredakteure unterstellt sind.

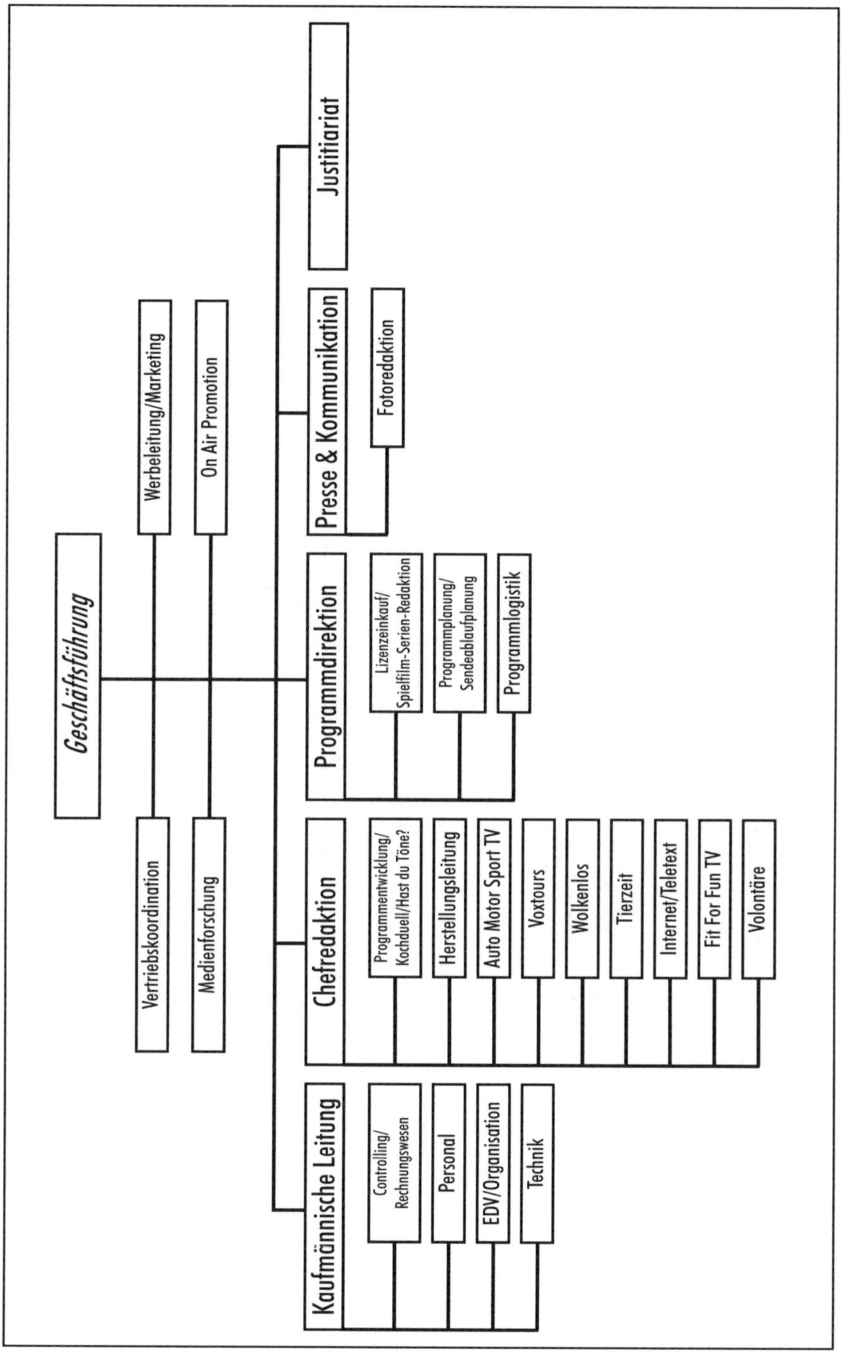

Mediensysteme und Medienorganisationen

Abb. 3.5.:
Struktur des Privaten Fernsehsenders VOX (Stand: 2000)

Abb. 3.6.:
Struktur des
Mitteldeutschen
Rundfunks
(MDR)
(Stand: 2000)

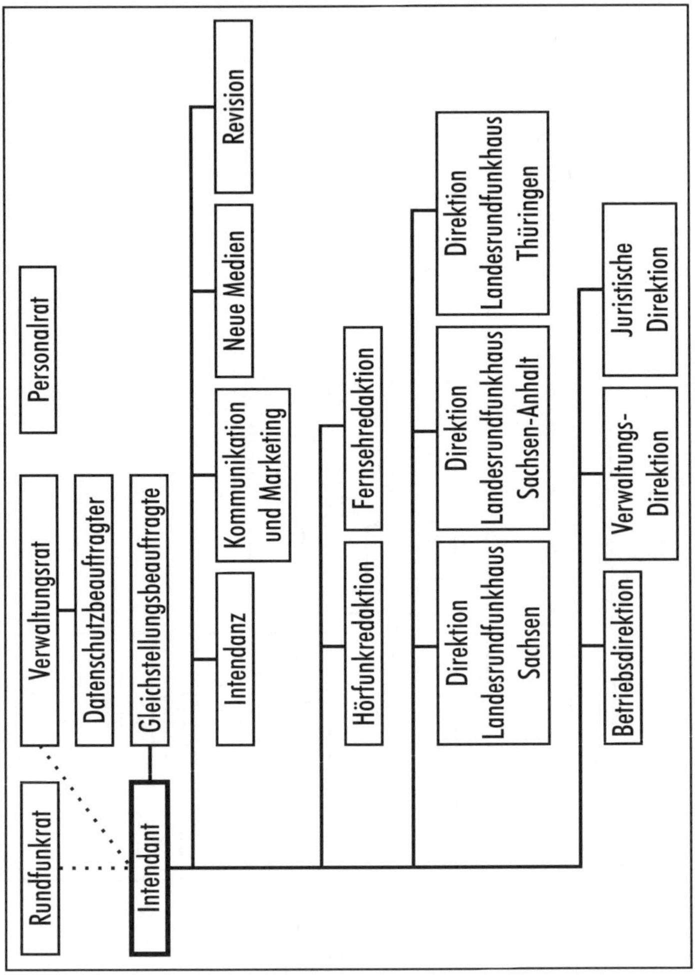

Bei VOX unterstehen der Geschäftsführung fünf Abteilungen, darunter befinden sich „Chefredaktion" und „Programmdirektion". Die Programmdirektion verantwortet hier nicht ein Gesamtprogramm, sondern ist für Lizenzeinkäufe, Spielfilme, Serien und technische Aufgaben zuständig. Die Chefredaktion betreut, neben der Zuständigkeit für Volontäre und Programmentwicklung, spezielle Sendungen, und zwar aus dem Informations- wie auch aus dem Unterhaltsbereich.

Die unterschiedliche ökonomische Orientierung bei privaten und öffentlichen-rechtlichen Medienunternehmen führt also zu verschiedenen Organisationsformen, zu einer anderen publizistischen Ausrichtung. So ist es kein Zufall, dass die privaten Fernsehanbieter regelhaft weniger in Nachrichtenredaktionen und Korrespondentenpools investieren als öffentliche Veranstalter. Die Programmleistung selbst wird nicht allein durch eine bestimmte Organisationsform determiniert, wohl aber erwachsen aus der betrieblichen Verfasstheit mit ihren ökonomischen Möglichkeiten die journalistischen Möglichkeiten. Im Kern erweist sich dabei der Grad an Werbeabhängigkeit von Medienbetrieben als das zentrale Problem, weil dadurch nur bestimmte Formen der Programmorganisation und -realisierung möglich werden. Ein Medienunternehmen, das sich ausschließlich aus Werbe- und Sponsoringeinnahmen finanziert, muss in allen Programmteilen für die Werbetreibenden ein optimales Programmangebot für möglichst viele Rezipienten bieten. Ein ausschließlich aus Gebührenmitteln finanzierter Sender hingegen kann sein Programmangebot selbst definieren und es auf Rezipientenerwartungen ausrichten.

Unterschiedliche Typen von (Medien-)Organisationen führen also zu unterschiedlichen (Programm-)Leistungen. Die Wahl von Unternehmens- oder Betriebsformen ist somit eine folgenreiche Entscheidung. Dominieren bestimmte Unternehmensformen einen Sektor, so beeinflusst das die Handlungsweise aller in dem Sektor tätigen Unternehmen. Der Streit um die Konvergenz ist also mehr als eine Debatte um Programminhalte, und die damit verbundene Problemstellung lässt sich nicht allein inhaltsanalytisch klären. Inhalts- und Strukturfragen sind aufeinander bezogen zu betrachten. Der Streit um die Konvergenz erweist sich dann als ein politischer Streit, in dem es auch um die Frage geht, von welchem Organisationstyp welche publizistischen Leistungen erwartet werden können.

3.4. Redaktionen als Organisationen – Analysebeispiele

Im Medienbereich dominieren Organisationenformen, die darauf angelegt sind, dauerhaft und effizient ökonomische und publizistische Ziele zu erreichen. Die ökonomische Ziel- und Zweckorientierung steht im Mittelpunkt von Medienbetrieben und diese Ziele sollen durch bestimmte Aufgaben-, Ressourcen- und Verantwortungszuweisungen erreicht werden. In der Regel erfolgt dies auf Basis einer formalen Organisation und der Bildung hierarchischer Strukturen. Unterschieden werden kann im wesentlichen zwischen

- Linienorganisation und
- Funktionaler Organisation.

Abb. 3.7.: Unterschiedliche Prinzipien von Organisationen

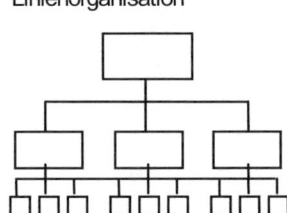

Linienorganisation

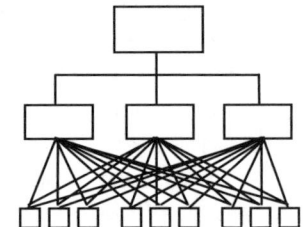

Funktionale Organisation

Quelle: Röttger 2000, S. 131

In der Linienorganisation, üblich bei einer Tageszeitungsredaktion, hat jede Stelle einen direkten Vorgesetzten (Ressortleitung). Die Ressortleiter haben wiederum die Chefredaktion als vorgesetzte Stelle, die die publizistischen Richtlinien aus- und Ziele vorgibt. Die Ressortleiter stehen ihrerseits den Ressorts und damit den ihnen zugewiesenen Journalisten als Vorgesetzte vor, und sie setzen im Rahmen der Vorgaben das Personal fachspezifisch ein. In größeren Einheiten können Planungs- und Koordinationsaufgaben an Inhaber von Stabsfunktionen (Chef vom Dienst; Textchef; Planungsredakteur) gegeben werden, die der Chefredaktion zugeordnet und unterstellt sind. Allen Stellen werden Personal- und Sachressourcen sowie Kompetenzen zugewiesen und sie haben bestimmte Leistungen zu erbringen. Beispiel: Redaktionsleiter erhalten Planstellen und Mittel (für Freie Mitarbeiter) zugewiesen und haben dafür ein bestimmtes Produkt zu produzieren.

In der funktionalen Organisation hingegen finden wir das Prinzip der Mehrfachunterstellung, verbunden mit einer fachlichen Spezialisierung einzelner Stellen. Diese Form finden wir bspw. bei Fachzeitschriften vor, bei denen verantwortliche Ressortleiter auf unterschiedliche fachliche Kompetenzen zurückgreifen müssen. Derartige Organisationsformen gelten als komplex, weil der Kommunikations- und Koordinationsbedarf groß ist. Altmeppen (1999) hat in seiner Studie gezeigt, dass in sogenannten flachen Organisationen, wie wir sie beim privaten Lokal- oder Regionalrundfunk antreffen, der Abstimmungsbedarf und –aufwand sehr groß ist. Auf die Folgen von gering strukturierten Redaktionseinheiten bezüglich der Programmleistung gehen wir noch ein (vgl. Abschnitt 3.6.).

Redaktionelle Organisationen können unter höchst unterschiedlichen Fragestellungen empirisch analysiert werden, so indem Strukturen und deren Veränderung innerhalb einer Organisation betrachtet oder indem Organisationen, die gleiches zu leisten haben, miteinander verglichen werden. Fragestellungen sind:

- Werden bestimmte Ziele mittels bestimmter Organisationsformen effektiver und effizienter erreicht?
- Bei Mängeln bspw. in der Programmleistung: Stimmen formale und informale Strukturen überein?
- Ergeben sich aufgrund bestimmter Organisationsformen Vor- oder Nachteile bezogen auf spezifische Ziele (wie die Fähigkeit zur Produktinnovation, thematische Offenheit, journalistische Unabhängigkeit von Redakteuren, Zufriedenheit der Redaktionsmitglieder)?

Durch Organisationsanalyse und Produktvergleich (Benchmarking) kann festgestellt werden, ob eine bestimmte redaktionelle Organisation zu einem bestimmten Output (bspw. zu einer bestimmten Programmleistung) führt.

3.5. Beispiel: Innere Organisation von Rundfunkunternehmen zwischen normativer Verpflichtung und eigener Gestaltung

Für Rundfunkorganisationen gelten spezifische Ziele, die sich aus normativen Vorgaben (Gesetz, Lizenz), der dominanten Finanzierungsform (Werbe- vs. Gebührenfinanzierung), der jeweiligen Marktposition (bspw. Monopol- oder Wettbewerbsposition) und aus den selbstgesetzten Unternehmenszielen ergeben. Für öffentlich-rechtliche Rundfunkanstalten machen die Landesgesetzgeber genaue Vorgaben: rechtliche Form und Zweck der Organisation, Festlegung von Leitungsaufgaben (Intendant) und Kontrollaufgaben (Kompetenzen für Verwaltungs- und Rundfunkräte). Zudem wird per Gesetz in allgemeiner Form geregelt, welche inhaltlichen Ziele der öffentliche Sender zu verfolgen hat. Aus diesen Vorgaben ergeben sich bestimmte Organisationsprinzipien, die wir in allen deutschen Bundesländern bei den öffentlichen Rundfunkanstalten vorfinden. Der innere Aufbau und die innere Leitungs- und Verantwortungsstruktur ist hingegen bei privaten Rundfunkveranstaltern nicht rechtlich vorgegeben. Dementsprechend sind sie höchst unterschiedlich rechtlich verfasst (GmbH oder Aktiengesellschaft), verfügen über die unterschiedlichsten Formen von Aufsicht und Kontrolle. Auch die publizistisch relevante Binnenstruktur ist höchst unterschiedlich: Die Programmverantwortung kann bei einem Programmdirektor, beim Geschäftsführer oder beim Chefredakteur liegen. Unterschiedliche Rechts- wie Binnenverfassungen bestimmen die publizistische Orientierung, wirken sich also auf Zwecke, Ziele und auf konkrete Programmleistungen aus (Vgl. dazu die graphische Darstellung von VOX- und MDR-Organigramm im Abschnitt 3.3.).

Zu den Zwecken und Zielen von Rundfunkunternehmen können – wir nehmen dazu eine idealtypische Unterscheidung anhand weniger Beispiele vor – gehören:

- Eigenständige Erstellung oder lediglich Zusammenstellung eines Programms (Kaufprogramm)?
- Ausrichtung des Programms auf eine allgemeine Öffentlichkeit oder auf eine spezielle Zielgruppe?
- Finanzierung des Programms durch Gebühren oder nur durch Werbung?
- Finanzierung des Programms nur durch Entgelte (Pay-TV)?

Gemäß diesen Zielen werden Rechtsform und innere Struktur gewählt. Die Organisationsformen des Rundfunks sind aufgrund ihrer großen Bedeutung für die Programmleistung Ansatzpunkte für die rundfunkrechtliche Regulierung wie für Qualitätssicherungsbemühungen (vgl. Wyss 2000).

3.6. Streitfrage: Bedingen sich redaktionelle Organisation und journalistische Leistung sowie Qualität?

Einen möglichen Zusammenhang zwischen redaktioneller Organisation, journalistischer Leistung sowie Qualität aufzuzeigen, ist aus erkenntnistheoretischer wie aus empirischer Sicht problematisch. Leistung wie auch Qualität lassen sich zum einen nicht aus einer einzigen Perspektive messen und beurteilen. Zum anderen ist der Rückschluss aufgrund bestimmter Produkte (Inhalte) oder aufgrund von Leistungen einzelner Journalisten auf bestimmte redaktionelle Strukturen nur sehr eingeschränkt möglich, weil kausal argumentiert werden müsste.

Exkurs

Es lassen sich aus Befunden von der Mikro-Ebene (Produktmerkmale oder Beobachtungs- und Befragungsbefunde zu einzelnen Journalisten) nicht ohne weiteres Aussagen über die Meso-Ebene (die Organisation) ableiten. Der Zusammenhang zwischen Handlung und Struktur (Journalist und Redaktion sowie journalistisches Produkt) ist zu komplex, um auf Basis von Einzelstudien zu gültigen Befunden zu gelangen. Dennoch: Dass ein Zusammenhang zwischen Organisationszielen, Redaktionsorganisation und publizistischer Leistung besteht, ist evident. Es ist daher geboten, diese Problematik in der Forschung vor allem durch vergleichende empirische Stu-

> dien anzugehen. Daran mangelt es derzeit aber noch, eben weil die Organisationsdimension in der kommunikationswissenschaftlichen Forschung vernachlässigt wurde.

Rühl hat Redaktionen als umweltoffene Systeme begriffen, die zumeist Ressorts ausprägen, um eine spezifische Beobachtung und Informationsverarbeitung leisten zu können. Ressorts können nach räumlichen (Lokales, Europa) oder sachlichen Kriterien (Politik, Wirtschaft) gebildet werden und ermöglichen den Journalisten das Erbringen spezifischer Leistungen aufgrund entsprechender journalistischer Entscheidungsprogramme (vgl. Rühl 1969). Die Entscheidung für die Bildung spezifischer Ressorts erfolgen, in historischer Perspektive betrachtet, aufgrund journalistischer und ökonomischer Handlungslogiken (vgl. Blöbaum 1994). Ein aktuelles Beispiel ist die Einrichtung von Ressorts für Medien oder Telekommunikation bei vielen Tageszeitungen: Die Neuetablierung erfolgt aufgrund der gestiegenen Bedeutung dieses Bereich für die Haushalte und Rezipienten im Zusammenhang mit der Herausbildung der „Mediengesellschaft" und der ökonomischen Relevanz dieses Bereichs. Zum anderen streben die Verlage mit den neuen Seiten auch die Erschließung eines neuen und wachsenden Anzeigenmarktes an.

Die Entscheidung zur Ausbildung bestimmter redaktioneller Strukturen ist zum einen vom Unternehmen und seinen ökonomischen und zum anderen von der Redaktion und ihren publizistischen Zielen abhängig. Durch derartige Strukturentscheidungen wird nun nicht nur ein redaktioneller Teilbereich, sondern das gesamte redaktionelle Organisations- wie das journalistische Entscheidungsprogramm beeinflusst. Jarren/Donges (1996) konnten am Beispiel von lokalen Radiosendern zeigen, dass das Vorhandensein oder Nicht-Vorhandensein von bestimmten redaktionellen Strukturen in quantitativer wie qualitativer Hinsicht für die Programmleistung der Sender – untersucht wurde die landespolitische Berichterstattung – relevant ist. Im Falle der Ausbildung einer als traditionell bezeichneten Redaktionsstruktur war die Bearbeitung von klar abgrenzbaren Themenbereichen erkennbar und sie erfolgte auf Basis eines spezialisierten, fachlich qualifizierten journalistischen Personals (Abbildung 3.8.).

Mediensysteme und Medienorganisationen 153

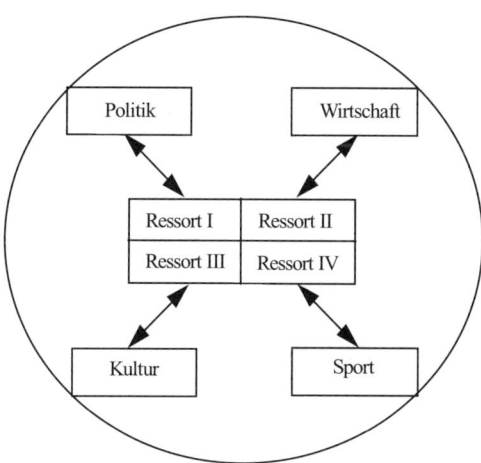

Abb. 3.8.: Traditionelle redaktionelle Strukturierung

Quelle: Jarren/Donges 1996, S. 183

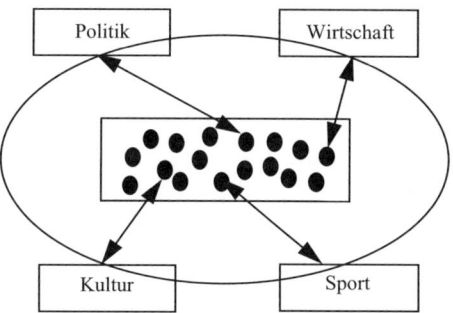

Abb. 3.9.: Redaktionelle Strukturen nach neuem Organisationstyp

Quelle: Jarren/Donges 1996, S. 184

Im Fall von gering entwickelten Redaktionsstrukturen, wie sie bei privat-kommerziellen Radiounternehmen vorgefunden wurden, finden sich eine systematische Bearbeitung hingegen nicht (Abbildung 3.9.). Dort existiert bspw. keine auf ein Feld wie Politik spezialisierte Redaktion (Ressort Politik) und es gibt keine fachlich einschlägig tätigen Journalisten und folglich kein auf Dauer gestelltes und spezialisiertes Entscheidungsprogramm (vgl. Altmeppen 1999, S. 43 f.). Das Motto „Alle machen alles" kann für Organisationen angenommen werden, in denen keine klare Redaktionsorganisation vorhanden und keine festgelegte Arbeitsteilung auszumachen ist. In einer Studie über private Radiostationen haben Altmeppen/Donges/Engels (1999) eine Transformation im Journalismus diagnostiziert, die sich auch an den Organisationsstrukturen ablesen lässt:

„Die Bedeutung von Organisationsstrukturen liegt primär darin, die Arbeit zu routinisieren, Zuständigkeiten zu regeln und die Mitglieder auf das gemeinsame Organisationsziel zu verpflichten. Organisation ist dabei kein statisches Gebilde, sondern muss immer wieder erarbeitet...werden" (Altmeppen/Donges/Engels 199, S. 259).

„Die Befunde zur Organisation der Redaktionen machen deutlich, dass die privaten Hörfunksender nur eine geringe formale Organisationsstruktur aufweisen. In keinem Sender gibt es eine klassische Ressortgliederung, die redaktionelle Struktur ist permanenten Veränderungen unterworfen und wird häufig an den aktuellen Bedarf angepasst. [...] Daraus resultiert die alltagssprachlich als „jede/r macht vieles" formulierte Produktionsweise der Radiostationen" (ebd., S. 262).

„Aus allen drei Teilprojekten [Befragungen von Redaktionsleitern und Journalisten sowie teilnehmende Beobachtungen; d. Verf.] lassen sich Belege für eine Transformation finden. Insbesondere aufgrund der Beobachtungsstudien ist festzuhalten, dass die Journalistinnen und Journalisten zwar journalistische Qualifikationen benötigen, aber nicht in jedem Fall Rückbezüge zu traditionellen journalistischen Arbeitszielen herzustellen sind. Transformation ist also zum einen eine Form von Überlappung oder

Zweckentfremdung journalistischer Basisqualifikationen" (ebd., S. 271).

„Transformation des Journalismus kann aber ebenso bedeuten, dass primär journalistische Tätigkeiten verdrängt werden. Bestimmte Arbeitsvorgänge in den privaten Senden entsprechen nicht den traditionellen journalistischen. [...] Dies betrifft insbesondere den hohen Koordinationsaufwand in den Redaktionen, der vor allem dadurch entsteht, dass die Formatvorgabe ein Vakuum, einen unausgefüllten Raum bei der Definition des redaktionellen Zieles hinterlässt. In vielen Fällen muss die Aussagenproduktion kontextuell und situationsgebunden koordiniert und ausgehandelt werden, da Themenwahl und Themenbearbeitung nicht eindeutig festgelegt sind. Kommunikative und organisierende Kompetenzen [...] gewinnen damit in den Redaktionen ein außergewöhnlich hohes Gewicht, denn über sie werden Veröffentlichungsentscheidungen vielfach erst herbeigeführt" (ebd., S. 271 f.).

Redaktionelle Strukturen, journalistische Rollen und der Aufbau journalistischer (Fach-)Kompetenz wirken zusammen und erst auf dieser Basis ist eine spezielle Programmleistung möglich. Die empirische Studie von Altmeppen/Donges/Engels (1999) über redaktionelle Organisation, journalistisches Handeln und Qualifikationen spricht im Zusammenhang mit dem Journalismus beim privaten Rundfunk von einem Transformationsprozess. Die herausgearbeiteten Veränderungen werden im Kern auf die beim privat-kommerziellen Radio vorherrschenden Organisationsstrukturen zurückgeführt: Die nur im geringen Umfang formal strukturierten Organisationen sind nur zu bestimmten publizistischen Leistungen (bestimmtes Musikprogramm, bestimmtes redaktionelles Angebot) fähig. Die ökonomische Logik innerhalb des privatwirtschaftlich verfassten Mediensektors wirkt also auf die Ausbildung konkreter Organisationsstrukturen ein und die Organisationsweise bestimmt das journalistische Handeln und wirkt sich auf das inhaltliche Angebot dieser Medien aus.

Zusammenfassung

Die nationalen Mediensysteme sind seit den 80er Jahren des 20. Jahrhunderts einem tiefgreifenden Wandel ausgesetzt. Bei den elektronischen Medien setzt sich mehr und mehr eine ökonomische Handlungslogik durch. Medienmärkte und die Strategien der Medienkonzerne überschreiten verstärkt nationale Grenzen. Und im Mediensektor zeigen sich neue (multimediale und branchenübergreifende) Formen der Unternehmenskonzentration.

Diese Wandlungstendenzen haben zu einer Abkopplung der Medien von den intermediären Akteuren geführt, mit denen sie im Laufe der Mediengeschichte zunächst verbunden waren: Parteien, Verbände, Kirchen, auch soziale Bewegungen müssen sich verstärkt der allgemeinen Massenmedien bedienen und an deren Handlungslogik anpassen, um ihren Botschaften Gehör zu verschaffen und ihre eigenen Mitglieder zu erreichen. Die Medien selbst nehmen im intermediären System eine zentralere Rolle ein als vorher, weshalb die Rede von der „Mediengesellschaft" durchaus gerechtfertigt erscheint.

Doch der Wandel des Mediensystems hat auch weitreichende Folgen für die Organisationsstrukturen im Medienbereich selbst sowie für die Spielräume, die in der journalistischen Praxis genutzt werden können.

Die Verfasstheit eines Mediensystems wird aufgrund politischer Entscheidungen durch Normen und durch Organisationsvorgaben ausgestaltet. Vor allem den strukturierenden Akteuren aus dem ökonomischen (bspw. Werbe- oder Media-Agenturen) oder aus dem politischen Bereich (bspw. nationale Parlamente oder supranationale Organisationen wie die WTO) kommt dabei eine besondere Bedeutung zu. Durch ihre Entscheidungen und Maßnahmen bestimmen sie Rahmen und Struktur im Mediensystem und beeinflussen die Handlungen aller am Mediensystem beteiligter Akteure. So ist in der dualen Rundfunkordnung eine öffentlich-rechtlich verfasste Säule neben einer privatrechtlichen Säule idealtypisch vorgesehen. Mit diesem ordnungspolitischen Modell sollen sich spezifische

Organisationen herausbilden, an die durch den Gesetzgeber wiederum unterschiedliche Anforderungen (etwa hinsichtlich des Programms) gestellt werden. Staatliche Regulierung setzt in der Regel an Organisationen, nicht an Individuen an: Von Medienorganisationen wird ein bestimmtes Programm oder die Vermeidung bestimmter, als schädlich angesehener Programminhalte erwartet. Die Pflicht für Programmbeiräte oder die verpflichtende Schaffung von Organisationseinheiten wie den Jugendschutzbeauftragten sind Beispiele dafür. Durch Organisationsvorschriften oder die Schaffung von sozialen Rollenträgern inner- wie außerhalb von Organisationen sollen bestimmte Ziele durchgesetzt werden.

Auch das journalistische Handeln ist von der Organisation der Redaktion und von der Verfassheit sowie der ökonomischen Ausrichtung eines Medienbetriebes abhängig. Der journalistische Handlungsspielraum wird durch Organisationsverfassung und dominante Organisationsziele wesentlich beeinflusst. Das Management von Medienbetrieben und -redaktionen, die Hierarchie- oder Entscheidungsstruktur innerhalb einer Redaktion basiert auf bestimmten, zum Teil wählbaren, Organisationsformen und Entscheidungsprogrammen. Empirische Analysen haben gezeigt, dass bestimmte Programmziele und Qualitätsstandards (etwa in der Politikberichterstattung des Hörfunks) davon abhängen, ob die betreffenden Redaktionen eine Ressortgliederung aufweisen oder nicht. Dies zeigt, dass ein vollständiges Bild des Medienwandels erst entsteht, wenn die Analyse der Medieninhalte und der journalistischen Rollenträger durch die Untersuchung von Mediensystem- und Organisationsstrukturen ergänzt wird.

Literatur

Altmeppen, Klaus-Dieter (1996): Publizistische und ökonomische Aspekte von Medienmärkten und Markthandeln. In: Altmeppen, Klaus-Dieter (Hg.): Ökonomie der Medien und des Mediensystems. Grundlagen, Ergebnisse und Perspektiven medienökonomischer Forschung. Opladen: Westdeutscher Verlag, S. 251-272.

Altmeppen, Klaus-Dieter (1999): Redaktionen als Koordinationszentren. Opladen, Wiesbaden: Westdeutscher Verlag.

Literatur-Tipp

Altmeppen, Klaus-Dieter/Donges, Patrick/Engels, Kerstin (1999): Transformation im Journalismus. Berlin: Vistas.

Beynon, John/Dunkerley, David (Hg.) (2000): Globalization: The Reader. New York: Routledge.

Blöbaum, Bernd (1994): Journalismus als soziales System. Opladen, Wiesbaden: Westdeutscher Verlag.

Bruns, Thomas/Greger, Volker/Marcinkowksi, Frank (2000): Das Bild der Politik im Fernsehen. Duisburg (Unveröffentlicher DFG-Bericht).

Bruns, Thomas/Marcinkowski, Frank (1997): Politische Information im Fernsehen. Opladen, Wiesbaden: Westdeutscher Verlag.

Bücher, Karl (2001/1926): Die Herstellung von Öffentlichkeit als Gewerbe. In: Pöttker, Horst (Hg.): Öffentlichkeit als gesellschaftlicher Auftrag. Klassiker der Sozialwissenschaft über Journalismus und Medien. Konstanz: UVK, S. 161-216.

Burkart, Roland (1998): Kommunikationswissenschaft. Grundlagen und Problemfelder. 3. überarbeitete und aktualisierte Auflage. Wien, Köln, Weimar: Böhlau.

Görke, Alexander/Koring, Matthias (1996): Unterschiede, die Unterschiede machen: Neuere Theorieentwürfe zu Publizistik, Massenmedien und Journalismus. In: Publizistik, 41. Jg., S. 15-31.

Habermas, Jürgen (1990): Strukturwandel der Öffentlichkeit. Mit einem Vorwort zur Neuauflage. Frankfurt am Main: Suhrkamp.

Hachmeister, Lutz (2000): Einleitung. Die Politik der Medienkonzerne. In: Hachmeister, Lutz/Rager, Günther (Hg.) Jahrbuch 2000. Die 50 größten Medienkonzerne der Welt. München: Beck, S. 7-22.

Hahne, Anton (1998): Kommunikation in der Organisation. Opladen, Wiesbaden: Westdeutscher Verlag.

Heinrich, Peter/Schulz zur Wiesch, Jochen (Hg.) (1998): Wörterbuch zur Mikropolitik. Opladen, Wiesbaden: Leske + Budrich.

Heinrich, Jürgen (1999): Theorien der Medienverflechtung. In: Leonhard, Joachim-Felix et al. (Hg.) Medienwissenschaft. Ein Handbuch zur Entwicklung der Medien und Kommunikationsformen. Berlin, New York: de Gruyter. S. 200-212.

Heinrich, Jürgen (2000): Ökonomisierung aus wirtschaftswissenschaftlicher Perspektive. Vortrag beim Workshop „Ökonomisierung der Medienindustrie" am 6./7.10.2000 in Vitznau (Schweiz).

Hoffman-Riem, Wolfang/Schulz, Wolfgang/Held, Thorsten (2000): Konvergenz und Regulierung. Baden-Baden: Nomos.

Hunziker, Peter/Meier, Urs (1997): Das Wislikofen-Papier über den Service Public. In: Zoom K&M, 9, S. 3-16.

Jarren, Otfried (1998): Medien, Mediensystem und politische Öffentlichkeit im Wandel. In: Sarcinelli, Ulrich (Hg.): Politikvermittlung und Demokratie in der Mediengesellschaft. Bonn: Bundeszentrale für politische Bildung, S. 74-96.

Jarren, Otfried (2000): Gesellschaftliche Integration durch Medien? Zur Begründung normativer Anforderungen an Medien. In: Medien & Kommunikationswissenschaft, 48. Jg., S. 22-41.

Jarren, Otfried/Donges, Patrick (2000): Medienregulierung durch die Gesellschaft? Wiesbaden: Westdeutscher Verlag.

Jarren, Otfried/Donges, Patrick (1996): Keine Zeit für Politik? Berlin: Vistas.

Kieser, Alfred/Kubicek, Herbert (1992): Organisation. Berlin/New York: de Gruyter.

Knoche, Manfred (2001): Kapitalisierung der Medienindustrie aus politökonomischer Perspektive. In: Medien & Kommunikationswissenschaft, 49.Jg., S. 177-194.

Krotz, Friedrich (1998): Öffentlichkeit aus Sicht des Publikums. In: Jarren, Otfried/Krotz, Friedrich (Hg.): Öffentlichkeit unter Viel-Kanal-Bedingungen. Baden-Baden, Hamburg: Nomos, S.95-117.

Krüger, Udo-Michael (1996): Tendenzen in den Programmen der großen Fernsehsender 1985 bis 1995. In: Media Perspektiven 8/1996, S. 418-440.

Kübler, Hans-Dieter (1994): Kommunikation und Massenkommunikation. Münster, Hamburg: Lit.

Kunczik, Michael (1998): Globalisierung und Provinzialisierung von Kultur durch Massenkommunikation. In: Saxer, Ulrich (Hg.) Medien-Kulturkommunikation. Sonderheft 2 von Publizistik. Opladen: Westdeutscher Verlag, S. 257-273.

Literatur-Tipp

Lazarsfeld, Paul Felix/Merton, Robert King (1973) Massenkommunikation, Publikumsgeschmack und organisiertes Sozialverhalten. In: Aufermann, J./Bohrmann, H./Sülzer, Rolf (Hg.) Gesellschaftliche Kommunikation und Information. Frankfurt: Athenäum, S. 447-470.

Luhmann, Niklas (1996): Die Realität der Massenmedien. (2. erw. Aufl.). Opladen, Wiesbaden: Westdeutscher Verlag.

Luhmann, Niklas (2000): Organisation und Entscheidung. Opladen, Wiesbaden: Westdeutscher Verlag.

Literatur-Tipp

Marcinkowski, Frank (1993): Publizistik als autopoietisches System. Opladen, Wiesbaden: Westdeutscher Verlag.

McQuail, Denis (2000): McQuail's Mass communication theory. 4. Aufl., London, Thousand Oaks, New Delhi: Sage.

Meier, Werner A./Bonfadelli, Heinz (1987): „Neue Medien" als Problem der Publizistikwissenschaft. In: Rundfunk und Fernsehen, 35. Jg., S. 169-184.

Meier, Werner A./Jarren, Otfried (2001): Ökonomisierung und Kommerzialisierung von Medien und Mediensystem. In: Medien & Kommunikationswissenschaft, 49. Jg., S. 145-158.

Müller, Hans-Peter (1997): Spiel ohne Grenzen? In. Merkur, 9-10/1997, S. 805-820.

Müller-Doohm, Stefan (2000): Kritische Medientheorie – die Perspektive der Frankfurter Schule. In: Neumann-Braun, Klaus/Müller-Doohm, Stefan (Hg.) Medien- und Kommunikationssoziologie. Weinheim, München: Juventa, S. 69-92.

Nerverla, Irene/Walch, Susie (1993): Entscheidungsstrukturen in Printmedienunternehmen. In: Bruck, Peter A. (Hg.): Print unter Druck. München: Fischer, S. 293-386.

Pantenburg, Ursula (1996): Die Organisation der Leitungsspitze von Rundfunkanstalten. Baden-Baden: Nomos.

Pürer, Heinz (1990): Einführung in die Publizistikwissenschaft,4. Aufl. München: Pürer.

Robertson, Roland (1998): Globalisierung: Homogenität und Heterogenität in Raum und Zeit. In: Beck, Ulrich (Hg.) Perspektiven der Weltgesellschaft. Frankfurt: Suhrkamp, S. 192-220.

Röper, Horst (2001): Formationen deutscher Medienmultis 1999/2000. In: Media Perspektiven 1/2001, S. 2 -23.

Röttger, Ulrike (Hg.) (2001): PR-Kampagnen. 2. überarb. und erg. Auflage. Opladen, Wiesbaden: Westdeutscher Verlag.

Röttger, Ulrike (2000): Public Relations – Organisation und Profession. Wiesbaden: Westdeutscher Verlag.

Rühl, Manfred (1969): Die Zeitungsredaktion als organisiertes soziales System. Fribourg: Universitätsverlag.

Rühl, Manfred (1989): Organisatorischer Journalismus. Tendenzen der Redaktionsforschung. In: Kaase, Max/Schulz, Winfried (Hg.): Massenkommunikation. Theorien, Methoden, Befunde. Opladen, Wiesbaden: Westdeutscher Verlag, S. 253-269.  Literatur-Tipp

Ruß-Mohl, Stephan/Fengler, Susanne (Hg.) (2000): Medien auf der Bühne der Medien. Berlin: Dahlem University Press.

Sarcinelli, Ulrich (1998a): Parteien und Politikvermittlung: Von der Parteien- zur Mediendemokratie? In: Sarcinelli, Ulrich (Hg.): Politikvermittlung und Demokratie in der Mediengesellschaft. Bonn: Bundeszentrale für politische Bildung, S. 273-296.

Sarcinelli, Ulrich (1998b): Symbolische Politik. In: Jarren, Otfried/Sarcinelli, Ulrich/Saxer, Ulrich (Hg.): Politische Kommunikation in der demokratischen Gesellschaft. Opladen, Wiesbaden: Westdeutscher Verlag, S. 729-730.

Sarcinelli, Ulrich (1998c): Mediatisierung In: Jarren, Otfried/Sarcinelli, Ulrich/Saxer, Ulrich (Hg.): Politische Kommunikation in der demokratischen Gesellschaft. Opladen, Wiesbaden: Westdeutscher Verlag, S. 678-679.

Saxer, Ulrich (1994): Publizistik und Gesellschaft. In: Saxer, Ulrich/Bonfadelli, Heinz (Hg.) Einführung in die Publizistikwissenschaft. Eine Textsammlung. Seminar für Publizistikwissenschaft der Universität Zürich. Reihe Diskussionspunkt/Band 27, S. 93-109.

Saxer, Ulrich (1999): Der Forschungsgegenstand der Medienwissenschaft. In: Leonard, Joachim-Felix/Ludwig, Hans-Werber/Schwarze, Dietrich/Strassner, Erich (Hg.): Medienwissenschaft. Berlin, New York: de Gruyter, S. 1-14.

Siebert, Fred S./Peterson, Theodore/Schramm, Wilbur (1956): Four theories of the press. Urbana, Illinois: University of Illinois Press

Siegert, Gabriele (1993): Marktmacht Medienforschung. München: Fischer.

Theis-Berglmair, Anna Maria (1994): Medienwandel – Modellwandel? In: Jarren, Otfried (Hg.): Medienwandel – Gesellschaftswandel? Berlin: Vistas, S. 35-50.

Literatur-Tipp

Theis, Anna Maria (1993): Organisation – eine vernachlässigte Größe in der Kommunikationswissenschaft. In Bentele, Günter/Rühl, Manfred (Hg.): Theorien öffentlicher Kommunikation. München: Ölschläger, S. 309-313.

Thompson, John B. (1995): The Media and Modernity. A Social Theory of the Media. Oxford: Polity Press.

Viele Stimmen – eine Welt (1981) Kommunikation und Gesellschaft – Heute und Morgen. Konstanz: Universitätsverlag.

Wehmeier, Stefan (1998): Fernsehen im Wandel. München.

Weischenberg, Siegfried (1992): Journalistik 1: Mediensysteme, Medienethik, Medieninstitutionen. Opladen, Wiesbaden: Westdeutscher Verlag.

Weiß, Hans-Jürgen (1997): Programmalltag in Deutschland. In: Arbeitsgemeinschaft der Landesmedienanstalten (Hg.): Programmbericht zur Lage und Entwicklung des Fernsehens in Deutschland. Berlin: Ullstein, S. 158-181.

Wyss, Vinzenz (2000): Qualitätsmanagement in der Redaktion. In: Held, Barbara/Ruß-Mohl, Stephan (Hg.): Qualität durch Kommunikation sichern. Frankfurt: FAZ-Institut für Management-, Markt- und Medieninformationen, S. 221-232.

Kapitel 4

Journalisten als Rollenträger: redaktionelle Organisation und berufliches Selbstverständnis

Frank Esser/Hartmut Weßler

In diesem Kapitel geht es um diejenigen, die Journalismus tatsächlich ausüben: Journalistinnen und Journalisten. Wie das Schaubild zeigt, stehen sie im Zentrum dessen, was wir in diesem Buch als Öffentlichkeit bezeichnen. Ihr berufliches Handeln als Rollenträger weist intensive und direkte Verbindungen zu allen anderen Feldern der Öffentlichkeit auf. Das heißt auch, dass sie in ihrem Handeln nicht frei sind.

Sie wirken in dem vom Mediensystem und ihrer jeweiligen Medienorganisation vorgegebenen Handlungsrahmen; sie unterliegen also vor allem ökonomischen, technischen und organisatorischen Zwängen. Ihre Produkte, die publizistischen Medieninhalte, sind ein direktes Ergebnis dieser Handlungsbedingungen und der von Journalistinnen und Journalisten genutzten Handlungsspielräume.

Nur ein geringer Teil der von Journalistinnen und Journalisten produzierten Aussagen stammen von diesen selbst. Das meiste Material kommt von den gesellschaftlichen Akteuren und ihren PR-Abteilungen. Deshalb ist ein zentrales Problemfeld das Verhältnis zwischen PR und Journalismus. Schließlich entstehen journalistische Aussagen im Hinblick auf ein jeweils

> spezifisches Publikum. Die angestrebte Akzeptanz journalistischer Produkte kann unter bestimmten Bedingungen in ein Spannungsverhältnis zu professionellen Normen geraten.
> Die Leitfragen dieses Kapitels lauten: Welchen Spielraum für selbst bestimmtes Handeln von Journalistinnen und Journalisten gibt es angesichts der allseitigen Einflüsse außerhalb und innerhalb der Medienorganisationen? Welche Relevanz besitzen umgekehrt die subjektiven und professionellen Vorstellungen, die Journalistinnen und Journalisten von ihrem Beruf und ihrer Aufgabe haben, für ihr redaktionelles Handeln, ihre Medienprodukte sowie die Realitätsvorstellungen des Publikums?

1. Forschung über Journalismus: Perspektiven und Gegenstände

1.1. Die zwei Seiten der Berufsrolle: berufliche Anforderungen und berufliches Selbstverständnis

Im vorigen Kapitel haben wir gesehen, wie der Zweck, dem eine Medienorganisation dient, deren Organisationsstruktur und letztlich deren Output bestimmt. Wenn wir den gleichen Zusammenhang mit den Augen von Journalistinnen und Journalisten betrachten, so erscheint der Organisationszweck und die Organisationsstruktur als fester Rahmen, nach dem es sich zu richten gilt. Die Organisation übt Zwänge auf die einzelnen Journalisten aus.

Diese Zwänge treten den Einzelnen als Anforderungen an ihr berufliches Handeln entgegen: Sie sind gefordert, bestimmte Qualifikationen mitzubringen oder sich anzueignen, sich nach bestimmten Regeln zu richten. Diese Qualifikationsanforderungen und Verhaltensregeln engen den Handlungsspielraum ein. Um den Journalistenberuf zu verstehen, ist es deshalb zunächst einmal wichtig, diese beruflichen Anforderungen zu verstehen. Darum wird es in Abschnitt 2 dieses Kapitels gehen.

Journalisten machen sich auch selbst ein Bild von ihrem Beruf. Sie orientieren sich an bestimmten Leitbildern – Informationsvermittler, Kritiker, Unterhalter etc. –, die in einer jeweils charakteristischen Mischung ihr berufliches Selbstverständnis bestimmen. Um dieses berufliche Selbstverständnis geht es in Abschnitt 3 dieses Kapitels.

Das berufliche Selbstverständnis von Journalistinnen und Journalisten muss nicht zwangsläufig mit den Anforderungen deckungsgleich sein, die sie an ihrem Arbeitsplatz erfahren. Es ist keineswegs unumgänglich, dass Journalisten die beruflichen Anforderungen einfach verinnerlichen und sich dann in ihrem eigenen Aufgabenverständnis zu eigen machen. Journalistinnen und Journalisten können ihren Beruf idealisieren. Sie können sich zu Dingen verpflichtet fühlen, die ihre Organisation gar nicht fordert. Oder die Umwelt fordert etwas, was Journalisten selbst nicht als Anforderung akzeptieren. Solche Spannungen können zu Konflikten führen oder auch zu Enttäuschungen und Anpassungsprozessen. Wichtig ist zunächst, dass beide Seiten zusammen – die Erwartungen von außen, denen sich Journalisten gegenüber sehen, und die Erwartungen, die Journalisten an sich selbst richten – die journalistische Berufsrolle ausmachen.

Diese Berufsrolle von Journalisten ist seit den 80er Jahren des 20. Jahrhunderts sowohl intern vielgestaltiger als auch an ihren Rändern uneindeutiger geworden. Der Journalismus hat Grenzprobleme bekommen, um die es im vierten Abschnitt dieses Kapitels geht. Näher untersucht werden dort Abgrenzungsprobleme zwischen Information und Unterhaltung, zwischen Journalismus und Public Relations sowie zwischen Inhalteproduktion und Marketing. Dahinter steckt jeweils die Frage, ob der Journalismus dabei ist, sich zu deprofessionalisieren und seine Eigenständigkeit zu verlieren.

1.2. Die zwei Seiten der Berufstätigkeit: Handlungserwartungen und Handeln

Die Berufsrolle, die Journalisten ausüben, ist – wie wir gesehen haben – durch verschiedenartige Ansprüche gekennzeichnet. Ob wir nun die eine oder die andere Seite der Berufsrolle ins Auge fassen – in jedem Fall handelt es sich um Normatives, nicht um Faktisches. Gemeint ist mit Berufsrolle die (möglicherweise spannungsreiche) Gesamtheit der Verhaltenserwartungen und nicht das tatsächliche Verhalten von Journalistinnen und Journalisten.

Doch auch das tatsächliche Verhalten – die real ausgeübten Tätigkeiten, die konkreten Abläufe in der Redaktion - sind von großem Interesse, wenn es darum geht, den Journalismus als Kernbereich gesellschaftlicher Öffentlichkeit zu verstehen. Denn was Journalisten tun, schlägt sich direkt in ihren Produkten nieder. Und so gibt es in der Erforschung des Journalismus von je her drei Traditionen: Beschreibungen von Struktur und Organisation des Berufs; normative oder funktionale Erörterungen der Leistungen journalistischer Akteure für die Gesellschaft; sowie Erklärungen des beruflichen Handelns insbesondere der Nachrichtenentscheidungen von Journalisten (vgl. Donsbach 2002).

Insbesondere an den Erklärungen für berufliches Handeln hat sich in der Wissenschaft eine Kontroverse entsponnen: Darf man vom Rollenselbstverständnis, das einzelne Journalisten im Forschungsinterview äußern, direkt auf deren tatsächliches Handeln schließen – oder nehmen weitere Faktoren Einfluss auf die Handlungsrelevanz? Auch davon handelt dieses Kapitel (vor allem in Abschnitt 3).

1.3. Was ist Journalismus, was sind Journalisten?

In der wissenschaftlichen Literatur finden sich viele Definitionen der Begriffe Journalist und Journalismus. Eine einheitliche, präzise Festlegung steht bis heute aus; sie ist angesichts der verschiedenen möglichen Perspektiven auf den Journalismus vielleicht auch nicht zu erwarten. Aber warum ist es so schwierig, Journalismus eindeutig zu klären?

Der erste Grund liegt darin, dass die Berufsbezeichnung Journalist in Deutschland und den meisten anderen Ländern nicht geschützt ist. Rein rechtlich kann sich jeder als Journalistin bzw. Journalist bezeichnen. In Deutschland wird dies mit Artikel 5 Grundgesetz begründet, wo es heißt:

„Jeder hat das Recht, seine Meinung in Wort, Schrift und Bild zu äußern und zu verbreiten und sich aus allgemein zugänglichen Quellen ungehindert zu unterrichten."

Beide Grundrechte, die Informations- und die Meinungsfreiheit, sind die Voraussetzung dafür, dass in der Demokratie ein öffentlicher Kommunikationsprozess in Gang kommt, durch den die Meinungs- und Willensbildung in den Köpfen der Menschen erst möglich wird. Dieser Prozess kann nur wirksam werden, wenn *jeder* an der öffentlichen Kommunikation teilnehmen kann und keiner aus formalen Gründen ausgeschlossen wird. Folglich darf gerade der Zugang zu Berufen in den einflussstarken Massenmedien nicht an spezielle Voraussetzungen gebunden sein, etwa eine nachweisbare Eignung, den Erwerb eines bestimmten Diploms oder den Nachweis eines vorgeschriebenen Ausbildungsweges.[1] Aufgrund der geforderten Berufsfreiheit und des offenen Berufszugangs ist eine definitive Festlegung dessen, was Journalismus genau ausmacht und wo Journalismus aufhört, schwierig.

Der zweite Grund für Definitionsprobleme des Journalismus liegt im technologisch und ökonomisch verursachten Wandel der Medien. In den siebziger Jahren führte die Einführung vollcomputerisierter Redaktionssysteme und der Wegfall der Druckvorstufe dazu, dass Zeitungsredakteure technische Aufgaben übernahmen, die zuvor von Metteuren erledigt wurden. Dies veränderte und erweiterte das redaktionelle Tätigkeitsprofil erheblich. In den neunziger Jahren wuchs das Anforderungsprofil durch das Internet weiter rasant. Die Vernetzung klassischer und multimedial verbreiteter Inhalte, der Aufbau neu organisierter Abläufe in Online-Redaktionen sowie die Notwendigkeit, ständig neue Kompetenzen erlernen zu müssen, sorgen für einen permanenten Wandel unseres Verständnisses von Journalismus. Dabei wird der Medienwandel durch ökonomische Imperative zusätzlich vorangetrieben. In ökonomischer Hinsicht gewinnen rein werblich finanzierte Medienangebote an Bedeutung (Anzeigenblätter, Privatfernsehen) und begünstigen einen auf größtmögliche Reichweite angelegten Journalismus, der sich von den traditionellen Praktiken der Abonnementzeitungen und öffentlich-rechtlichen Rundfunkprogramme unterscheidet. Durch die ge-

---

[1] Dies ist in einigen Ländern wie Italien oder der Schweiz anders, wo die offizielle Akkreditierung als Journalist in so genannten Berufslisten an bestimmte Qualifikationen gebunden ist. Hier ist die definitorische Abgrenzung des Journalismus einfacher (vgl. Donsbach 2002).

schilderten Bedeutungszuwächse von Medientechnik und Medienmarketing entstehen zudem neue journalismusnahe Berufe, die den altbekannten Tätigkeits- und Funktionsbereichs weiter verwischen. Insgesamt spiegeln diese gravierenden Veränderungen in Journalismus und Medienkultur den sozialen Wandel der Gesellschaft wider.

Der dritte Grund für Definitionsprobleme liegt in der Vielfalt theoretischer Herangehensweisen in der Journalismusforschung. Mehrere Forschungsströmungen stehen derzeit recht eigenständig nebeneinander, die sich jeweils aus verschiedenen Richtungen und Erkenntnisinteressen ihrem Untersuchungsgegenstand nähern, ohne direkt aufeinander bezogen zu sein. Einige analysieren Journalismus mit dem Konzept des normativen Individualismus (z.B. Boventer 1988), andere mit materialistischen Ansätzen der politischen Ökonomie (z.B. Holzer 1973), wieder andere mit funktionalistischen oder konstruktivistischen Systemtheorien (z.B. Scholl/Weischenberg 1998), und einige wenige nutzen den Cultural Studies-Ansatz (z.B. Renger 2000). Besondere Erwähnung verdient die empirisch-analytischen Journalismusforschung, die sich bislang als mit Abstand ergiebigste Forschungsperspektive erwies (vgl. überblickshaft Löffelholz 2001; Donsbach 2002). Jeder dieser theoretischen Ansätze geht von einem anderen Journalismusverständnis aus. Angesichts der Vielfalt parallel verfolgter Herangehensweisen ist die Herausbildung einer einzigen „integrativen Supertheorie" zur Beschreibung und Analyse des Journalismus unwahrscheinlich. Daher herrscht weitgehende Einigkeit, dass die kreative, theoriegeleitete Explikation fokussierter Forschungsfragen sinnvoller ist als die Suche nach „der" Theorie des Journalismus; dass die Forschung bei aller Multiperspektivität um theoretisch Integration bemüht sein muss; dass die empirisch-analytische Orientierung für die Journalismusforschung zentral bleibt; und dass die Makro-, Meso- und Mikroebenen des Journalismus stets gemeinsam und eng verschränkt betrachtet werden müssen (vgl. Kepplinger 2000; Löffelholz 2001; Scholl/Weischenberg 1998, Kap. 7).

Die individuellen Handlungen der journalistischen Akteure sind also unter den Bedingungen institutioneller und systemischer Strukturbeschränkungen, die sich zudem rasch wandeln, zu untersuchen. Diese Komplexität und die oben beschriebenen Präzisierungsprobleme führen uns zu einer zweigeteilten Definition: Journalismus als gesellschaftliches Leistungssystem wird über seine Funktion, Journalisten als handelnde Akteure werden über berufliche Medienstruktur- und Tätigkeitsvariablen definiert:

Definition des Journalismus in der Gesellschaft:
Journalismus wird definiert durch die Funktion, aktuelle Themen aus den verschiedenen gesellschaftlichen Teilsystemen (Wirtschaft, Sport, Politik, Recht, etc.) zu sammeln, auszuwählen, zu bearbeiten, und sie dann diesen sozialen Teilsystemen als Medienangebote zur Verfügung zu stellen. Diese Medienangebote müssen – um als Journalismus im engeren Sinne gelten zu können – an Neuigkeitswert, Faktizität, Unabhängigkeit und Relevanz gebunden sein. Durch diese Kriterien lässt sich Journalismus operational von Schriftstellerei, Unterhaltung, Werbung, PR und Privatpublikationen abgrenzen (vgl. Scholl/-Weischenberg 1998, S. 75 ff., 84 ff.).

Definition der Akteure im Journalismus:
Als Journalistin oder Journalist wird definiert, wer hauptberuflich an der Erarbeitung bzw. Verbreitung von Informationen und Meinungen durch Medien mittels Wort, Bild, Ton beteiligt ist. Journalistinnen und Journalisten sind festangestellt oder freiberuflich tätig für Printmedien, Rundfunksender und andere elektronische Medien, Nachrichtenagenturen, Pressedienste. Zu journalistischen Leistungen gehören vornehmlich die Erarbeitung von Wort- und Bildinformationen durch Recherchieren (Sammeln und Prüfen) sowie Auswählen und Bearbeiten der Informationsinhalte, deren eigenschöpferische medienspezifische Aufbereitung (Berichterstattung und Kommentierung), Gestaltung und Vermittlung, ferner disponierende Tätigkeiten im Bereich von Organisation, Technik und Personal. Das Berufsbild „Journalist" des Deutschen Journalistenverbandes DJV, auf dem diese Ausführungen beruhen, geht jedoch noch weiter und fasst auch solche Personen als Journalisten auf, die in der PR- und Öffentlichkeitsarbeit arbeiten und an der interessengebundenen inner- und außerbetrieblichen Kommunikation von Wirtschafsunternehmen, Organisationen und Behörden arbeiten (vgl. DJV 1999). Wir sind uns dieser Grenzverwischungsproblematik bewusst (siehe Abschnitt 4.2), halten jedoch im Folgenden an der engen Definition von Journalismus bzw. Journalisten fest – ohne Öffentlichkeitsarbeit.

Solche eindeutig operationalisierbaren Journalismusdefinitionen sind vor allem für die empirische Journalismusforschung wichtig. Auf ihrer Grundlage lassen sich die tatsächlichen Leistungen des Journalismus im Hinblick auf journalistische Tätigkeiten und journalistische Produkte genauer untersuchen.

2. Mesoebene: Redaktionelle Organisation und berufliche Anforderungen

Journalistische Leistungen werden in Organisationen erbracht, deren Strukturen das Handeln der Akteure mitbestimmen. Verschiedene Organisationstypen weisen eine jeweils spezifische Organisationslogik auf (siehe Kapitel 3, Abschnitt 3). In primär absatzorientierten (privaten) Medienunternehmen ist die Redaktion den anderen Unternehmensbereichen gleichgestellt; intern ist der redaktionelle Bereich nach Produkten unterteilt, nicht nach Ressorts. Die rechtlich besonders normierten öffentlich-rechtlichen Rundfunkveranstalter, aber auch klassische Informationsmedien wie Tages- und Wochenzeitungen weisen der journalistischen Aussagenentstehung organisationsintern einen höheren Stellenwert zu und gliedern sich intern nach sachlichen Kriterien wie Ressorts, die eine kontinuierliche Beobachtung der gesellschaftlichen Teilsysteme Politik, Wirtschaft, Kultur, Sport usw. ermöglichen.

Wir wollen nun danach fragen, inwiefern sich unterschiedliche Organisationsstrukturen und -logiken in den beruflichen Anforderungen niederschlagen, die die jeweiligen Medienorganisationen an ihr journalistisches Personal stellen. Relevant ist diese Frage, weil man bei sehr unterschiedlichen beruflichen Anforderungsprofilen möglicherweise nicht mehr von einer einheitlichen journalistischen Berufsrolle ausgehen könnte. Und dies hat wiederum bedeutsame Folgen für alle Versuche, den Journalismus zu professionalisieren. Am Beispiel der Tageszeitung wollen wir zeigen, wie Redaktionsstrukturen unterschiedlich organisiert werden können und welche Auswirkungen dies für das Medienpersonal und das Medienprodukt haben kann (Abschnitt 2.1.). Am Beispiel des privaten Hörfunks wollen wir deutlich machen, wie ehemals getrennte Handlungsrollen verschmelzen und so neue Anforderungsprofile für Journalistinnen und Journalisten schaffen (Abschnitt 2.2.).

2.1. Beispiel Tageszeitung im internationalen Vergleich

Als die Hamburger Redaktion der „Financial Times Deutschland" (FTD) Anfang 2000 ihre erste Ausgabe vorlegte, waren die Erwartungen groß: Wie sieht es aus, wenn ein britischer Chefredakteur mit deutschen Journalisten eine angelsächsische Zeitung publizieren will? Die Gründungsphase war nicht einfach: Chefredakteur Andrew Gowers musste erkennen, dass beim deutschen Ableger einige Dinge anders organisiert werden mussten als beim „Financial Times"-Mutterblatt in London. Zunächst hielt er den 110 deutschen FTD-Redakteure Vorträge über den angelsächsischen Berichterstattungsanspruch (späterer Redaktionsschluss, höhere Aktualität, härtere Recherche, pointiertere Überschriften, analytischer Stil), ersparte ihnen aber andere Umstellungen. So lernten die deutschen Kollegen nicht das typische Ablauf- und Organisationsmodell angelsächsischer Zeitungsredaktionen kennen. »Wir werden wie eine deutsche Redaktion arbeiten, das angelsächsische Modell hätte zu viele Nachteile«, erklärte Wolfgang Münchau, Nachrichtenchef der FTD. Aufgrund der hochgradigen Arbeitsteilung arbeiten in angelsächsischen Redaktionen mehr Mitarbeiter, was in Deutschland zu teuer wäre. Außerdem hätten sich die deutschen Kollegen in ihren Arbeitsabläufen zu stark umstellen müssen, so Münchau. Als Deutscher, der lange in England für „The Times" und „Financial Times" gearbeitet hatte, kennt Münchau beide Redaktionsmodelle.

Deutsch-amerikanische (vgl. Neumann 1997; Esser/Kaltenhäuser 2001), deutsch-englische (vgl. Esser 1998a, b) und deutsch-australische (vgl. Josephi 1998) Redaktionsanalysen haben einstimmig festgestellt, dass sich in den anglo-amerikanischen Ländern ein eher arbeitsteilig-zentralisiertes und in Deutschland ein eher ganzheitlich-dezentralisiertes Organisationsprinzip redaktioneller Arbeit herausgebildet hat. Erstmals systematisch begründet wurde dieser Befund durch die vergleichende Journalistenbefragung von Donsbach (1993a, 1995). Er wird mittlerweile auch in der jungen Redaktionsmanagementliteratur entsprechend berücksichtigt (vgl. Moss 1998, S. 187 f.; Meckel 1999, S. 70 f.; Meier 2002, S. 238 ff.). Bei den unterschiedlichen Organisationsprinzipien handelt es sich nicht um zwei völlig distinkte Modelle, sondern vielmehr um unterschiedliche Ausprägungen auf einem Kontinuum, die zwar Ähnlichkeiten und Überlappungen aufweisen, deren charakteristische, pressehistorisch bedingte Unterschiede aber überwiegen (vgl. Esser 1998a, b; siehe Abbildung 4.1.)

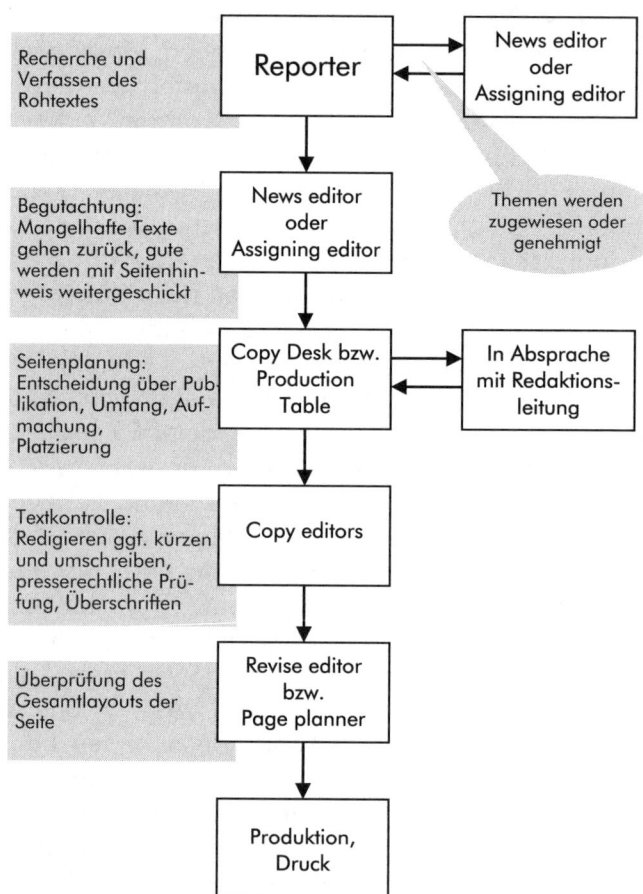

Abb. 4.1.: Traditionelle anglo-amerikanische Redaktionsstruktur

1. *Ganzheitlichkeit vs. Arbeitsteilung*: In deutschen Zeitungsredaktionen hat sich zwar die ressortspezifisch-thematische Arbeitstrennung früh ausgebildet, aber nicht die personal-prozedurale. Die deutschlandtypische strikte Trennung in Ressorts war den anglo-amerikanischen Presseoffizieren schon während der Reeducation-Periode aufgefallen (vgl. Hurwitz 1972, S. 43). Im Gegensatz dazu gibt es in anglo-amerikanischen Redaktionen den zentralen „copy desk", auf den sämtliche Redaktionsprozesse hinlaufen. Jeder neue Schritt dahin wird dort in der Regel von einem anderen Redaktionsmitglied ausgeführt, was zu einer Fülle von Berufsbezeichnungen geführt hat (reporter, sub-editor oder copy editor, copy taster, wire editor, page planner, revise sub-editor, usw.). Bei deutschen Zeitungen hat sich ein vergleichbares Prinzip personal-prozeduraler Arbeitsteilung nicht durchgesetzt. Hier wurde der Beruf eher ganzheitlich gesehen, der redaktionelle Prozess nicht in verschiedene Stationen aufgebrochen, sondern eher in einer Hand belassen. Deutsche Redakteure sind ihrem Tätigkeitsprofil nach eher Allround-Journalisten. Die Nachrichtenredakteure der „Frankfurter Rundschau" etwa schreiben und redigieren, berichten und kommentieren, recherchieren draußen und drinnen (vgl. Neumann 1995) – besser lässt sich das Allroundprinzip kaum darstellen.
2. *Kleinbüros vs. Newsroom*: In der deutschen Tagespresse hat sich historisch eher eine dezentrale, regionenorientierte Redaktionsstruktur mit autark arbeitenden Außenbüros etabliert, während anglo-amerikanische Zeitungen mit einem zentralen Newsroom arbeiten, der mit seiner redaktionellen Arbeitsteilung das Herzstück der Operation bildet. Einerseits ermöglicht die räumliche Offenheit des zentralen Newsroom erst die Arbeitsteilung, andererseits macht seine Größe sie auch sinnvoll. Deutscher Tageszeitungsjournalismus findet häufiger in Kleinredaktionen mit notwendigerweise generalistisch arbeitenden Redakteuren statt, die zudem Kleinbüros bevorzugen und sich durch die Betriebsamkeit zentraler Großraumbüros mit 40, 50 Kollegen eher abgelenkt und gestört fühlen.

3. *Rollenüberlappung vs. Rollentrennung*: Die Unterteilung zwischen „reporters" und „sub-editors" (in USA „copy editors") stellt die wohl tiefste Kluft unter den Mitgliedern anglo-amerikanischer Redaktionen dar. Die Hauptaufgabe der „reporters" ist Faktenrecherche und Meldungschreiben, die Hauptaufgabe der „sub-editors" ist Textkontrolle, Redigieren und Layout. Zwischen beiden Gruppen gibt es in der Regel keine personelle Überschneidung. Auch die Trennung von Nachricht und Kommentar ist im anglo-amerikanischen Zeitungsmodell das Ergebnis zweier getrennt ablaufender redaktioneller Prozesse. Für die Nachrichtengebung sind „reporter" zuständig, für Meinungsartikel dagegen „leader writers", „commentators", „columnists" oder „editorial writers". In Deutschland blieben Nachrichtengebung und Kommentierung häufig in einer Hand. Die Trennung von Nachricht und Meinung wird von deutschen Redakteuren aufgrund individueller Anstrengungen nach außen (d.h. durch die Verwendung verschiedener Darstellungsformen – Nachricht und Kommentar – nebeneinander auf einer Zeitungsseite) zwar mehr oder weniger klar befolgt. Hinter beiden Darstellungsformen stehen aber viel seltener verschiedene Personen und getrennte redaktionelle Arbeitsabläufe.
4. *Schwache Kontrolle/höhere Autonomie vs. stärkere Kontrolle/niedrigere Autonomie*: Das Prinzip der redaktionellen Kontrolle ergibt sich direkt aus der Grenzziehung zwischen „reporters" und „sub-editors" (bzw. „copy editors"). Während die Reporter mit dem Recherchieren und Schreiben betraut sind, obliegt den „sub-editors" Selektion, Kontrolle, Präsentation. Gegenlesen und Redigieren ist dort keine Gefälligkeit unter Kollegen, sondern ein systematischer, routinisierter, mehrstufiger Selektions- und Kontrollmechanismus, den kein Text umgeht. Das in Abbildung 4.1. dargestellte, traditionelle „copy flow"-Prinzip hat sich selbst bei kleinen anglo-amerikanischen Zeitungen durchgesetzt, weil die Organisationsstruktur der großen überregionalen Zeitungen für sie zum beispielgebenden Modell wurde. Redaktionelle Kontrollmechanismen können sowohl als Filter- und Qualitätssicherungsinstrument wie als Instrument zur politisch-publizisti-

schen Steuerung des Outputs genutzt werden. Aufgrund der ganzheitlicheren, dezentralen Organisationsstruktur ist in Deutschland die redaktionelle Kontrolle geringer und damit die journalistische Autonomie größer. Letztere schlägt sich in einer höheren Entscheidungsgewalt, einem breiteren Tätigkeitsprofil sowie im Fehlen einer systematischen Textkontrolle und -veränderung nieder.

Beide Modelle, die hier idealtypisch und vereinfacht vorgestellt wurden, besitzen Vor- und Nachteile, die in jüngster Zeit in Deutschland, England und den USA zu Umstrukturierungsexperimenten geführt haben (vgl. Esser 2000a, b; Meier 2002). Schließlich ist auch das angloamerikanische Organisationsmodell in verschiedener Hinsicht kritisiert worden, vor allem wenn es sehr strikt umgesetzt und mit intensiven Redaktionsmarketing-Maßnahmen kombiniert wird. Aus ländervergleichender Perspektive werden aber auch die Vorteile sichtbar, z.B. der Einfluss unterschiedlicher Redaktionsstrukturen auf publizistische Qualität und journalistische Professionalität: Das fest verankerte Tätigkeitsprofil des Reporters kann einen größeren Eigenrecherche-Anteil an der Berichterstattung gewährleisten helfen. Zudem erlaubt das fest verankerte Tätigkeitsprofil des „sub-editors/copy-editors" einen systematischeren Redigierprozess. Ein mehrstufiger redaktioneller Kontrollprozess erlaubt ein besseres Ausfiltern subjektiv-persönlicher Einflüsse einzelner Redaktionsmitglieder, eine planvolle Qualitätskontrolle sowie die verlässliche Umsetzung eines einheitlichen publizistischen Profils. Andererseits gewährleistet die fest verankerte Rollentrennung zwischen Reportern und Kommentatoren eine striktere Trennung zwischen Nachrichtengebung und Kommentierung. Hinsichtlich der redaktionellen Kontrolle kann man zwischen „offenen" und „geschlossenen" Medienorganisationen unterschieden. Offene, qualitätsorientierte, gering-hierarchische Zeitungen nutzen redaktionelle Kontrolle als Filter- und Qualitätssicherungsinstrument; geschlossene, kampagnenorientierte Boulevardzeitungen oder Meinungsmagazine gebrauchen sie als Instrument zur politischen und publizistischen Steuerung des Outputs (Esser 1998a, b).

Abb. 4.2.:
Traditionelle deutsche Redaktionsstruktur (ohne arbeitsteiliges „copyflow"-Prinzip)

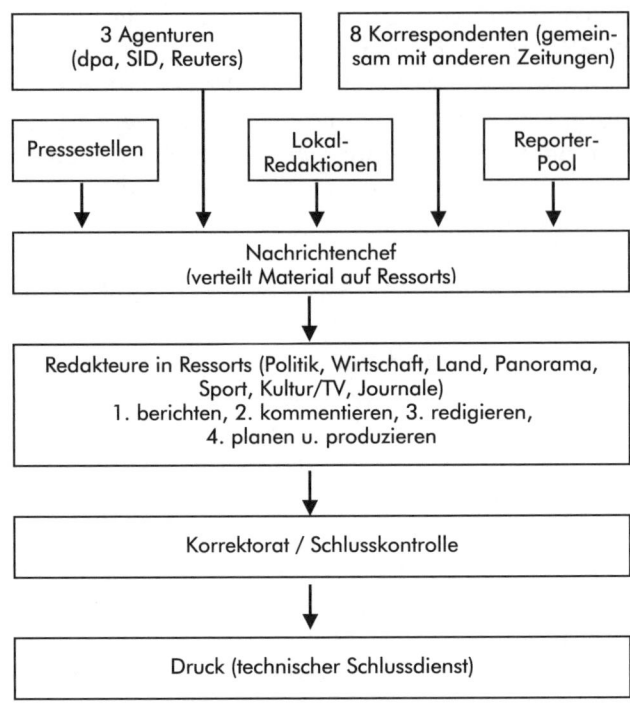

Quelle: Esser 1998a, S. 429

Abbildung 4.2. zeigt die traditionelle Redaktionsstruktur deutscher Regionalzeitungen. In den letzten Jahren haben verschiedene deutsche Zeitungen allerdings ausdrückliche Anleihen beim angelsächsischen Redaktionsmodell gemacht. Um das Rechercheelement der häufig überlasteten Allround-Redakteure zu stärken, richteten verschiedene Regionalblätter so genannte Reporter-Pools ein. Weiterhin wurden u.a. Versuche gemacht, die strikte Ressorttrennung aufzuweichen, das Gegenlesen und Redigieren zu systematisieren sowie die redaktionellen Abläufe zu zentralisieren (vgl. Esser 2000b und Meier 2002 mit entsprechenden Abbildungen). Der Einfluss von Redaktionsmarketing, Redaktionsmangement und Redaktionstechnik führt derzeit weltweit zu grundlegenden Neuorganisationen der redaktionellen Abläufe (vgl. Esser/Kaltenhäuser 2001). Dies hat zur Folge, dass in mancher Hinsicht der journalistische Handlungsspielraum steigt (mehr Verantwortlichkeiten erhöhen die Kontrolle über das Endprodukt) und in anderer Hinsicht sinkt (die technischen und ökonomischen Zwänge beschränken die eigenschöpferischen Möglichkeiten).

2.2. Beispiel privater Hörfunk in Deutschland

Privater Hörfunk ist Formatradio. Das Programm ist auf eine bestimmte, meist nach Alter und Lebensstil klar definierte Zielgruppe ausgerichtet. Die Musikfarbe, der Wortanteil, die Art der Wortbeiträge – all dies gehorcht klaren Vorgaben, die den individuellen Entscheidungsspielraum einzelner Redaktionsmitglieder naturgemäß einschränkt. Wie sieht nun die redaktionelle Organisation aus, die zu einem solchen formatierten Produkt führt? Diese Frage kann man durch Befragung der Redaktionsmitglieder, noch genauer aber durch die direkte Beobachtung redaktioneller Abläufe klären. Wie schon die oben referierten Studien zur Zeitungsredaktionsforschung verwendeten auch Altmeppen/Donges/Engels (1999) für ihre Untersuchung norddeutscher Privatradiosender eine Kombination aus teilnehmender Beobachtung und Befragung.

Privatradiostationen weisen keine Gliederung nach Ressorts auf, sondern sind relativ locker in die Arbeitsbereiche Nachrichten, Wort, Unterhaltung, Programmorganisation unterteilt (den Arbeitsbereich Musik untersuchen Altmeppen/Donges/Engels nicht näher). Der Arbeitsbereich Nachrichten hat noch die größte Ähnlichkeit mit dem von anderen Medien bekannten Nachrichtenressort. Schon die Abgrenzung zum Arbeitsbereich Wort allerdings ist vielfach unklar: Nachrecherchen zu einzelnen Nachrichten werden vom Arbeitsbereich Wort übernommen; andererseits liefern Reporter und Korrespondenten, die für den Wortbereich arbeiten, für die Nachrichten zu. Auch der Bereich Unterhaltung, also beispielsweise die Produktion von Comedy-Elementen, ist nicht klar von Nachrichten und Wort getrennt. Zumindest in ganz kleinen Sendern werden deshalb auch Wort- und Nachrichtenredakteure mit Comedy-Produkten betraut. Abbildung 4.3. verdeutlicht die Überschneidungen grafisch.

„Jeder Fünfte [der 182 befragten Radioredakteure] ist in allen drei Bereichen, also Wort, Unterhaltung und Nachrichten, tätig. Von den Befragten in den Bereichen Wort und Unterhaltung sind jeweils nur rund 17 Prozent ausschließlich in diesem Bereich tätig, im Bereich Nachrichten sind es rund ein Viertel. Bei den Befragten, die zwei der untersuchten Arbeitsbereiche angehören, tritt die Doppelung Wort und Nachrichten am häufigsten auf (48 Nennungen), gefolgt von Wort und Unterhaltung (30 Nennungen)." (Altmeppen/Donges/Engels 1999, S 154)

Abb. 4.3.: Überschneidungen der Arbeitsbereiche Wort, Nachrichten und Unterhaltung im Hörfunk (Befragung)

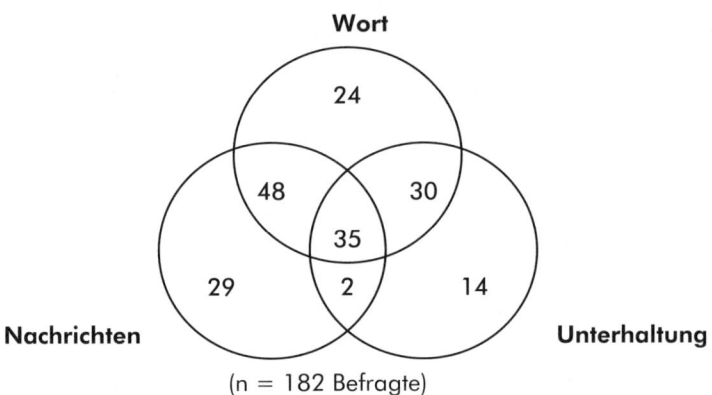

Quelle: Altmeppen/Donges/Engels 1999, S. 153

Der Arbeitsbereich Programmorganisation, also Sendeplanung und Sendeablaufkontrolle, wird dagegen stärker von „Spezialisten" ausgefüllt als die Bereiche Nachrichten, Wort und Unterhaltung. Einerseits sind programmorganisierende Tätigkeiten mit Leitungsfunktionen verknüpft – etwa bei Redakteuren vom Dienst, Schichtleitern, Frühkoordinatoren etc. -, andererseits sind hier neue Berufsbilder wie Producer und Formatredakteur entstanden (ebd., S. 166 f.).

Mit Ausnahme der Programmorganisation, die eine stärkere Spezialisierung zulässt, gilt im privaten Hörfunk die Devise „jede/r macht vieles" (ebd., S. 167). Die Abgrenzung der verschiedenen Arbeitsbereiche ist schwach. Eine Spezialisierung der Redakteure auf bestimmte Berichterstattungsthemen schlägt sich, sollte sie auf der Ebene der Personen bestehen, jedenfalls nicht in der Redaktionsstruktur nieder. Übersetzt man dies in die Anforderungen an Journalistinnen und Journalisten, so wird deutlich, dass die Ansprüche an die Themenkompetenz geringer, diejenigen an die Vielseitigkeit (im Hinblick auf Themen und Präsentationsformen) dagegen höher sind als bei einer klassischen Ressortstruktur.

Vielseitigkeit ist auch im Hinblick auf die konkreten Tätigkeiten gefragt. So sind im privaten Hörfunk auch die Rollen des Redakteurs, des Moderators und des Reporters nicht klar voneinander getrennt. Rund jeder Zehnte nimmt alle drei Rollen wahr, weitere knapp zwei Fünftel sind in zwei der drei Rollen zugleich tätig, wobei die Überschneidung zwischen Redakteur und Moderator am größten ist (vgl. Altmeppen/Donges/Engels 1999, S. 176). Dieser Befund erinnert an das ganzheitliche Tätigkeitsprofil, das im deutschen Journalismus Tradition hat (siehe oben Abschnitt 2.1.): Auch im Printjournalismus sind ja die verschiedenen Stufen der Produktion (Recherchieren, Redigieren, Präsentieren) in Deutschland traditionell eher vermischt. Beim privaten Rundfunk hat diese Form der Entdifferenzierung journalistischen Handelns aber keineswegs nur historische Gründe. Nimmt man nämlich die oben dargestellte Vermischung der Arbeitsbereiche und der Themenzuständigkeiten hinzu, so zeigt sich, dass das Prinzip des „jede/r macht vieles" vor allem auf den Organisationszweck eines privaten Hörfunksenders zurück geht. Der besteht darin, ein möglichst zielgruppenadäquates Produkt herzustellen und diese Zielgruppe möglichst weitgehend auszuschöpfen. Dabei kommt es auf thematische und funktionale Spezialisierung nicht so sehr an.

3. Mikroebene: Eigenschaften und Einstellungen der journalistischen Akteure im Zeit- und Ländervergleich

3.1. Demographische Merkmale des Berufsfeldes

Auf der Basis der oben genannten Journalismusdefinition kann das Handlungsfeld der deutschen Medienakteure recht gut beschrieben werden. Anfang der neunziger Jahren arbeiteten in Deutschland etwa 35.000 festangestellte und rund 18.000 freiberufliche Journalistinnen und Journalisten (Alle Angaben basieren im Folgenden auf Schneider u.a. 1993a, b; Weischenberg u.a. 1994 sowie den Überblicken von Pürer 1997 und Belz u.a. 1999.)

Mit einem Durchschnittsalter von 37 Jahren handelt es sich bei Deutschlands Journalisten um eine relativ junge Berufsgruppe. Der Anteil der Frauen lag Anfang der neunziger Jahre bundesweit bei 30 Prozent und war in den neuen Bundesländern um gut zehn Prozent höher als in den alten. Dies galt auch für Leitungspositionen, die in ostdeutschen Redaktionen häufiger mit Journalistinnen besetzt waren. Im Bundesdurchschnitt waren Frauen mit knapp 40 Prozent am besten bei Zeitschriften und im privaten Hörfunk vertreten. Von den rund 18.000 hauptberuflichen freien Journalisten arbeitete jeder Dritte für ein einziges Medium, die übrigen für mehrere Medien. Die meisten waren bei Nachrichtendiensten und Anzeigenblättern, die wenigsten bei öffentlich-rechtlichen Rundfunkanstalten zu finden.

Das Durchschnittseinkommen deutscher Journalistinnen und Journalisten lag Anfang der neunziger Jahre bei 4000 Mark netto, wobei Männer durchschnittlich 700 Mark mehr verdienten als Frauen. Die Einkommensunterschiede ließen sich im Wesentlichen auf den höheren Männeranteil in Führungspositionen zurückführen. Journalisten in Westdeutschland verdienen außerdem besser als in Ostdeutschland (4400 gegenüber 3300 Mark netto). Trotz dieser Unterschiede ist die Berufszufriedenheit „sehr" bzw. „ziemlich" hoch (90 Prozent). Das innerredaktionelle Arbeitsklima wurde ebenfalls als „gut", das Verhältnis zu Kollegen mehrheitlich als „sehr positiv" bezeichnet. Besonders schätzten die Kollegen die berufliche Autonomie sowie die als hoch eingestufte Sicherheit des Arbeitsplatzes. Auffallend ist ebenfalls der hohe berufspolitische Organisationsgrad: Im Osten waren 70 und im Westen 56 Prozent Gewerkschaftsmitglieder. Die höhere formale Bildung ostdeutscher Journalisten ließ sich mit der vereinheitlichten Journalistenausbildung in der DDR erklären: Viele der befragten ostdeutschen Journalistinnen und Journalisten waren Absolventen der 1990 aufgelösten Sektion Journalistik der Karl Marx-Universität Leipzig. Bundesweit betrachtet dominierte als journalistischer Ausbildungsweg immer noch mit großem Abstand das Volontariat. Daneben gab es aber vielfältige Kombinationen bestehend aus Volontariat, Studium der Publizistikwissenschaft oder Journalistik, aber auch anderer Fachrichtungen.

Alle Studien der neunziger Jahre gelangten zu der übereinstimmenden Schlussfolgerung, das die personale Kontinuität im ostdeutschen Journalismus, vor allem bei Tageszeitungen (weniger bei Fernsehen und Radio) relativ groß war. Etwa drei Fünftel der ehemaligen DDR-Journalisten blieben auch nach der Wende im ostdeutschen Journalismus tätig – ein Ausmaß an personeller Kontinuität, wie es in kaum einem anderen Bereich des politischen und gesellschaftlichen Wandels in Ostdeutschland vorzufinden war.

Exkurs
Methodisches Verfahren bei Journalistenbefragungen

Studien zum beruflichen Status und Selbstverständnis von Journalistinnen und Journalisten beruhen in der Regel auf Befragungen der aktiv tätigen Akteure. In Deutschland haben seit 1980 rund ein halbes Dutzend derartiger Erhebungen stattgefunden (siehe Abbildung 4.4). Obwohl die zugrunde liegenden Journalistenbefragungen mit unterschiedlichen Journalismusdefinitionen, abweichenden Bestimmungen der Grundgesamtheit, unterschiedlichen Stichprobenziehungen, verschiedenen Erhebungsverfahren und verschiedenen Testfragen arbeiteten, lassen sich bei umsichtiger Interpretation Trendentwicklungen im Zeitverlauf feststellen. Anhand des Vergleichs von Befragungen verschiedener Zeitpunkte können also mögliche Veränderungen im Denken von Journalisten festgestellt werden. Derartige Vergleiche lassen sich jedoch nur rechtfertigen, wenn die damit zusammenhängenden methodischen Probleme bekannt sind. Hierzu ist wichtig zu wissen, dass die Studien von Köcher, Lang/Lang/Kepplinger/-Ehmig und Patterson/Donsbach nicht beanspruchen, für die Gesamtheit aller in Deutschland tätigen Journalistinnen und Journalisten repräsentativ zu sein. Stattdessen konzentrierten sich diese drei Studien auf festangestellte Redakteure der klassischen Ressorts bei tagesaktuellen Medien. Sie versuchten, die kleine, aber einflussreiche Gruppe der Nachrichtenredakteure in der alten Bundesrepublik abzubilden (siehe Abbildung 4.4.).

Die beiden Studien von Weischenberg u.a. (1994) und Schneider u.a. (1993a, b) beanspruchen hingegen umfassende Repräsentativität. Sie kommen allerdings in Einzelfällen zu unterschiedlichen Ergebnissen, weil sie das journalistische Berufsfeld unterschiedlich einschätzen (also die Grundgesamtheit unterschiedlich definieren) und ihre Journalistenstichprobe unterschiedlich ziehen (also verschiedene Auswahlverfahren anwenden).

Grundgesamtheit: Die Grundgesamtheit definiert den Personenkreis, für den die Aussagen einer Untersuchung gelten sollen („Universum" oder „target population"). Schneider u.a. arbeiten mit einem engen Journalistenbegriff und beziehen nur festangestellte Journalisten in ihre Untersuchung ein, die bei den traditionellen Medien arbeiten (Fernsehen, Hörfunk, Tages- und Wochenzeitungen, Zeitschriften, Nachrichtenagenturen). Mit dieser herkömmlichen Journalismus-Definition ist ihre Studie gut mit früheren Untersuchungen vergleichbar. Der Ansatz der Weischenberg u.a.-Studie ist deutlich breiter. Sie beansprucht Repräsentativität für festangestellte und freiberufliche Journalisten, die neben den traditionellen Medien auch für Anzeigenblätter, Mediendienste, Special Interest-Blätter oder Stadtmagazine arbeiten. Ausgegrenzt werden von beiden Studien all diejenigen, die für Public Relations, Kundenzeitschriften oder Medienbildungseinrichtungen arbeiten. Die breitere Perspektive der Weischenberg u.a.-Studie ist grundsätzlich zu begrüßen, weil sie differenziertere Auswertungen ermöglicht. Pauschale Gesamtdurchschnittswerte sind für diese heterogene Berufsgruppe nämlich wenig aussagekräftig.

Stichprobe: Ist eine Befragung aller Personen der Grundgesamtheit („Vollerhebung") zu aufwändig oder kostspielig, kommen repräsentative Teilerhebungen nach festgelegten Auswahlregeln („Stichproben") zum Einsatz. Es gibt kein Verfahren, durch das aus der – wie immer definierten – Grundgesamtheit eine Journalistenstichprobe direkt gezogen werden kann, weil (aus Datenschutzgründen) öffentliche Namenslisten mit sämtlichen Berufsausübenden fehlen. Daher waren beide Studien gezwungen, über einen verfahrenstechnischen Umweg zunächst eine Zwischenstichprobe von Medienbetrieben zu nehmen. Beide Studien identifizierten zunächst (auf unterschiedliche Weise) mit Hilfe der medienstatistischen Übersichten von Stamm, Zimpel und ergänzender Registraturen die Gesamtheit der west- und ostdeutschen Medienredaktionen. Daraus zogen beide (auf unterschiedliche Weise) eine geschichtete Zufallsauswahl. Während Weischenberg u.a. die Chefredaktionen schriftlich um Namenslisten der in ihren Redaktionen journalistisch Tätigen baten, wandten sich Schneider u.a. ans Statistische Bundesamt, um Auskunft über Redaktions- und Zeitungsgröße zu erhalten. Beide glichen das Datenmaterial zur Kontrolle mit Angaben aus externen Quellen (z.B. Presseversorgungswerk) ab. Auch die Anzahl der zu leistenden Interviews pro Medienbetrieb wurde in beiden Studien unterschiedlich bestimmt. Dagegen erfolgte die Identifizierung der konkreten Interviewpartner mit einem einheitlichen Zufallsprinzip, das die Auswahl vom Anfangsbuchstaben des Nachnamens abhängig machte. Eine besondere Herausforderung für die Weischenberg u.a.-Studie stellte die Erhebung der freiberuflich arbeitenden Journalistinnen und Journalisten dar, über die bis dahin nur äußerst ungenaue Informationen vorlagen (weiterführende Methodenangaben in „Sage & Schreibe Spezial" 1994).

Erkenntniswert: Großdimensionierte Studien, die Repräsentativität für sämtliche Schattierungen des Journalismus anstreben, müssen keineswegs automatisch von höherem Erkenntniswert sein als kreative, fokussierte Ansätze in nicht-repräsentativen Studien. Tatsächlich stammen viele fruchtbare Impulse der Kommunikatorforschung aus nicht-repräsentativen, theoriegeleiteten, sukzessive weiterentwickelten Forschungsreihen. Dies gilt beispielsweise für die Erforschung innerer Pressefreiheit (vgl. Schulz 1979), redaktioneller Sozialisierungsprozesse (vgl. Breed 1955), redaktioneller Organisationsprozesse (vgl. Donsbach 1993a), redaktioneller Koorientierungsprozesse (vgl. Fishman 1978), berufsethischer Rationalitäten (vgl. Kepplinger/Knirsch 2000), journalistischer Objektivitätsrituale (vgl. Tuchmann 1972) oder des Einflusses von eigener Meinung und Konfliktsicht auf Nachrichtenentscheidungen (vgl. Kepplinger u.a. 1989). Solche anhand nicht-repräsentativer Stichproben ermittelten Befunde müssen in repräsentativen Untersuchungen auf ihre Verallgemeinerbarkeitsbedingungen untersucht werden.

Jahr der Erhebung	Universität Finanzierung	Autoren Publikation	Stichprobenumfang	Stichprobendefinition	Befragungsmethode	Anspruch auf Repräsentativität
1980	Kooperation Mainz, Leicester (GB), Allensbach.	Köcher 1985, 1986	450 westdeutsche sowie 405 britische	Festangestellte Redakteure (ohne Volontäre) der Ressorts Politik, Wirtschaft, Lokales, Kultur und Sport bei Tageszeitungen, aktuellen Wochenzeitungen und -magazinen, Nachrichtenagenturen und öffentlich-rechtlichen Funkmedien. Journalisten in leitenden Positionen sind absichtlich leicht überrepräsentiert (33%).	Mündliche face-to-face Interviews, durchgeführt vom Institut für Demoskopie, Allensbach	Nein
1989	Mainz. Teilfinanziert durch FAZIT-Stiftung	Lang/Lang/Kepplinger/Ehmig 1993; Kepplinger, Ehmig 1997; Ehmig 2000	1989: 498 westdeutsche; 1991/92: 455 west- und 115 ostdeutsche	Festangestellte Redakteure (ohne Volontäre) der Ressorts Aktuelles, Politik und Wirtschaft bei Tageszeitungen, aktuellen Wochenzeitungen und -magazinen, und öffentlich-rechtlichen Funkmedien. Journalisten in leitenden Positionen sind deutlich überrepräsentiert (55%).	Schriftliche Erhebung (zugeschickter Fragebogen)	Nein
1991	Kooperation Syracuse (USA), Mainz. Finanziert durch Markle Foundation	Donsbach 1993a, b, 1995; Patterson/Donsbach 1996; Patterson 1998	338 westdeutsche sowie je ca. 300 britische, amerikanische, italienische und schwedische	Festangestellte Journalisten (ohne Volontäre), die an tagesaktuellen Nachrichtenentscheidungen über Themen aus den Bereichen Politik und Zeitgeschehen beteiligt sind. Sie stammen zur Hälfte aus Tagespresse und (öffentlich-rechtlichen und privaten) Rundfunk und arbeiten zur Hälfte bei nationalen und zur Hälfte bei regionalen Medienorganisationen	Schriftliche Erhebung (zugeschickter Fragebogen)	Nein
1992	Hannover. Finanziert durch Presse- und Informationsamt der Bundesregierung	Schneider, Schönbach, Stürzebecher 1993a, 1993b; Schönbach, Stürzebecher, Schneider 1994	983 westdeutsche und 585 ostdeutsche	Festangestellte Redakteure und Volontäre aus sämtlichen Ressorts bei Tages- und Wochenzeitungen, Zeitschriften (auch nicht-politische), öffentlich-rechtlichen und privaten Rundfunkanstalten sowie deutschsprachigen Nachrichtenagenturen mit Sitz in Deutschland	Telefonische Befragung, durchgeführt vom Emnid Institut Bielefeld	Ja
1993	Münster. Finanziert durch Deutsche Forschungsgemeinschaft	Weischenberg, Löffelholz, Scholl 1994; Scholl, Weischenberg 1998	1190 westdeutsche und 308 ostdeutsche	Festangestellte Redakteure und Volontäre (auch aus dem technisch-organisatorischen Bereich) sowie hauptberuflich freie Journalisten aus sämtlichen Ressorts bei Zeitungen, Zeitschriften (auch nicht-politische Special Interest-Blätter und Stadtmagazine), Mediendiensten, Anzeigenblättern mit redaktionellem Teil, Nachrichtenagenturen sowie öffentlich-rechtlichen und privaten Rundfunkanstalten	Mündliche face-to-face Interviews, durchgeführt von GFM/GETAS Hamburg	Ja

Abb. 4.4.: Methodische Übersicht deutscher Journalistenbefragungen

3.2. Berufliches Aufgaben- und Selbstverständnis

In der Kommunikationsforschung nimmt die Frage, wie Journalisten ihre Rolle definieren, breiten Raum ein. Sie sind einerseits aktiv-mitgestaltende Akteure des öffentlichen Meinungsbildungsprozesses, unterliegen andererseits vielfältigen Zwängen und Kontrollen. Inwieweit sich die Kommunikationsabsichten der journalistischen Rollenträger unter den Bedingungen redaktioneller, organisationshierarchischer, technologischer und ökonomischer Zwänge realisieren können, ist eine zentrale Frage der handlungs- und systemtheoretischen Journalismusforschung (vgl. Donsbach 2002; Kepplinger 2000; Reese 2001; Weaver 1998; Weischenberg 1995a: Kap. 5). Wie Medienakteure unter diesen Bedingungen ihren individuellen Handlungsspielraum nutzen, wird durch ihr berufliches Selbstverständnis beeinflusst.

Unser Verständnis von der Bedeutung des journalistischen Selbst- oder Rollenverständnisses hat sich im Laufe der Zeit präzisiert. Heute verstehen wir darunter ein vielschichtiges Einstellungskonstrukt, das in konkreten Situationen handlungsleitende Bedeutung erfahren kann. Einen Eindruck von der Komplexität vermitteln uns die Forschungsergebnisse zum Selbstverständnis des amerikanischen Durchschnittsjournalisten. Es besteht aus vier verschiedenen, sich überlagernden Rollensegmenten: Am wichtigsten ist amerikanischen Journalisten die „interpretativ-investigative" Funktion, gefolgt von der „informationsvermittelnden" Funktion. Ergänzt wird das kollektive Aufgabenverständnis durch die „machtkontrollierende" und die „aufmerksamkeitsmobilisierende" Funktion der Medien (Weaver/Wilhoit 1996, S. 137).

Zur theoretischen Fundierung hat die Verhaltensforschung beigetragen, die zwischen genereller Einstellung bzw. Handlungsziel (=Rollenselbstverständnis), konkreter Bedingung (=Handlungsrelevanz) und Handlungsausführung (=Berichterstattung) unterscheidet. Diese Dreistufigkeit unterstreicht, dass zwischen Rollenselbstverständnis und Art der Berichterstattung keine direkte, unilineare Kausalbeziehung besteht, sondern dass die Handlungsrelevanz von konkreten Bedingungen abhängt: der redaktionellen Position und Entscheidungskompetenz des Journalisten, der redaktionellen Kontrolle und Arbeitsorganisation im Medienbetrieb, sowie der Eigentümerstruktur, Marktposition und publizistischen Ausrichtung des Mediums.

3.2.1. Journalistisches Selbstverständnis in den fünfziger und sechziger Jahren

Während der Reeducation-Periode propagierten die angloamerikanischen Presseoffiziere in den Westzonen die Ideale des „neutralen Berichterstatters" und des „Sprachrohrs der Bevölkerung" anstatt des „Sprachrohrs der Mächtigen" (Esser 1998a, Kap. 2). Mit dem Rollenideal des „neutralen Berichterstatters" sollte die von ihnen kritisierte ausgeprägte Gesinnungs- und Meinungslastigkeit zurückgedrängt werden, worunter sie die Tendenz zur Verschränkung von Nachricht und Meinung in der alten deutschen Presse verstanden. Zwar waren viele deutsche Nachkriegsjournalisten sehr bemüht, dem angelsächsischen Objektivitätsideal („clear sourcing of all news", „quoting of competent authority for every statement", „sharp divorce between editorial opinion and factual reportage") zu folgen, allerdings stießen die alliierten Bemühungen nicht überall auf Zustimmung. So erklärte der Vorsitzende des Deutschen Journalisten-Verbandes (DJV), Helmut Cron:

„Wir sehen mit großem Kummer, dass eine Tendenz in unserer deutschen Presse besteht, von der Meinungspresse abzugehen und sich hinzuwenden zur sogenannten meinungslosen Presse". Der DJV habe sich „viel Mühe gegeben, an die alte, solide und vielbewunderte Tradition des deutschen Journalismus wiederanzuknüpfen" (*Journalist*-Sonderausgabe „10 Jahre Deutscher Journalisten-Verband 1950-1960", 1960, S. 6).

Weil den angloamerikanischen Presseoffizieren und Journalism Coaches der alte deutsche Journalismus zu parteiisch, doktrinär und Autoritäten und mächtigen Interessengruppen gegenüber zu liebedienerisch erschien (vgl. Hurwitz 1972, S. 40 f.), appellierten sie an die neuen Journalisten, sich als Sprachrohr der Bevölkerung anstatt als Sprachrohr der Mächtigen zu sehen. Sie waren der Überzeugung, dass die Zeitungen schon vor der Nazizeit ihrer demokratischen Aufgabe nicht genügt hätte. Diese Tradition konnte nur langsam überwunden werden, weil es – anders als in England oder Amerika – kein aus der journalistischen Tradition abgesichertes Unabhängigkeitsselbstverständnis der deutschen Presse gab. Daher waren noch viele Zeitungen der Nachkriegszeit von einer „bereitwillig übernommenen Rolle des maß- und verantwortungsvollen Begleiters der im Wachsen und Werden begriffenen Demokratie" geprägt (Frei/Schmitz 1989, S. 191). Journalisten der Adenauerzeit seien von der Vorstellung geleitet gewesen, ihre Aufgabe läge weniger in der Kontrolle der machtausübenden Gruppen als in der Mitverantwortung für die Funktionstüchtigkeit des Staates (Riese 1984, S. 184). Dies habe sich erst durch die Erfahrungen von SPIEGEL-Affäre, Studentenbewegung, Frauenbewegung, Anti-Vietnamkrieg- und Notstandsgesetze-Bewegung geändert. Mit dem Ende der sechziger und Anfang der siebziger Jahre habe ein „Aufschwung des neuen anwaltschaftlichen Journalismus" eingesetzt, so Fabris (1981, S. 200 f.) in einem Aufsatz, der allerdings noch nicht auf empirischer Forschung beruhte. Anfang der siebziger Jahre zeigte sich bei Bewerbern der Deutschen Journalistenschule München als ein dominantes Berufsmotiv ein „Vorstellungsbereich, wonach aus einer journalistischen Einflussposition heraus helfend und korrigierend in das (Welt-)Geschehen eingegriffen werden kann" (Gruber u.a. 1974, S. 344).

3.2.2. Deutsche Sonderrolle? Journalistenbefragung in den siebziger Jahren

Vor diesem wechsel- und ereignisreichen zeitgeschichtlichen Hintergrund ist den ersten Befunden deutscher Journalistenbefragungen große Aufmerksamkeit entgegengebracht worden. Dies gilt vor allem für die 1980 durchgeführte Kommunikatorstudie von Köcher (1985), die auf einer Befragung von 450 Agentur-, Presse- und Rundfunkredakteuren der klassischen Ressorts beruhte (siehe Abbildung 4.5.). Angesichts der vielschichtigen Einflüsse aus alter Pressetradition, Reeducation-Erfahrung, bundesdeutscher Zeitgeschichte und journalistischem Generationenwandel war es keine Überraschung, dass die Befunde der Köcher-Studie eine starke Überlappung zweier herausragender, nahezu gleichwertiger Rollenselbstdefinitionen zeigten (Abbildung 4.5.):

- der kritisch-advokatorische Journalist („Kritiker an Missständen"; „Wächter der Demokratie"; „Anwalt der Benachteiligten"; „Pädagoge"; „Politiker mit anderen Mitteln")
- der vermittelnde Informationsjournalist („Neutraler Berichterstatter"; „Vermittler neuer Ideen"; „Sprachrohr der Bevölkerung")

Bei beiden dominierenden Rollenbildern schienen jeweils die Reeducation-Lektionen der angelsächsischen Journalismuslehrer durch. Das galt insbesondere für die hohe Zustimmung zum vermittelnden Informationsjournalismus: 96 Prozent der deutschen Nachrichtenjournalisten gaben 1980 an, dass sie die in der Objektivitätsnorm angestrebte Fähigkeit zu einer genauen, tatsachengetreuen Berichterstattung für „sehr wichtig" halten.

Während das Rollenbild des vermittelnden Informationsjournalisten relativ unproblematisch und leicht zu interpretieren war, entzündete sich am Rollenbild des kritisch-advokatorischen Journalisten eine kontroverse Debatte: Kam hier stärker die anglo-amerikanische Reeducation-Komponente zum Ausdruck oder eher die altdeutsche Gesinnungstradition – verbunden gar mit einem neudeutschen Achtundsechziger-Missionarentum? Entstand hier ein eigenwilliges spezifisch-deutsches Rollenselbstverständnis, das sich von dem anglo-amerikanischer Vergleichsländer unterschied? Interessanterweise war Köchers Studie als eine komparative deutsch-britische Befragung angelegt, so dass mit den Antworten der englischen Journalisten ein Vergleichsmaßstab vorlag. Besondere Aufmerksamkeit erregten die unterschiedlichen Reaktionen auf zwei Fragen, die nach dem Verhalten in konkreten Nachrichtensituationen fragten. Hier lagen die Unterschiede zwischen deutschen und britischen Befragten nicht zwischen zehn und zwanzig, sondern zwischen dreißig und vierzig Prozentpunkten (vgl. Köcher 1985).

Abb. 4.5.:
Selbstverständnis von Journalisten

Es stimmen zu	1980 West (Köcher: N=450 westdeutsche Journalisten) (%)	1992 West (Schneider u.a.: N=983 westdeutsche Journalisten) (%)	1992 Ost (Schneider u.a.: N=477 ostdeutsche Journalisten) (%)
Kritiker an Missständen	95	95	98
Neutraler Berichterstatter	81	89	84
Wächter der Demokratie	79	81	87
Vermittler neuer Ideen	72	87	94
Anwalt der Benachteiligten	70	74	84
Jemand, der Leuten hilft, sie berät	58	64	89
Jemand, der die Leute unterhalten sollte	54	77	87
Sprachrohr der Bevölkerung	47	64	71
Pädagoge, Erzieher	16	13	25
Politiker mit anderen Mitteln	12	11	25

Frage: „Wie sollte man als Journalist Ihrer Meinung nach seine Aufgabe verstehen, als was sollte man sich als Journalist sehen? Sagen Sie mir bitte, ob Sie den folgenden Aussagen zustimmen oder nicht zustimmen."

Quelle: Köcher (1985); Schneider u.a. (1993b). Beide Studien nutzten dieselben Frageformulierungen, allerdings wurde die Stichprobe 1992 um Volontäre sowie Journalisten von Publikumszeitschriften und privaten Rundfunksendern ergänzt. Items wurden jeweils vorgelesen (1980 persönlich, 1992 über das Telefon).

So sahen es nahezu alle deutschen, aber nur die Hälfte der englischen Befragten (90 gegenüber 53 Prozent) als ihre Aufgabe an, eine „gefährliche Partei" mit journalistischen Mitteln zu bekämpfen. Hierbei war in Deutschland jeder zweite, in England dagegen nur jeder fünfte Journalist bereit, sein Urteil in seine Berichterstattung einfließen zu lassen, indem er über eine solche Partei nicht „wie über andere auch" („according to news value") berichtet, sondern „ständig auf ihre Gefährlichkeit hinweist". Es fiel auf, dass dies bei deutschen Journalistinnen und Journalisten selbst dann galt, wenn sie sich zum Rollenbild eines „neutralen Berichterstatters" bekannten. Der gleiche Länderunterschied zeigte sich auch bei der Frage, wie man über den Jahreskongress einer Partei berichten würde, deren Kurs man für gefährlich hält. Englische Journalisten wollten zu 70 Prozent neutral berichten und es den „Lesern überlassen, die Gefahr selbst zu erkennen", Deutsche hingegen nur zu 32 Prozent. Viel häufiger als englische Journalisten wollten deutsche Journalisten „vor allem die gefährlichen Aspekte schildern und hervorheben", so dass die Leser „klar erkennen, dass ich sie warne" (Deutsche zu 53, Engländer zu 22 Prozent).

Aus diesen und anderen Befunden entwickelte Köcher (1985, S. 208) das Bild zweier entgegengesetzter Berufsverständnisse: des am Ideal des Vermittlers orientierten britischen Journalisten, den vor allem die aufregende Tätigkeit des recherchierenden Reporters reizt, und des engagierten, missionarischen deutschen Publizisten, den vor allem die intellektuelle Tätigkeit des kommentierenden Redakteurs reizt. Diese überspitzte Verallgemeinerung ist aus zwei Gründen kritisiert worden: Zum einen beruhen ihre Befunde auf statistisch nicht vollrepräsentativen Stichproben, so dass Schlussfolgerungen über „die" britischen und „die" deutschen Journalisten nicht möglich waren; zum anderen wird in ihrem zugespitzten Fazit das ebenfalls zentrale Rollensegment des „neutralen Vermittlers" im deutschen Aufgabenverständnis völlig aus dem Blick verloren. So zeigt der nüchterne Blick auf Köchers Daten, dass es 1980 bei deutschen Redakteuren nicht *ein* typisches Rollenbild (das des kritisch-erzieherischen Missionars) sondern *zwei* sich überlagernde Rollensegmente gab, mit denen sie ihr Aufgabenverständnis definierten. Dieses kombinierte Rollenbild aus „kritischem Anwalt" (an Position 1) und „neutralem Informationsvermittler" (an Position 2) wurde seinerzeit durch einen Wunsch nach Selbstverwirklichung und Selbstentfaltung im Beruf abgerundet: Auf die Frage, welche Punkte man persönlich am Journalistenberuf besonders anziehend fände, verwiesen die Befragten häufig auf das „abwechslungsreiche, spannende Element dieses Berufes" und andere Merkmale, die in eine ähnliche Richtung weisen (Abbildung 4.6.). Dagegen spielte das heute weit verbreitete Ratgeber- und Unterhaltungselement („Jemand der Leuten hilft, sie berät; „Jemand, der die Leute unterhalten sollte") damals noch keine Rolle.

Abb. 4.6.:
Anziehungspunkte des
Journalismus

Frage: „Wenn Sie einmal von heute aus urteilen: Was von diesen Punkten finden Sie persönlich heute an ihrem Beruf besonders anziehend?"

Es stimmen zu	1980 West (Köcher: N=450 westdeutsche Journalisten) (%)	1992 West (Schneider u.a.: N=983 westdeutsche Journalisten) (%)	1992 Ost (Schneider u.a.: N=477 ostdeutsche Journalisten) (%)
Möglichkeit, Missstände aufzudecken und zu kritisieren	70	67	93
Möglichkeit zu schreiben, zu formulieren	68	75	94
Abwechslungsreiches, spannendes Element dieses Berufes	64	82	96
Berufliche Freiheit, dass man die Aufgaben und Themen selber bestimmen kann	64	68	85
Dass man mit interessanten Leuten zusammenkommt	55	67	97
Möglichkeit, sich für Werte und Ideale einzusetzen	42	49	81
Möglichkeit, Interessen weiterzuentwickeln	38	63	85
Dass es wenig Routine gibt	37	45	74
Möglichkeit, meine Überzeugungen vielen anderen mitzuteilen	34	34	61
Als erster zu wissen, was wirklich los ist	32	51	83
Möglichkeit, politische Entscheidungen zu beeinflussen	29	30	47
Interessante Leute, mit denen man zusammenarbeitet, die Kollegen	22	56	82
Es reizt mich, unter Termindruck zu arbeiten	20	36	54
Weil es Spaß macht, seinen Namen und seine Arbeit gedruckt zu sehen	17	39	50
Gute Verdienstmöglichkeiten	13	43	73
Ansehen der Journalisten	2	10	42
Gute Zukunftschancen	1	24	48

Quelle: Köcher (1985); Schneider u.a. (1993b). Beide Studien nutzten dieselben Frageformulierungen, allerdings wurde die Stichprobe 1992 um Volontäre sowie Journalisten von Publikumszeitschriften und privaten Rundfunksendern ergänzt. 1980: Items wurden auf Karteikarten zum Lesen überreicht; 1992: Items wurden über das Telefon laut vorgelesen.

3.2.3. Generationenwechsel und Pluralisierung: Berufliches Selbstverständnis in den neunziger Jahren

Die Wiederholung der Köcher-Studie zwölf Jahre später durch Schneider u.a. (1993a) erlaubt, Tendenzen im Zeitvergleich zu beschreiben. Dabei hat die Schneider u.a.-Studie den Vorteil, aufgrund der breiteren Datenbasis (983 gegenüber 450 Befragte) repräsentative Befunde für die Berufsgruppe der festangestellten Redakteure Westdeutschlands vorlegen zu können. Zusätzlich wurden mit einem identischen Fragebogendesign 477 ostdeutsche Redakteure befragt. Während Köcher ihr kleineres Sample noch mit face-to-face-Interviews befragen konnte, griffen Schneider u.a. auf die ökonomischere Telefonbefragung zurück. Ebenso wie die erweiterte Stichprobe beeinflusst auch dieser methodische Unterschied die direkte Vergleichbarkeit leicht. Aufgrund des identischen Fragebogendesigns und anderer Parallelen können die Studien jedoch gut miteinander in Beziehung gesetzt werden.[2]

Das Hauptergebnis der Befragung von 1992 bestand in der Feststellung, dass sich ein Wandel im journalistischen Selbstverständnis vollzogen hat. Dieser Wandel bezog sich nicht auf die Rollenbildsegmente selbst, sondern auf ihr relatives Gewicht. Nun dominieren eindeutig Rollenaspekte des Informationsjournalismus im kollektiven Aufgabenverständnis (Abbildung 4.5.): Die Zustimmung zu neutral-vermittelnden Rollensegmenten („Neutraler Berichterstatter"; „Vermittler neuer Ideen"; „Sprachrohr der Bevölkerung") ist in Westdeutschland gegenüber 1980 deutlich angestiegen. Demgegenüber ist die Bedeutung kritisch-advokatorischer Elemente („Kritiker an Missständen"; „Wächter der Demokratie"; „Anwalt der Benachteiligten"; „Pädagoge";

---

[2] Im Gegensatz zum ruhigen, eher spielerischen Herauslegen von Karteikarten aus einem Kartensatz (Köchers Methode im persönlichen Interview) sind die Befragten in der Telefonumfrage gezwungen, auf alle vorgelesenen Items unmittelbar mit einer Äußerung zu reagieren. Antwortdruck und Aufmerksamkeit sind erzwungenermaßen höher und können in Einzelfällen zu höheren Zustimmungsraten führen. So stimmten die Befragten den in Abbildung 4.6. aufgeführten "Anziehungspunkten" in der Telefonbefragung durchgehend häufiger zu. Für Abbildung 4.5. gilt dieser Aufmerksamkeitsbonus nicht, weil hier in beiden Untersuchungen alle Vorgaben vorgelesen und von den Befragten einzeln beantwortet werden mussten.

"Politiker mit anderen Mitteln") unverändert geblieben. Dies bedeutete insgesamt einen relativen Bedeutungsverlust für das Rollensegment des „kritisch-advokatorischen" Journalismus. Dies galt allerdings nur für westdeutsche, nicht für ostdeutsche Journalistinnen und Journalisten (Schneider u.a. 1993a, S. 22 f.).

Der Bedeutungsrückgang der kritisch-advokatorischen Rollensegmente wird durch weitere Aspekte unterstrichen: Jene Anziehungspunkte, die das Selbstverwirklichungspotenzial und das Aufregende und Spannende am Journalistenberuf betreffen, haben weiter stark an Bedeutung zugenommen (Abbildung 4.6.). Zum anderen ist mit dem serviceorientierten Ratgeber- und Unterhaltungsjournalismus ein neuer Rollenaspekt hinzugetreten, der in den siebziger Jahren noch kein Gewicht hatte („Jemand, der Leuten hilft, sie berät"; „Jemand, der die Leute unterhalten sollte"; Abbildung 4.6.).

Diese Ergebnisse wurde durch die zweite Repräsentativstudie der neunziger Jahre unterstrichen. Scholl/Weischenberg (1998) kommen zur selben Rangfolge der grundlegenden Rollensegmente wie Schneider u.a. (1993a, b), können es jedoch aufgrund ihrer breiteren Datengrundlagen und anspruchsvolleren Datenauswertung noch präzisieren. So lässt sich zusammenfassend feststellen, dass das Aufgaben- und Rollenverständnis deutscher Journalisten eingangs der neunziger Jahre aus mehreren Segmenten besteht, die sich in abnehmender Bedeutung wie folgt charakterisieren lassen:

Aufgabenverständnis deutscher Journalistinnen und Journalisten Anfang der neunziger Jahre
- **neutral-aktueller Informationsvermittler**
- **anwaltschaftlich-idealistischer Kritiker**
- **serviceorientierter Ratgeber und Unterhalter**
- **politisch kontrollierender Gegenpart zu Wirtschaft und Politik**

Zusätzlich aufgedeckt haben Scholl/Weischenberg einen vierten Selbstverständnistyp im deutschen Journalismus, zu dem sich eine kleine, aber profilierte Gruppe politisch-kontrollierender Kollegen bekennt. Sie arbeiten vor allem beim privaten Fernsehen sowie überall dort, wo Redakteuren großer Freiraum zum Recherchieren und Rezipieren von Nachrichtenmagazinen und anderen Medien gewährt wird. Diese Ausdifferenzierung verdeutlicht nach Scholl/Weischenberg (1998, S. 175), „dass sich hinter den genannten Dimensionen journalistischen Selbstverständnisses völlig verschiedene Segmente des Systems Journalismus verbergen". Das heißt, nicht jeder Journalist, jede Redaktion oder jedes Medienunternehmen repräsentiert die Vielfalt der genannten Rollenelemente. Vielmehr sind einzelne Mediengenres durch spezifische Selbstverständnisse bzw. journalistische Stile geprägt.

Als Zwischenfazit lässt sich festhalten, dass der Vergleich der Berufsverständnisse Ende der siebziger und zu Beginn der neunziger Jahre deutliche Unterschiede erkennen lässt. Die Studien geben – trotz aller methodischen Einschränkungen – einen Meinungs- und Wertewandel innerhalb der Berufsgruppe wider. Mit den Veränderungen hat sich nach Ansicht vieler Beobachter das Berufsverständnis der deutschen Journalisten dem ihrer Kollegen in den angelsächsischen Ländern angenähert: „Westdeutsche Journalisten ähneln inzwischen in ihrem Profil stärker ihren amerikanischen Kollegen als ihrer Vorgängergeneration von 1980" (Schneider u.a. 1993a, S. 28). Auch Weischenberg u.a. (1994, S. 165 f.) folgern, dass es eine „Konvergenz im Journalismus der Demokratien westlichen Typs" gebe.

3.3. Politische Orientierungen von Journalisten

Dieser Trend zeigt sich auch bei den Parteineigungen der Journalisten im internationalen Vergleich. Politische Orientierungen wurden im Rahmen der Berufsforschung immer wieder untersucht, weil sie als zentrales Merkmal im Sozialprofil der journalistischen Berufsgruppe und als potentieller Einflussfaktor für die journalistische Aussagenentstehung gelten. Politische Einstellungen bilden grundlegende Perspektiven, aus denen Menschen aktuelles Geschehen wahrnehmen.

Aus komparativer Perspektive zeigt sich, dass die parteipolitischen Präferenzen deutscher, amerikanischer und britischer Journalisten überall in ähnlichem Maße ins linksliberale Spektrum verschoben sind (Abbildung 4.7.): Sozialdemokratische Parteien finden durchgängig mehr Unterstützung als bürgerlich-konservative Parteien, wobei letztere kontinuierlich an Zustimmung verlieren. Hierbei handelt es sich allerdings nur um grobe Trendangaben, da die der Abbildung 4.7. zugrundeliegenden Journalistenbefragungen zwischen den verschiedenen Zeitpunkten und Ländern auf unterschiedlichen Designs beruhen. Sie erlauben keine direkten, detaillierten Prozentvergleiche, dürften aber die Grundtendenzen korrekt wiedergeben.

Dieser Zeit- und Ländervergleich offenbart – bei allen methodischen Vorbehalten – zwei interessante Aufschlüsse über den deutschen Journalismus: Erstens ist es hier ein rot-grünes und nicht, wie in Großbritannien oder USA, ein rein sozialdemokratisches Parteienlager, dem sich die Mehrheit der Journalisten verbunden fühlt. Zwischen der Köcher-Befragung von 1980 und der Weischenberg-Befragung von 1993 scheint sich ein Teil der deutschen Journalisten von der SPD ab- und den Grünen zugewendet zu haben. Damit hat sich das mitte-links Lager, anders als in Großbritannien oder den USA, hier in seiner Zusammensetzung qualitativ verändert. In Deutschland kommt dazu noch der Sonderfall einer sozialistischen Partei (PDS 4 Prozent, in Abb. 4.7 unter „Andere Parteien"). Insgesamt scheint damit bei den Journalistinnen und Journalisten aller drei Länder das Angebot von mitte-linken Parteien an Attraktivität gewonnen zu haben (vgl. Weaver 1998; Storz 1999).

Zweitens hat die Gruppe derjenigen Journalisten, die angeben, keiner Partei nahezustehen, in Deutschland stark zugenommen. Dies könnte auf eine zunehmende Sensibilisierung dafür hindeuten, dass sich die Unabhängigkeit des Journalistenberufs prinzipiell nicht mit Parteinähe und Parteinahme verträgt; oder es könnte für eine allgemeine Entpolitisierung nachrückender Journalistengenerationen sprechen (vgl. dazu Abschnitt 3.5. weiter unten).

		Frühe Achtziger Jahre (1980/81/82)			Frühe Neunziger Jahre (1992/93/95)		
Bürgerlich- Konservative Parteien	D US GB	CDU/CSU Republicans Tories	16% 19% 28%	a b c	CDU/CSU Republicans Tories	9% 16% 6%	c d e
Sozial- demokratische Parteien	D US GB	SPD Democrats Labour	44% 39% 35%	a b a	SPD Democrats Labour	22% 44% 57%	c d e
Liberale Parteien	D GB	FDP Lib/Dem:	20% 11%	a a	FDP Lib/Dem	8% 14%	c e
Grüne Parteien	D	Grüne	1%	a	Grüne	22%	c
Andere Parteien	D US GB		-- 2% 2%	a b a		4% 4% 4%	c d e
Keine Partei / Keine Antwort	D US GB		18% 41% 25%	a b a		37% 36% 19%	c d e

Abb. 4.7.: Parteiorientierungen deutscher, amerikanischer und britischer Journalisten im Zeitvergleich

Quelle: Eigene Zusammenstellung nach Angaben aus Journalistenbefragungen von a = Köcher (1985), b = Weaver/Wilhoit (1986), c = Weischenberg u.a. (1994), d = Weaver/Wilhoit (1996), e = Delano/Henningham (1996). Aufgrund unterschiedlicher Studiendesigns lassen sich keine strengen Vergleiche, allenfalls grobe Trendaussagen treffen.

Beide Befunde unterstreichen die These einer Angleichung der deutschen Journalismuskultur an internationale Verhältnisse. Kommunikationswissenschaftler aller Länder widmen der Frage, ob die parteipolitischen Dispositionen der Medienakteure Einflüsse auf die Medieninhalte nehmen, große Aufmerksamkeit. In der einzigen Studie, die dieser Frage ländervergleichend nachging, wurden Redakteure in einer quasi-experimentellen Befragung auf ihr Verhalten in hypothetischen Nachrichtensituationen hin untersucht. Bei deutschen, britischen, amerikanischen, italienischen und schwedischen Nachrichtenredakteuren zeigte sich durchgehend ein nur schwacher Einfluss der persönlichen Ansichten auf ihr Nachrichtenauswahlverhalten (bei geringfügigen Länderunterschieden; vgl. Patterson/Donsbach 1996).

Drei Faktoren stehen starken Effekten entgegen: Erstens ordnen sich Redakteure zwar häufiger politisch links ein, aber ihre vorgesetzten Manager und Eigentümer verfolgen allgemein eher konservative, marktwirtschaftliche Werte und Ziele. Dementsprechend siedeln die Nachrichtenredakteure aus den fünf genannten Ländern die politische Linie des Mediums, für das sie arbeiten, durchgehend rechts von ihrer eigenen Positionen an. Zweitens stehen, vor allem im angelsächsisch geprägten Journalismus, professionelle Werte und publizistische Ethikkodizes einer Gesinnungsberichterstattung entgegen. Stattdessen sind Fairness und Objektivität gefordert. Die Einhaltung solcher Standards wird drittens durch systematische, innerredaktionelle Filter-, Redigier- und Kontrollprozesse geprüft, die aus dem individuellen einen „organisatorischen Journalismus" gemacht haben (vgl. Rühl 1989). Unter welchen Bedingungen der Handlungsspielraum der einzelnen Medienakteure dennoch groß sein kann, diskutiert Abschnitt 3.6.

Fazit: Journalisten streiten keineswegs ab, mehrheitlich moderat linksliberale Ansichten zu vertreten. Bei dieser Linksorientierung handelt es sich um einen bemerkenswert stabilen, international einheitlichen Trend. International gilt als Forschungsfazit, dass die Ansichten bestimmter Kommunikatoren bestimmte Inhalte unter bestimmten Umständen beeinflussen (Shoemaker/Reese 1996, Kap. 5; siehe hierzu auch Abschnitt 3.6 dieses Kapitels). So ist der etwas größere Einfluss subjektiver Ansichten auf Nachrichtenentscheidungen in Deutschland mit den weniger stark institutionalisierten Kontrollmechanismen in deutschen Redaktionen in Zusammenhang gebracht worden (vgl. Patterson/Donsbach 1996). Der Nachweis, dass sich parteipolitische Ansichten systematisch und massiv im Medieninhalt widerspiegeln, steht aus den oben genannten Gründen jedoch aus (vgl. Jamieson/Davison 2000).

3.4 Recherchebereitschaft und Investigativjournalismus

3.4.1. Recherchemethoden und Rechercheethik

Angesichts des formativen Einflusses, den britische und amerikanische Reeducation-Bemühungen beim Wiederaufbau des deutschen Medienwesens hatten, gilt der angloamerikanische Journalismus unter Kommunikationswissenschaftlern unverändert als zentraler Vergleichsmaßstab für die Bewertung des deutschen Journalismus (vgl. Köcher 1985; Donsbach 1993a, b; Schneider u.a. 1993a; Weischenberg 1995a: Kap. 5). Dies gilt auch für ethisches Bewusstsein hinsichtlich der Verwendung oder Ablehnung bestimmter Recherchemethoden. Die Beschaffung von Informationen gehört zur Routine journalistischer Arbeit. Über die Anwendung der dabei üblichen Methoden besteht innerhalb des Journalismus weitgehend Konsens. Gelegentlich greifen Medienakteure aber auch zu Mitteln, die nicht allgemein akzeptiert sind, weil sie als hart oder skrupellos oder ethisch nicht einwandfrei angesehen werden.

Umstrittene Recherchetechniken können sich auf substanzielle Sachverhalte mit politisch-sozialer Relevanz oder auf substanzlose Sachverhalte mit privat-persönlicher Komponente beziehen, die vorwiegend die Sensationsgier befriedigen. Da Investigativ- und Sensationsjournalismus zwar unterschiedliche Zielsetzungen haben (soziale vs. private Enthüllung), sich aber ähnlicher Methoden bedienen (hartnäckige Recherche und rücksichtslose Publikation), wird in den USA und Großbritannien mittlerweile bei vielen Enthüllungen diskutiert, ob es sich um eine legitime investigative Leistung oder um eine fragwürdige, voyeuristisch und ökonomisch motivierte Verfehlung handelt (vgl. Snoddy 1992; Redelfs 1996; Esser 1998a; Sabato 2000).

In Deutschland, Großbritannien und den USA ist im Laufe der achtziger und neunziger Jahre die Bereitschaft zur Anwendung fragwürdiger Recherchemethoden leicht gestiegen (Abbildung 4.8.). Dies dürfte auf den überall angestiegenen Angebots-, Konkurrenz- und Infotainmentdruck sowie die Verjüngung der Berufsgruppe zurückzuführen sein. Unter westdeutschen Kollegen genießt die größte Akzeptanz, sich wie Günter Wallraff „als Mitarbeiter in einem Betrieb zu betätigen, um an interne Informationen zu kommen" oder ähnlich wie in der SPIEGEL-Affäre „vertrauliche Regierungsunterlagen ohne Genehmigung" zu nutzen. Dagegen wird der „Druck auf Informanten" sowie der „Eingriff in die Privatsphäre" von deutschen Journalisten seit 1980 unverändert kategorisch abgelehnt. Dasselbe gilt für den Informantenschutz, bei dem es einen internationalen Konsens zu geben scheint.

Trotz der deutsch-amerikanischen Annäherungen bei der Anwendung von „Scheckbuchjournalismus" und „Undercover-Recherche" zeigt sich insgesamt, dass angloamerikanische Journalisten ungewöhnliche Methoden der Informationsbeschaffung be-

Abb. 4.8.: Legitimität umstrittener Recherchemethoden im internationalen Vergleich

Frage: „Weil es oft sehr schwierig ist, an wichtige Informationen zu kommen, helfen sich Journalisten häufig mit ungewöhnlichen Methoden. Welche der folgenden Methoden halten Sie für vertretbar und welche billigen Sie auf keinen Fall?"						
	Deutschland		USA		Großbritannien	
	1980 West Köcher: N=450 (%)	1992 West Schneider u.a.: N=983 (%)	1982 Weaver/ Wilhoit: N=1001 (%)	1992 Weaver/ Wilhoit: N=1156 (%)	1981 Köcher: N=405 (%)	1995 Delano/Henningham: N=726 (%)
Sich als Mitarbeiter in einem Betrieb betätigen, um an interne Informationen zu kommen	36	46	67	63	73	80
Vertrauliche Regierungsunterlagen verwenden	57	75	55	81	86	86
Informationsquellen unter Druck setzen	8	6	47	49	72	59
Private Unterlagen wie Briefe und Fotos ohne Erlaubnis veröffentlichen	5	10	28	47	53	49
Sich durch Geldzuwendungen vertrauliche Unterlagen zu beschaffen	25	28	27	20	69	65
Sich als eine andere Person ausgeben, falsche Identität benutzen	22	28	20	22	33	47
Informationsquellen Vertraulichkeit zusagen, aber nicht einhalten	1	3	5	5	1	9

Quellen: Köcher (1985, S. 141); Schneider u.a. (1993a, S. 25); Weaver/Wilhoit (1996, S. 157); Henningham/Delano (1998, S. 156). Studien beruhen auf Telefoninterviews (außer Köcher) mit vergleichbaren Stichproben- und Fragebogendesigns.

trächtlich häufiger billigen. Sie sind eher als westdeutsche bereit, hart und skrupellos zu recherchieren. Aus ihrem Antwortverhalten spricht das unerschütterliche Selbstbewusstsein, sich als Vierte Gewalt zu verstehen. Die deutsche Situation sieht anders aus. „Methoden des investigativen Journalismus scheinen im deutschen Journalismus nach wie vor auf Zurückhaltung zu stoßen", bilanziert Weischenberg (1995b, S. 125). Während sich angloamerikanische Journalisten laut Weischenberg stärker als Anwälte der Öffentlichkeit verstehen, die auch vor Enthüllungen aus dem Intimleben eines Politikers nicht halt machen, entscheiden sich deutsche Journalisten im Zweifelsfall eher für Zurückhaltung. Ob man ihre größere Zurückhaltung bei der Recherche bedauern oder begrüßen soll, hängt vom Standpunkt des Betrachters und der jeweiligen gesellschaftlichen Kultur ab. So stellen Schönbach u.a. (1994, S. 158) die diskussionswürdige Frage: „Wäre es wirklich besser, wenn sich deutsche Journalisten ähnlich skrupellos verhalten würden wie ihre amerikanischen Kollegen?"

3.4.2. Rechercheintensität und Watchdog-Verständnis

Aber es geht nicht nur um Skrupellosigkeit, sondern auch um den Grad der Eigeninitiative. Vor allem hinsichtlich der Recherchetätigkeit zeigen sich deutsche Redakteure passiver als angloamerikanische (vgl. Meckel/Scholl 2000; Meckel/Drath 2001). Den Beleg lieferte die Mehrländerstudie von Patterson/Donsbach, die Anfang der 1990er Jahre ergab, dass in Deutschland nur 21 Prozent der Journalistinnen und Journalisten „sehr viel Zeit" mit Berichten auf der Grundlage persönlicher Recherche verbringen. In Großbritannien und den USA sind es mehr als doppelt so viele (48 bzw. 44 Prozent). Bei der Frage „Welche Informationsquellen haben Sie in Ihrem letzten Bericht genutzt?" zeigte sich, dass britische und amerikanische Journalisten häufiger Gespräche mit Experten, Augenzeugen und Organisationsvertretern geführt sowie Straßeninterviews und Umfragedaten genutzt hatten. Die deutschen Journalisten hatten dagegen häufiger Agenturmeldungen und Pressemitteilungen verwendet: 57 Prozent gaben an, sich in ihrem letzten Bericht auf Agenturen verlassen zu haben. Bei den Briten waren es nur 24 und bei den Amerikanern 29 Prozent. Auch auf die Frage, was einem Orientierungshilfen bei den täglichen Nachrichtenentscheidungen gebe, antworteten die deutschen Journalisten deutlich häufiger als ihre amerikanischen Kollegen (89 zu 64 Prozent), die Nachrichtenagenturen seien „sehr wichtig" bzw. „ziemlich wichtig" (Donsbach 1993a, b). So kommen auch Scholl/Weischenberg (1998, S. 91) zu dem Schluss, dass im deutschen Journalismus „ein emphatischer Recherchebegriff unangemessen" ist.

Es wird viel über die Ursachen debattiert, die den deutschen Investigativgeist angeblich hemmen. Einige sehen den Grund in der unterschiedlichen politischen und journalistischen Kultur, mangelnder redaktioneller und finanzieller Ausstattung, unangemessenen innerredaktionellen Organisationsformen und außerredaktionellen Infrastrukturen, fehlenden Ausbildungsgängen oder im Medienrecht. Während die Ursachenanalyse sehr komplex ist (vgl. Redelfs 1996; Esser 1999a, b; Meckel/Drath 2001), scheint es einen direkten Zusammenhang zwischen Recherchebereitschaft und Watchdog-Verständnis zu geben. Inwieweit sich Journalisten der Kontroll- und Watchdog-Funktion der Presse verpflichtet sehen, wird international mit der Frage ermittelt, ob sie dem Aufgabenverständnis „to investigate claims and statements made by the government" zustimmen. Für britische und amerikanische Journalisten ist dies seit jeher die mit Abstand wichtigste Aufgabe der Medien. Gemeinsam mit der Verpflichtung, „dem Publikum möglichst schnell Informationen zu vermitteln" stimmen fast 70 Prozent der amerikanischen und fast 90 Prozent der britischen Journalisten uneingeschränkt zu (Abbildung 4.9.). Auch den Deutschen ist das am Informationsjournalismus orientierte Aufgabenverständnis, „dem Publikum möglichst schnell Informationen zu vermitteln", von allen Funktionen am wichtigsten (wenn auch mit 41 Prozent auf niedrigerem Niveau). Allerdings erklären nur 13 Prozent, dass ihnen die Watchdog-Funktion „Aussagen und Stellungnahmen der Regierung zu recherchieren und untersuchen" sehr wichtig ist. Damit belegt diese Funktion in Deutschland den vorletzten Rangplatz, während sie bei den angloamerikanischen Kollegen den ersten einnimmt. Auch der (in Abbildung 4.9. nicht dargestellten) Frage, ob sie es für sehr wichtig halten, „Politik, Wirtschaft und andere gesellschaftliche Bereiche zu kontrollieren", stimmten 1993 nur 17 Prozent der deutschen Befragten zu.

Abb. 4.9.: Selbstbeschreibung der journalistischen Aufgaben im internationalen Vergleich

Frage: „Wir haben hier einige Aussagen zusammengestellt, in denen es darum geht, wie man sich in seinem Beruf als Journalist verstehen kann und welche Ziele man mit seiner beruflichen Arbeit erreichen möchte."			
Stimme „voll und ganz" zu / Is „extremely" important (Auszug)	Deutschland 1993 (Weischenberg u.a.: N=1192 Journalisten) (%)	USA 1992 (Weaver/Wilhoit: N=1156 amerikanische Journalisten) (%)	GB 1995 (Henningham/Delano: N=726 britische Journalisten) (%)
INFORMATIONSJOURNALISMUS			
Dem Publikum möglichst schnell Informationen vermitteln	41	69	88
MACHTKONTROLLIERENDER JOURNALISMUS			
Aussagen und Stellungnahmen der Regierung recherchieren und untersuchen	13	67	88
Sich als Gegenpart zu offiziellen (politischen) Stellen verstehen	15	21	51
Sich als Gegenpart zur Wirtschaft verstehen	8	14	45

Deutsche Stichprobenzusammensetzung wurde der amerikanischen und britischen angeglichen, indem Befragte von Mediendiensten, Anzeigenblättern und monatlichen Special Interest-Titeln nicht berücksichtigt wurden. Amerikanische und britische Daten beruhen auf Telefonbefragungen unter Nutzung einer vierskaligen Antwortvorgabe (extremely, quite, somewhat, not really important); deutsche Daten auf einer face to face-Befragung unter Verwendung einer fünfskaligen Vorgabe (stimme voll und ganz, überwiegend, teils teils, weniger, überhaupt nicht zu.
Quelle: Scholl/Weischenberg (1998, S. 233); Weaver/Wilhoit (1996, S. 136); Henningham/Delano (1998, S. 153).

Es wäre unangebracht, aus den niedrigeren deutschen Werten eine Minderwertigkeit des hiesigen Journalismus zu folgern. Sie können vermutlich auf die vergleichsweise günstige rechtliche Absicherung der deutschen Presse zurückgeführt werden. Insbesondere Sonderrechte wie der Informationsanspruch gegenüber Behörden oder das ausgeweitete Zeugnisverweigerungsrecht können die geringere Aggressivität deutscher Journalisten gut erklären: Sie sind bei der Materialbeschaffung in einer deutlich günstigeren Position als etwa ihre britischen Kollegen und sehen daher weniger Anlass zu skrupellosem Verhalten. (Es gibt in Großbritannien nicht weniger als 251 Rechtsvorschriften, die die Veröffentlichung von Informationen einschränken.) Weil es in Deutschland seltener vorkommt, dass Journalisten die Anwendung harter Recherchemethoden vor sich und anderen rechtfertigen müssen, bestand nach 1945 kein konkreter Anlass für die Herausbildung eines Legitimationsmusters der Presse als "Vierter Gewalt". Gerade das Bundesverfassungsgericht gilt mit seiner Rechtssprechung als pressefreundlich. Für die deutsche Presse ist der Handlungsspielraum weit, wird aber nicht ausgeschöpft, wie die *Spiegel*-Redakteure Bölsche und Kilz (1988, S 150) betonen: "Höchste Richter billigen dem Journalismus ungleich mehr Rechte zu, als viele Journalisten selber für sich beanspruchen." Um Recherchekultur und -bewusstsein in Deutschland zu stärken, gründeten im Frühjahr 2001 rund 50 Redakteure nach dem Vorbild amerikanischer und britischer Investigativ-Vereinigungen das "Netzwerk Recherche", das mit Preisen, Auszeichnungen und Stipendien für Recherchebelebung in deutschen Redaktionen sorgen will (vgl. Nitschmann 2001 sowie www.netzwerkrecherche. de).

Während sich deutsche Journalisten in Befragungen und öffentlichen Statements zurückhaltend mit dem Anspruch auf Machtkontrolle und Vierte Gewalt äußern, pflegen angloamerikanische Journalisten ein überzeugtes (teilweise mythisch verklärtes) Selbstbild als aggressiver Gegenspieler auf der öffentlichen Bühne. Dieses selbstbewusste Image der Presse speist sich in Großbritannien und den USA aus historischen Errungenschaften und mitgeformter, gewachsener politischer Kultur (vgl. Redelfs 1996). In Großbritannien, wo sich Journalisten gerne besonders antagonistisch geben, ist es außerdem eine lautstarke, rhetorische Gegenreaktion auf die insgesamt schwächere rechtliche Absicherung der Presse sowie auf die permanente politische Diskussion um Regelungen zur Zügelung vermeintlicher Medienexzesse (vgl. Esser 1999b, 2000c).

Als Zwischenfazit lässt sich festhalten, dass Selbstbeschreibungen, die auf eine Kontrollfunktion des Journalismus als Vierte Gewalt hinweisen, bei deutschen Journalisten weniger Zustimmung finden als bei britischen und amerikanischen. Aufgrund der historischen und strukturellen Unterschiede ist ungewiss, ob sich ein Journalismus der Machtkontrolle, wie er zum britischen und amerikanischen Selbstverständnis gehört, in Deutschland in ähnlicher Weise herausbilden kann oder wird. Es ist jedoch auffällig, dass sich jüngere Berufsangehörige stärker einem hart recherchierenden Investigativjournalismus verpflichtet fühlen als ältere Kollegen.

3.5. Wertewandel im deutschen Journalismus

Alle empirischen Untersuchungen zeigen übereinstimmend an, dass sich ein Wertewandel in der Berufsgruppe der deutschen Journalisten vollzieht, der sich in veränderten Einstellungen zum Aufgabenverständnis und Informationsverhalten niederschlägt. Wesentliche Ursache dafür ist ein Generationenwechsel in den Redaktionen, wie Ehmig (2000) aufzeigt. Sie stützt ihre Studie auf eine Befragung von 491 westdeutschen Journalisten aus drei Altersgruppen: die „Enkelgeneration" der Jahrgänge 1951-66 (n=161), die Vätergeneration der Jahrgänge 1936-50 (n=162) und die Großvätergeneration der Jahrgänge 1909-1935 (n=168). Der differenzierte Vergleich der journalistischen Einstellungen in den drei Altersgruppen bestätigt die Auswirkungen des Generationenwechsels im deutschen Journalismus:

- Die Jungjournalisten der Enkelgeneration stufen sich selbst weniger häufig links im politischen Spektrum ein als ihre älteren Kollegen, was als Entpolitisierungsprozess gedeutet werden kann.
- Die Bedeutung des missionarischen Anspruchs, auf politische und gesellschaftliche Entwicklungen Einfluss nehmen zu wollen, geht bei den Jungen zurück und wird zunehmend überlagert von dem Wunsch nach Selbstentfaltung.
- Fragwürdige Methoden der Informationsrecherche, die von der Mehrheit der „Großväter" abgelehnt werden, besitzen in der „Enkelgeneration" eine ungleich höhere Akzeptanz.
- Jüngere Journalisten distanzieren sich häufiger von wertender, subjektiv gefärbter Darstellung als ihre älteren Kollegen und plädieren auch in kritischen Situationen häufiger für eine

objektive Vorgehensweise. Dabei gibt es Hinweise, dass sich das Objektivitätsverständnis zwischen Generationen und Ländern unterscheidet.
- Die Bedeutung des Persönlichkeitsschutzes geht mit dem Wechsel der Generationen geringfügig, aber kontinuierlich zurück: Jüngere Journalisten sind seltener bereit, ihm Vorrang gegenüber dem Informationsanspruch der Öffentlichkeit einzuräumen.
- Andererseits stimmen Jüngere häufiger der Ansicht zu, dass Journalisten ohne Rücksicht Kritik üben sollten, „auch wenn die Folgen nicht zu übersehen sind". Auch in konkreten kontroversen Nachrichtensituationen befürworten die Jüngeren ein Handeln ohne Rücksicht auf voraussehbare Folgen.

Ehmig (2000) kann damit Einschätzungen früherer Untersuchungen empirisch bestätigen. Erstens ist es – wie von Schneider u.a. (1993a, S. 29) bereits vermutet – tatsächlich ein Generationenwandel, auf den die Einstellungsveränderungen deutscher Journalisten zurückgehen. Zweitens verkörpert – wie sich bei Schönbach u.a. (1994, S. 158) bereits zeigte – heute am ehesten noch die „Großvätergeneration" den Typus des „Missionars". Mit dem Ausscheiden älterer und dem Berufseintritt jüngerer Kollegen gewinnt ein Rollenselbstverständnis Oberhand, das für einen vermittelnden, aber auch unterhaltenden Journalismus steht und der Exklusivmeldungen gegebenenfalls mit offensiven Methoden der Informationsbeschaffung verfolgt. Die Einstellungsveränderungen führt Ehmig auf die technisch und ökonomisch völlig veränderte Medienumwelt zurück, v.a. aber auf spezifische historische und biographische Schlüsselereignisse, die die jungen Journalisten (nach eigener Aussage geprägt durch Demonstrationen, Kriegsdienstverweigerung, Nachrüstungsdebatte) in ihren Wertvorstellungen anders beeinflussten als die alten (geprägt durch Krieg, Diktatur, Nachkriegszeit und Vergangenheitsdiskussion). Ehmig kommt – wie Schneider u.a. (1993a, S. 28) und Weischenberg u.a. (1994, S. 165) vor ihr – zu dem Schluss, dass sich das Aufgabenverständnis deutscher Journalisten an die angelsächsische Berufstradition annähert, ohne dass man von einer völligen Angleichung sprechen könne (so auch Donsbach 1995, 2002; Weischenberg 1995a: Kap. 5; Redelfs 1996; Esser 1998a).

3.6. Handlungsrelevanz: Der Einfluss journalistischer Einstellungen auf Medieninhalte

Von reinen Selbstauskünften lässt sich nicht auf konkretes journalistisches Handeln schließen. Daher bringt die Annahme, zwischen den Einstellungen und Rollendefinitionen der Journalisten und ihren Medienaussagen bestehe eine direkte Verbindung, die Kommunikationsverhältnisse moderner Massenkommunikation auf eine zu einfache Formel. Andererseits liegt hier der Dreh- und Angelpunkt: Nach Weaver (1998, S. 456) lautet die „Hauptannahme" der internationalen Journalismusforschung, dass es einen Zusammenhang zwischen den Persönlichkeitsvariablen der arbeitenden Journalisten und den von ihnen produzierten Medieninhalten gibt. Hier sehen viele sogar den eigentlichen Grund für Journalismusforschung (vgl. Donsbach 2002; Reese 2001). Dieser Zusammenhang entspricht auch den Erwartungen der sozialpsychologischen Einstellungs- und Verhaltensforschung, wonach relevante Einstellungen durchaus gewolltes Verhalten beeinflussen (vgl. Kim/Hunter 1993).

Die entscheidende Frage lautet nun, unter welchen konkreten Bedingungen dies stärker und unter welchen schwächer zu erwarten ist. Das wesentliche Bindeglied wird als „Handlungsrelevanz" bezeichnet. Darunter versteht man die Wahrscheinlichkeit der praktischen Umsetzung des Rollenselbstverständnisses in konkretes journalistisches Handeln (Weischenberg u.a. 1989). Die Voraussetzungen für hohe Handlungsrelevanz sind mittlerweile gut bekannt. Sie ist eher gegeben

- bei hoher Übereinstimmung zwischen den weltanschaulichen Einstellungen der Journalisten mit der politischen Grundlinie des Mediums, für das sie arbeiten;
- bei geringer Distanz zwischen den weltanschaulichen Einstellungen der Journalisten und denen des Publikums, für das sie arbeiten;

- bei untypischen Ausnahmephasen (Konflikte, Krisen, Kontroversen) im Gegensatz zu nachrichtlichen Routinephasen (in der standardisierte Redaktionsprozesse überwiegen);
- bei einem ausgesprochen aktiven Aufgabenverständnis, das auf Kritik, Kontrolle und Skepsis gegenüber Politik und Wirtschaft angelegt ist;
- bei nur schwach institutionalisierten Filter- und Kontrollmechanismen im innerredaktionellen Arbeitsprozess.

Diese fünf Faktoren werden im folgenden näher erläutert.

3.6.1. Weltanschauliche Übereinstimmung zwischen Journalisten und ihrem Medium

Handlungsrelevanz ist „prinzipiell immer dann zu unterstellen, wenn es eine Übereinstimmung zwischen der Tendenz des Mediums und der politischen Einstellung einer Journalistin oder eines Journalisten gibt", konstatiert Weischenberg (1995a, S. 447). Basis ist eine Untersuchung der Kommunikationsprozesse bei einer Kommunalwahl in einer nordrhein-westfälischen Großstadt, wo das Rollenselbstverständnis der Redakteure aller drei ansässigen Lokalzeitungen mit den Aussagen in den von ihnen publizierten Artikeln verglichen wurde. Das Ergebnis zeigte einen bedeutsamen Zusammenhang zwischen Rollenverständnis und Berichterstattung: „Insgesamt ergab sich eine große Handlungsrelevanz für die Kommunikationsabsichten der Journalisten – zumindest, was die grobe Thematisierung angeht" (Weischenberg 1995a, S. 326). Weil es in der untersuchten Stadt drei das publizistische Spektrum abdeckende Lokalzeitungen gab, konnten Journalisten jeweils einen redaktionellen Arbeitsplatz finden, der ihren weltanschaulichen Einstellungen nahe kam. In einem solchen Umfeld haben journalistische Kommunikationsabsichten eine größere Chance, in die Berichterstattung einzufließen als in Monopolmärkten, wo Journalisten nur Arbeit bei einem Medium finden, das u.U. nicht ihrer politischen Grundhaltung entspricht (vgl. Weischenberg u.a. 1989).

Dieser Mechanismus fand auch auf internationaler Ebene Bestätigung. Laut Patterson (1998) zeigen solche Journalisten die größte Neigung zur subjektiven Färbung ihrer Berichterstattung, die aus Ländern mit einem pluralistisch breit gefächerten Medienangebot kommen, wo Journalisten also leicht eine Anstellung bei einem ihnen nahe stehenden Medium finden können.

3.6.2. Weltanschauliche Übereinstimmung zwischen Journalisten und ihrem Publikum

Die beruflichen Rollenvorstellungen erhalten ebenfalls große Handlungsrelevanz, wenn sich Kommunikatoren und Publikum in ihren Einstellungen und Erwartungen stark ähneln. Wenn eine Journalistin beispielsweise weiß, dass die Mehrheit ihrer Leserschaft konservativ-katholisch ist und sie selbst ebenfalls konservativ-katholisch ist, werden sich ihre Einstellungen eher in ihrer Berichterstattung niederschlagen. Formal gesprochen lässt sich nach den vorliegenden Befunden erwarten, dass die Handlungsdispositionen der Journalisten bei geringer Kommunikationsdistanz zum Publikum eine größere Wirkungsrelevanz haben (vgl. Weischenberg u.a. 1989).

3.6.3. Nachrichtliche Ausnahmephasen: Konflikte, Krisen, Kontroversen

In der Journalismus- und Nachrichtenforschung wird zwischen Routine- und Ausnahmephasen unterschieden. Redaktionelle Routinephasen sind durch mehr oder weniger standardisierte Entscheidungsprogramme gekennzeichnet, die sich vor allem systemtheoretisch gut modellieren lassen. Diese redaktionellen Routinesituationen des Nachrichtenjournalismus müssen vom autonomen, eigenschöpferischen Journalismus unterschieden werden, wie er sich beispielsweise in der großen Reportage oder in der Berichterstattung über Konflikte, Krisen, Kontroversen zeigt. Hier greifen Systemtheorien alleine nicht mehr und müssen durch akteursorientierte Handlungstheorien ergänzt werden. Konfliktsituationen erfordern „Entscheidungsroutinen, die im Journalismus nicht einheitlich geklärt sind und wahrscheinlich einen großen individuellen Spielraum für kasuistische Problemlösungen offen lassen" (Scholl/Weischenberg 1998, S. 189). Solche Ausnahmephasen besitzen enorme theoretische Bedeutung: „Hier – und vielleicht nur noch hier – haben wir freilich eine Chance, das ganze System, das ‚Journalismus' genannt wird, kennen zu lernen und den Schleier, der über seinen internen

Operationen liegt, ganz wegzuziehen. Wir können dann lernen, dass die Journalisten vielleicht doch nicht so sehr Vermittler sind, wie sie glauben." (Weischenberg 1992, S. 48)

Um festzustellen, inwieweit Journalisten bei Konfliktthemen tatsächlich ihre Nachrichtenentscheidungen von persönlichen Ansichten abhängig machen, befragten Kepplinger u.a. (1989) 213 Politik- und Wirtschaftsredakteure zu drei aktuellen politischen Kontroversen. In persönlichen Interviews wurden den Befragten zu jedem Konfliktthema Karteikarten mit acht Meldungen vorgelegt, von denen - nach zuvor eingeholtem Expertenurteil - jeweils vier für die eine und vier für die andere Konfliktseite sprachen. Zuerst sollten die Befragten den Nachrichtenwert einschätzen (wie wichtig ihnen die Veröffentlichung jeder Meldung ist), dann die subjektive Instrumentalität (ob die Meldung für oder gegen eine Konfliktseite spricht) und schließlich ihre subjektive Konfliktsicht (welche Seite in den drei Konflikten sie persönlich unterstützen). Ergebnis: Die subjektive Konfliktsicht der Redakteure besaß einen mäßigen, aber hochsignifikanten Einfluss auf die Nachrichtenentscheidungen. Sie erklärte rund 15 Prozent der Entscheidungen. Eine Inhaltsanalyse der Zeitungen, wo diese Redakteure zum Teil arbeiteten, zeigte, dass sowohl liberale wie konservative Zeitungen in der Konfliktberichterstattung diejenigen Ereignisse besonders hervorheben, die der jeweiligen politischen Grundlinie des Blattes entsprachen (vgl. Kepplinger u.a. 1989; Kepplinger 1994). Diesen Mechanismus – von Kepplinger „instrumentelle Aktualisierung" genannt – konnten Hagen (1992) anhand der Berichterstattung über die Volkszählung und Schulz u.a. (1998) anhand der Berichterstattung über die Castor-Transporte bestätigen (vgl. dazu genauer Kap. 5, Abschnitt 2.2.). Auch Patterson und Donsbach übernahmen das Analysemodell von Kepplinger, um festzustellen, inwieweit Journalisten verschiedener Länder Nachrichtenentscheidungen in Abhängigkeit von ihrer persönlichen Meinung treffen. Sie wiesen für alle Länder - wenn auch mit unterschiedlicher Deutlichkeit - nach, dass Redakteure bei Konflikten dazu neigen, ihre subjektiven Ansichten in ihre Berichte einfließen zu lassen (Patterson/Donsbach 1996).

3.6.4. Aktives Aufgabenverständnis

Zur Analyse des Zusammenhangs zwischen persönlicher Einstellung, konkreter Publikationsabsicht und tatsächlicher Berichterstattungspraxis der Medien gilt Kepplingers Instrumenteller Aktualisierungs-Ansatz als methodisch konsequenteste Studie, die folglich die Theorien zur Nachrichtenauswahl entscheidend ergänzte (vgl. Staab 1990; Burkart 1998). Ob dieser Zusammenhang allerdings auch außerhalb von Konfliktsituationen auf breiter Datenbasis individuell nachweisbar ist, blieb ungeklärt (vgl. Schönbach u.a. 1994; Scholl/Weischenberg 1998). Eine solche Studie ist immer wieder gefordert worden, um den Stellenwert der missionarisch-kritisch-anwaltschaftlichen Segmente im Rollenverständnis deutscher Journalisten präziser bestimmen zu können. So erklären Schönbach u.a. (1994, S. 143):

„Der Vorwurf an die Journalisten in Deutschland, sie seien Meinungspublizisten und ließen sich zu sehr von ihren eigenen Überzeugungen leiten, geht von der Annahme aus, ihr berufliches Selbstverständnis spiegele sich ungebrochen in ihren journalistischen Beiträgen wider. [...] Allerdings steht der Nachweis, dass die missionarischen Bekenntnisse der Befragten tatsächlich Folgen für die Berichterstattung der Medien haben, bislang weitgehend aus."

Ironischerweise hat zu einem Zeitpunkt, an dem kein Wissenschaftler mehr von einem dominierenden missionarischen Rollenbild deutscher Journalisten ausgeht, eine große Untersuchung Hinweise dafür gefunden, dass sich ein explizit anwaltschaftlich-kontrollierendes Rollenverständnis deutlich in der Berichterstattung niederschlägt. In dieser Studie von Scholl/Weischenberg (1998) wurden Journalisten zunächst nach ihrem Rollenselbstverständnis befragt und anschließend gebeten, die in ihren Augen besten und gelungensten Medienbeiträge den Forschern zur Analyse zur Verfügung zu stellen. Dies ist ein etabliertes Verfahren in der amerikanischen Journalismusforschung. Während sich in der amerikanischen Vergleichsstudie das „neutral-informative" Rollenverständnis am stärksten in den Medienberichten der befragten Journalisten niederschlug (vgl. Weaver/Wilhoit 1996,

Kap. 7), hatte in Deutschland das „anwaltschaftlich-kontrollierende" Rollenverständnis die größte Handlungsrelevanz. Vor allem diejenigen Journalisten konnten ihre Kommunikationsabsichten gut in ihren Artikeln umsetzen, die „Kritik an Missständen üben", „die Bereiche Politik, Wirtschaft und Gesellschaft kontrollieren", „komplexe Sachverhalte erklären", „sich für Benachteiligte in der Bevölkerung einsetzen" sowie „nationale Politik diskutieren" wollen und sich als „Gegenpart zu offiziellen politischen Stellen durch Skepsis gegen sie" verstehen (Scholl/Weischenberg 1998, S. 177 f.). Hierbei handelt es sich nur um eine kleine, wenn auch klar profilierte Gruppe mit einem aktiven Aufgabenverständnis.

Gerade der Vergleich mit den parallel erhobenen amerikanischen Befunden gibt uns einen Hinweis darauf, dass trotz grundsätzlicher Angleichungstendenzen nicht von einer völligen Kongruenz des deutschen und angloamerikanischen Journalismus gesprochen werden kann (so auch Donsbach 1995, 2002; Weischenberg 1995a: Kap. 5; Redelfs 1996; Patterson 1998; Meckel/Scholl 2000).

3.6.5. Geringe redaktionelle Kontrolle

Die Frage, ob sich die politischen Einstellungen, Berufsmotive und subjektiven Ansichten von Journalisten in der Berichterstattung niederschlagen können, wird von verschiedenen amerikanischen Forschern mit Verweis auf die redaktionellen Strukturen, organisatorischen Zwänge und professionellen Normen bei der Aussagenproduktion grundsätzlich verneint (vgl. Gans 1985; Shoemaker/Reese 1996). Dass den Aspekten der Redaktionsorganisation eine zentrale Rolle bei der Bestimmung der Handlungsrelevanz zukommt, betonen mittlerweile auch deutsche Forscher (vgl. Donsbach 1993a; Esser 1998b; Weischenberg 1992). In den USA wiesen Weaver/Wilhoit in ihrer Untersuchung *The American Journalist* wiederholt auf die große Bedeutung der organisatorischen Zwänge hin:

„Der wichtigste Befund lautet, dass Faktoren der Organisationsstruktur – im Gegensatz zu Erziehung und sozialem Hintergrund – die größte Vorhersagekraft für das journalistische Rollenverständnis hatten. [...] [Auch] bei Fragen des Nachrichtenwerts tendieren die meisten Journalisten dazu, die Organisationsstruktur als wichtigste Einflussgröße wahrzunehmen. [...] Der Redaktionskontext ist außerordentlich bedeutsam bei ethischen Entscheidungen." (Weaver/Wilhoit 1986, S. 117, 126, 137)

Einen Beleg bietet die Studie von Reese (1990) über einen Reporter des „Wall Street Journal", der am Ende seiner Laufbahn bekannte, zeitlebens überzeugter Kommunist gewesen zu sein und unter Pseudonym nebenbei unzählige Beiträge für „linke" Magazine verfasst zu haben. Eine von der Chefredaktion umgehend angeordnete Untersuchung all seiner Beiträge im „Wall Street Journal" fand keinerlei Hinweise auf seinen politischen Standort, was mit dem gut funktionierenden redaktionellen Kontroll- und Redigierprozess erklärt wurde ("The safeguards worked, the editing system is in place").

Deutsche Studien fanden jedoch Hinweise darauf, dass die redaktionelle Kontrolle bei Tageszeitungen hierzulande tendenziell geringer, der Redigierprozess weniger systematisiert und die Rollenüberlappung redaktioneller Positionen und journalistischer Tätigkeiten generell höher ist. Ob unter diesen Bedingungen die persönlichen Ansichten der Redakteure eine größere Chance haben, in die Berichterstattung einzufließen, ist intensiv diskutiert, aber nicht abschließend geklärt worden. Einige Befunde scheinen in diese Richtung zu deuten (s.o. Abschnitt 2.1 sowie Donsbach 1993a, 2002; Patterson/Donsbach 1996; Josephi 1998, 2001).

4. Grenzprobleme des Journalismus: Drei Problemfelder

Der Journalismus unterliegt spätestens seit Anfang der 80er Jahre einem beschleunigten Wandel. Die Einführung privatwirtschaftlicher Medien auch im Rundfunkbereich hat zu neuartigen Organisationslogiken und damit zu veränderten Einflüssen auf den Journalismus geführt. Das berufliche Selbstverständnis von Journalisten hat sich gewandelt und stärker aufgefächert: Es hat sich partiell entpolitisiert, in Teilbereichen hat sich das Selbstverständnis eines unterhaltenden Servicejournalismus herausgebildet.

All diese Veränderungen führen dazu, dass die Abgrenzung des Journalismus von anderen angrenzenden Handlungsfeldern schwieriger wird. Der Journalismus hat zusätzliche Grenzprobleme bekommen. Drei besonders wichtige Problemfelder werden im Folgenden diskutiert: die Abgrenzung von Information und Unterhaltung, von Journalismus und Public Relations sowie von Inhalteproduktion und Marketing. Diese Grenzprobleme werden jeweils im Hinblick auf das journalistische Selbstverständnis (subjektiver Aspekt) sowie in Bezug auf die tatsächlichen journalistischen Tätigkeiten und die redaktionellen Strukturen (objektiver Aspekt) untersucht.

4.1. Problemfeld 1: Information und Unterhaltung

Infotainment – schon das Wort vermischt zwei vormals getrennt betrachtete Dinge: Information und Entertainment. Boulevardmagazine und Talkshows kommen dabei in den Sinn. Aber inwiefern lässt sich die Vermischung von Information und Unterhaltung in solchen und anderen Medienformaten auch auf der Ebene des beruflichen Selbstverständnisses der Macher sowie der journalistischen Tätigkeiten und Redaktionsstrukturen wiederfinden?

Scholl/Weischenberg (1998) haben als wesentliche Facette im beruflichen Selbstverständnis von Journalisten den „unterhaltenden Servicejournalisten" entdeckt. Diese Selbstverständnis speist sich aus der Zustimmung der Befragten zu folgenden Aussagen: „In meinem Beruf geht es mir darum,

Journalisten als Rollenträger 217

- positive Ideale zu vermitteln,
- neue Trends aufzuzeigen und neue Ideen zu vermitteln,
- Unterhaltung und Entspannung zu bieten,
- dem Publikum eigene Ansichten zu präsentieren,
- Lebenshilfe für das Publikum zu bieten."
(Scholl/Weischenberg 1998, S. 168; 338 f.)

Dieses Berufsverständnis findet sich vor allem im Zeitschriftenbereich und beim privaten Hörfunk. „Vor allem freie, jüngere und berufsunerfahrene, in der Hierarchie niedriger positionierte Redakteure, die sehr viel arbeiten, wollen Unterhaltung und Service anbieten. Dagegen können sich die im öffentlich-rechtlichen Rundfunk sowie bei Agenturen Beschäftigten eine solche Berufsauffassung nicht vorstellen. Es ist plausibel, dass dieses Rollenverständnis im Unterhaltungs- und Kulturressort vorherrscht, während Politikjournalisten sich davon abgrenzen." (ebd., S. 173)

Zwei der oben genannten Statements („positive Ideale vermitteln" und „Lebenshilfe anbieten") finden sich auch als Elemente in einem zweiten Berufsverständnis, dem von Scholl und Weischenberg so genannten „idealistischen Journalismus". Sie sind hier allerdings gepaart mit einer Betonung von politischen Kontrollfunktionen des Journalismus (z.B. „Kritik an Missständen üben") und anwaltschaftlichen Funktionen (z.B. „normalen Leuten eine Chance zur öffentlichen Artikulation geben"). Dies zeigt, dass das Selbstverständnis eines unterhaltenden Servicejournalismus nicht völlig isoliert dasteht. Es verstärkt einzelne Elemente des idealistischen Journalismus und ergänzt sie um Lifestyleelemente („neue Trends und neue Ideen") und die für ihn typischen Unterhaltungskomponenten („Unterhaltung und Entspannung bieten").

Der Wandel des Mediensystems seit den 80er Jahren hat also offenbar dazu geführt, dass sich in Teilbereichen das Selbstverständnis von Journalistinnen und Journalisten vom traditionellen Kern des Berufs entfernt hat. Und dieser Befund stammt bereits vom Anfang der 90er Jahre. Es ist zu vermuten, dass sich die Bedeutung des unterhaltenden Servicejournalismus im Selbstverständnis von Journalisten inzwischen weiter verstärkt hat. Die

Frage ist nur, ob dieses Selbstverständnis auf spezielle Bereiche des Mediensystems beschränkt bleibt oder ob es mehr und mehr auch von Journalistinnen und Journalisten in den Kernbereichen des Informationsjournalismus (in Tages- und Wochenzeitungen, Agenturen sowie Informationsangeboten des Fernsehens und Hörfunks) geteilt wird. Diese Frage lässt sich bisher nicht wissenschaftlich beantworten.

Am deutlichsten zeigt sich die Vermischung von informierenden und unterhaltenden *Tätigkeiten* erwartungsgemäß bei denjenigen Medien, in denen auch das Selbstverständnis des „unterhaltenden Servicejournalismus" überdurchschnittlich stark ausgeprägt ist. Am Beispiel privater Hörfunkstationen zeigt Altmeppen die Vermischungstendenzen auf:

„Nachrichten und Programmorganisation sind bei der Beobachtung von Redaktionen relativ deutlich auseinander zu halten. Schwieriger gestaltet sich dies bei Wort und Unterhaltung. In der Praxis arbeiten beide Bereiche oft Hand in Hand, da situationsgebunden darüber entschieden wird, ob ein Thema eher informativ, eher unterhaltend oder als Mischform produziert wird. [...] Insbesondere bei Fragen zu den klassischen Unterhaltungselementen Gag und Comedy ist jedoch in der Regel der Unterhaltungsbereich zuständig, sowohl koordinierend, da beide Beitragsarten häufig zugeliefert werden, wie produzierend, wenn die Beiträge inhouse erstellt werden." (Altmeppen 1999, S. 103)

Ob Unterhaltung innerhalb der Redaktion als eigene Abteilung mit darauf spezialisierten Mitarbeitern ausdifferenziert ist oder nicht, hängt von der Größe des Senders ab.

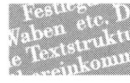

„Unterhaltung als Bereich existiert häufig nur bei den größeren Sendern, wo dann auch mehr als nur eine Person in der Unterhaltung arbeitet. In kleinen Sendern wird diese Funktion auf die jeweils anwesenden Redakteure verteilt." (Altmeppen 1999, S. 102)

Wissenschaftliche Erkenntnisse über die Vermischung von informierenden und unterhaltenden Tätigkeitselementen liegen für andere Mediengattungen bisher nicht vor. Die klare Beschränkung des „unterhaltenden Servicejournalismus" als Selbstbild von Journalisten auf den privaten Hörfunk und den Zeitschriftenbereich (siehe oben) legt allerdings die Vermutung nahe, dass eine solche Vermischung auch auf der Ebene der Tätigkeiten und der redaktionellen Organisation in anderen Mediengattungen schwach ausgeprägt ist. Man kann sogar vermuten, dass sich innerhalb des Mediensystems tendenziell eine Arbeitsteilung zwischen eher unterhaltungsorientierten Medien (wie dem privaten Hörfunk und Fernsehen sowie vielen Zeitschriften) und eher informationsorientierten Medien (wie Tages- und Wochenzeitungen sowie Spartenkanälen für Information im öffentlich-rechtlichen und privaten Rundfunk) herausbildet. Insofern wäre die Vermischung von Information und Unterhaltung auf bestimmte Mediengattungen konzentriert.

Versteht man „Unterhaltung" allerdings auch als die gefälligere oder humorvollere Präsentation von Themen sowie als Thematisierung von Personen und Vorgängen aus der Welt der Unterhaltungsindustrie, dann lässt sich ein Eindringen von Unterhaltung auch in den bislang als „seriös" angesehenen Informationsjournalismus ohne weiteres diagnostizieren (vgl. Weiß/Trebbe 2000; siehe dazu genauer die Abschnitte 2.3. und 3.2. in Kapitel 5 dieses Bandes). Die Frage, ob die Scheidung von Boris und Barbara Becker eine „Tagesschau"-Meldung wert ist – und wenn ja, wie prominent sie dann zu platzieren ist – wäre vor der Dualisierung des Rundfunksystems sicher gar nicht erst gestellt worden.

In Bezug auf die Grenzprobleme des Journalismus in Richtung Unterhaltung ergibt sich ein doppelter Befund. Auf der Ebene redaktioneller Strukturen und Tätigkeiten ist eher von einer Differenzierung des Mediensystems in unterhaltungsorientierte und informationsorientierte Medien auszugehen, während auf der Ebene der Inhalte eine Durchdringung auch bei den informationsorientierten Medien begonnen hat. Für die Grenzprobleme des Journalismus bleibt die Frage interessant, inwieweit im Zuge dieser inhaltlichen Durchdringung auch das Selbstverständnis von Journalistinnen und Journalisten in informationsorientierten Medien Elemente des unterhaltenden Servicejournalismus in sich aufnimmt – und ob diese Elemente die bisher gültigen Berufsvorstellungen im Informationsjournalismus (Informationsvermittlung, Kritik und Kontrolle) nur ergänzen oder auch zurückdrängen und ersetzen. Zur Beantwortung dieser Fragen bedürfte es einer neuen Generation von Journalistenbefragungen.

4.2. Problemfeld 2: Journalismus und Public Relations

„Auf der anderen Seite des Schreibtischs" – schon dieses Bild suggeriert, dass Journalisten und PR-Leute nicht in einem Boot, sondern in gegnerischen Lagern sitzen: Von der einen wie der anderen Seite versucht man, sich über eben jenen (Schreib-)Tisch zu ziehen. Aber ist dieses Bild des antagonistischen Interessenkonflikts wirklich angemessen? Oder dient es nicht eher der Selbststilisierung – als hartnäckiger Rechercheur einerseits und gewiefter Spin doctor andererseits? Wie sehen Journalistinnen und Journalisten selbst ihr Verhältnis zur Public Relations? (vgl. dazu auch Kapitel 2, Abschnitt 4)

Pressemitteilungen stellen ein wichtiges Produkt der Öffentlichkeitsarbeit dar, das von Journalisten durchaus unterschiedlich bewertet wird. Auf der Grundlage der repräsentativen Journalistenbefragung von Weischenberg u.a. (siehe oben) hat Löffelholz (1997) vier Typen von Journalisten identifiziert:

- *PR-Pragmatiker* (31 Prozent der Journalisten) bewerten Pressemitteilungen als zuverlässig und gut aufbereitet, notwendig, anregend und zeitsparend.
- *PR-Antikritiker* (24 Prozent) sind Kollegen, die die PR gegen Kritik von anderen in Schutz nehmen. Sie sind der Meinung, dass Pressemitteilungen nicht überflüssig sind und nicht zu unkritischer Berichterstattung verführen oder gar die journalistische Recherche ersetzen.
- *PR-Skeptiker* (19 Prozent) finden Pressemitteilungen oft überflüssig und keineswegs notwendig, weder zuverlässig noch gut aufbereitet, weder anregend noch zeitsparend.

Journalisten als Rollenträger 221

- *PR-Kritiker* schließlich (26 Prozent) sind überzeugt, dass es zu viele Pressemiteilungen gibt, dass sie die journalistische Recherche ersetzen und zu unkritischer Berichterstattung verführen (vgl. Löffelholz 1997, S. 199-201)

Die Gesamtheit der deutschen Journalistinnen und Journalisten teilt sich also in zwei etwa gleich große Lager: Gut die Hälfte steht der PR wohlwollend gegenüber, die andere knappe Hälfte skeptisch bis ablehnend. Journalisten bei Anzeigenblättern und Agenturen zeigen ein überwiegend pragmatisches Verhältnis zur PR. Skeptisch-kritische Haltungen finden sich dagegen eher bei Journalisten im öffentlich-rechtlichen und privaten Hörfunk. Die anderen Mediengattungen zeigen keine auffälligen Abweichungen vom Durchschnitt aller Journalisten (ebd., S. 202). Auf dieser allgemeinen Ebene lässt sich noch kein alarmierender oder beruhigender Befund im Hinblick auf die subjektive Abgrenzung der Journalisten gegenüber der PR formulieren. Notwendig ist ein Blick auf kleinere und speziellere Teilgruppen innerhalb des Journalismus.

Es gibt Anzeichen dafür, dass eine wachsende Anzahl freier Journalisten einen Teil ihres Lebensunterhalts auch durch PR-Tätigkeiten verdient. Auch wenn es hierüber keine gesicherten empirischen Erkenntnisse gibt: Bei einem Teil des Berufsstandes scheint es auf der Ebene der individuellen Erwerbstätigkeit eine Vermischung von Journalismus und Public Relations zu geben. Dies wirft die Frage auf, ob die Einzelnen die unterschiedlichen Rollenverständnisse von Journalismus und Public Relations noch deutlich auseinander halten können. Gibt es also auf dem Weg über die Vermischung unterschiedlicher Tätigkeiten für verschiedene Auftraggeber Grenzprobleme bei der Definition der journalistischen Berufsrolle?

Bei freien Journalisten insgesamt ist das pragmatische Verhältnis zur PR, aber gleichzeitig auch der kritische Umgang mit PR-Aussendungen überdurchschnittlich stark ausgeprägt (vgl. Scholl/Weischenberg 1998, S. 143). Dieser Befund deutet darauf hin, dass freie Journalisten, die generell besonders stark von PR-Quellen abhängig sind, zumindest kein überwiegend unkritisches Verhältnis zur PR haben. Allerdings gibt es keine Daten über diejenigen freien Journalisten, die tatsächlich neben journalistischen Auftraggebern auch solche aus der PR oder der Werbung bedienen. Erst ein genauerer Blick auf diese – in puncto Rollenverständnis wohl besonders gefährdete – Teilgruppe im Journalismus könnte Aufschlüsse über ein gravierendes Grenzproblem auf der Ebene der Tätigkeiten geben.

Schwerwiegender erscheinen PR-Abhängigkeiten und Einflüsse in bestimmten Ressorts und Berichterstattungsfeldern. Lokal- und insbesondere Politikjournalisten sind hier offenbar weniger gefährdet. Obwohl (oder gerade weil?) sie besonders häufig mit PR-Material konfrontiert werden, bauen sie ein durchweg kritisches Verhältnis zu Pressemitteilungen auf (vgl. Scholl/wieschenberg 1998, S. 143). Strukturell gefährdeter erscheinen demgegenüber Motor- und Reisejournalisten sowie Medien- und Börsenjournalisten. Leider gibt es über die PR-Bewertung durch diese kleineren Journalistengruppen keine systematischen Erkenntnisse.

Die Verführungs- und Begünstigungsversuche insbesondere der Autoindustrie – bis hin zu Präsentationsveranstaltungen auf paradiesischen Karibikinseln – sind branchenintern so berühmt, dass sie hier nicht ausführlich ausgebreitet werden müssen. Solche Versuche der Einflussnahme auf die Berichterstattung sind überall dort zu erwarten, wo zahlungskräftige Interessenten sich große PR-Stäbe und teure Journalistengeschenke leisten können *und* die Berichterstattung ihrer Form nach einer direkten Verbraucherinformation gleichkommt. Wer über Autos und Reiseveranstalter, über Computer, Handys und Computerspiele etc. berichtet und dabei direkte Kaufempfehlungen (oder ihr Gegenteil) liefert, steht besonders in der Gefahr, sich zum Sprachrohr einzelner Anbieter zu machen und damit im Gewand des Journalismus PR-Funktionen zu übernehmen. Dabei hilft es wenig, die betreffenden Unternehmen mit moralischen Verurteilungen oder Appellen zu belegen. Appelle zur Zurückhaltung sind gegenüber den handfesten Absatzinteressen naturgemäß schwache Waffen. Erfolgversprechender sind hier Vorkehrungen der Redaktionen selbst oder Übereinkünfte zwischen Medien, die zu einer größeren Unabhängigkeit verhelfen können (vgl. z.B. Kaiser-Rumstadt/Ruß-Mohl 2000).

Noch komplizierter wird die Situation für Journalistinnen und Journalisten, wenn die PR-Botschaften vom eigenen Arbeitgeber stammen. Medienkonzerne sind nicht nur Anbieter journalistischer Vermittlungsleistungen, sondern auch Akteure mit eigenen ökonomischen Interessen. Aus der Sicht dieser Interessen erscheinen die hauseigenen Medienredaktionen gewissermaßen naturwüchsig als PR-Stellen – wiederum im Gewand von Journalismus. Im Interesse eines optimalen Images und Absatzes konzerneigener Medienprodukte werden immer wieder folgende Strategien angewandt (vgl. Ruß-Mohl 2000):

- *Cross-Promotion*: Im Medienressort der Tageszeitung wird beispielsweise auf Fernsehprogramme und Stars des Mutterkonzerns aufmerksam gemacht, ohne dass Konkurrenzangebote angemessen zur Geltung kommen.
- *Konkurrentenbeschimpfung*: Fehlleistungen der Konkurrenz werden ausführlich ausgebreitet, ohne dass mit annähernd ähnlicher Sorgfalt im eigenen Hause recherchiert würde.
- *Selbstbeweihräucherung*: Die Konzernleitung breitet – z.B. in „Exklusivinterviews" – die eigenen Produkte, Pläne und Visionen aus (siehe Abbildung 4.10.).

Abb. 4.10.:
Selbstdarstellung auf der Titelseite

Quelle: Ruß-Mohl 2000, S. 27

Die Grenzprobleme des Journalismus in Richtung Public Relations sind erheblich. Zwar ist aus den verfügbaren Daten ein generell unkritisches Verhältnis von Journalistinnen und Journalisten zur PR nicht herauszulesen. Auch freie Journalisten, bei denen am ehesten eine Vermischung von journalistischen und PR-Tätigkeiten zu erwarten ist, sind keineswegs besonders unkritisch gegenüber PR-Einflüssen auf ihre journalistische Arbeit. Ob sich bei denjenigen, die tatsächlich gleichzeitig für Medien und PR-Auftraggeber arbeiten, Verwischungen im Rollenverständnis einstellen, lässt sich mit den vorhandenen Daten allerdings nicht entscheiden.

Problematischer als die Ebene des individuellen Selbstverständnisses und des individuellen Tätigkeitsmixes erscheint jedoch der strukturelle Druck auf der Organisationsebene. Für Grenzverwischungen anfällig sind vor allem Berichterstattungsfelder, in denen finanziell potente Unternehmen agieren und in denen es zugleich um direkt verwertbare Verbraucherinformationen geht. Mit der verschärften Konkurrenz zwischen den Medien selbst verstärken sich zweitens die Versuche zur Nutzung von Redaktionen als Sprachrohre für die Interessen des Mutterkonzerns. Die Sicherung der redaktionellen Autonomie ist im Medienjournalismus ein besonders heikles Problem (vgl. die Beiträge in Weßler u.a. 1997).

Die zentrale Ressource, die bei einer Grenzverwischung zwischen Journalismus und PR auf dem Spiel steht, ist die Glaubwürdigkeit journalistischer Angebote. Sobald die Mediennutzer das Gefühl bekommen, dass die Informationen, die ihnen geliefert werden, einseitig zugunsten bestimmter Interessenten verzerrt sind, kann der Wert dieser Informationen und in der Folge möglicherweise die Zahlungsbereitschaft des Publikums sinken. Denn von Informationen, die mehr oder weniger als PR-Botschaften zu erkennen sind, kann das Publikum im Allgemeinen erwarten, dass sie kostenlos angeboten werden. Insofern müssen Medien ein vitales Interesse daran haben, dass sie in den Augen des Publikums ihre Glaubwürdigkeit nicht verlieren. Entscheidend für eine realistische Einschätzung der Medienglaubwürdigkeit durch das Publikum ist allerdings, ob das Publikum den Unterschied zwischen vollständiger und ausgewogener journalistischer Information einerseits und verkürzter, einseitiger und geschönter Information mit PR-Funktionen überhaupt erkennen kann. Zu den Merkmalen eines verantwortlichen Journalismus gehört es deshalb, immer wieder Transparenz über die Herkunft von Informationen und über die eigenen Arbeitsweisen herzustellen (vgl. Held/Ruß-Mohl 2000, S. 367)

4.3. Problemfeld 3: Inhalteproduktion und Marketing – das Beispiel Online-Medien

Redaktionelles Marketing – lange Zeit galt diese Wortzusammensetzung als Widerspruch in sich: Die Redaktion erstellt das Produkt, das Produktmarketing aber übernimmt die Vertriebsabteilung für den Rezipientenmarkt bzw. die Anzeigenabteilung für den Inserentenmarkt. Eine „Chinesische Mauer" zwischen der Redaktion und den anderen Abteilungen eines Medienhauses galt geradezu als Voraussetzung für guten Journalismus. Doch wie steht es mit dem Verhältnis von Inhalteproduktion und Marketing im Online-Journalismus?

Bisher kann etwa eine Tageszeitung eine Buchbesprechung bringen und zugleich eine Anzeige drucken, die für das besprochene Buch wirbt. Der Pressekodex des Deutschen Presserats verlangt in diesem Fall eine „klare Trennung" zwischen redaktionellem Text und Anzeige.

Deutscher Presserat: Publizistische Grundsätze (Pressekodex), Ziffer 7:

„Die Verantwortung der Presse gegenüber der Öffentlichkeit gebietet, dass redaktionelle Veröffentlichungen nicht durch private oder geschäftliche Interessen Dritter oder durch persönliche wirtschaftliche Interessen der Journalistinnen und Journalisten beeinflusst werden. Verleger und Redakteure wehren derartige Versuche ab und achten auf eine klare Trennung zwischen redaktionellem Text und Veröffentlichungen zu werblichen Zwecken. (Quelle: www.presserat.de, Pressekodex in der Fassung vom 20. Juni 2001)

Die Grundüberlegung hinter dieser Regelung lautet, dass die Transparenz über die Herkunft einer Botschaft einen kompetenten Umgang des Publikums mit dieser Botschaft erst ermöglicht. Und dass umgekehrt die Glaubwürdigkeit der betreffenden Tageszeitung davon abhängt, dass es sich bei der Buchbesprechung tatsächlich um eine unabhängige, professionelle Kritik handelt und nicht um einen verkappten Werbetext.

Dieses Prinzip behält seinen Sinn auch dann, wenn Buchbesprechung und Buchwerbung im Internet stehen. Es gibt jedoch einen gewichtigen Unterschied zum Printprodukt: Das Netz der Netze bietet zusätzlich die Möglichkeit, einen Link zu einem Online-Buchhändler zu schalten, über den das Buch auch sofort bestellt werden kann. Für das Zustandekommen dieses Kaufs kassiert das Online-Medium eine Provision. Es hat also selbst ein zusätzliches Interesse am Zustandekommen des Kaufs. Und tatsächlich stellen Provisionen – neben den bisher üblichen Nutzungsentgelten und Anzeigenerlösen – eine neuartige Finanzierungsmöglichkeit für Medienangebote im Internet dar (vgl. Zerdick u.a. 1999). Das Internet schafft also für die Verquickung von Inhalteproduktion und Marketing neue technische Voraussetzungen, die die ethischen Probleme der Abgrenzung des redaktionellen Inhalts verschärfen (siehe auch Kapitel 5, Abschnitt 3.5. dieses Bandes).

Die Möglichkeit einer direkten Verbindung von redaktionellem Inhalt und Kaufvermittlung haben natürlich nicht nur die Medienanbieter im Netz entdeckt, sondern auch die Online-Buchhändler und andere Anbieter von Waren und Dienstleistungen selbst. Auch sie versuchen, durch „Buchbesprechungen", die zum Teil von Käufern selbst geschrieben werden, in ihren Websites zusätzliche Kaufanreize zu schaffen, bei denen sich die Glaubwürdigkeitsfrage natürlich noch schärfer stellt. Aber selbst im Hinblick auf die Webangebote etablierter und hoch angesehener Medien ist eine Diskussion über den Umgang mit Werbung und Bestellmöglichkeiten im direkten Kontext redaktioneller Angebote entbrannt (vgl. Manske 2000). Zur Trennung von redaktionellem Angebot und Werbung hat die Vereinigung der Zeitschriftenredakteure in den USA Richtlinien herausgegeben, die sich in zwei Punkten auch auf den Umgang mit Links beziehen:

American Society of Magazine Editors: Guidelines for New Media
"5. Links, die innerhalb der redaktionellen Inhalte einer Site erscheinen, sollen unter der alleinigen Kontrolle der Redaktion stehen. Keine Publikation soll einen Link von seinen redaktionellen Inhalten zu irgendeiner anderen Site verkaufen oder von einer Werbeschaltung abhängig machen."
6. Weder Links noch Hinweise auf Werbeabschnitte sollen im Inhaltsverzeichnis oder einer anderen Auflistung redaktioneller Inhalte erscheinen. Außerhalb des redaktionellen Bereichs kann auf Werbeabschnitte verwiesen werden, wenn sie durch ihr Design vom redaktionellen Teil unterscheidbar sind."
(ASME Guidelines. Übersetzung zitiert nach Manske 2000, S. 54 und aus dem Original ergänzt von den Verf.)

Die ASME Guidelines legen also Wert auf die optische und „räumliche" Trennung von redaktionellem Inhalt und bezahlten Links bzw. Werbebannern. Es stellt sich die Frage, auf welche Akzeptanz diese Trennungsnorm in der Praxis des Online-Journalismus stößt. Dieser Frage ist Neuberger (2000a) nachgegangen. Er hat Online-Redakteure in Deutschland danach gefragt, ob nach ihrer Beobachtung Onlinejournalisten die Existenz bestimmter berufsethischer Regeln anerkennen, die für den Online-Bereich spezifisch sind.

Die Befragten nehmen bei sich und ihren Kollegen eine große, wenn auch keineswegs vollständige Zustimmung zu den von der ASME formulierten Regeln wahr: Drei Viertel bis vier Fünftel der Onlinejournalisten akzeptieren nach den Beobachtungen der Befragten die *Kennzeichnung* solcher Elemente, die nicht direkt zum redaktionellen Inhalt gehören (Links auf externe Websites, Werbung und E-Commerce). Deutlich geringer ist aber offenbar das Problembewusstsein bei der Verbindung von redaktionellen Verbrauchertipps und passenden Verkaufsangeboten. Dass diese Regel akzeptiert wird, sehen nur rund drei Fünftel der Befragten; Journalisten bei Nur-Online-Anbietern und Online-Angeboten von Publikumszeitschriften meinen gar nur zu gut der Hälfte, dass diese Regel in ihrer Umgebung akzeptiert wird (vgl. Neuberger 2000a).

Diese Befunde sind ein Hinweis darauf, dass sich im Online-Journalismus ein Teil der tradierten Berufskultur mit ihrer Trennungsnorm auflöst. Um dies allerdings wirklich beurteilen zu können, müsste man über ähnlich aktuelle Befragungsdaten unter Journalisten bei Offline-Medien verfügen. Auch hier wäre eine neue Generation von Journalistenbefragungen notwendig, die auf die augenscheinlichen, aber bisher nicht systematisch belegten Veränderungen des Berufsfelds und des Berufsverständnisses in Teilbereichen des Journalismus reagiert.

Zusammenfassung

Journalistinnen und Journalisten arbeiten in redaktionellen Kontexten, die ihr Handeln und ihre subjektiven Berufsvorstellungen prägen, ohne sie vollständig festzulegen. Zu den redaktionellen Einflüssen gehört einerseits die jeweilige Journalismustradition, die mit darüber bestimmt, ob die journalistischen Tätigkeiten arbeitsteilig erbracht werden wie in den angelsächsischen Ländern oder ganzheitlich wie in Deutschland und anderen europäischen Ländern. Andererseits prägt die Organisationslogik des Medienbetriebs das Handeln der Journalisten: Wo es wie bei Privatradiostationen um die möglichst vollständige Ausschöpfung einer klar umgrenzten Zielgruppe durch ein fest definiertes Format geht, sind die individuellen Entscheidungsspielräume einzelner Redakteure vergleichsweise gering. Journalismustradition und Organisationslogik produzieren jeweils ganz bestimmte Anforderungen an das Tätigkeitsprofil und die Qualifikationen von Journalisten.

In Auseinandersetzung mit solchen Anforderungen von außen und mit eigenen Ansprüchen an den Beruf entwickeln Journalisten ein berufliches Selbstverständnis, an dem sie sich in ihrem Handeln orientieren und das sie umgekehrt zur Legitimation ihres Handelns benutzen. Die empirische Journalismusforschung hat gezeigt, wie stark sich dieses berufliche Selbstverständnis in Deutschland seit Anfang der achtziger Jahre gewandelt und aufgefächert hat. Kennzeichnend war Anfang der neunziger Jahre ein Nebeneinander von informationsvermittelnden, anwaltschaftlich-idealistischen und serviceorientiert-unterhaltenden Berufsauffassungen. Diese Elemente sind jedoch nicht überall gleich stark vertreten, sondern zum Teil für bestimmte Mediengattungen charakteristisch.

Das berufliche Selbstverständnis und andere individuelle Einstellungen von Journalisten schlagen sich nicht bruchlos, sondern nur unter bestimmten Bedingungen in ihren Arbeitsprodukten nieder. Die Handlungsrelevanz subjektiver Rollenvorstellungen steigt, wenn es eine weltanschauliche Übereinstimmung zwischen einem Journalisten und seinem Medium bzw. seinem Publikum gibt und wenn die redaktionellen Kontrollmechanismen schwach ausgeprägt sind. In der Routineberichterstattung ist der Einfluss individueller Einstellungen auf das Medienprodukt zudem geringer als in Ausnahmephasen mit zugespitzten Konflikten oder Krisen.

Durch den Wandel des gesellschaftlichen Kommunikationssystems seit Anfang der achtziger Jahre hat der Journalismus neue Grenzprobleme im Verhältnis zu benachbarten Handlungsfeldern bekommen. Information und Unterhaltung sind nicht mehr so klar geschieden, auch wenn derzeit unklar ist, ob sich ein serviceorientiert-unterhaltendes Selbstverständnis auch in den Kernbereichen des Informationsjournalismus ausbreitet oder nur in den Randzonen des Berufsfelds. Durch die allgemeine Expansion des PR-Sektors in der Mediengesellschaft verschärft sich das Spannungsverhältnis zwischen der Informationsabhängigkeit der Journalisten und den Beeinflussungsversuchen von außen. Das Internet schließlich erweitert die schon immer bestehenden Möglichkeiten von Medienunternehmen, journalistische Inhalte mit Werbung und Verkaufsangeboten zu koppeln und gibt so zu einer verschärften berufsethischen Debatte über die Trennungsnorm Anlass.

Als zentrale Vermittlungsagenturen für die öffentliche Kommunikation erbringen Journalistinnen und Journalisten wichtige Leistungen für alle Teile der Gesellschaft. Diese Leistungen sind nicht beliebig wandelbar, sondern an eine unabhängige und professionelle Berufsausübung gebunden. Die kommunikationswissenschaftliche Journalismusforschung kann klären helfen, unter welchen Bedingungen eine solche Berufsausübung möglich und wahrscheinlich ist.

Literatur

Altmeppen, Klaus-Dieter (1999): Redaktionen als Koordinationszentren. Beobachtungen journalistischen Handelns. Opladen, Wiesbaden: Westdeutscher Verlag.

Altmeppen, Klaus-Dieter/Donges, Patrick/Engels, Kerstin (1999): Transformation im Journalismus. Journalistische Qualifikationen im privaten Rundfunk am Beispiel norddeutscher Sender. Berlin: Vistas.

Belz, Christopher/Haller, Michael/Sellheim, Armin (1999): Berufsbilder im Journalismus. Von den alten zu den neuen Medien. Konstanz: UVK.

Bölsche, Jochen/Kilz, Hans Werner (1988): Rufschädigung im demokratischen Auftrag. Investigativer Journalismus am Beispiel Barschel, Flick und Neue Heimat. In: Arnold, Heinz Ludwig (Hg.): Vom Verlust der Scham und dem allmählichen Verschwinden der Demokratie. Göttingen: Steidl, S. 135-150.

Boventer, Hermann (1988): Medien und Moral. Konstanz: UVK.

Breed, Warren (1955): Social control in the newsroom: A functional analysis. In: Social Forces, 33. Jg., S. 326-335.

Burkart, Roland (^{3}1998): Kommunikationswissenschaft. Wien: Böhlau.

DJV – Deutscher Journalisten-Verband (1999): Berufsfeld Journalistin/Journalist. In: ders.: Journalist/in werden? Ausbildungsgänge und Berufschancen im Journalismus 1999/2000. Bonn: DJV.

Donsbach, Wolfgang (1999): Journalism Research. In: Brosius, Hans-Bernd/Holtz-Bacha, Christina (Hg.): The German Communication Yearbook. Cresskill NJ: Hampton Press, S. 150-180.

Donsbach, Wolfgang (1995): Lapdogs, Watchdogs, and Junkyard Dogs". In: Media Studies Journal, Fall, S. 17-30.

Donsbach, Wolfgang (1993a): Redaktionelle Kontrolle im Journalismus: Ein internationaler Vergleich. In: Walter A. Mahle (Hg.): Journalisten in Deutschland. Nationale und internationale Vergleiche und Perspektiven. München: Ölschläger, S. 143-160.

Donsbach, Wolfgang (1993b): Journalismus versus journalism – Ein Vergleich zum Verständnis von Medien und Politik in Deutschland und in den USA. In: Donsbach, Wolfgang/Jarren, Otfried/Kepplinger, Hans Mathias/Pfetsch, Barbara (Hg.): Beziehungsspiele – Medien und Politik in der öffentlichen Diskussion. Fallstudien und Analysen. Gütersloh: Bertelsmann, S. 283-315.

Donsbach, Wolfgang (1993c): Das Verhältnis von Journalismus und Politik im internationalen Vergleich. In: Bürger fragen Journalisten (Hg.): Medien in Europa. Erlangen: TM Verlag, S. 67-82.

Donsbach, Wolfgang/Patterson, Thomas E. (1992): Journalists' Roles and Newsroom Practices: A Cross-National Comparison. Paper presented to the 42nd Confercence of the International Communication Association (ICA), Miami, Florida, May 21-25.

Ehmig, Simone C. (2000). Generationswechsel im deutschen Journalismus. Zum Einfluss historischer Ereignisse auf das journalistische Selbstverständnis. Freiburg: Alber.

Esser, Frank (2000a): Tageszeitungen – Bald nach neuen Spielregeln. In: Message, 1/2000, S. 62-67.

Esser, Frank (2000b): Does Organization matter? Redaktionsforschung aus internationaler Perspektive. In: Hans-Bernd Brosius (Hg.): Kommunikation über Grenzen und Kulturen. Konstanz: UVK, S. 111-126.

Esser, Frank (2000c): Großbritannien – Die Pressefreiheit als Restfreiheit. Journalisten arbeiten ohne das Netz verfassungsrechtlicher Garantien. In: Pfeifer, Hans-Wolfgang/Gerhardt, Rudolf (Hg.): Wer die Medien bewacht. Medienfreiheit und ihre Grenzen im internationalen Vergleich. Frankfurt: GEP, S. 109-126.

Esser, Frank (1999a): Gehemmter Investigativgeist. Enthüllungsjournalismus im internationalen Vergleich. In: Message, 2/1999, 26-31.

Esser, Frank (1999b): Ursachen größerer Recherchebereitschaft im englischen Journalismus. Eine Analyse aus vergleichender Perspektive. In: Rundfunk und Fernsehen, 47. Jg., S. 201-219.

Esser, Frank (1998a): Die Kräfte hinter den Schlagzeilen. Englischer und deutscher Journalismus im Vergleich. Freiburg: Alber.

Esser, Frank (1998b): Editorial Structures and Work Principles in British and German Newsrooms. In: European Journal of Communication, 13. Jg., S. 375-405.

Esser, Frank/Kaltenhäuser, Bettina (2001): The Modern Newsroom: Innovative Redaktionsstrukturen amerikanischer Tageszeitungen. In: Hans J. Kleinsteuber (Hg.): Aktuelle Medientrends in den USA. Opladen, Wiesbaden: Westdeutscher Verlag.

Fabris, Hans Heinz (1981): Medienjournalismus und Bürgerkommunikation. Tendenzen und Alternativen journalistischer Arbeit. In: Rundfunk und Fernsehen, 29. Jg., S. 200-210.

Fishman, Mark (1978): Crime waves as ideology. In: Social Problems, 25. Jg., S. 531-543.

Frei, Norbert/Schmitz, Johannes (1989). Journalismus im Dritten Reich. München: Beck.

Gans, Herbert J. (1985): Are U.S. journalists Dangerously Liberal? In: Columbia Journalism Review, November/December, S. 29-33.

Gruber, Thomas/Koller, Barbara/Rühl, Manfred (1974): Berufsziel: Journalist. Vorstellungen, Einstellungen und Bedingungen beim Eintritt in den Beruf. In: Publizistik, 19./20. Jg., S. 337-359.

Hagen, Lutz M. (1992). Die opportunen Zeugen. Konstruktionsmechanismen von Bias in der Zeitungsberichterstattung am Beispiel der Volkszählung. In: Publizistik, 37. Jg., S. 444-460.

Held, Barbara/Ruß-Mohl, Stephan (2000): Qualität durch Kommunikation. In: ders. (Hg.): Qualität durch Kommunikation sichern. Frankfurt/Main: F.A.Z.-Institut, S. 361-376.

Henningham, John/Delano, Anthony (1998): British Journalists. In: David H. Weaver (Hg.): The Global Journalist: News People Around the World. Cresskill NJ: Hampton Press, S. 143-160.

Holzer, Horst (1973). Kommunikationssoziologie. Reinbek: Rowohlt.

Hurwitz, Harold (1972): Die Stunde Null der deutschen Presse. Die amerikanische Pressepolitik in Deutschland 1945-1949. Köln: Verlag Wissen und Politik.

Jacobi, Robert (2001). Wer? Was? Wann? Wo? Wie? Warum? Investigative Journalisten gründen einen Verein, um dem Handwerk der Recherche zu höherem Ansehen zu verhelfen. In: Süddeutsche Zeitung, 2. April, S. 22.

Jamieson, Kathleen Hall/Davison, Veronica (2000): Is the Press Biased? In: Jamieson, Kathleen Hall: Everything You Think You Know About Politics ... And Why You're Wrong. New York: Basic Books, S. 187-195.

Josephi, Beate (2001): Entering the Newsroom: What Rite of Passage? Communications, 26. Jg., S. 181-195.

Josephi, Beate (1998): The Influence of Newsroom Layout on News. In: Australian Studies in Journalism, 7. Jg., S. 164-176.

Kaiser-Rumstadt, Martina/Ruß-Mohl, Stephan (2000): Qualität und Ethik. In: Held, Barbara/Ruß-Mohl, Stephan (Hg.): Qualität durch Kommunikation sichern. Frankfurt/Main: F.A.Z.-Institut, S. 243-261.

Kepplinger, Hans Mathias (2000): Problemdimensionen des Journalismus. Theoretischer Anspruch und empirische Forschung. In: Martin Löffelholz (Hg.): Theorien des Journalismus. Ein diskursives Handbuch. Opladen, Wiesbaden: Westdeutscher Verlag, S. 81-100.

Kepplinger, Hans Mathias (1994): Publizistische Konflikte. Begriffe, Ansätze, Ergebnisse. In: Neidhardt, Friedhelm (Hg.), Öffentlichkeit, öffentliche Meinung, soziale Bewegungen. Opladen: Westdeutscher Verlag, S. 214-233.

Kepplinger, Hans Mathias (1989): Theorien der Nachrichtenauswahl als Theorien der Realität. In: Aus Politik und Zeitgeschichte (Beilage zur Wochenzeitung Das Parlament), B 15, S. 3-16.

Kepplinger, Hans Mathias/Brosius, Hans-Bernd/Staab, Joachim Friedrich/Linke, Günter (1989): Instrumentelle Aktualisierung. Grundlagen einer Theorie publizistischer Konflikte. In: Kaase, Max/Schulz, Winfried (Hg.): Massenkommunikation. Theorien, Methoden, Befunde. Opladen, Wiesbaden: Westdeutscher Verlag, S. 199-220.

Kepplinger, Hans Mathias/Ehmig, Simone C. (1997): Der Einfluss politischer Einstellungen von Journalisten auf die Beurteilung aktueller Kontroversen. In: Medienpsychologie, 9. Jg., S. 271-292.

Kepplinger, Hans Mathias/Knirsch, Kerstin (2000): Gesinnungs- und Verantwortungsethik im Journalismus. Sind Max Webers theoretische Annahmen empirisch haltbar? In: Rath, Matthias (Hg.): Medienethik und Medienwirkungsforschung. Opladen: Westdeutscher Verlag, S. 11-44.

Kepplinger, Hans Mathias/Köcher, Renate (1990): Professionalism in the Media World? In: European Journal of Communication, 5. Jg., S. 285-311.

Kim, Min Sun/Hunter, John E. (1993): Attitudes-Behavior Relations: A Meta Analysis of Attitudinal Relevance and Topic. In: Journal of Communication, 43. Jg., S. 102-142.

Köcher, Renate (1985): Spürhund und Missionar. Eine vergleichende Untersuchung über Berufsethik und Aufgabenverständnis britischer und deutscher Journalisten. Ludwig Maximilians-Universität München: Unveröffentlichte Dissertation.

Köcher, Renate (1986): Bloodhounds or Missionaries: Role Definitions of German and British Journalists. In: European Journal of Communication, 1. Jg., S. 43-64.

Lang, Kurt/Lang, Gladys E./Kepplinger, Hans Mathias/Ehmig, Simone (1993): Collective Memory and Political Generations: A Survey of German Journalists. In: Political Communication, 10. Jg., 211-229.

Löffelholz, Martin (2001): Von Weber zum Web. Journalismusforschung im 21. Jahrhundert. Theoretische Konzepte und empirische Befunde im systematischen Überblick. Diskussionsbeiträge Nr. 2, TU Ilmenau, Institut für Medien und Kommunikationswissenschaft.

Löffelholz, Martin (Hg.) (2000): Theorien des Journalismus. Ein diskursives Handbuch. Opladen, Wiesbaden: Westdeutscher Verlag.

Literatur-Tipp

Löffelholz, Martin (1997): Dimensionen struktureller Kopplung von Öffentlichkeitsarbeit und Journalismus. Überlegungen zur Theorie selbstreferentieller Systeme und Ergebnisse einer repräsentativen Studie. In: Bentele, Günter/Haller, Michael (Hg.): Aktuelle Entstehung von Öffentlichkeit. Akteure – Strukturen – Veränderungen. Konstanz: UVK Medien, S. 187-208.

Manske, Michael (2000): Die Maschen enger machen. In: message, 2/2000, S. 52-55.

Meckel, Miriam (1999): Redaktionsmanagement. Ansätze aus Theorie und Praxis. Opladen, Wiesbaden: Westdeutscher Verlag.

Meckel, Miriam/Scholl, Armin (2000): Amerika, du hast es besser. Politik und Journalismus in den USA und Deutschland. In: Klaus Kamps (Hg.): Trans-Atlantik, Trans-Portabel? Die Amerikanisierungsthese in der politischen Kommunikation. Opladen, Wiesbaden: Westdeutscher Verlag, S. 111-128.

Meckel, Miriam/Drath, Henning (2001): I-Tüpfelchen Recherche. In: Message, 1/2001, S. 34-38.

Meier, Klaus (2002). Ressort, Sparte, Team. Wahrnehmungsstrukturen und Redaktionsorganisation im Zeitungsjournalismus. Konstanz: UVK.

Möllmann, Bernhard (1998): Redaktionelles Marketing bei Tageszeitungen. München: Reinhard Fischer.

Moss, Christoph (1998): Die Organisation der Zeitungsredaktion. Wie sich journalistische Arbeit effizient koordinieren lässt. Opladen, Wiesbaden: Westdeutscher Verlag.

Neuberger, Christoph (2000a): Journalismus im Internet: Auf dem Weg zur Eigenständigkeit? In: Media Perspektiven, 7/2000, S. 310-318.

Neuberger, Christoph (2000b): Renaissance oder Niedergang des Journalismus? Ein Forschungsüberblick zum Online-Journalismus. In: Altmeppen, Klaus-Dieter/Bucher, Hans-Jürgen/Löffelholz, Martin (Hg.): Online-Journalismus. Perspektiven für Wissenschaft und Praxis. Opladen, Wiesbaden: Westdeutscher Verlag, S. 15-48.

Neumann, Sieglinde (1997): Redaktionsmanagement in den USA: Fallbeispiel „Seattle Times". München: Saur.

Neumann, Werner (1995): Und täglich kocht die Nachrichtenküche. In: Sonderbeilage „50 Jahre Frankfurter Rundschau" vom 29. 7. 1995.

Patterson, Thomas (1998). Political Roles of the Journalist. In: Graber,Doris/McQuail, Denis/Norris, Pippa (Hg.): The Politics of News – The News of Politics. Washington: Congressional Quarterly Press, S. 17-32.

Patterson, Thomas E./Donsbach, Wolfgang (1996): News Decisions: Journalists as Partisan Actors. In: Political Communication, 13. Jg., S. 455-468.

Pürer, Heinz (1997): Zwischen Tradition und Wandel: Zum Stand der Kommunikatorforschung in Deutschland. In Fünfgeld, Hermann/Mast, Claudia (Hg.): Massenkommunikation. Ergebnisse und Perspektiven. Opladen, Wiesbaden: Westdeutscher Verlag, S. 89-123.

Redelfs, Manfred (1996): Investigative Reporting in den USA. Strukturen eines Journalismus der Machtkontrolle. Opladen, Wiesbaden: Westdeutscher Verlag.

Reese, Stephen (2001): Understanding the Global Journalist: A hierarchy-of-influences approach. In: Journalism Studies, 2. Jg., S. 173-187.

Reese, Stephen (1990): The News Paradigm and Ideology of Objectivity: A Socialist at the Wall Street Journal. In: Critical Studies in Mass Communication, 7. Jg., S. 390-409.

Renger, Rudi (2000). Journalismus als kultureller Diskurs. In Löffelholz, Martin (Hg.): Theorien des Journalismus. Opladen: Westdeutscher Verlag, S. 467-481.

Riese, Hans-Peter (1984): Der Griff nach der Vierten Gewalt. Zur Situation der Medien in der Bundesrepublik. Köln: Bund.

Rühl, Manfred (1989). Organisatorischer Journalismus. Tendenzen der Redaktionsforschung. In: Kaase, Max/Schulz, Winfried (Hg.): Massenkommunikation. Theorien, Methoden, Befunde. Opladen, Wiesbaden: Westdeutscher Verlag, S. 253-269.

Ruß-Mohl, Stephan (2000): Berichterstattung in eigener Sache: Die Verantwortung von Journalismus und Medienunternehmen. In: Ruß-Mohl, Stephan/Fengler Susanne (Hg.): Medien auf der Bühne der Medien. Zur Zukunft von Medienjournalismus und Medien-PR. Berlin: Dahlem Universitiy Press, S. 17-38.

Ruß Mohl, Stephan/Fengler, Susanne (Hg.) (2000): Medien auf der Bühne der Medien. Zur Zukunft von Medienjournalismus und Medien-PR. Berlin: Dahlem Universitiy Press.

Sage & Schreibe Spezial (1994): Journalisten in Deutschland. Was sie denken – wie sie arbeiten. Sonderheft April 1994.

Sabato, Larry J. (2000). Feeding Frenzy. Attack Journalism and American Politics. 3. überarbeitete Auflage. Baltimore: Lanahan.

Schneider, Beate/Schönbach, Klaus/Stürzebecher, Dieter (1993a): Westdeutsche Journalisten im Vergleich: jung, professionell und mit Spaß an der Arbeit. In: Publizistik, 38. Jg., S. 5-30.

Schneider, Beate/Schönbach, Klaus/Stürzebecher, Dieter (1993b): Journalisten im vereinigten Deutschland. Strukturen, Arbeitsweisen und Einstellungen im Ost-West-Vergleich. In: Publizistik, 38. Jg., S. 353-382.

Schneider, Beate/Stürzebecher, Dieter (2001): Als wären es Seifenfabriken. Vor zehn Jahren verkaufte die Treuhand einstige SED-Zeitungen an westdeutsche Verlage. In: Berliner Zeitung vom 12.04.2001, Medien-Seite.

Literatur-Tipp

Schönbach, Klaus/Stürzebecher, Dieter/Schneider, Beate (1994): Oberlehrer und Missionare? Das Selbstverständnis deutscher Journalisten. In: Neidhardt, Friedhelm (Hg.): Öffentlichkeit, öffentliche Meinung, soziale Bewegungen. Opladen, Wiesbaden: Westdeutscher Verlag, S. 139-161.

Scholl, Armin/Weischenberg, Siegfried (1998): Journalismus in der Gesellschaft. Theorie, Methodologie und Empirie. Opladen, Wiesbaden: Westdeutscher Verlag.

Schulz, Rüdiger (1979): Einer gegen alle? Das Entscheidungsverhalten von Verlegern und Chefredakteuren. In: Kepplinger, Hans Mathias (Hg.): Angepaßte Außenseiter. Was Journalisten denken und wie sie arbeiten. Freiburg: Alber, S. 166-188.

Schulz, Winfried/Berens, Harald/Zeh, Reimar (1998). Der Kampf um Castor in den Medien. München: R. Fischer.

Shoemaker, Pamela J./Reese, Stephen D. (1996): Mediating the Message. Theories of Influences on Mass Media Content. Second edition. White Plains: Longman.

Snoddy, Raymond (1992): The Good, the Bad and the Unacceptable. The Hard News About the British Press. London: Faber and Faber.

Staab, Joachim Friedrich (1990): Nachrichtenwert-Theorie. Formale Struktur und empirischer Gehalt. Freiburg: Alber.

Storz, Wolfgang (1999): Medien und "Dritter Weg". In: Gewerkschaftliche Monatshefte, Heft 7-8/1999, S. 479-483.

Tuchman, Gaye (1972): Objectivity as strategic ritual. An examination of newsmen's notions of objectivity. In: American Journal of Sociology, 77. Jg., S. 660-678.

Weaver, David H. (1998): The Global Journalist: News People Around the World. Cresskill NJ: Hampton Press.

Literatur-Tipp

Weaver, David H./Wilhoit, G. Cleveland (1986). The American Journalist. A Portrait of U.S. Newspeople and Their Work. Bloomington: Indiana University Press.

Weaver, David H./Wilhoit, G. Cleveland (1996): The American Journalist in the 1990s. U.S. News People at the End of an Era. Mahwah: Lawrence Erlbaum.

Weaver, David H./Wilhoit, G. Cleveland (1986). The American Journalist. A Portrait of U.S. Newspeople and Their Work. Bloomington: Indiana University Press.

Weischenberg, Siegfried (1995a): Journalistik. Theorie und Praxis aktueller Medienkommunikation. Band 2: Medientechnik, Medienfunktionen, Medienakteure. Opladen, Wiesbaden: Westdeutscher Verlag.

Weischenberg, Siegfried (1995b): Enthüllungsjournalismus. Politische Notwendigkeit und ethische Problematik. In Armingeon, Klaus/Blum, Roger (Hg.): Das öffentliche Theater. Politik und Medien in der Demokratie. Bern: Verlag Paul Haupt, S. 111-130.

Weischenberg, Siegfried (1992): Journalistik. Theorie und Praxis aktueller Medienkommunikation. Band 1: Mediensysteme, Medienethik, Medieninstitutionen. Opladen, Wiesbaden: Westdeutscher Verlag.

Weischenberg, Siegfried/Bassewitz, Susanne von/Scholl, Armin (1989): Konstellationen der Aussagenentstehung. Zur Handlungs- und Wirkungsrelevanz journalistischer Kommunikationsabsichten. In: Kaase, Max/Schulz, Winfried (Hg.): Massenkommunikation. Theorien, Methoden, Befunde. Opladen, Wiesbaden: Westdeutscher Verlag, S. 280-300.

Weischenberg, Siegfried/Löffelholz, Martin/Scholl, Armin (1994). Merkmale und Einstellungen von Journalisten. In: Media Perspektiven, 4/1994, S. 154-167.

Weßler, Hartmut/Matzen, Christiane/Jarren, Otfried/Hasebrink, Uwe (Hg.) (1997): Perspektiven der Medienkritik. Die gesellschaftliche Auseinandersetzung mit öffentlicher Kommunikation in der Mediengesellschaft. Dieter Roß zum 60. Geburtstag. Opladen, Wiesbaden: Westdeutscher Verlag.

Zerdick, Axel et al. (1999): Die Internet-Ökonomie. Strategien für die digitale Wirtschaft. Berlin, Heidelberg, New York: Springer.

Kapitel 5
Publizistische Medienprodukte – im Blick der Kommunikationswissenschaft
Ralph Weiß

Das folgende Kapitel handelt von den „Medienprodukten". Diese Produkte bilden die Brücke zwischen der Tätigkeit der Journalisten und dem Publikum. Was das Publikum von den strategischen Entscheidungen eines Verlages oder den Arbeitsbedingungen in Redaktionen sowie von den professionellen Kompetenzen und Zielvorstellungen der Journalisten wahrnehmen kann, sind die Qualitäten des Angebots; in ihnen schlagen sich diese Voraussetzungen der journalistischen Tätigkeit nieder. Das folgende Kapitel beschreibt, wie man die inhaltlichen Unterschiede in Angeboten verschiedener Qualität – wie etwa von Boulevard- und Prestigezeitungen – charakterisieren kann.

An den inhaltlichen Qualitäten entscheidet sich, was die Nutzer mit den Medienprodukten anfangen können. Das folgende Kapitel zeigt, wie an den Eigenschaften der Angebote die Funktion abgelesen werden kann, für die sie gemacht sind. Insofern geht auch der Bezug zum Publikum in die Charakterisierung der Inhalte mit ein.

Die Informationsqualitäten des Medienangebots entscheiden ferner darüber, welche gesellschaftlichen Akteure vom Publikum überhaupt wahrgenommen werden können und welches

> Bild sie dabei abgeben. Daher werden die Qualitäten der Medienprodukte auch in Hinsicht auf die Frage diskutiert, was sie für den Prozess der gesellschaftlichen Meinungs- und Willensbildung eigentlich bedeuten.

1. Einleitung

Ob publizistische Angebote überhaupt Abnehmer finden, hängt von ihrem Gebrauchswert ab. Wie lässt sich aber an den Eigenschaften der Produkte erkennen, wofür sie nütze sind? Umgekehrt gefragt: Welche inhaltlichen Qualitäten müssen publizistische Produkte haben, wenn sie zu etwas nütze sein sollen? Und an welchen Nutzen kann man dabei denken?

Einer gebräuchlichen Klassifikation folgend liefern die publizistischen Angebote Informationen, die ihre Nutzer instand setzen, sich in der gesellschaftlichen Wirklichkeit zu orientieren. Darüber hinaus – und von dem ersten Angebotstyp säuberlich unterschieden – bieten sie mit ihren Kommentaren Muster für die Interpretation, Bewertung und Kritik dieser Wirklichkeit, die in die individuelle und öffentliche Meinungsbildung ein fließen. Schließlich haben publizistische Angebote etwas zu erzählen und können dadurch unterhalten. Damit sind verschiedenartige Funktionen bezeichnet, die die publizistischen Angebote nach Inhalt und Machart erfüllen können.

Aber sind die Unterschiede zwischen diesen funktionalen Angebotstypen überhaupt klar auszumachen? Werden sie nicht spätestens durch den Gebrauch, den die Rezipienten von diesen Angeboten machen, zum Verschwimmen gebracht? Die Rezeptionsforschung berichtet darüber, dass publizistische Angebote durchaus gegen die ihnen eingeschriebene Funktion „gelesen" und genutzt werden. Aus Nachrichten wird beispielsweise das Vergnügen verfertigt, aus sicherer Beobachterposition Augenzeuge aufregender Ereignisse in fernen Weltgegenden zu werden. Daily Soaps, gewiss kein Infoformat, dienen manchen Zuschauern dazu, sich über die Haltungen und die Symbole zu orientieren, in denen sich ein Lebensstil ausdrücken lässt.

Aber auch solchen eigensinnigen Lesarten liegt ein Wissen darüber zugrunde, welche Art von Geltungsanspruch den publizistischen Angeboten beigegeben ist. Auch wer Nachrichten als Unterhaltung rezipiert, weiß, dass sie keine Seifenoper *sind* – ungeachtet aller denkbaren theatralen Momente im Nachrichtenjournalismus. Den publizistischen Angeboten ist gleichsam eine Leseanleitung eingeschrieben, für welche kommunikative Funktion sie ausgelegt sind. Dem korrespondiert eine Medienkompetenz der Nutzer, die sie instand setzt, verschiedene Funktionstypen bzw. -formate publizistischer Angebote zu unterscheiden. Es bleibt daher sinnvoll zu bestimmen, was diese Unterschiede inhaltlich ausmacht.

Handbücher für die Ausbildung zur journalistischen Berufspraxis geben handwerkliche Regeln dafür an, wie unterschiedliche Darstellungsformen des Journalismus – wie etwa die Texttypen Nachricht, Interview, Kommentar usf. – „gebaut" werden können. Was die journalistische Berufskunde über den Unterschied der Angebotstypen weiß, soll im folgenden nicht wiederholt werden. Vielmehr wird es um Erkenntnisse der Kommunikationswissenschaft über Strukturen und Qualitäten des publizistischen Angebots gehen. Diese Erkenntnisse handeln von Eigenschaften publizistischer Produkte, die mit den explizierten professionellen Regeln ihrer Herstellung noch gar nicht bezeichnet sind. Sie sind aber für die Rolle, die die publizistischen Angebote für ihre Nutzer und für die Gesellschaft im Ganzen spielen, von Belang. Die Kommunikationswissenschaft gibt Antworten auf folgende Fragen:

- Nach welchen unausgesprochenen inhaltlichen Prinzipien produzieren Journalisten Informationen? Welchen Einfluss haben diese Prinzipien auf die Bilder von der gesellschaftlichen Wirklichkeit, die der Journalismus der Meinungsbildung in der Gesellschaft zur Verfügung stellt?
- Kommt es zu einer Verschmelzung verschiedenartiger Formate publizistischer Angebote wie Bericht und Kommentar, Service und Werbung? Welche Art von „Realitätskonstruktion" entsteht bei dieser Verbindung? Wie verändert sich dabei der Gebrauchswert der Medienprodukte? Was bedeutet diese

Veränderung in den Qualitäten des publizistischen Angebots für die Rolle, die die Medien für die gesellschaftliche Meinungs- und Willensbildung spielen?
- Verändert sich die Struktur der publizistischen Angebote von Medien im Ganzen? Was bedeutet das für das Verhältnis der verschiedenen Medientypen wie Print, TV, Radio und Online-Dienste zueinander?
- Wie lassen sich Trends im Journalismus wie „Sensationalismus", „Personalisierung", „Skandalisierung" inhaltlich präzise charakterisieren? Verändern solche Trends die Rolle der Publizistik in der Gesellschaft?
- Lassen sich Dimensionen bezeichnen, anhand derer man die Qualität von Medienangeboten beurteilen kann? Wie kann man inhaltliche Maßstäbe für Qualität begründen? Woran muss sich also das Ergebnis journalistischer Praxis messen lassen – und warum?

Welche Antworten die Kommunikationswissenschaft auf diese Fragen bereitstellen kann und auf welchem Wege sie diese Antworten gewinnt, das soll im Folgenden dargestellt werden.

2. Funktionale Typen publizistischer Angebote

2.1. Informieren, berichten, darstellen – Nachrichten und ihr „Wert"

Die nachrichtliche Informationsgebung gehört unstreitig zu den zentralen Leistungen des publizistischen Angebots. Der Kommunikationswissenschaftler McQuail zählt die Nachrichten zu den „wenigen originären Beiträgen der Massenmedien zur Bandbreite kultureller Ausdrucksformen" (McQuail 2000, S. 337). Journalisten entscheiden bei der Produktion von Nachrichten, was sie als das „aktuell Wichtige" auswählen. Sie führen damit den Unterschied zwischen „aktuell" und „nicht aktuell" in die Gesellschaft ein (vgl. Weischenberg 1995, S. 110). Bereits diese elementare, vom Journalismus geschaffene Unterscheidung hat Folgen. Denn sie entscheidet auch darüber, welches soziale oder kommunikative Handeln an das gesellschaftlich etablierte Bild des „aktuell Wichtigen" erfolgreich anschließen kann.

Das betrifft insbesondere die Chance politischer Akteure, mit den von ihnen besetzten Themen, die „Tagesordnung" der Gesellschaft zu prägen (siehe weiterführend Kapitel 2). Nehmen wir beispielsweise an, die Vergiftung von Nahrungsmitteln sei anhand eines Ereignisses wie der vorgeblich ersten in Deutschland an BSE erkrankten Kuh erfolgreich zum öffentlichen Thema gemacht worden und beherrsche als „Neuigkeit" die allgemeine Wahrnehmung des aktuell Wichtigen. Diese Nachrichtenlage verschafft umweltschutzpolitischen Initiativen dann ein Umfeld, das mehr Resonanz erwarten lässt als etwa die demonstrativ inszenierte Empörung autofahrender Steuerzahler.

Die von den Medien der Massenkommunikation gesetzte Unterscheidung zwischen „aktuell" und „nicht aktuell" berührt darüber hinaus die persönliche Kommunikation im Alltag. Sie entscheidet darüber, inwieweit ein Akteur voraussetzen kann, dass im Gespräch am Arbeitsplatz oder in privaten Kontexten ein von ihm angesprochenes Vorkommnis im Grundsatz bekannt und daher ohne weiteres thematisierbar ist.

Wenn Medien den Unterschied zwischen „aktuell" und „nicht aktuell" erzeugen und dieser Unterschied Folgen für gesellschaftliche Akteure zeitigt, so fragt sich, nach welchen Kriterien sie diesen Unterschied machen. Was lässt es eine Information wert sein, zur Nachricht zu werden? Die Entlassung von Fritz Mustermann gibt keine Nachricht her, die des Regierungschefs schon. Bei dem Beispiel scheint die Sache klar. Aber was sind jenseits einzelner Beispiele die Regeln, nach denen – in diesem Fall wie in anderen, vielleicht weniger eindeutigen – entschieden wird?

Die Faktoren des „Nachrichtenwertes" zu ermitteln, macht sich die gleichnamige Forschung zum Anliegen. Sie will die Dimensionen aufdecken, anhand derer Medien jene „Welt- und Gesellschaftsbeschreibungen" entwerfen, „an denen sich die moderne Gesellschaft innerhalb und außerhalb des Systems ihrer Massenmedien orientiert" (Luhmann 1996, S. 174). Mit den Prinzipien der Nachrichten soll zugleich entziffert werden, welche Kriterien der Relevanz das Bild bestimmen, das sich die Gesellschaft anhand der Medienangebote von ihrem Binnenleben sowie von dem Geschehen sonstwo in der Welt machen kann.

Abb. 5.1.:
Nachrichtenfaktoren nach der Definition von Schulz

Faktor	Definition: Der Nachrichtenwert eines Ereignisses ist umso größer, -
STATUS	
Elitenation	je mächtiger die beteiligte(n) Nation(en)
Elite-Institution	je mächtiger die beteiligte(n) Institution(en) oder Organisation(en)
Elite-Person	je mächtiger, einflussreicher, prominenter die beteiligten Akteure
VALENZ	
Aggression	je mehr offene Konflikte oder Gewalt vorkommen
Kontroverse	je kontroverser das Ereignis oder Thema
Werte	je stärker allgemein akzeptierte Werte oder Rechte bedroht sind
Erfolg	je ausgeprägter der Erfolg oder Fortschritt
RELEVANZ	
Tragweite	je größer die Tragweite des Ereignisses
Betroffenheit	je mehr das Ereignis persönliche Lebensumstände oder Bedürfnisse einzelner berührt
IDENTIFIKATION	
Nähe	je näher das Geschehen in geografischer, politischer, kultureller Hinsicht
Ethnozentrismus	je stärker die Beteiligung oder Betroffenheit von Angehörigen der eigenen Nation
Emotionalisierung	je mehr emotionale, gefühlsbetonte Aspekte das Geschehen hat
KONSONANZ	
Thematisierung	je stärker die Affinität des Ereignisses zu den wichtigsten Themen der Zeit
Stereotypie	je eindeutiger und überschaubarer der Ereignisablauf
Vorhersehbarkeit	je mehr das Ereignis vorherigen Erwartungen entspricht
DYNAMIK	
Frequenz	je mehr der Ereignisablauf der Erscheinungsperiodik der Medien entspricht
Ungewissheit	je ungewisser, offener der Ereignisablauf
Überraschung	je überraschender das Ereignis eintritt oder verläuft

Quelle: Schulz 1997, S. 70-72

Der Versuch, die „Faktoren" des „Nachrichtenwerts" zu bestimmen, geht auf die Medientheorie Lippmanns aus den zwanziger Jahren zurück. Die Nachrichtenwerttheorie nimmt seither einen theoretischen Blickwinkel ein, der den Prozess der Nachrichtenerstellung so auffasst, wie er den Journalisten praktisch vorkommt: als ein Vorgang der *Auslese* des Berichtenswerten aus der Flut in der Redaktion eingehender Informationen (vgl. Lippmann 1964 (1922), S. 352). Galtung und Ruge (1965) haben einen Katalog von Faktoren entwickelt, anhand dessen sie ermitteln, welche Eigenschaften ein Ereignis aufweisen muss, um von Redaktionen aufgenommen und als Nachricht weitergegeben zu werden. Anhand dieser selektionssteuernden „Nachrichtenfaktoren" wollen Galtung und Ruge beschreiben, welche impliziten kulturellen und weltanschaulichen Vorannahmen wie ein Wahrnehmungsfilter bei der Nachrichtenauswahl funktionieren. Mit Blick auf das publizistische Angebot ausgedrückt, bezeichnen die Nachrichtenfaktoren die Grundprinzipien des Weltbildes, das die Nachrichtengebung entwirft. Schulz (1976) hat den Katalog der Nachrichtenfaktoren überarbeitet und gibt ihnen die in Abbildung 5.1. wiedergegebene Definition.

Eine Reihe empirischer Erhebungen zeigt, dass sich mit diesen Faktoren die Konstruktion von Realitätsbildern in den Nachrichtenmedien in ihrer inhaltlichen Struktur bestimmen und erklären lässt.

Exkurs

> Für solche empirischen Analysen gelten methodische Anforderungen, die für die Beurteilung ihrer Aussagefähigkeit wichtig sind. Zunächst ist eine „Grundgesamtheit" von Medienprodukten zu bestimmen, über die Aussagen gemacht werden sollen. Als Grundgesamtheit kann etwa die Berichterstattung in den Politikteilen der Tagespresse oder aber die tagesaktuelle Berichterstattung insgesamt unter Einschluss von Hörfunk und Fernsehen gewählt werden. Darüber hinaus muss angegeben werden, auf welchen sozialen Raum (Land, Nation o.a.) und auf welchen historischen Zeitrahmen sich die Analyse bezieht. Sodann wird eine Auswahl von Medien sowie von Texten aus diesen Medien zusammengestellt, für die begründet werden muss, dass sie ein repräsentatives verkleinertes Abbild der Grundgesamtheit an Medienprodukten darstellt.
>
> Um an den ausgewählten Texten erfassen zu können, wie stark die „Nachrichtenfaktoren" in ihnen ausgeprägt sind,

wird für die Faktoren eine detaillierte Beschreibung entwickelt, die ihr Vorhandensein am Text ablesbar machen soll; diese „Operationalisierung" kann beispielsweise für den Faktor „Elite-Nation" lauten: „ständige Mitglieder des UN-Sicherheitsrats" als operationaler Anhaltspunkt für die höchste Ausprägung auf dieser Dimension (vgl. Schulz 1997, S. 70). Wie stark in einer Nachricht eine Dimension wie der Elite-Status beteiligter Nationen oder offene „Aggression" inhaltlich ausgeprägt ist, wird sodann anhand einer abgestuften Skala erfasst.

Das Maß an Übereinstimmung, mit der verschiedene Bearbeiter die Ausprägung der Nachrichtenfaktoren diagnostizierten, gilt dabei als Beleg, dass bei diesem Verfahren, Medieninhalte systematisch zu klassifizieren, tatsächlich die „objektiven" Texteigenschaften und nicht subjektive Auffassungsunterschiede derjenigen, die die Klassifikation vornehmen, erfasst worden sind. Die Indizes für die „Reliabilität" der systematischen Inhaltsklassifikation fungieren daher als methodische Gütekriterien, über die jede Inhaltsanalyse Rechenschaft abgeben sollte. (Für eine Diskussion der Bedeutung der Zuverlässigkeit und ihres Zusammenhangs mit der „Gültigkeit" inhaltsanalytischer Befunde siehe etwa Merten 1983, S. 300-311).

Sind Medientexte auf diese Weise systematisch klassifiziert, so kann eine Vielzahl von Vergleichen angestellt werden: Zwischen Nachrichtenagenturen und Tageszeitungen, zwischen Boulevard- und Qualitätszeitungen, zwischen dem nachrichtlichen Bild des „aktuell Wichtigen" in verschiedenen Ländern oder in verschiedenen historischen Phasen derselben Gesellschaft. Die Differenzen, die sich auf diese Weise beobachten lassen, erlauben einen Schluss darauf, welche historischen, sozialen oder kulturellen Kontexte Einfluss auf die mediale Konstruktion der aktuell relevanten „Wirklichkeit" haben und welche Rolle dafür Prinzipien der journalistischen Aussagenproduktion spielen. Diese können mit dem institutionellen Kontext divergierender Medientypen (Print versus TV, Boulevard versus Qualitätszeitung) und mit historisch gebundenen professionellen Orientierungen variieren.

Publizistische Medienprodukte

In der Nachrichtengebung dominieren die Ereignisse, bei denen Faktoren wie „Tragweite", „Elitestatus des Akteurs" oder „Kontroverse" besonders stark ausgeprägt sind. Darüber hinaus „sind die berichteten Ereignisse zugunsten der Nachrichtenfaktoren verzerrt: Ist ein Ereignis aufgrund dieser Kriterien für Nachrichten würdig befunden, werden die Merkmale, die seinen Nachrichtenwert bestimmen, von den Medien akzentuiert, überbetont" (Schulz 1997, S. 69). Das Bild, das von den Vorgängen in Politik und Gesellschaft entsteht, wenn die Nachrichtenfaktoren bestimmen, was eine Information wert ist und worauf diese Information Wert legt, ist demnach auf systematische Weise „verzerrt". McQuail zeichnet die Konturen des „Weltbildes der Nachrichten" nach.

Der „News Bias" nach der Definition von McQuail (2000, S. 322 ; Übersetzung vom Verfasser)
- In den Nachrichten der Medien sind die „Eliten" der Gesellschaft sowie offizielle Stimmen überrepräsentiert.
- Die sozialen Werte, die am stärksten betont werden, sind konsentiert und stützen den Status Quo.
- Auslandsnachrichten konzentrieren sich auf die näher gelegenen, reicheren und mächtigeren Nationen.
- Minderheiten werden unterschiedlich stark an den Rand gedrängt, ignoriert oder stigmatisiert.
- Die Kriminalitätsberichterstattung überbetont gewalttätige und individuell begangene Straftaten und vernachlässigt viele andere Risiken in der Gesellschaft.

Eine solche Weltbildkonstruktion bleibt nicht ohne Folgen. So dürfte die systematische Hervorhebung von Kontroversen und Konflikten im Verein mit der Fokussierung auf Eliteakteure ihren Teil zu folgender Diagnose über den Stand politischen Wissens in der Gesellschaft beitragen: „(E)s ist ein politisches Wissen, das sich auf Krisen und Konflikte, auf einige Protagonisten und auf die eher dramatischen Formen politischen Handelns beschränkt" (Schulz 1987, S. 135; siehe dazu weiterführend die Problematisierung inhaltlicher Tendenzen im Journalismus in Abschnitt 4 dieses Kapitels)

Hält man daran fest, dass eine Demokratie Prozesse öffentlicher Meinungsbildung braucht, die von einer auf Abwägung gegründeten Rationalität bestimmt sind (vgl. Peters 1994; Neidhardt 1994), dann braucht eine solche Öffentlichkeit folglich mehr als „Nachrichten". Deren Beschränktheiten begründen die Forderung nach einer Vielfalt unterschiedlicher Informationsformate unter Einschluss komplexer, „hintergründiger" Formen der Berichterstattung.

Die Folgen der nachrichtlichen „Realitätskonstruktion" begründen darüber hinaus inhaltsanalytische Anstrengungen, die die Art, das Ausmaß und die Richtung der systematischen „Verzerrung" des Realitätsbildes, also den *News Bias* ermitteln wollen.

Exkurs

> Für die Bestimmung eines „News Bias" werden Informationen über die Beschaffenheit der gesellschaftlichen Realität herangezogen, wie sie beispielsweise in amtlichen Statistiken vorliegen. Der Vergleich zwischen dem außerhalb der Medien verfügbaren Wissen über die gesellschaftliche Realität und dem Bild, das die Medien in die Selbstbeobachtung der Gesellschaft einspeisen, bringt zum Vorschein, nach welcher Logik die Berichterstattung einzelne Momente der gesellschaftlichen Wirklichkeit hervorhebt, andere dagegen ausblendet.

Kepplinger und Mathes stellen beispielsweise für die Berichterstattung über mehrere technikinduzierte Risiken wie die Umweltverschmutzung fest, die mediale Realitätskonstruktion „lieferte in keinem Fall ein angemessenes Bild der tatsächlichen Entwicklungen, soweit sie aus den vorliegenden Statistiken ersichtlich sind" (Kepplinger/Mathes, 1988, S. 141). Von ethnischen Minderheiten berichten Medien vorzugsweise im Kontext von Konflikten oder Verbrechen, was ihrem statistisch fassbaren Beitrag zu einschlägigen Problemen so wenig entspricht wie ihrer Rolle in der Gesellschaft überhaupt (vgl. Ruhrmann, 1999; Weiß 1996). Brosius und Esser zeigen für die Berichterstattung über ausländerfeindliche Gewalt und Rechtsextremismus, dass sie – verglichen mit der Kriminalstatistik – ihre eigenen Regeln der Hervorhebung kennt. Auf der Grundlage einer sensationsorientierten Darstellungsweise sei die Berichterstattung ferner selbst zum antreibenden Faktor im Prozess der Eskalation militanter Ausländerfeindlichkeit geworden (vgl. Brosius/Esser 1995; Brosius/Eps 1993).

Bei aller Unterschiedlichkeit der Diagnosen im einzelnen kommen kommunikationswissenschaftliche Analysen doch in der Feststellung überein: Die mediale Informationsgebung spielt eine *aktive, konstruktive Rolle* bei der Verbreitung von Vorstellungen über die gesellschaftliche Wirklichkeit, auf die die Akteure ihr Handeln stützen. Die Theorien scheiden sich jedoch bei der Beurteilung, was diese konstruktive Rolle für die Gesellschaft bedeutet (vgl. Schulz 1989, S. 139). Die einen kritisieren die Medien dafür, dass ihre Realitätskonstruktion kein angemessenes „Abbild" der gesellschaftlichen Wirklichkeit zustande bringt. Die anderen beharren darauf, dass die Einschätzung der „Angemessenheit" der Berichterstattung nicht anders denn ihrerseits als soziales und kulturelles Konstrukt zustande kommt. Die Leistung der Medien müsse daher als ein durch Selektion und Interpretation hergestellter gemeinsamer „Bezugsrahmen" für die Wirklichkeitsbilder sozialer Akteure aufgefasst werden (vgl. Schulz 1989, S. 141-146; siehe auch Merten/Schmidt/Weischenberg 1994).

Aber auch eine solche „konstruktivistische" Auffassung nimmt in den Blick, ob und wie die journalistische Informationsgebung die Wirkung ihrer „Realitätskonstruktionen" auf das Funktionieren der Gesellschaft und ihrer „Systeme" in Rechnung stellt. Weischenberg erkennt in professionellen Normen eine Form dieser Reflexivität innerhalb des Mediensystems. Er reformuliert insbesondere das Gebot der „Objektivität". Die lässt sich aus konstruktivistischer Sicht nicht als „Wirklichkeitstreue" einfordern, wohl aber in den sozial auszuhandelnden Dimensionen der „Glaubwürdigkeit, Verlässlichkeit und Nützlichkeit" (vgl. Weischenberg 1995, S. 167).

2.2. „Facts are sacred but comment is free" – Interpretation, Bewertung und Kritik

Der Journalismus kennt eine Reihe ausdrücklich meinungsbezogener Darstellungsformen wie Leitartikel, Kommentar oder Glosse. Ihnen kommt im *Diskursmodell der Öffentlichkeit* eine herausgehobene Bedeutung zu (vgl. Peters 1994; Sarcinelli 1998). Dieses Modell ist der Medienordnung unterlegt, die das Bundesverfassungsgericht in seiner Rechtsprechung auszugestalten sucht (vgl. Hoffmann-Riem/Schulz 1998).

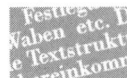

„Eine freie, nicht von der öffentlichen Gewalt gelenkte, keiner Zensur unterworfene Presse ist ein Wesenselement des freiheitlichen Staates; insbesondere ist eine freie, regelmäßig erscheinende politische Presse für die moderne Demokratie unentbehrlich. Soll der Bürger politische Entscheidungen treffen, muss er umfassend informiert sein, aber auch die Meinungen kennen und gegeneinander abwägen können, die andere sich gebildet haben. Die Presse hält diese ständige Diskussion in Gang; sie beschafft die Informationen, nimmt selbst dazu Stellung und wirkt somit orientierend in der öffentlichen Auseinandersetzung. In ihr artikuliert sich die öffentliche Meinung; die Argumente klären sich in Rede und Gegenrede, gewinnen deutlichere Konturen und erleichtern so dem Bürger Urteil und Entscheidung. In der repräsentativen Demokratie steht die Presse zugleich als ständiges Verbindungs- und Kontrollorgan zwischen dem Volk und seinen gewählten Vertretern in Parlament und Regierung. Sie fasst die in der Gesellschaft und ihren Gruppen unaufhörlich sich neu bildenden Meinungen und Forderungen kritisch zusammen, stellt sie zur Erörterung und trägt sie an die politisch handelnden Staatsorgane heran, die auf diese Weise ihre Entscheidungen auch in Einzelfragen der Tagespolitik ständig am Maßstab der im Volk tatsächlich vertretenen Auffassungen messen können." ("Spiegel-Entscheidung" des Bundesverfassungsgerichts, zitiert nach Hoffmann-Riem/Schulz 1998, S. 159 f.)

Was können Kommentare als „Medienprodukt" eigener Art für die Orientierung ihrer Leser eigentlich leisten? Das professionelle Selbstverständnis des Journalismus fordert zunächst eine klare Trennung der meinungsbetonten von der allein berichtenden Darstellung. Diese Unterscheidung wird auch im publizistischen Angebot markiert, die Texte also mit einer „Leseanleitung" versehen, als was sie genommen werden können: als „objektive" und „neutrale" Darstellung von „Tatsachen" oder als bewertende

Kommentierung. Die Rezeption und Verarbeitung der journalistischen Aussagen wird auf den so codierten Unterschied eingestellt. Worin liegt er?

Kommentare stellen die Information über gesellschaftliche Entwicklungen, politische Entscheidungen oder sonstige Vorkommnisse, denen Relevanz zugemessen wird, in Zusammenhänge. Sie bieten eine Deutung dafür an, welche Ursachen diese „Neuigkeiten" haben, und liefern eine Vorlage für die Einschätzung, wie das Vorgefallene mit Blick auf gesellschaftliche Interessen oder allgemeine Werte beurteilt werden kann. Dabei beziehen die journalistischen Kommentare Position. Sie argumentieren von einem politischen oder weltanschaulichen Standort aus. Dieser Standort bestimmt, was an einem Vorkommnis als der entscheidende Aspekt hervorgehoben wird und welche Werte zur Einschätzung herangezogen werden. So macht es beispielsweise einen Unterschied, ob die „BSE-Krise" in Hinsicht auf den Gesundheits- und Verbraucherschutz oder mit Blick auf das wirtschaftliche Schicksal des Agrarstandortes beurteilt wird – einen Unterschied sowohl darin, was als das herausragende Problem der „Krise" festgestellt wird, als auch welche Folgerungen aus dieser Feststellung abgeleitet werden.

Der politische Standort prägt so die argumentative Substanz der Deutung und organisiert das Arrangement der Argumente und Entkräftungen. Auf diese Weise wird überhaupt ein Standpunkt, der in einem sozialen Interesse oder in einer politischen Haltung wurzelt, erst zu einer Welt-Anschauung entfaltet. Der Standpunkt wird zur Beobachterposition, deren spezifischer Blickwinkel an Vorkommnissen wahrnimmt, in welchem Verhältnis sie zu dem eigenen Interesse bzw. zu der eigenen politischen Grundhaltung stehen. Das publizistische Angebot liefert den Nutzern auf diese Weise eine Vorlage für die Beantwortung der Frage: „Was bedeutet das thematisierte Geschehen für mich/für uns?" Insoweit dienen Kommentare in besonderer Weise als Hilfe zur sozialen Orientierung.

Bewertende Deutungen sind an einen politischen Standort gebunden, der die Perspektive auf das bewertete Geschehen prägt. Das limitiert ihren Geltungsanspruch. Denn die gesellschaftliche Vielfalt konkurrierender und konfligierender Interessenpositionen setzt sich in einer Pluralität von Deutungen und Bewertungen aktueller Vorkommnisse fort. Die Deutung und die Bewertung von Vorgängen sind selbst Gegenstand einer gesellschaftlichen Konkurrenz. In welcher Hinsicht soll beispielsweise die Diagnose über „Armut in Deutschland" in einem Regierungsbericht wahrgenommen und bewertet werden: als weiterer Beweis für „Verkrustungen" des Arbeitsmarktes, an denen der Wirtschaftsstandort Deutschland in der globalen Konkurrenz leidet, oder als Dokument für die Aufweichung sozialer Standards, die den Zusammenhalt der Gesellschaft bedroht? In einer solchen Konkurrenz der Weltanschauungen wird implizit auch um die Geltung der ihnen jeweils eingeschriebenen sozialen Interessen gerungen.

Die Konkurrenz der Bewertungen setzt aber eine Verständigung über die Identität des Vorgangs, der standortbezogen beurteilt wird, voraus. Insofern wird es zu einem Erfordernis der öffentlich vermittelten Konkurrenz der Standpunkte, den Unterschied zwischen der für alle gleichermaßen gültigen „objektiven" Identität des verhandelten Themas – wie etwa dem Ausmaß der BSE-Krise oder Art und Verteilung der Armut – und seiner perspektivengebundenen Ausdeutung zu konstruieren.

Dieses Erfordernis existiert zum einen als Interesse und Bedarf der Nutzer. Die Gesellschaftsmitglieder benötigen die Leistungen des Journalismus, wenn sie sich über aktuelle Vorgänge in Gesellschaft und Politik orientieren wollen. Sie müssen sich dabei darauf verlassen können, dass die Schlussfolgerungen, die sie selbst im Rahmen ihrer subjektiven Weltanschauung oder gar für ihre individuellen Lebensplanungen ziehen, auch dann Bestand haben können, wenn sie den weltanschaulichen Standort des Mediums nicht teilen. Dafür müssen sie darauf vertrauen können, dass die als „Information" aufgenommene mediale Realitätskonstruktion auch außerhalb des die medienbezogene Deutung organisierenden Standortes kommunikativ und sozial anschlussfähig ist.

Dass Nutzer darauf bauen können, machen sich die Medien selbst zum Interesse. Historisch betrachtet geht die Herausbildung der Massenpresse mit der Emanzipation der Zeitungen von Parteien und weltanschaulichen Vereinigungen zu eigenständigen Agenturen der „Realitätskonstruktion" einher. Der „Eigensinn", den die Massenmedien unter Einschluss von Hörfunk und Fernsehen entwickeln, geht dahin, nicht allein für Angehörige eines eingeschworenen, aber auch begrenzten weltanschaulichen Milieus, sondern für ein diesbezüglich entgrenztes, breites Publikum nutzbar zu sein. Um die Benutzbarkeit zu sichern, macht die Scheidung zwischen der „objektiven Berichterstattung" auf der einen Seite und dem „Kommentar" auf der anderen Sinn (vgl. Weischenberg 1995, S. 112 f.). Die Trennung von „Nachricht" und „Kommentar" gehört seither zu den herausragenden Grundsätzen, die sich Redaktionen zum Programm für die Produktion ihres publizistischen Angebots machen.

Diese Scheidung ist allerdings nicht ohne weiteres zu praktizieren. Denn wie die Nachrichtenwertforschung gezeigt hat, ist bereits die Entscheidung darüber, was als „aktuell wichtig" gelten kann, von weltanschaulichen Voraussetzungen getragen. Zugespitzt ausgedrückt:

„Eine Nachricht zu veröffentlichen ist ein politischer Akt. Eine Nachricht nicht zu veröffentlichen, ist ebenfalls ein politischer Akt." (Pürer 1991, S. 49)

Gleichwohl ist es mit Rücksicht auf die Funktion des publizistischen Angebots für die Nutzer erforderlich, die Differenz zwischen „objektiver Informationsgebung" und „Kommentierung" zu markieren.

„Das Konstruktionsprinzip harter Nachrichten zwingt den Journalisten zur Interpretation: Was hält er für das Wichtigste? Der Journalist hat dabei die Aufgabe, möglichst objektiv für seine Leser auszuwählen: Die Nachricht ist eine dienende Form." (Mast 1994, S. 186)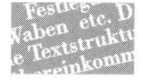

Die zentrale Rolle, die diese Differenz im publizistischen Angebot und in der Folge auch in der Wahrnehmung der Nutzer spielt, hat zu kommunikationswissenschaftlichen Studien motiviert, die rekonstruieren, wie die journalistische Aussagenproduktion die Differenz von „Information" und „Meinung" konstruiert.

Schönbach (1977) ermittelt in einer grundlegenden Studie, dass journalistische Informationsgebung auch dann implizit kommentierenden, meinungsbezogenen Charakter haben kann, wenn sie auf ausdrücklich wertende Wendungen in der berichtenden Darstellung verzichtet.

Exkurs

> Schönbach analysiert exemplarisch die Berichterstattung einer Vielzahl von Tageszeitungen unterschiedlichen Typs sowie öffentlich-rechtlicher Rundfunkanstalten über den Status Berlins im Frühjahr 1971. Er unterscheidet dabei zwischen der Darstellung von Tatsachen (wie dem Stattfinden von Ereignissen), der Wiedergabe von Bewertungen (etwa von politischen Akteuren) sowie der journalistischen Kommentierung von wiedergegebenen Tatsachen und Bewertungen (Schönbach 1977, S. 35). Mittels einer Inhaltsanalyse erfasst er, welche Positionen von politischen Akteuren artikuliert und zur Veröffentlichung angeboten werden. Er überprüft dann bei den tatsächlich von Medien veröffentlichten Argumenten, inwieweit sie so – einseitig – aus den von den politischen Akteuren artikulierten Positionen ausgewählt bzw. hervorgehoben werden, dass sie mit den Argumenten, die die Redaktion in ihren Kommentaren vertritt, zusammenstimmen. In dieser „Synchronisation" von Berichterstattung und Kommentierung erkennt Schönbach (1977, S. 54) einen „indirekten Verstoß gegen die Norm, Berichterstattung und Kommentierung zu trennen".

Die Ergebnisse der Argumentationsanalyse führen Schönbach (1977, S. 111 f.) zu dem Schluss: „Massenmedien synchronisieren partiell", in Teilen ihrer Berichterstattung und „nur innerhalb eines recht engen Rahmens". Aus dem ist die Nachrichtengebung weitgehend ausgenommen. Dagegen stellt Schönbach bei der Darstellungsform der Reportage eine sehr weitgehende „Synchronisation" mit der Kommentierung fest (1977, S. 113). Das Ausmaß der „Synchronisation" von Berichterstattung und Kommentierung variiert – Schönbachs Befunden zufolge – auch mit dem Medientyp. Es ist bei Boulevardzeitungen besonders stark ausgeprägt (vgl. Schönbach 1977, S. 114, 118). Schönbach sieht durch diese Form indirekter Kommentierung die Orientierungsfunktion der Berichterstattung gefährdet.

„Rationale Entscheidungsfindung bedarf möglichst vollständiger Informationen. Synchronisation von Nachricht und Meinung verkürzt sie. Da sie darüber hinaus immer die gleichen Aspekte der Wirklichkeit kappt, andere überbetont und so den Rezipienten keine Chance lässt, sich wenigstens mosaikartig ein Bild der Realität aufzubauen, wird sie um so gefährlicher." (Schönbach 1977, S. 161)

Kepplinger (1989) entwickelt – von der Beobachtung der Synchronisation von Berichterstattung und Kommentierung ausgehend – eine „Theorie publizistischer Konflikte". Die Theorie entwirft ein Modell für die Rolle der Publizistik in polarisierten politischen Konflikten. Kepplinger geht über das von Schönbach beschriebene Konzept der „Synchronisation" hinaus, indem er annimmt, dass politische Positionen nicht allein durch die selektive Bevorzugung explizit wertender Aussagen publizistisch unterstützt werden könnten; vielmehr sei auch die Thematisierung einfacher Gegebenheiten geeignet, eine Position zu stützen oder zu schwächen. Ein Beispiel liefert ihm die Diskussion über die Kernenergie. Hier trage die besonders herausgehobene Berichterstattung etwa über „Störfälle" zu der Delegitimierung einer AKW befürwortenden Position bei (vgl. Kepplinger 1988). Die zielgerichtete publizistische Hervorhebung einschlägiger „Gegebenheiten" fungiere allgemein betrachtet wie ein „Instrument" der meinungssteuernden impliziten Bewertung. Kepplinger wählt daher auch als Schlüsselbegriff seiner Theorie die „instrumentelle Aktualisierung".

„Eine instrumentelle Aktualisierung liegt vor, wenn eine instrumentelle Gegebenheit, die objektiv in einem Zusammenhang mit dem zentralen Konflikt-Gegenstand steht oder subjektiv so wahrgenommen wird (objektive, subjektive Instrumentalität), öffentlich in den Vordergrund gerückt wird. Dies kann durch die Kontrahenten, die Massenmedien oder Dritte geschehen. Ein Beispiel hierfür ist eine intensive Berichterstattung über die schlechten Lebensbedingungen der Indianer unter der Herrschaft der Sandinisten. Entscheidend ist hier nicht, ob die Darstellung korrekt ist, sondern dass sie dem einen Kontrahenten schadet, indem sie seine Legitimation diskreditiert." (Kepplinger 1989, S. 205).

Die „instrumentelle Aktualisierung" stützt sich auf ein gesellschaftlich weithin akzeptiertes Wertverständnis, das es unstreitig erscheinen lässt, ob eine „Gegebenheit" als positiv oder negativ wahrgenommen und in der Folge den als verantwortlich ausgemachten Akteuren gut geschrieben oder zur Last gelegt wird. Die „instrumentelle Aktualisierung" ruht also auf einem vorherrschenden Wert- und Weltverständnis auf und bekräftigt es zugleich. Dieser affirmative Bezug auf ein dominierendes Weltverständnis sei, so Kepplinger, in publizistischen Konflikten aussichtsreicher als die denkbare zweite Strategie, den Versuch der Revision von Bewertungen (vgl. Kepplinger 1989, S. 207). Tatsächlich ermitteln Kepplinger u.a., dass die Konkurrenz „redaktioneller Linien" weniger als argumentativer Streit um die unterschiedliche Bewertung derselben Sachverhalte als vielmehr durch die unterschiedlich gewichtete Hervorhebung gleichartig bewerteter „Gegebenheiten" ausgetragen wird (Kepplinger 1989, S. 213, 217). Als Methode im Kampf um die öffentlich beschaffte Legitimität werde die instrumentelle Aktualisierung – Kepplinger zufolge – sowohl von politischen Akteuren als auch von den Medienakteuren eingesetzt (vgl. ebd., S. 206).

Kepplinger sucht mittels einer Inhaltsanalyse der Berichterstattung in einigen führenden Printmedien sowie in öffentlich-rechtlichen Rundfunkprogrammen das Phänomen der instrumentellen Aktualisierung für eine Reihe von Konfliktthemen zu rekonstruieren. Er kommt zu dem Schluss: „Bei den meisten Publikationsorganen stimmte die Tendenz der Meldungen weitgehend mit der Tendenz der Kommentare überein, wodurch die Berichterstattung die Kommentierung zu bestätigen schien" (Kepplinger 1989, S. 216). Dem negativistischen Grundzug der aktuellen Berichterstattung folgend wird die Meinungstendenz vor allem durch die Akzentuierung solcher „Gegebenheiten" realisiert, die ein schlechtes Licht auf die von den Redaktionen – ausweislich ihrer Kommentare – eher abgelehnte Position werfen.

Kepplinger sieht die Rolle der Medien darin, die unvermittelt nebeneinander gestellten weltanschaulichen Positionen gleichsam nach dem Muster der „Rhetorik" zu unterstützen, d.h. durch die Konstruktion eines Realitätsbildes, das sich aus entsprechend beigezogenen bzw. akzentuierten meinungsstützenden „Tatsachen" zusammensetzt. Er stützt sich dabei auf eine revidierte Lesart, die Staab (1990) der Theorie der Nachrichtenfaktoren gegeben hat. Staab macht geltend, die Dimensionen des „Nachrichtenwertes" könnten nicht als gleichsam nur aufgefundene Eigenschaften der Ereignisse selbst verstanden werden. Vielmehr könnten Dimensionen wie „Tragweite", „Schaden", „Erfolg" o.a. durch geeignete journalistische Hervorhebung den Ereignissen erst zugeschrieben werden, um ihnen öffentliche Beachtung zu verschaffen.

Die instrumentelle journalistische Zuschreibung der einschlägigen Eigenschaften erfolgt zu dem Zweck, Aufmerksamkeit bei der angesprochenen Nutzerschaft zu erzielen. Diese „finale Lesart" teilt mit der „kausal" ausgelegten Nachrichtenwerttheorie die Auffassung, dass die Nachrichtenfaktoren bezeichnen, welches die gesellschaftlich etablierten Kriterien der Wahrnehmung und der Aufmerksamkeit sind (vgl. Schulz 1997, S. 84f.).

Was soll man aber davon halten, wenn das publizistische Angebot in sich den Unterschied zwischen „berichtenden" und „kommentierenden" Darstellungsformen markiert, diese Unterscheidung bei näherem Hinsehen aber durch „Synchronisation" und „instrumentelle Aktualisierung" mindestens zum Teil auf verdeckte Weise wieder aufgehoben wird? Muss man diese Unterscheidung dann nicht als bloßen Schein abtun und als Regel für die journalistische Praxis aufgeben? Darauf gibt Schulz eine erschöpfende Antwort.

„Sind solche Vorschriften, sind Forderungen nach Sachlichkeit, Wahrheit und Objektivität des Journalismus nicht weltfremd und angesichts der Arbeits- und Funktionsbedingungen der Massenmedien unrealistisch? Muss man sich nicht auf den ‚pragmatischen' Standpunkt stellen, dass Nachrichten mit Wahrheit wenig zu tun haben, wie es Walter Lippmann sinngemäß ausdrückte? Wäre es nicht ‚realistischer', so abstrakte Forderungen wie die nach Objek-

tivität aufzugeben und einfach zu akzeptieren, dass die Medien kein verzerrungsfreies Bild der Wirklichkeit bieten können, dass sie mehr oder weniger parteilich sind und dass sie politische Prozesse nach den Maßstäben ihres Handelns beeinflussen? [...]

Ein solcher Standpunkt enthält zwei Missverständnisse Zum einen übersieht er den Unterschied zwischen Beschreibung und Normierung. Wenn die empirische Beschreibung der Zustände zu dem Ergebnis kommt, dass diese defizitär sind, muss das nicht bedeuten, dass man die Defizite akzeptiert oder gar zur Norm erhebt. Zum anderen erkennt er nicht die soziale Funktion von Normen, seien diese nun relativ unspezifisch als Verhaltensprinzipien oder relativ spezifisch als rechtliche Vorschriften gefasst. Ihre Funktion besteht in der *Verhaltenssteuerung* nach Maßgabe von Zielvorstellungen, Idealmodellen, sozialen Werten. Dabei wird vorausgesetzt, dass die Ziele oder Ideale letztlich nicht erreicht werden können. Aber es wird doch erwartet, dass sich das Verhalten durch die Anerkennung der Norm den erwünschten Zielen annähert bzw. im Sinne der Ideale oder Werte ändert – schlicht gesagt: bessert.

Objektivität und Wahrheit sind daher durchaus sinnvolle, das Verhalten der Medien steuernde Normen. Wenn man dies erkennt und anerkennt, stellen sich die Beziehungen zwischen Medien und Politik eher als operationales Problem dar denn als ein Machtproblem: Wie kann man die Anerkennung der Normen durch die Medien sichern und wie kann man dies vor allem durch Regeln erreichen, die in der praktischen Tagesarbeit des Journalismus handhabbar sind?

Einen Teil dieser Aufgabe leisten rechtliche Vorschriften, wie sie in den allgemeinen Gesetzen und in den verschiedensten Mediengesetzen formuliert sind. [...] Ein anderer, wichtiger Teil der Verhaltenssteuerung von Medien und Journalisten ist durch Normen vorgesehen, die den Charakter von ethischen oder beruflichen Grundsätzen haben." (Schulz 1997, S. 238f.)

2.3. Erzählen und Unterhalten – der Journalist als „Barde"

Das „Erzählen" ist in journalistischen Darstellungsformen wie der Reportage und dem Feature zu Hause. Das journalistische Erzählen will, so lässt es sich einschlägigen Handbüchern für die journalistische Praxis entnehmen, ein behandeltes Thema als Geschehen „lebendig werden lassen". Es rückt das Handeln von Akteuren in den Blick, bringt dem Leser das Geschehen so nahe, wie ein Akteur oder der Reporter selbst es erlebt; journalistische „Erzählungen" beglaubigen die Zusammenhänge und Einschätzungen, die sie gleichfalls zur Sprache bringen, durch das facettenreiche Arrangement anschaulich beschriebener Szenen. Diese „Wirklichkeitsschilderung mit subjektiven Mitteln" will den Leser am Geschehen möglichst sinnlich und unmittelbar teilhaben lassen (vgl. Mast 1994, S. 194 f.). Die Handreichungen für die journalistische Praxis heben als kennzeichnende Eigenschaft diese Form der Darstellung hervor, dass sie ob ihrer vorgeblichen Lebensnähe zu unterhalten vermag; sie gilt deshalb auch als besonders attraktiv für die Leser.

Unstreitig können Reportagen oder Features eine Form der informierenden Beschreibung mit unterhaltsamen Qualitäten sein. Aber welche sind das? Und was bedeuten die unterhaltenden Qualitäten für die Art der Information, die dem Leser geboten wird? Unterhaltsamkeit ist nicht per se ein Gegensatz zur Information, aber sie ist auch noch nicht dasselbe wie gelungene Information. Daher ist beider Verhältnis zu klären. Das ist nicht so einfach; denn die Begriffe liegen auf unterschiedlichen „Ebenen".

Begriffe wie beschreiben, darstellen, informieren bezeichnen bedeutungsschaffende kulturelle Leistungen, die ihren Nutzern Vorgänge oder Themen der Gesellschaft geistig verfügbar machen. Die Unterhaltsamkeit verweist dagegen zunächst nur auf ein subjektives Befinden, das sich im Zuge der Aneignung dieser Leistungen einstellen mag. Die Begriffe liegen nicht auf derselben Beschreibungsebene. Daher bleibt, was mit der Unterhaltsamkeit angesprochen, aber nicht inhaltlich bestimmt ist, in Eigenschaften der publizistischen Angebote selbst zu bezeichnen. Was bedeuten die Formen journalistischen Erzählens für die Eigenschaften publizistischer Realitätskonstruktion? Wie ordnen und organisieren die typischen Texteigenschaften erzählender Darstellungsformen die geistige Struktur des gezeichneten Wirklichkeitsbildes?

Dem professionellen Selbstverständnis gelten Reportage und Feature mit ihren subjektiven Elementen und ihrer lebendigen Anschaulichkeit als spezifische Instrumente für den übergreifenden Auftrag des Journalismus, durch seine Informationsgebung für die Kenntnis des aktuell Wichtigen in der Gesellschaft zu sorgen, auf diese Weise Orientierung zu ermöglichen und zu kompetentem Handeln zu befähigen. Es ist allerdings auch eine Umkehrung denkbar: Journalismus macht sich dann die durch die Besonderheiten der Darstellungsform begründeten Erlebnisqualitäten seiner Produkte für die Nutzer zum Zweck und wählt die „Neuigkeiten" und „Themen", die er zur Kenntnis gibt, für diesen Zweck aus.

Inwieweit eine solche Umkehrung der Funktion des Journalismus praktisch vollzogen wird, welche Medien sie ggf. praktizieren und inwieweit sie dabei für andere Medien Maßstäbe setzen, denen diese folgen müssen, inwieweit also insgesamt die Rolle des publizistischen Angebots als Medium der Selbst- und Fremdbeobachtung der Gesellschaft auf eine andere Funktionalität umgestellt wird, das ist Gegenstand systematischer Beobachtung durch kommunikationswissenschaftliche Programm- und Inhaltsanalysen. Sie liegen vor allem für das Fernsehen vor.

Literaturhinweis

Die privaten Fernsehanbieter unterliegen den Regelungen des Rundfunkstaatsvertrages, der allgemeine Anforderungen an die Breite und Qualität von Programmleistungen formuliert. Sie sind insbesondere für die Einstufung als Voll- oder Spartenprogramm wesentlich. Die mit der Aufsicht über den privaten Rundfunk betrauten Landesmedienanstalten lassen deshalb untersuchen, wie die Programmangebote der privaten Sender tatsächlich beschaffen sind (siehe Weiß, Hans-Jürgen/ Trebbe, Joachim (2000): Fernsehen in Deutschland 1998-1999. Programmstrukturen, Programminhalte, Programmentwicklungen. Berlin: Vistas.). Die öffentlich-rechtlichen Fernsehanstalten müssen ihr Gebührenprivileg durch Programm-

Publizistische Medienprodukte 263

> leistungen von überragender Qualität legitimieren. Sie legen daher durch regelmäßige Programmstrukturanalysen, die sie von dem Institut für empirische Medienforschung ausführen lassen, Rechenschaft ab (siehe Krüger, Udo Michael/Zapf-Schramm, Thomas (2001): Die Boulevardisierungskluft im deutschen Fernsehen. In: Media Perspektiven 7/2001, S. 326-344).

Programm- und Inhaltsanalysen beschreiben die Qualitäten des publizistischen Angebotes auf zwei Ebenen:

1. durch die Klassifikation der Sendungsformate (im Bereich der publizistischen Angebote unterscheidet beispielsweise Krüger zwischen Nachrichtensendungen, politischen Informationssendungen, Ratgebersendungen, boulevardorientierten Informationssendungen u.a.; vgl. Krüger/Zapf-Schramm 2001, Krüger 2000) sowie
2. durch die Zuordnung des Inhalts einzelner Sendungsbeiträge zu Themenfeldern wie Politik, Wirtschaft, Kultur und Wissenschaft, Prominenz, Katastrophen, Kriminalität u.a.

Die Beschreibungsebenen sind miteinander verknüpft, da die vorherrschende thematische Substanz der Beiträge die Zuordnung zu Sendungsformaten mit bestimmt.

Diese Art der Klassifikation geht streng genommen nicht auf die formalen Besonderheiten erzählender Darstellungsformen ein; sie kann aber über die Darstellungsabsicht und -leistung immerhin soviel aussagen, wie sich dem journalistisch offerierten „Stoff" ablesen lässt. Krüger zeigt, dass das publizistische Angebot der privaten Fernsehprogramme neben den Nachrichten schwerpunktmäßig „boulevard-" respektive „unterhaltungsorientierte Informationssendungen" bereitstellt (Krüger 2000, S. 282-286). Das thematische Inventar der nicht-tagesaktuellen Informationssendungen wird vor allem von Geschichten über Prominente, über Show Business und Lifestyle sowie über Katastrophen oder Unglücke und Kriminalfälle beherrscht (vgl. ebd., S. 288-291). So offeriert beispielsweise RTL in seinem Magazin „Explosiv" Nachrichten aus der Welt des Verbrechens, der Katastrophen und Unglücke sowie des Glamours, während die Sphären der Politik, der Wirtschaft oder der Kultur in dieser Sendung kaum zur Darstellung gebracht werden (vgl. ebd., S. 290 f.). Krüger erkennt in der Programmentwicklung einen Trend, wonach die Informationsformate „stärker in den nicht-politischen Bereich ausdifferenziert" wurden (ebd., S. 293).

Was Krüger von der Machart dieser publizistischen Angebote beschreibt, mutet wie die Fortsetzung und Komplettierung der Erlebnisangebote von Filmen, Serien und Talkshows mit den Mitteln des Journalismus an. Diese Grenzüberschreitung erheben Protagonisten des „Borderline-Journalismus" zum Programm. Sie machen sich an der Verschmelzung der journalistischen Darstellungsform des „Reports" mit einer schriftstellernden Ausdrucks- und Einbildungskraft zu schaffen.

„Borderline-Journalismus":
„Wir wollen schreiben, worüber geredet wird. Und wenn wir etwas nicht recherchieren können, machen wir es eindeutig als Gerücht kenntlich. Damit sind wir ehrlicher und unterhaltsamer als andere. Medien sind ohnehin niemals objektiv oder wahrhaftig. Wir sagen uns: Wenn wir schon Teil der Lüge sind, dann gehen wir lieber offensiv damit um." (Heusinger, Internet-Nachrichtendienst „Thema1", Die Zeit, , 22. Februar 2001, S. 35)

Ein solches publizistisches Programm schafft allerdings erst, was Heusinger dann als „ohnehin" vorfindliche Tatsache ausgibt: das Verwischen der Grenzen zwischen aufmerksamkeitsheischender „Dichtung" und verlässlicher „Wahrheit". Was aber kreiert der „offensive" Gebrauch der Freiheiten zum Geschichtenerzählen? Welche Realitätsbilder lässt er entstehen? Und was taugen sie für die Orientierung der Nutzer?

Mit der Aufklärung der besonderen geistigen „Ordnungsformen", die journalistisches Erzählen den medialen Realitätsbildern verleiht, befasst sich die hermeneutische „Diskursanalyse". Sie bezieht aus der Sprach- und Literaturwissenschaft ihre theoretischen Wurzeln (vgl. van Dijk 1983). Hickethier (1998) greift einen Gedanken von Fiske und Hartley (1978) auf, die im Fernsehen einen modernen „Barden" erkennen. Wie ehedem ein

"Barde" berichtet das Fernsehen von dem Geschehen der Welt, indem es dieses Geschehen in vertraute Muster übersetzt: Es verwandelt die Akteure in die bekannten dramatis personae, Helden und Schurken, Opfer und Beschützer. Auch die dramaturgischen Sequenzen sind vertraut (Exposition eines Problems, Verwicklung, Zuspitzung und Auflösung oder offenes Ende bei unabgeschlossenen seriellen Erzählungen, deren beruhigender Ausgang durch die Erzählerposition verbürgt ist).

Hickethier (1997, 1998) führt vor, inwieweit diese "bardische Funktion" auch für die Nachrichten mit ihrem objektivierenden "Darstellungsgestus" rekonstruiert werden kann. Er attestiert dem Fernsehen die Neigung, abstrakten, "komplexen Themen" durch Personalisierung eine dramaturgische Grundstruktur zu geben, denn: "Personalisierte Ereignisse lassen sich [...] besser erzählen, sind leichter zu visualisieren" (Hickethier 1998, S. 189).

Als Erzählmedium schafft und erzwingt das Fernsehen Einfachheit und Übersichtlichkeit; es ignoriert, was sich diesem Gebot nicht fügt. Das Fernsehen favorisiert damit die "Inszenierung", d.h. die Übersetzung eines Problems respektive einer Position zur Problemlösung in ein anschaulich fassbares szenisches Arrangement, das sich gleichsam unvermittelt auf eine einfache sprachlich-visuelle Formel bringen lässt (vgl. Hickethier 1998, S. 190). – Der Kanzler, umringt von sichtlich bedeutsamen Führungspersönlichkeiten und im Fokus der Mikrophone und Kameras, verkörpert die gute Absicht und die Tatkraft eines "Bündnisses für Arbeit"; ein Minister vor den Schranken des Untersuchungsgerichts gibt ein Bild ab von der angegriffenen Legitimität des Regierungsprojektes der Partei, für die er steht usw. usf. (zu Visualisierungsformen und ihren Funktionen siehe weiterführend statt vieler: Meyer/Ontrup/Schicha 2000, S. 291-305). Die Nachrichtensendungen halten den "Erzählfluss" unablässig aufrecht und sichern ihren Zuschauern den Eindruck, auf dem Laufenden, d.h. "an alle wichtigen Erzählungen angeschlossen" zu bleiben (Hickethier 1998, S. 195).

So lassen sich einige nähere Bestimmungen der inhaltlichen Qualitäten gewinnen, die sich in der "Lebendigkeit" verbergen, welche das professionelle Selbstverständnis an den narrativen Formen journalistischer Darstellung schätzt.

1. Die „Erzählungen" bekräftigen, dass die gesellschaftliche Wirklichkeit ihre sinnhafte Ordnung behält; denn sie entwerfen von ihr ein Bild, in dem die vertrauten Stereotype über „gut" und „böse", „richtig" und „falsch" wiederkehren. Das lässt die Welt einfach und überschaubar erscheinen.
2. Sie versichern auf symbolische Weise dem Betrachter, dass er an dieser überschaubaren Welt teilhat, an sie „angeschlossen" bleibt. Das beschwichtigt nicht nur die Sorge vor sozialer Isolation und Ohnmacht. Es besorgt sogar das Hochgefühl, die soziale Wirklichkeit und ihre mehr oder weniger maßgeblichen Akteure nach Maßgabe des eigenen subjektiven Empfindens für „richtig" und „falsch", „gut" und „böse" beurteilen zu können.
3. In beiden Hinsichten mag eine erzählende Darstellung als „lebensnah" und angenehm „unterhaltend" wahrgenommen werden. Legt man jedoch das oben skizzierte Modell einer deliberativen Meinungsbildung zugrunde, welche sich in Rede und Gegenrede hin zu einem vernunftgetragenen Urteil klärt, so werden Defizite deutlich. Die Vereinfachung, um die es den „Erzählungen" stets zu tun ist, beschwört das Risiko der Desinformation herauf. Mit der gewollten Nähe zum „lebendigen" subjektiven Erleben wird der Anschauung eine individuelle Perspektive vorgegeben, ohne dass deren „Ratio", der ihr zugrundeliegende Standpunkt, durchsichtig und verhandelbar gemacht würde. Die Art der Teilhabe, die die „Erzählungen" erschließen, reicht denn auch kaum über die Passivität der emotionalen Anteilnahme hinaus. Der Nutzer mag sich – angenehm – berührt finden; die geistigen Mittel zur Durchdringung und Aneignung des Dargestellten führen „Barden" nicht im Angebot.

Zusammenfassung – Funktionen und Qualitäten publizistischer Produkte

>
> Die „Nachrichtenfaktoren" geben die impliziten Regeln an, nach denen die Medien das folgenreiche Bild des „aktuell Wichtigen" zeichnen. Das Nachrichtenbild der gesellschaftlichen Wirklichkeit ist „systematisch verzerrt" – in Richtung auf machtvolle Akteure, Konflikte und Kontroversen. Gerade so wird das medienvermittelte Wirklichkeitsbild zur Grundlage von sozialem und politischem Handeln.
> Meinungen entfalten soziale Interessen und politische Positionen zur Weltanschauung. Im Kampf der Meinungen wird immer auch um die Geltung sozialer Interessen gerungen. Das Gebot der Trennung zwischen berichtenden Texten und redaktionellen Meinungsbeiträgen ist für die plurale Konkurrenz der Meinungen funktional erforderlich. „Synchronisation" und „instrumentelle Aktualisierung" heben diese Trennung auf verdeckte Weise auf: Journalismus unterstützt durch eine „instrumentelle" Auswahl des Berichteten eine favorisierte Position nach dem Muster der Rhetorik. Diese Feststellung ist zugleich eine Kritik; sie hebt die Notwendigkeit der Trennungsnorm nicht auf.
> Mit unterhaltsamen „Erzählungen" übernimmt der Journalismus die sinnstiftenden Funktionen eines „Barden". Sie besorgen die Suggestion unaufgeklärter Teilhabe.

3. Die Struktur publizistischer Angebote – Differenzierungen und Konvergenzen

Aus der Perspektive der Nutzer bietet die Medienlandschaft ein breites, teils kaum mehr überschaubares Spektrum verschiedenartiger kommunikativer Dienstleistungen. Aus dem Blickwinkel der einzelnen Anbieter betrachtet müssen sich die Medien mit ihrem Leistungsspektrum gegen ihresgleichen behaupten. Das gilt im besonderen Maße für solche Medien, die wie die verschiedenen Fernsehvollprogramme um die Aufmerksamkeit derselben Publika konkurrieren. Darüber hinaus besteht aber auch zwischen Medien unterschiedlichen Typs ein Wettbewerb um den Nutzen, den die Rezipienten von ihrem Angebot haben. So ist das Universalmedium Fernsehen, das neben Spielfilmen und Shows auch Sport und Nachrichten offeriert, eine Herausforderung für die Zeitungen, die gleichfalls Sportberichterstattung und allgemeine Informationsgebung anbieten. Beiden Medien erwächst in der Diensteplattform des Internet eine Konkurrenz. Wie suchen sich die Medien in dieser doppelten Konkurrenz zu behaupten?

Das entscheidende Mittel dieser Selbstbehauptung sind Struktur und Qualität des publizistischen Angebots. Wie gut ein Medium kraft der Qualität und der Komposition seiner publizistischen Offerten die kommunikativen Bedürfnisse seiner Nutzer erfüllt, entscheidet darüber, ob diese beispielsweise bei einer Zeitung bleiben, statt es mit einer anderen zu versuchen, und ob sie sich überhaupt weiter der Zeitung statt des mühelos verfügbaren Fernsehens bedienen, weil die ihnen etwas bieten kann, das das Fernsehen nicht zu ersetzen vermag. Wie sich die kommunikativen Interessen entwickeln, welchen Medien welcher Nutzen zugeschrieben wird, und wie sich ggf. der Gebrauch der verschiedenen und verschiedenartigen Medien verändert, darüber gibt die Nutzungsforschung Aufschluss (vgl. ARD/ZDF-Medien-kommission 2001; Kiefer 1996; siehe ausführlich Kapitel 6). In der Entwicklung der Nutzungsweisen spiegelt sich immer auch etwas von der Veränderung in der inhaltlichen Struktur und der Verfügbarkeit der publizistischen Angebote, auf die hin sich kommunikative Bedürfnisse ausbilden. Diese Strukturen und ihre Entwicklung werden von Analysen zum Gesamtspektrum der publizistischen Angebote einzelner Medien durchsichtig gemacht.

3.1. Angebotsprofil der Tageszeitungen in der intermedialen Konkurrenz

Wie können Tageszeitungen ihre „Zukunft" gegenüber der Expansion der Angebote von Fernsehkanälen, Radiosendern und von Diensten im Internet sichern? Mit Blick auf diese leitende Fragestellung untersucht Schönbach die Entwicklung von Inhalt und Gestaltung der deutschen Tageszeitungen im Zeitraum von 1989-1994 (Schönbach 1997). Die unterschiedlichen Strategien verschiedener Zeitungen, die jeweils aus einem Bündel von

Maßnahmen auf Inhalts- und Marketingebene bestehen, werden in Zusammenhang mit der Entwicklung der Leserschaften gebracht. Das bildet die Grundlage für die Einschätzung von „Erfolgsfaktoren" für die Zeitungen (Schönbach 1997).

„Im *Inhalt* trugen mehr Vielfalt der Themen und Gegenstände – vor allem im täglichen Angebot – zum Zeitungserfolg bei, aber auch mehr Hintergrundinformation und Erklärung, das Serviceangebot, Unterhaltung und Unterhaltsames. Ebenso wichtig waren redaktionelle Konzepte, die auf eine stärkere Betonung des Lokalen abzielten. [...] Eine weniger gute Idee war es offenbar, zu viel Emotionalität, die Ansprache von Gefühlen dort einzubauen, wo sie nach Ansicht der Bevölkerung offenbar nicht hingehört – in die *Information* nämlich. Diese Form eines ‚Infotainments' wird von Abonnementzeitungen offenbar nicht erwartet." (Schönbach 1997, S. 116 f.)

Eine Verbreiterung der Vielfalt der Themen und Gegenstände als erfolgreiches publizistisches Konzept – dazu passt auch gut die Beobachtung, dass die überregionalen Qualitätszeitungen massiv in die Erweiterung ihres inhaltlichen Angebots durch Beilagen investiert haben.
  Mit Blick auf die Konkurrenz gegenüber dem Fernsehen lässt sich Schönbachs Einschätzung zufolge die eigenständige Rolle der Tageszeitung vor allem dann sichern, wenn sie die Vorzüge des Konkurrenzmediums – namentlich seine Visualität und Emotionalität – nicht zu kopieren sucht, sondern kontrastiv solche Eigenschaften ihres publizistischen Angebots pflegt, in denen sie sich auszeichnet und die von dem Konkurrenzmedium nicht ohne weiteres substituierbar sind. Ist diese inhaltliche Grundlage geschaffen, dann erhöhen auch Investitionen in die Gestaltung die Attraktivität der Zeitung – namentlich Anstrengungen, um die Übersichtlichkeit und die Gefälligkeit des Layouts zu verbessern, sowie eine „Gestaltung, die wie die des Fernsehens und von Zeitschriften mehr ‚für's Auge' bot" (Schönbach 1997, S. 120).

3.2. Programmstrukturen im „dualen" Fernsehen

Die Angebotsstruktur der Fernsehprogramme wird regelmäßig untersucht. Das geht auf die rechtliche Grundlage zurück, auf deren Basis öffentlich-rechtliche und private Fernsehanbieter operieren. Ebenso wie den öffentlich-rechtlichen Rundfunkanstalten wird auch den privaten Anbietern von bundesweit verbreitetem Rundfunk durch den Rundfunkstaatsvertrag folgender „Programmgrundsatz" auferlegt:

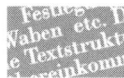

Programmgrundsätze für bundesweit verbreiteten Rundfunk laut Rundfunkstaatsvertrag:

§ 41 Programmgrundsätze.
(1) Für die Rundfunkprogramme gilt die verfassungsmäßige Ordnung. Die Rundfunkprogramme haben die Würde des Menschen sowie die sittlichen, religiösen und weltanschaulichen Überzeugungen anderer zu achten. Sie sollen die Zusammengehörigkeit im vereinten Deutschland sowie die internationale Verständigung fördern und auf ein diskriminierungsfreies Miteinander hinwirken. Die Vorschriften der allgemeinen Gesetze und die gesetzlichen Bestimmungen zum Schutz der persönlichen Ehre sind einzuhalten.
(2) Die Rundfunkvollprogramme sollen zur Darstellung der Vielfalt im deutschsprachigen und europäisierten Raum mit einem angemessenen Anteil an Information, Kultur und Bildung beitragen; die Möglichkeit, Spartenprogramme anzubieten, bleibt hiervon unberührt.
(3) Berichterstattung und Informationssendungen haben den anerkannten journalistischen Grundsätzen zu entsprechen. Sie müssen unabhängig und sachlich sein. Nachrichten sind vor ihrer Verbreitung mit der nach den Umständen gebotenen Sorgfalt auf Wahrheit und Herkunft zu prüfen. Kommentare sind von der Berichterstattung deutlich zu trennen und unter Nennung des Verfassers als solche zu kennzeichnen.

Für die systematische Klassifikation von Programmleistungen im Fernsehen sind mehrere Kategoriensysteme im Gebrauch. Es existiert dafür kein allgemein gültiger Standard (vgl. Gehrau 2001). Die vorliegenden Klassifikationssysteme orientieren sich in der Regel an der Unterscheidung von Sendungsarten, die in der redaktionellen Praxis gebräuchlich ist. Die geläufigen Sendungsformate werden dabei zumeist übergreifenden Programmkategorien wie Information, Fiction, non-fiktionale Unterhaltung, Sport und Werbung zugeordnet. Diese übergreifenden Kategorien beziehen sich auf Funktionen des Sendungsinhalts (Information, Unterhaltung, Werbung). Was die Zuordnung zu einem Sendungsformat aussagt, wird aber immer dann heikel, wenn Inhalt und Form der Sendung auf divergierende Funktionsbereiche verweisen. So können „Talkshows" nach Themenwahl und Machart eher auf die Vermittlung von Informationen zu einem Sachbereich oder aber auf die Exposition subjektiver Neigungen und Befindlichkeiten zum Zwecke der Unterhaltung angelegt sein (vgl. Gerhard 1999, S. 341; Weiß/Trebbe 2000, S. 29-31). Daher ist für eine treffsichere Klassifikation auch der Blick auf die Ebene einzelner Beiträge innerhalb von Sendungen nötig.

Beiträge werden typischerweise in ihrem Inhalt (z.B. Themenfeld Politik versus Lifestyle), ihrer Form (z.B. Reportage im Rahmen eines politischen Magazins versus Talkshow) sowie ggf. in ihrer Funktion (Information, Service, Ratgeber, Unterhaltung) bestimmt (vgl. Gerhard 1999, S. 341; Gehrau 2001). Dadurch lässt sich präziser ermessen, wie Sendungsformate spezifischen Inhalten eine Gestalt geben (Politik in Talkshows, Lifestyle oder Kriminalfälle in „Reportage"-Magazinen u.s.f.); das bestimmt zusammengenommen, auf welche Funktion sie angelegt sind.

Exkurs

Programmstrukturanalysen klassifizieren das publizistische Angebot auf der Ebene einzelner Sendungen sowie – ergänzend – auf der Ebene einzelner Beiträge in ausgewählten (meist informierenden) Sendungen. Für eine Stichprobe ausgewählter Sendetage wird jede einzelne Sendung der untersuchten Programme einer der zuvor definierten Sendungskategorien zugeordnet. Bei der Auswahl der Stichtage ist zu beachten, ob besondere Ereignisse (wie der Bruch der Oderdeiche oder die Olympischen Spiele) das Programmangebot so nachhaltig ver-

> ändern, dass kein Bild von den „durchschnittlichen" Programmleistungen entstehen kann.
>
> Die Zuordnung erfolgt entweder anhand von Programmankündigungen oder anhand von Aufzeichnungen des tatsächlich ausgestrahlten Programms. Die Ergebnisse der Programmklassifikation werden entweder für das komplette Programm (die kompletten Sendetage) oder für bestimmte Zeitfenster (wie die „prime time") ausgewiesen. Wegen der Unterschiede in der Programmstruktur der konkurrierenden Anbieter kann sich mit der Festlegung des ausschnitthaft betrachteten Programmintervalls der Eindruck von den Proportionen etwa zwischen informierenden und unterhaltenden Programmleistungen ändern. Das Ergebnis der Programmanalyse wird in der Regel als Intermedia-Vergleich dargestellt: als Vergleich von Ähnlichkeiten und Unterschieden in Umfang und Struktur von Programmleistungen.
>
> Die Klassifikation auf Beitragsebene erfolgt auf gleichartige Weise. In Sendungen, die im weiteren Sinne informierenden Charakter haben, wird für jeden einzelnen Beitrag festgehalten, welche vorab katalogartig definierten inhaltlichen Eigenschaften für ihn zutreffen. Solche Kataloge werden insbesondere für die behandelten Themenfelder, vorkommende Akteure sowie für Gestaltungsmerkmale erstellt. Auf dieser Grundlage lässt sich für die verschiedenen Sendungen ein „publizistisches Profil" ihrer Angebotsleistungen erstellen. (Zu den methodischen Anforderungen an Fernsehprogrammanalysen sowie für ein Beispiel inhaltsanalytischer Merkmalskataloge siehe Weiß/Trebbe 2000)

Weiß und Trebbe legen eine Analyse vor, die die Unterschiede in der inhaltlich-funktionalen Ausrichtung der Fernsehpublizistik auf der Ebene einzelner Beiträge klassifiziert. Es zeigt sich, dass die Informationsangebote im Vergleich der Systeme nicht nur einen unterschiedlichen Umfang haben; sie sind auch von anderer Art. Neben den Nachrichten bieten RTL und Sat.1 vornehmlich boulevard- und unterhaltungsorientierte Informationssendungen an, während bei den öffentlich-rechtlichen Anbietern politische Informationssendungen verfügbar gehalten werden (Abbildung 5.2.).

Die Themenstruktur der Fernsehpublizistik in der *Prime Time* (18 bis 23 Uhr)
(Beitragsanalyse, Zeitumfang in Prozent[1])

Themenbereiche	RTL 1998	RTL 1999	SAT.1 1998	SAT.1 1999	ARD 1998	ARD 1999	ZDF 1998	ZDF 1999
Fernsehpublizistik	32,9	31,3	20,9	27,0	35,6	33,2	45,9	39,8
Politische und andere gesellschaftlich kontroverse Themen	5,3	4,3	5,5	3,8	18,6	22,7	23,2	22,7
Politik	*3,6*	*3,4*	*4,7*	*3,4*	*15,9*	*19,7*	*16,9*	*20,1*
Wirtschaft und Gesellschaft	*1,7*	*0,9*	*0,8*	*0,4*	*2,7*	*3,0*	*6,3*	*2,6*
Nicht-politische Sachthemen aus Wirtschaft, Gesellschaft, Kultur, Natur etc.	2,0	3,2	2,7	2,0	7,0	3,4	7,3	8,0
Gesellschaftliches Leben / Gesellschaftliche Systeme	*1,5*	*3,1*	*2,5*	*1,9*	*5,0*	*2,3*	*6,3*	*7,3*
Mensch / Welt / Natur	*0,5*	*0,1*	*0,2*	*0,1*	*2,0*	*1,1*	*1,0*	*0,7*
Human Touch-Themen (Prominenz, Lifestyle, Schicksale, Verbrechen etc.)	18,0	17,4	8,1	14,1	3,9	1,7	5,6	2,5
Zerstreuungsthemen (Personality etc.)	*8,7*	*11,0*	*3,7*	*9,1*	*1,0*	*0,6*	*1,9*	*1,1*
Angstthemen (Kriminalität etc.)	*9,3*	*6,4*	*4,4*	*5,0*	*2,9*	*1,1*	*3,7*	*1,4*
Für die private Lebenswelt relevante Themen (Gesundheit, Freizeit etc.)	2,2	1,8	0,6	2,9	1,6	1,1	5,4	2,4
Verbraucherthemen	*1,2*	*0,5*	*0,5*	*2,6*	*1,4*	*0,9*	*3,4*	*1,6*
Physis- und Psychethemen	*1,0*	*1,3*	*0,1*	*0,3*	*0,2*	*0,2*	*2,0*	*0,8*
Sport	1,6	1,7	1,8	2,0	1,2	1,5	1,1	1,3
Servicethemen (Wetter etc.)	1,0	1,0	0,7	0,5	1,9	1,8	1,2	1,2
Thematisch nicht klassifizierbare Beiträge[2]	2,8	1,9	1,5	1,7	1,4	1,0	2,1	1,7
Restliches Programm	67,1	68,7	79,1	73,0	64,4	66,8	54,1	60,2
Gesamt	100	100	100	100	100	100	100	100

1 Auf die Hauptsendezeit zwischen 18 und 23 Uhr an einem durchschnittlichen Sendetag (= 5 Stunden) bezogene Prozentwerte aus jeweils zwei Stichprobenwochen für 1998 und 1999.
2 Gesamtsumme aus nicht-themenspezifischen Moderations- und Unterhaltungsbeiträgen (vgl. Tabelle 29, Anmerkung 3 und 4).

Abb. 5.2.:
Themenstruktur der Fernsehpublizistik in der Prime Time (18-23 Uhr)

Quelle: Weiß/Trebbe 2000, D 68

Der Blick auf die aktuellen Programmstrukturen offenbart auf diese Weise unterschiedliche Schwerpunktsetzungen im Typus der Programmleistungen. Im programmgeschichtlichen Vergleich kann man darüber hinaus beobachten, inwieweit neue Programmformen etabliert werden und welche Konjunkturen sie durchlaufen. So lässt sich rückblickend etwa die drastische Expansion der Talkshows rekonstruieren (Krüger 1998a). Gegenwärtig beobachten Weiß und Trebbe den Trend, dass „nicht nur die non-fiktionale Unterhaltung, sondern vor allem auch die Fernsehpublizistik als weitere Säule der Fernsehunterhaltung – zusätzlich zum ‚traditionellen' Unterhaltungsangebot der Filme und Serien – ausgebaut" wird (Weiß/Trebbe 2000, S. 183). Damit wird aber auch deren publizistische Funktion von einem Beitrag zur Meinungsbildung auf ein Angebot zur Zerstreuung umgestellt.

3.3. Die Debatte um die „Konvergenz" publizistischer Profile und die Rolle des Fernsehens als politischem Informationsmedium

Am Ausgangspunkt der Debatte um die *„Konvergenz"* der Fernsehprogrammangebote steht das Bedenken, eine allein marktrationale Strategie der Programmproduktion führe tendenziell zu einer Einschränkung der Vielfalt der Programmleistungen zugunsten der besonders quotenstarken Formate. Dabei könne der von der Konkurrenz der privaten Anbieter ausgehende Druck auch die öffentlich-rechtlichen Anstalten dazu bringen, ihr Leistungsangebot auf besonders reichweitenstarke Elemente zu reduzieren. Im Ergebnis führe diese „Kommerzialisierung" zu einer „Konvergenz" der Programmstrukturen unter Verlust programmlicher Vielfalt (vgl. Schatz, Immer, Marcinkowski 1989; Schatz 1994; siehe dazu auch Kapitel 3, Abschnitt 3.3.).

An die Vielfalt der Programmleistungen ist jedoch die Vorstellung geknüpft, dass sie für die Rolle des Fernsehens als Medium und Faktor der Meinungsbildung unverzichtbar ist. Dem liegt wiederum die Überzeugung zugrunde, dass dem Fernsehen eine herausragende Rolle für die Meinungsbildung und die Orientierung der Mitglieder einer modernen Gesellschaft zukommt. Daher müsse insbesondere eine Vielfalt unterschiedlicher Formen des Informierens wie Nachrichten, vertiefende Reportagen, Ratgebersendungen u.a. verfügbar sein, damit Zuschauer sich frei eine kompetente Meinung bilden können.

Darüber hinaus gilt die Vielfältigkeit der Themen, Motive und ästhetischen Darstellungsformen der unterhaltenden Angebote als eine Voraussetzung für die kulturelle Entfaltung der Einzelnen und für eine produktive kulturelle Entwicklung in der Gesellschaft insgesamt (vgl. Blumler/Hoffmann-Riem 1992). Das Bundesverfassungsgericht hat die Legitimität des privaten Fernsehens an die Fähigkeit namentlich des öffentlich-rechtlichen Rundfunks zur Sicherstellung einer solchen programmlichen Vielfalt gebunden (vgl. Stock 1992).

Es liegen mehrere Studien vor, die empirisch prüfen, inwieweit sich eine „Konvergenz" der Programmangebote feststellen lässt. Das wird auf verschiedenen Ebenen untersucht:

- Auf der Ebene der Programmstrukturen, also der Komposition des Gesamtprogramms aus Grundelementen wie Information, Fiction, Sport u.a., ist zu prüfen, inwieweit sich die Profile der Angebotsleistungen aneinander angleichen.
- Auf der Ebene einzelner Genres respektive Sendungsformate, die in ihrer relativen Stellung im Programm verändert oder neu eingeführt werden können (wie Daily Soaps, Boulevard-Magazine, Real Life Soaps u.a.), lässt sich ermitteln, welche Anbieter dabei eine Vorreiterrolle übernehmen und inwieweit andere erfolgreich implementierte Programminnovationen kopieren.
- Für einzelne Sendungsformate wie etwa Nachrichten oder politische Magazine lässt sich schließlich prüfen, inwieweit sie in ihrer thematischen Substanz und in ihrer formalen Gestaltung verändert und dabei an die Vorlage konkurrierender Anbieter angepasst werden.

Auf *programmstruktureller Ebene* stellt Krüger über den Zeitraum von 1985-1996 fest, dass die großen privaten Sender den Anteil der Unterhaltungsangebote an ihrem Gesamtprogramm demjenigen von ARD und ZDF angenähert haben (bei letzteren liegt er etwa bei 55 Prozent der Gesamtsendedauer). Dagegen zeige sich eine stabile und z.T. sogar wachsende Differenz zwischen dem Anteil der Informationsangebote bei ARD und ZDF von ca. 40 Prozent am Gesamtsendevolumen gegenüber zwischen 15 und 20 Prozent bei RTL und Sat.1 (Krüger 1998b, S. 164-167; anders aber Merten 1994).

Analysen für die *Genres der politischen Berichterstattung* decken Divergenzen im Informationsverständnis öffentlich-rechtlicher und privater Sender auf. Während das publizistische Angebot öffentlich-rechtlicher Informationssendungen vor allem Themen von allgemeiner Relevanz aus Politik und Gesellschaft vorstellt, wird das Portrait des „Zeitgeschehens", das die Sendungen privater Anbieter zeichnen, in wesentlich stärkerem Maße durch Themen aus dem privaten Leben von Prominenten oder Betroffenen geprägt (Marcinkowski/Bruns 1996; Krüger 1997; Pfetsch 1996). Weiß und Trebbe sehen in ihrer Programmstudie die politischen Informationsleistungen privater Sender im Vergleich zu den Ergebnissen einer früheren Erhebung sogar schwinden und stellen fest: „Aus der Perspektive der politischen Informationsleistungen ist der Abstand der privaten zu den öffentlich-rechtlichen Fernsehvollprogrammen wieder größer geworden" (Weiß/Trebbe 2000, S. 186). Aus ihrem programmanalytischen Befund schließen die Autoren auf die gesellschaftlichen Folgewirkungen der zugrunde liegenden Anbieterstrategien:

„Eine Nebenwirkung der konsequenten Ausrichtung der Fernsehvollprogramme auf die Unterhaltung der Zuschauer ist der Bedeutungsverlust des Fernsehens als Medium der politischen Information und Meinungsbildung in Deutschland." (Weiß/Trebbe 2000, S. 185).

Es ist fraglich, ob andere Medien – die Tageszeitungen oder Netzdienste – einen solchen Bedeutungsverlust wettmachen können. Selbst wenn man das Urteil von Weiß und Trebbe nicht teilt, so lässt sich doch unstreitig feststellen: Mit der Ausrichtung der Fernsehpublizistik namentlich bei den privaten Anbietern auf die Funktionalität als Element des Unterhaltungsangebots verändert sich die mediale „Wirklichkeitskonstruktion" – in ihrer thematischen Substanz und in den „geistigen Ordnungsformen", in die das Wirklichkeitsbild eingepasst wird. Sie wird von Informationsleistungen, die einer kompetenten Orientierung in Fragen von allgemeiner Relevanz dienen, auf Erzählungen umgestellt, die die Suggestion der Teilhabe am Leben derjenigen besorgen, denen die Medien allgemeine Bekanntheit oder die verbreitete Anteilnahme eines „menschlichen Interesses" verschaffen.

Programmanalysen machen systematische Differenzen in der „Bauweise" medialer Weltbilder erkennbar. Die Analysen zur „Konvergenz" nehmen in den Blick, welche Wirkungen sich aus der Konkurrenz der Fernsehanbieter auf die Struktur ihrer Programmleistungen ergeben. Die analytischen Befunde schaffen Grundlagen für eine Selbstverständigung innerhalb des Mediensystems, aber auch innerhalb der das Fernsehen nutzenden Öffentlichkeit über die Frage: Können die Qualitäten der publizistischen Angebote, an die uns die Sender schleichend gewöhnen, als hinreichende Dienstleistung für eine „freie, individuelle und öffentliche Meinungsbildung" angenommen werden? Die Programmanalysen dienen so als Instrument der Evaluation der Qualität publizistischer Angebote (vgl. Schulz 1996, S. 57). Die Befunde der empirischen Kommunikationswissenschaft sind daher eine wesentliche Quelle für den Medienjournalismus und eine unverzichtbare Wissensressource für die Reflexivität einer Mediengesellschaft.

3.4. Das Angebot des Radios – „formatiert"

Die Programmangebote des Radios sind überwiegend auf die Funktion ausgerichtet, eine gefällige Begleitung über verschiedene Zeitintervalle des Alltags zu bieten. Von dieser Regel ausgenommen sind solche vornehmlich am Abend und vor allem von öffentlich-rechtlichen Kulturprogrammen ausgestrahlten Angebote, die zu konzentriertem Zuhören einladen. Ansonsten gilt:

„Radio ist das Hintergrundmedium schlechthin, das der individuellen Zeit Geräusche gibt, Stimmen verleiht oder das mit allgegenwärtiger Musik die Stille vertreibt." (Teichert 1991, S. 275)

Im Dienst dieser Begleitfunktion steht die Nachrichtengebung, die über das „aktuell Wichtige" auf dem Laufenden hält und so den Eindruck verschafft, an die soziale Welt „angeschlossen" zu bleiben. Ihr dient ferner die Ansprache der Hörer durch die Moderation; sie ist für den Eindruck gut, Gesellschaft zu haben, ohne dass man mit diesem „elektronischen Dauergast" viel Aufhebens machen müsste. Vor allem aber sind die emotionalen Qualitäten der Musik geeignet und dafür ausgewählt, den „Hintergrund" mehr oder weniger unliebsamer alltäglicher Verrichtungen aufzuhellen (Franz/Klingler 1991, S. 542).

Begleitprogramme im Radio definieren und unterscheiden sich daher in erster Linie über die Auswahl der Musik. Von der Art der gewählten „Musikfarbe" ausgehend werden alle weiteren Elemente des Programms so ausgestaltet, dass sie sich in ein Klangbild von einheitlicher „Anmutung" einfügen. Programm- und Sendungskennungen, Tempo, Themen und Funktionen der Moderation, die akustische Gestaltung der informierenden Beiträge sowie die rhythmische Anordnung der Programmelemente folgen dem Prinzip, eine in sich stimmige einheitliche „Erscheinungsweise des Senders" auszuformen (vgl. Goldhammer 1995, S. 254). Eben so werden sie zu Bestandteilen eines „Formats".

Einschlägige Handbücher unterrichten darüber, welche geläufigen Formate existieren, aus welchen Elementen sie komponiert sind und was bei deren Arrangement zu beachten ist (vgl. Haas/Frigge/Zimmer 1991; Goldhammer 1995). Sie bezeugen damit eine Regel, die so vollkommen bisher allein im Medium Radio verwirklicht ist: Die Programme gewinnen ihr Profil weniger aus der Güte der einzelnen Beiträge; vielmehr wird umgekehrt das (musikalisch bestimmte) Profil als gestaltgebende Vorgabe jedem einzelnen Programmelement eingeprägt. Die Einheitlichkeit der „Erscheinungsweise" bestimmt das Programm.

Die Stärke, die diese konsequente „Formatierung" für die Durchsetzung eines Programms in der Konkurrenz der Sender entwickeln kann, liegt in der Wiedererkennbarkeit und Verlässlichkeit des Erlebnisangebotes für die Hörer. Das begründet aber auch die mit der Formatierung zugleich durchgesetzte Schwäche des Radios als publizistischem Medium.

„Für die Mitarbeiter von Formatradioprogrammen hat [...] das Bemühen um ein einheitliches Erscheinungsbild des Senders den Verlust von gestalterischer und journalistischer Freiheit mit sich gebracht." (Goldhammer 1995, S. 239)

Am Ende bleibt im Formatradio „keine Zeit für Politik" (Jarren/Donges 1996). Freigehalten von Überraschungen und Angeboten, die das Hinhören lohnen, gibt das Radio zudem die Rolle als „Faktor" kultureller Entwicklung ab.

„Das Kommunikationsmittel Radio degeneriert zu einer emotionalen Massageeinrichtung." (Hickethier 1993, S. 46)

3.5. Veränderung publizistischer Profile durch die Online-Kommunikation?

Neben der Konkurrenz zwischen Medien derselben Art ergeben sich auch aus der Konkurrenz zwischen den verschiedenen Medientypen Anstöße für Veränderungen des publizistischen Angebots. Derzeit lässt die rasche Ausbreitung von Online-Kommunikationsdiensten über die Plattform des Internet einen erneuten Umbruch im Verhältnis der verschiedenen Medien zueinander erwarten. Die Nutzungsforschung erkundet, inwieweit die Online-Kommunikation die sozial etablierten Routinen beim Gebrauch von Zeitungen, Hörfunk und Fernsehen in einem gesellschaftlich relevanten Maß verändert (vgl. Oehmichen/Schröter 2000; Hasebrink 2001). Hier ist von Belang, inwieweit von den sich abzeichnenden Umwälzungen die Struktur der publizistischen Angebote berührt ist.

Derzeit sind kaum Aussagen darüber möglich, inwieweit die „klassischen Medien" das Profil ihrer publizistischen Angebote mit Rücksicht auf das Potenzial der Online-Kommunikationsdienste umstellen. Vorherrschend scheint eher umgekehrt das Bemühen der Medien, die Plattform des Internet mit ihren Angeboten zu besetzen und ihr publizistisches Angebot um einen Auftritt in der Netzwelt zu erweitern.

Entsteht daraus ein neuer Typus publizistischer Angebote? Die Onlinekommunikation schafft für die publizistischen Angebote ein Umfeld, in dem sie neue Qualitäten entwickeln können –

durch die Möglichkeiten zur Vernetzung von Angeboten sowie durch die Verbindung mit Transaktionen der Nutzer, was zusammen genommen eine Individualisierung des Angebots (in „Push-Diensten") denkbar macht (vgl. Kapitel 4, Abschnitt 4.3.).

Welche neuartigen Qualitäten publizistischen Angeboten durch die Platzierung in der Netzwelt beigegeben werden können, das soll anhand der Online-Auftritte von Tageszeitungen kurz betrachtet werden. Gerpott und Schlegel kommen mit Blick auf das Potenzial der Online-Angebote von Zeitungen zu dem Schluss, „dass Online-Zeitungen ihren Lesern umfassende und andere Leistungsangebote bereitstellen können als herkömmliche Zeitungen" (Gerpott/Schlegel 2000, S. 348 f.).

„Herausragende Unterschiede von Online-Zeitungen gegenüber gedruckten Zeitungen liegen u. E. vor allem in der Möglichkeit
- zur *Personalisierung* der journalistischen Inhalte und der Anzeigen für den einzelnen Leser, wobei der Zuschnitt der dargebotenen Informationen durch eine einzelfallorientierte Interessenabfrage oder die Einstellung eines bis zu einem Widerruf gültigen individuellen Inhalteselektionsprofils erfolgen kann;
- zur bequemen und schnellen *Interaktion* mit der Redaktion, aber vor allem auch mit anderen Lesern, so dass die Entstehung von Interessengemeinschaften erleichtert wird;
- zur *Verknüpfung* von aktuellen redaktionellen Inhalten und Anzeigen mit zusätzlichen Informationen, die einerseits die journalistische Qualität einer Online-Zeitung positiv beeinflussen kann, aber sie andererseits auch zu einer Einstiegsseite (= Portal) zur Anbahnung von Geschäften für Unternehmen aller Art degenerieren lassen kann, an denen Verlage über eine Umsatzkommission partizipieren." (Gerpott/Schlegel 2000, S. 349 f.)

Was Gerpott und Schlegel wie eine „Degenerierung" des publizistischen Angebots vorkommt, wird von Vordenkern neuer Geschäftsmodelle für den Onlineauftritt von Zeitungen als dessen Pointe vorgestellt. Neben neuartigen Erlös- und Vermarktungsformen für die publizistischen Inhalte (Lizenzgebühren für die Abgabe von publizistischem „Content" an andere Onlineanbieter, Vermarktung von Archiven, individualisierte „Push-Dienste" u.a.) versprechen vor allem „Plattformerlöse" eine neue Einnahmequelle. Dabei wird an das „Einrichten von Shopping-Malls, virtuellen Marktplätzen oder Broker-Dienstleistungen" gedacht, „denen jeweils das gleiche Prinzip zu Grunde liegt: Der Verlag übernimmt eine Mittlerrolle zwischen Angebot und Nachfrage und verringert sowohl auf Anbieter- als auch auf Nachfrageseite die Transaktionskosten, indem der Geschäftsanbahnungsprozess vereinfacht wird. Für diese Dienstleistung erhält der Verlag als Intermediär eine Vermittlungsprovision" (Ziegler/Becker 2000, S. 164-166; siehe auch Riefler 2000, S. 180-183).

Die Autoren verschweigen nicht, dass es durch die „direkte Integrierbarkeit von Shopping-Funktionalitäten [...] zwangsweise zu einer engeren Verzahnung von Inhalten und kommerziellen Angeboten" kommt. Ziegler/Becker (2000, 168f.) raten daher offen, den „journalistischen Grundsatz" der „Trennung zwischen redaktionellen und werblichen Inhalten" in der Netzwelt aufzugeben. Das würde allerdings das Vertrauen der Nutzer in die sachliche Angemessenheit und Glaubwürdigkeit der redaktionellen Inhalte kaum unberührt lassen (siehe dazu Kapitel 4, Abschnitt 4.3.).

Die skizzierten Überlegungen umreißen das *Potenzial* des Onlineauftritts von Zeitungen. Es ist eine empirisch zu beantwortende Frage, inwieweit diese Möglichkeiten realisiert werden. Neubergers Fazit zum gegenwärtigen Stand zufolge wird von dem spezifischen publizistischen Potenzial der Onlinekommunikation bisher ein „noch recht bescheidener Gebrauch gemacht" (Neuberger 1999, S. 262).

„Von den fantastischen Möglichkeiten, die das Internet dem Journalismus bietet, ist in der Realität kaum etwas eingelöst." (Neuberger 2001, S. 71)

Jenseits des publizistischen Potenzials erschließt die Onlinekommunikation neue Geschäfts- und Vermarktungsmodelle für Medienanbieter. Sie erwachsen aus der oben beschriebenen Verkopplung redaktioneller Inhalte mit der über einen einfachen Mausklick realisierbaren Gelegenheit, online Waren oder Dienstleistungen einzukaufen. Für den publizistischen Inhalt, mit dem sie das Onlinegeschäft vermitteln, werden die Medien durch eine Beteiligung an den Transaktionserlösen honoriert. Mit Blick auf die Tageszeitungen stellt Neuberger fest, dass die ausbleibende Rentabilität bisheriger Geschäftsmodelle zu einer überwiegend „abwartenden" Haltung der Verlage führe (Neuberger 2001, S. 65). Zum Teil wird das Onlineengagement auch schon wieder zurückgefahren.

Auf der anderen Seite bauen Großverlage ihr Engagement in der Netzwelt aus – so etwa der Springer-Verlag, der mit T-Online ein gemeinsames „Portal" in der Netzwelt errichten will, oder das Haus Burda. Vogel (2001) beschreibt am Beispiel von Burda die Strategie. „Portale" leiten den Nutzer zu einem elektronischen Supermarkt mit einem umfassenden Angebot an die verschiedenartigsten Bedürfnisse nach Unterhaltung, Information, Kommunikation und Konsum. Der „bunte Strauß von Serviceleistungen" geht über die Onlineversion der Verlagsprodukte weit hinaus; er reicht beim Burda-Konzern vom Versand von Heimwerker- oder Gartenbedarf über ein Online-Reisebüro und einen elektronischen Gesundheitsdienst bis zu Verbraucherforen. Durch die Transaktionen der Nutzer – die Bestellung von Waren oder Dienstleistungen oder auch den individualisierten Abruf einzelner publizistischer Angebote – entsteht ein Konsumentenprofil, das sich wiederum für eine spezialisierte Ansprache durch Werbebotschaften vermarkten lässt. Durch Unternehmensbeteiligungen partizipiert das Verlagshaus auch direkt am Erfolg des E-Commerce. „Burda ist auf dem besten Wege, sich nicht mehr nur als klassischer Medienkonzern, sondern auch als virtuelles Versandhaus zu positionieren" (Vogel 2001, S. 74).

Für die Erweiterung der Geschäftsfelder nutzt das Medienunternehmen die Attraktivität und Bekanntheit seiner publizistischen Produkte; denn vermittelt durch deren „Marken"-Qualität werden einschlägige E-Commerce-Angebote in der Netzwelt wahrnehmbar und nutzbar. Die publizistischen Angebote spielen als begehrter „Content" die Rolle eines Zuträgers, der die Aufmerksamkeit der Kundschaft beibringen kann. Die Kopplung zwischen publizistischer Offerte und ökonomischer Transaktion wird dabei enger. Für ein klassisches Medium wird an den Anzeigen- bzw. Spoterlösen spürbar, dass es von dem Erfolg der Geschäftstätigkeit der Werbetreibenden abhängt. Es handelt sich dabei um eine Abhängigkeit vom konjunkturellen Gang der Geschäfte insgesamt. Sie strahlt nicht notwendig auf den einzelnen redaktionellen Inhalt aus. Die neuen Geschäftsmodelle verkoppeln dagegen die publizistische Offerte mit dem Erfolg einer individuellen ökonomischen Transaktion – dieses einzelne Produkt dieses besonderen Anbieters. Sie machen damit die bereits bisher existierende Versuchung, im redaktionellen Inhalt auf den wirtschaftlichen Erfolg eines einzelnen im eigenen Medium Werbung betreibenden Unternehmens Rücksicht zu nehmen, zur Regelsituation.

Bisher lässt sich lediglich eine Momentaufnahme in einem Prozess erstellen, der mit der weiteren Verbreitung der Nutzung von Online-Kommunikationsdiensten eine erhebliche Dynamik entfaltet. Es ist erwartbar, dass sich die Medien das Potenzial der Netzkommunikation aneignen und zur Kreation publizistischer Angebote neuen Typs nutzen werden, die auf die Umwelt nichtpublizistischer Dienste in der Netzwelt abgestimmt sind. Welche Eigenschaften diese Angebote der Onlinekommunikation haben werden und inwieweit die Angebote der „klassischen" Medien der Massenkommunikation – Presse, Hörfunk- und Fernsehprogramme – mit Rücksicht auf die Offerten der Online-Kommunikation rekonfiguriert werden, das bleibt zu erkunden. Das Instrument dafür sind Programmstruktur- und Inhaltsanalysen. Sie verschaffen eine Übersicht über die Qualitäten publizistischer Angebote und deren Entwicklung. So bieten sie allen Beteiligten – Journalisten, Mediennutzern, Akteuren der Medien- und Gesellschaftspolitik – eine Grundlage zur Orientierung im Wandel der Medienlandschaft.

Zusammenfassung – Strukturen und Funktionen im Wandel

Die Analyse der Angebotsstruktur erfolgreicher Abonnementzeitungen legt den Schluss nahe, dass sie sich durch den Ausbau der Vielfalt von Themenfeldern, eine verstärkte lokale Orientierung sowie mehr Hintergrund gegenüber der Konkurrenz des Fernsehens behaupten.

> Im Fernsehen zeichnen sich öffentlich-rechtliche und private Programme durch ein deutlich unterschiedenes Profil in der Struktur ihres Angebots aus. Bei den privaten Programmen wird der Trend erkennbar, die Fernsehpublizistik zur „dritten Säule der Fernsehunterhaltung" umzubauen. Damit schwindet die Bedeutung des Fernsehens als Medium politischer Meinungsbildung.
> Radioprogramme sorgen durch eine konsequente „Formatierung" für ein verlässliches Angebot zur Begleitung im Hintergrund. Mit der Formatierung vollenden sie zugleich die Schwäche des Radios als publizistischem Medium.
> Die Onlinekommunikation erschließt Potenziale für neuartige publizistische Dienstleistungen. Sie ermöglicht zugleich eine enge Verkopplung von redaktionellen Inhalten mit ökonomischen Transaktionen, durch die der gesellschaftliche Rang publizistischer Produkte als verlässlicher Grundlage für die individuelle Orientierung gefährdet werden kann.
> Programmstruktur- und Inhaltsanalysen sind Instrumente zur Evaluation der Qualitäten publizistischer Angebote und ihrer Veränderung. Sie sind daher eine unverzichtbare Wissensressource für eine Mediengesellschaft.

4. Problematisierungen: Inhaltliche Tendenzen im Journalismus

Die publizistischen Angebote konstruieren ein Bild der gesellschaftlichen Wirklichkeit. Die medialen Konstruktionsleistungen geraten dabei auch selbst in den Blick. Die Selbstreflexion über die Prinzipien, nach denen Journalismus seine Darstellungen organisiert, ist zum Bestandteil des Journalismus geworden (Medienjournalismus). Die Auseinandersetzung über problematische Tendenzen im Journalismus greift über die professionelle Selbstreflexion in Fachzirkeln und Seminaren hinaus und findet unter Beteiligung weiterer Akteure öffentlich statt. Der Journalismus steht selbst unter öffentlicher Beobachtung. Er muss sich prüfen lassen. Daher muss er sich auch selbst überprüfen. Worauf ist dabei zu achten? Aus der öffentlichen Debatte werden im folgenden drei Gesichtspunkte der Problematisierung aufgegriffen (vgl. Groebel u.a. 1995, S. 71-85):

1. „Negativismus" kreiden manche dem medialen Wirklichkeitsporträt an, in dem sie die positiven, optimistisch stimmenden Töne vermissen. Journalismus kann sich demgegenüber auf seine Chronistenpflicht berufen. Aber ist damit auch schon ausgeschlossen, dass er ein mediales Weltbild aus „Sensationen" konstruiert?
2. „Personalisierung" gilt weithin als unverzichtbare Methode, eine überkomplexe Politik für ein Laienpublikum fassbar zu machen. Aber begreift dieses Publikum dann auch etwas von der Sache, die ihm „über Personen" vermittelt wird? Was nimmt es davon überhaupt wahr? Was kennzeichnet also den Blickwinkel, in den die Betrachter durch die Optik der „Personalisierung" einbestellt werden?
3. „Skandale" aufzudecken gereicht dem Journalismus zur Ehre. „Skandalisierung" steht aber in dem schlechten Ruf, Politikverdrossenheit zu verursachen. Lässt sich beides überhaupt unterscheiden?

Für diese problematisierten Phänomene ist dreierlei zu klären: (1.) Wie lassen sich die publizistischen Tendenzen wie beispielsweise der „Negativismus" inhaltlich beschreiben? Welches inhaltliche Muster prägen sie also dem publizistischen Wirklichkeitsbild ein? (2.) Geben die publizistischen Tendenzen jeweils nur einen Grundzug der politischen und sozialen Wirklichkeit wieder? Oder finden sich im Journalismus eigene Gründe für die spezifische Logik der Weltbildkonstruktion? (3.) Welche Bedeutung haben schließlich die problematisierten publizistischen Tendenzen für die gesellschaftliche Wahrnehmung der Politik?

4.1. Negativismus und Sensationalismus

Kriege, Verbrechen, Katastrophen – solche negativen Vorgänge von existenzieller Bedeutung finden Eingang in das publizistische Angebot. Sie nehmen sogar in dem Bild von den Zuständen der Welt, das die Medien zeichnen, einen breiten Raum ein. Die

Nachrichtenwertforschung hat ermittelt, dass das Ausmaß des existenziellen Schadens, den Ereignisse verursachen, ebenso wie ihre Konflikthaftigkeit die Chance erhöhen, dass sie zur „Nachricht" gemacht werden (siehe hierzu ausführlich den Abschnitt 2.1.). Dass Publizistik „schlechte Nachrichten" zu überbringen hat, ist ihr nicht vorzuwerfen. Es macht vielmehr Sinn, wenn das „System Journalismus" die Aufmerksamkeit der Gesellschaft darauf lenkt, welche Risiken und akuten Schadensfälle die individuelle und die allgemeine Daseinsvorsorge zu gewärtigen haben. Bei der Wahrnehmung dieser „Alarmierungsfunktion" kann der Journalismus darauf rechnen, dass Geschichten und Bilder akuter Betroffenheit eben deshalb Aufmerksamkeit finden, weil sie von existenzieller Relevanz handeln.

Darin liegt jedoch auch die Versuchung, das Verhältnis umzukehren und für die Berichterstattung Ereignisse so auszuwählen bzw. aufzubereiten, dass sie Aufmerksamkeit *stiften*. Von der „dienenden Funktion" für die Orientierung der Gesellschaft über relevante Vorfälle mit existenziell bedrohlichen Konsequenzen geht Journalismus dann über zur Instrumentalisierung der sozial etablierten Aufmerksamkeitsregeln für den eigensinnigen Zweck, in der Konkurrenz der Medien um die Aufmerksamkeit der Publika zu obsiegen. Nun müssen Medien in einer marktwirtschaftlichen Ordnung diesem Zweck folgen. Führt er aber notwendig zu einem Widerspruch gegenüber der „dienenden Funktion" des Journalismus – in dem Sinne also zu einer „Kommerzialisierung" des publizistischen Angebots? Der Prüfstein ist die *Art*, in der von Ereignissen mit negativer Bedeutsamkeit für das Leben von Individuen oder ganzen Gesellschaften berichtet wird.

Bilder und Berichte von Gewalt und Tod künden von der dramatischen Bedeutung der Vorgänge und erzeugen Bedarf nach Orientierung: Wo liegen die Ursachen für das existenzielle Geschehen? Sind wir betroffen? Was können, was müssen wir tun? Wer ist „wir"? Wer hat welche Konzepte, um Abhilfe zu schaffen? Und welche Mittel? Erst ein Journalismus, der solchen Fragen Raum gibt und Antworten bereit stellt, macht die wesentlichen Dimensionen des Geschehens für die Medienutzer verständlich. Erst solches Begreifen liefert kompetentem Anschlusshandeln die nötige Grundlage. Dieses Anschlusshandeln wird mitunter in der

Sphäre des individuellen Alltags realisiert (etwa bei der Umstellung von Konsumgewohnheiten). Überwiegend besteht es in Anschlusskommunikation, insbesondere in der Teilhabe am Prozess der öffentlichen Auseinandersetzung um angemessene und legitime politische Konzepte. In diesem Prozess bildet sich eine vorherrschende Meinung über die Zustimmungswürdigkeit von politischen Konzepten heraus. Dafür macht es einen erheblichen Unterschied, ob die medial konstruierte Problemwahrnehmung in einer Kenntnisnahme besteht, die über wesentliche inhaltliche Dimensionen des existenziellen Vorgangs orientiert ist, oder bloß in dem verbreiteten Gefühl der Angst oder der Empörung.

Von *„Sensationalismus"* kann bei einer Art der Berichterstattung die Rede sein, die die Sinne ihrer Adressaten mit dem aufmerksamkeitsheischenden Reiz dramatischer Bilder in Beschlag nimmt. Der Sinnenreiz macht Eindruck. Im Gefühl erlebt der Adressat auf ganz direkte, scheinbar unvermittelte Weise, wie ihn das Dargestellte berührt – im Gefühl der Angst, des Mitleids, der Empörung, der Genugtuung usf. Die Vergewisserung, was es eigentlich ist, was ihn berührt, macht Distanz nötig. Dasselbe gilt für die Selbstvergewisserung, ob er sich zu dem Ereignis mit guten Gründen so stellen will, wie es ihm seine erste Affektion, die spontane Wut oder die unvermittelte Sympathie, eingibt. So scheint beispielsweise die breite öffentliche Darstellung spektakulärer Kindsmorde mit der Regelmäßigkeit eines moralischen Reflexes den zornigen Ruf nach der entschlossener strafenden Hand staatlicher Gewalt wachzurufen. Diese emotionsgeladene Reaktion kann sich der Zweckmäßigkeit ihrer Forderung so wenig gewiss sein wie der Risiken, die der freiheitlichen Ordnung durch den Ruf nach mehr staatlicher Autorität erwachsen könnten. *Die Vergewisserung macht stets Distanz nötig.*

Dieser Arbeit des Denkens, das sich seines Gegenstandes *und* der eigenen Stellung zu ihm versichert, widerstreitet aber eine publizistische Darstellungsweise, die Bilder und Geschichten mit Blick auf ihren aufmerksamkeitsheischenden Reizwert aneinanderfügt und den Takt bei der Präsentation von „Sensationen" tendenziell erhöht. Daher kann zu Recht davon die Rede sein, dass eine sensationalistische Manier der Wirklichkeitsdarstellung auch zu einer „Emotionalisierung" der Wirklichkeitswahrnehmung führt. Wember drückt das mit der Emotionalisierung geschaffene Orientierungsproblem mit der Metapher der „Bauch-Kopf-Schere" aus.

„In der politischen Informationsvermittlung des Fernsehens geht die Schere von emotionaler Betroffenheit und rationaler Aufklärung extrem weit auseinander. Politische Realität wird oft reduziert auf erlebbare Oberfläche, auf den erlebbaren emotionalen Kick." (Wember; zitiert nach Hagen 1999, S. 128)

Inhaltsanalysen erkunden, welche Rolle „Negativismus" und „Sensationalismus" in publizistischen Angeboten spielen. Sie prüfen darüber hinaus, welche Gründe es innerhalb des Systems der Publizistik für diese Rolle gibt. Kepplinger (1999, S. 206-209) macht in einer medienhistorischen Längsschnittbetrachtung einen Trend zum Negativismus aus, den er vor allem auf gewandelte professionelle Orientierungen im Journalismus zurückführt. Er bezieht sich allerdings nur auf den Medientyp „Qualitätszeitungen".

Dem Medium Fernsehen wird aufgrund des ihm eigenen „Zeigezwangs" eine besondere Neigung nachgesagt, Geschichten nach der Verfügbarkeit „starker", d.h. emotionalisierender Bilder auszuwählen und in der Darstellung auf den Schauwert der Szenen zu bauen. Tatsächlich beobachten historisch vergleichende Analysen der Entwicklung der Nachrichtensendungen im deutschen Fernsehen eine Zunahme dramatisierender, konflikt- und gewalthaltiger Berichterstattung (vgl. Bruns/Marcinkowski 1996, S. 465; Pfetsch 1996, S. 491). Hagen gibt die Ergebnisse einer medienvergleichenden Studie zu der Berichterstattung über die Castortransporte 1997 wieder: Alle Medien berichten demnach intensiv über die spektakulären Konflikte um die Transporte. Während in den führenden deutschen Tageszeitungen ca. 60 Prozent der Beiträge auch auf das eigentliche Thema der Proteste, also die Probleme und Risiken der Kernenergienutzung, eingehen, gilt das nur für 20-30 Prozent der Beiträge in der Bild-Zeitung sowie in den Hauptnachrichtensendungen der reichweitenstärksten Fernsehprogramme. In dem Boulevard-Blatt und im

Publizistische Medienprodukte 289

Abb. 5.3.:
Sensationalismus in Bild und Wort

Quelle: BILD, 3. März 2001, S. 1

Mordfall Ulrike
Die Angst bleibt
Von RUTH KASTNER

Was gibt es Schlimmeres für Eltern, als ihr Kind zu verlieren? Wie grauenvoll aber muss es sein, wenn diese Tochter oder dieser Sohn durch ein Gewaltverbrechen ums Leben gekommen ist? Missbraucht, ermordet. Da tut sich die Erde auf, da packt einen das Grauen, würgt die Verzweiflung. Nein, das möchte keiner erleben. Keine größere Angst als diese.

Ulrikes Eltern lebten zwei Wochen lang hin- und hergerissen zwischen Hoffen und Bangen. Wie kann ein Mensch das aushalten? „Das zerfrisst einen", weiß eine Mutter, die Ähnliches durchlitten hat. Aber es hilft wenigstens zu wissen, dass andere Anteil nehmen. Dass in diesem Fall die ganze nationale Öffentlichkeit mit auf die Suche ging, die Polizei zu großen Anstrengungen auflief. Dass im Fall Ulrike sogar die Bundeswehr mit ihren Tornados zu Hilfe kam. Alles Menschenmögliche wurde getan. Und doch ließ sich das Böse nicht bezwingen.

Jetzt sind für Kerstin und Detlef Brandt die schlimmsten Ahnungen zur Gewissheit geworden. Sie sind erlöst von einer nicht greifbaren Hoffnung. Eine furchtbare Erlösung. Ulrike ist tot. Für ihre Eltern wird nun ein lebenslanger Leidensweg beginnen. Mit Selbstvorwürfen und Schuldgefühlen. Hätten wir das nicht verhindern können? Mit bodenloser Verzweiflung, mit Wut und mit Trauer und schrecklichen Bildern im Kopf. Und es gibt keine Antwort auf die Frage, die sie sich immer wieder stellen werden: Warum ausgerechnet unser Kind?

Jetzt, wo das Opfer gefunden ist, richten sich alle Energie, aller Zorn nur noch auf die Festnahme des Täters. Aber irgendwann dann lässt unsere Aufmerksamkeit nach, verabschieden wir uns innerlich vom Fall Ulrike. Was bleibt, ist die tiefe Angst davor, dass sich in unserem unmittelbaren Umfeld so etwas wiederholen könnte. Denn wir wissen es: Dies war nicht der letzte Triebtäter, der ein junges Leben missbraucht und ausgelöscht hat.

Quelle: Hamburger Abendblatt, 10./11. März 2001, S. 2

Fernsehen tritt das Thema hinter die dramatischen Ereignisse zurück (vgl. Hagen 1999, S. 129).

Semetko und Valkenburg kommen bei einer vergleichenden Analyse von Print- und Fernsehberichterstattung dagegen zu dem Schluss, dass die entscheidenden Differenzen zwischen den Medien, die sich einen „seriösen" Journalismus zum Programm machen, und den Boulevard-Medien existieren (Semetko, Valkenburg, 2000, S. 93). Die Ergebnisse entstammen allerdings keiner repräsentativen, sondern gleichfalls einer thematisch eingeschränkten Stichprobe. Was eine „boulevardeske" Berichterstattung ausmacht, resümieren Meyer u.a. so:

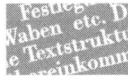

„Dramatische und emotionale Effekte werden zunehmend als Inszenierungselemente eingesetzt, um die Zuschauer an die Sendungen zu binden. Sie setzen verstärkt auf die Darstellung von Aggressivität, Angst und Leid. Bevorzugte Themen sind: Kriege, Katastrophen und Unglücke, menschliche Leidensgeschichten, Sensationen, Verbrechen sowie Geschichten aus dem Leben von Prominenten." (Meyer/Ontrup/Schicha 2000, S. 170)

Eine „sensationalistische" Darstellung von Mord und Totschlag gibt keine Antwort auf die Frage nach Ursachen und Konsequenzen. Diese fehlende Antwort wird ggf. von Zuschauern auch gar nicht vermisst. Das bedeutet allerdings nicht, dass diese „Leerstelle" im publizistischen Angebot ohne Konsequenzen bliebe. Der „Sensationalismus" entwirft ein Weltbild, das aus einem Stakkato von Schlägen besteht, die von einem „grausamen Schicksal" oder von diffusen bösen Mächten ausgeführt scheinen. Die Wirkungsforschung beobachtet, das manche Menschen die Vorstellung von der Gefährlichkeit der gesellschaftlichen Lebensumstände im allgemeinen und ihrer individuellen Gefährdetheit im besonderen mehr von den sensationellen Medienbildern als von ihrer Erfahrung formen lassen. Die mediale Wirklichkeitskonstruktion gerät zum Droh- und Schreckbild (zu diesen „kultivierenden" Effekten des Fernsehens siehe das Kapitel 6, Abschnitt 4.3.3.).

Eine sensationalistische Manier der Darstellung dürfte zudem ihren Teil zu dem Paradox beitragen, dass für eine Mehrzahl der

Gesellschaftsmitglieder eine durch die Medien vermittelte wachsende Teilhabe am Weltgeschehen nicht mit einem Zugewinn an Orientierung, sondern im Gegenteil mit Orientierungsverlusten oder doch wenigstens Orientierungsproblemen einhergeht (vgl. Schulz 1997, S. 146-148). Wo schließlich der mediale „Boulevard" das politische Empfinden als Organ der Wirklichkeitsaneignung aufruft, wird die Einordnung des Problems, die das publizistische Angebot versagt, durch das fertige Klischee einfacher Gesellschaftsmodelle besorgt, deren Schlichtheit gut im Ressentiment Platz findet: so etwa in der Sehnsucht nach der starken und guten Führung, die alles Böse machtvoll bannt. Das mag der Grund dafür sein, dass sich bisweilen empirisch ein Zusammenhang zwischen der Präferenz für sensationalistische Informationsofferten und der Neigung zu autoritären Gesellschaftsmodellen finden lässt (Weiß 2001 b).

4.2. Personalisierung

Es darf als Gemeinplatz gelten: Politik wird über Personen vermittelt. Die Gründe dafür liegen in den Strategien der Selbstdarstellung von Parteien und Institutionen (siehe Kapitel 2). Aber auch die Routinen des Journalismus schaffen Gründe dafür, warum Politik auf diese Weise dargestellt wird. Abstrakte Sachstandsanalysen fügen sich nämlich schlecht in einen Darstellungsgestus, der über das „neueste *Geschehen*" ins Bild setzen will. Für eine Themenbehandlung in der Form der Ereignisreportage ist es nötig, die politische Materie anhand der Aktionen von Personen darzustellen. So wird sie in die narrative Grundstruktur übersetzt, anhand derer „Neuigkeiten" vermeldet werden – etwa anhand der Elementarkomponenten: „wer, mit wem/gegen wen, wo und wann".

Politische Prozesse als Handeln einzelner Akteure zu präsentieren, macht sie auf Motive, Fertigkeiten und Beziehungen dieser individuellen Akteure rückführbar. Eine personenzentrierte Darstellung hilft, die Erfordernisse der Einfachheit, Klarheit, Übersichtlichkeit und Abgeschlossenheit zu erfüllen. Dies gilt im besonderen Maße für das audiovisuelle Medium Fernsehen, das über politische Themen anhand von szenischem Geschehen berichtet. Wilke stellt fest:

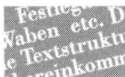

„Visualisierung befördert folglich Personalisierung. Eine Bestätigung dafür liefert etwa der Befund, dass Bilderdienste von Nachrichtenagenturen viel stärker personalisiert sind, d.h. Akteure direkt zeigen, als die Wortdienste [...] Aus dieser semiotischen Dimension erklärt sich zugleich, dass die Entwicklung und das Vordringen visuell-ikonischer Medien die Personalisierung gefördert hat." (Wilke 1998, S. 286 f.)

„In Gesellschaften, in denen die Ideologien verschwinden und die Unterschiede zwischen den politischen Parteien immer unwichtiger und weniger sichtbar werden, bekommt das Verstehen von Politik für das Publikum oftmals die Struktur von Erzählungen, die um individuelle Charaktere herum zentriert sind. [...] Unter diesen Bedingungen sind die persönlichen Eigenschaften von Politikern keine unwichtigen oder irrationalen Elemente in den Wahlentscheidungen und Bewertungen der Bürger. Auch kann Personalisierung eine wichtige Strategie sein, um Informationen über Politik zu verstehen und soziale Streitfragen in eine persönliche Perspektive zu rücken." (Brants 1998, S. 332; Übersetzung vom Verfasser)

„Personalisierung" stellt aber auf eine durchaus eigentümliche Weise eine Beziehung zwischen der Alltagswelt und der Politik her. Nur deshalb macht es ja auch Sinn, von „Personalisierung" wie von einer spezifischen Darstellungsweise zu sprechen. Was zeichnet sie aus? (Siehe dazu ausführlich Weiß/Rudolph 1993, S. 45-50.)

Für den Blick auf das Personal der Politik existiert der Zusammenhang zwischen Alltagswelt und politischer Praxis zunächst vermittels einer Übereinstimmung in Grundorientierungen, in „Werten". Die Wertübereinstimmung soll über die kategoriale Differenz zwischen einer Position im Gefüge der Macht und der Abhängigkeit einer Allerweltsexistenz hinweg dafür sorgen, dass die Ausübung der Macht aus einem „Geist" erfolgt, den der beobachtenden Einzelne teilt. Der Zusammenhang wird *versubjektiviert* konstruiert, d.h. in die Eigenschaften der dramatis personae versenkt. Für den beobachtenden Einzelnen gewinnt die Frage, wie es in der Politik um die Berücksichtigung seiner Bedarfe und

Bedürfnisse bestellt ist, ein neues Thema: Was sind die subjektiven Eigenschaften der politischen Person?

Die Suche nach Antworten erfolgt in zwei grundsätzlichen Dimensionen, die von dem doppelten Ausgangspunkt der Betrachtung herrühren: Zum einen ist zu inspizieren, ob die politische Figur die eigenen Wertorientierungen erklärtermaßen teilt und insofern Sympathie verdient und ob sie als integer genug angesehen werden kann, um ihr die behauptete Selbstbindung an übereinstimmende Wertauffassungen auch glauben zu können. Darüber hinaus wird Wille und Geschick im Gebrauch der Macht zu einer selbständigen Dimension beim Taxieren politischer Figuren, da sich der beobachtende Einzelne nun von entsprechenden Fertigkeiten seines selbsterklärten oder erkorenen *Anwalts* abhängig weiß. Schütz (1999, S. 106 f.) setzt daher treffend „Sympathie", „Integrität" und „Kompetenz" als Schlüsseldimensionen für die Selbstdarstellung von Politikern an. Die Beobachter im Publikum vor der Medientribüne können diese Dimensionen teils neben-, teils unabhängig voneinander taxieren. Stets bewegen sie sich in der Suche nach Anhaltspunkten für die *Glaubwürdigkeit* der politischen Figur. Diese Suche ist durchaus kreativ. Denn sie lebt von Interpretationen, die zu ergründen suchen, was die Person „wirklich" im Innersten antreibt. Diese Interpretation hält sich nicht nur an Taten oder Erklärungen; für die Interpretation der *persönlichen* Eigenschaften eines Politikers wird auch und gerade interessant, welche Figur er macht. Wirkt er sicher oder angespannt, souverän oder verärgert? Wenn es um eine Einschätzung der Person geht, wird auch der Blick auf ihr Handeln auf anderen Feldern wie bei Spiel, Sport und Spaß interessant. Wie gibt sie sich in Talkshows, auf dem Fußballplatz, im Karneval? Kann man ihr die Mischung aus kumpelhafter Nähe zum Volk und würdevoller Distanz, die den zu Höherem berufenen Charakter auszeichnet, abnehmen? Selbst das Benehmen in Ehe oder Familie nimmt die medial angeleitete Personeninspektion ins Visier. „Im Zuge der Personalisierung und Dramatisierung machte man jetzt auch vor der Privatsphäre nicht halt", berichtet Wilke (1998, S. 288) mit Blick auf die Entwicklung der Inhalte der amerikanischen Presse. Das ist folgerichtig. Denn mit dem Übergang zur *Person als Thema* ist die Betrachtung von dem

Feld des im engeren Sinn politischen Handelns entgrenzt. Die psychologische Perspektive totalisiert. Ihr ist alles gleichermaßen gültiges Material für den spekulativen Schluss auf Motive oder Haltungen der politischen Akteure. Die gesellschaftliche Wahrnehmung des politischen Prozesses wird auf die Erkundungsinteressen der Alltagspsychologie umgestellt.

Die personalisierende Darstellung der Politik transformiert politische Probleme oder Prozesse in Zeichen für Integrität und Kompetenz der dramatis personae. Sie kommt mit dieser Interpretation zu keinem bündigen Ende. „Da man jedoch in die Köpfe nicht hineinschauen kann, bleiben Personen prinzipiell unberechenbar." (Wehner 1998, 323) Sie hält sich weiter bei der Personeninspektion auf – und findet daher zum Thema nicht zurück. Die Personalisierung funktioniert wie eine *De-Thematisierung*. Sie schlägt eine Brücke zwischen der Sphäre der Politik und der Erfahrungswelt des Alltags, die die materielle Einwirkung dieser beiden Sphären aufeinander thematisch umgeht.

Politische Akteure suchen die Personalisierung gerade aufgrund dieser Eigenart für eine Legitimationsbeschaffung durch symbolische Politik zu nutzen (siehe auch Kapitel 2, Abschnitt 3.2.2. sowie Kapitel 3, Abschnitt 2.2.2.). Sie stilisieren die expressive, ritualisierte Seite ihrer Amtsführung – die Begegnung mit Staatsmännern, den Auftritt in den Arenen der Macht im Zentrum der Mikrofone und Kameras – zum Zeichen der Vorzüge des Amtsinhabers. Die Botschaft dieser „symbolischen Politik" lautet: „Das Ruder liegt in den richtigen Händen". Die Versicherung soll eine Evaluation der Inhalte ihrer Politik begleiten, wenn nicht ersetzen. Diese Personalisierungs*strategie* ist insbesondere bei Wahlkämpfen zu beobachten. Sie scheint im Wahlkampf um die US-Präsidentschaft zur Vollendung gebracht. Der Kommunikationssoziologe Jäckel warnt, die Personalisierung könne am Ende Programm und Funktion der Politik der allgemeinen Wahrnehmung und Bewertung entziehen.

„Je mehr Tele- und Medienpräsenz gefordert wird, desto eher könnte eine Rückkehr der Arkanpolitik die Folge sein. Die vermeintliche Öffnung des politischen Feldes würde also de fakto zur Schließung führen." (Jäckel 1999, S. 52)

Die von einer personalisierenden Politikvermittlung bewerkstelligte De-Thematisierung der Sachgehalte der Politik hebt aber noch nicht die Aspirationen und Ansprüche auf, die auf Seiten der Betrachter den Blick auf die politische Sphäre ausrichten. Die Erwartungen an die Politik erhalten einen zu der Logik der Personalisierung passenden Bezugspunkt: Ihr Schicksal erscheint nun ganz mit Durchsetzungswille und -fähigkeit der amtlich Zuständigen assoziiert. Wenn das als publizistische Grundform etabliert ist, scheint kaum jemand mehr an der Vorstellung Anstoß zu nehmen, die Lösung der „BSE-Krise" könne dem kantigen Selbstbehauptungswillen einer neuen Ministerin entspringen – bis die dann irgendwann doch „enttäuscht." (siehe Abbildung 5.4.)

Wilke sieht in solchen Vorstellungen – gestützt auf Autoren der Nachrichtenwerttheorie und im Einklang mit ethnographischen Medientheorien – einen „kulturellen Idealismus" am Werk, der stets davon ausgeht, „Ereignisse seien die Konsequenz menschlichen Handelns und der Mensch sei der ‚Herr der Geschichte'" (Wilke 1998, S. 288). Diese Konstruktion bringt das politische Führungspersonal in die Nähe von Figuren der Mythologie. Die *Nähe zum Mythos* gehört daher gleichfalls zu den wesentlichen inhaltlichen Kennzeichen der Personalisierung. Sie verschafft der publizistischen Darstellung oftmals die Einfachheit einer dichotomen Grundstruktur, die aus Erzählungen vertraut ist.

„Nicht ohne Grund spricht man häufig von Nachrichten-‚Story'. Stories weisen aber bestimmte Genremerkmale auf und folgen wiederkehrenden Mustern und Topoi. Dazu gehört beispielsweise das Vorkommen von Helden und Schurken, von Tätern und Opfern, von Reichen und Armen, von Schönen und Hässlichen usw. Nicht selten stehen die Stories mit einem derartigen Personal in der Nähe zum Märchen." (Wilke 1998, S. 292)

Abb. 5.4.:
Personalisierung
in Bild und Wort

Herbe Kritik am grünen Shooting-Star

Quelle: Süddeutsche Zeitung, 20.04.01, S. 5

Bild Kommentar

Kanzler, retten Sie den Aufschwung!

Von Martin S. Lambeck

Lahmer Euro, kranke US-Konjunktur, schwache Börsen – die Aussichten für Deutschland sind mies! **Prompt wird's** für Kanzler Schröder und seinen Finanzminister Eichel richtig schwer, ihre wichtigsten Wahlversprechen einzuhalten. Wir erinnern uns: Kanzler Schröder will die Arbeitslosigkeit deutlich senken. Sparkommissar Eichel möchte bis 2006 keine neuen Schulden mehr machen.
Doch jetzt räumt der Finanzminister ein: Das sinkende Wirtschaftswachstum sorgt wohl dafür, dass er mehr Kredite aufnehmen muss! Doppelt bitter: Weil unsere Konjunktur lahmt, bleibt die Arbeitslosigkeit erschreckend hoch.
Die Ursachen für die deutsche Stotterkonjunktur sind leider auch hausgemacht. Denn bei uns sind Steuern und Abgaben viel zu hoch, die Wirtschaft erstickt in Vorschriften und Gesetzen.
Das muss Schröder schleunigst anpacken!

Quelle: BILD, 3.4.2001, S.2

Diese Nähe zur Mythologie wird vornehmlich dann als Problem wahrgenommen, wenn sich Enttäuschung über das Handeln der politischen Akteure, auf die die Personalisierung den Blick ausrichtet, mit der Unaufgeklärtheit in der Sache, die die Personalisierung hinterlässt, zu einem Verdruss paart, dem schwer beizukommen ist (vgl. Weiß 1994). Von dieser Politikverdrossenheit ist im Zusammenhang mit der „Skandalisierung" zu handeln. Denn an der wird diskutiert, wie die Publizistik selbst zu einem antreibenden Moment politischer „Klimaveränderungen" wird.

4.3. Skandalisierung

Was macht einen „Skandal" aus? Von einem Skandal ist die Rede, wenn das Handeln einzelner oder von Gruppen als eine Herausforderung für das vorherrschende Verständnis des „Richtigen" begriffen wird, mit der ein akuter oder drohender Schaden verbunden ist – für Leben, Wohlfahrt, Recht oder Moral. In diesem Sinn macht der Gebrauch von verbotenen, weil gesundheitsschädlichen Pharmazeutika durch eine Allianz von Schweinemästern und Tiermedizinern einen Skandal aus. Auch einzelne kulturelle Ereignisse – Filme, Theateraufführungen, Reden – schaffen es bisweilen zu einem „öffentlichen Skandal", wenn Journalisten von der Empörung über die Verletzung von Tabus berichten oder sie gleich selbst an den Tag legen. Schließlich bringen die Boulevard-Presse und das Talkshowwesen zum Vorschein, dass selbst der banale gesellschaftliche Alltag ein reiches Reservoir von Fällen bereithält, anhand derer sich in großen Lettern die skandalöse Abweichung von der Norm einer anständigen Lebensführung öffentlich ausstellen lässt.

Von einem *politischen* Skandal ist dann die Rede, wenn Inhabern politischer Ämter ein Verstoß gegen die Aufgaben ihres Amtes bzw. die Regeln der Amtsführung vorgehalten wird. Da von der Amtsführung positive Leistungen für das gesellschaftliche Leben erwartet werden, weist der Leitbegriff „Skandal" auf einen ausbleibenden Nutzen oder gar einen massiven Schaden hin, signalisiert also verbreitete Betroffenheit und ist daher in der Lage, eine entsprechende Aufmerksamkeit zu erzeugen.

Mindestens die „Aufgaben" der Amtsführung sind in einer parlamentarischen Demokratie aber umstritten. Die Rede vom

"Skandal" nimmt demgegenüber in Anpruch, jenseits dieser Differenz der Auslegungen einen "Verstoß" in einer Weise festzustellen bzw. glaubhaft machen zu können, der nicht widersprochen werden kann. Die Rede vom "Skandal" setzt eine Auffassung des Richtigen absolut fest.

Dies gilt auch für die nicht-politischen Skandale. Stets lebt der Skandal davon, dass eine Norm, ein Wert, ein gültiges Prinzip bekräftigt werden, indem sie zum nicht verhandelbaren Ausgangspunkt der Betrachtung festgesetzt werden. Der Skandal-Rede ist ein *Absolutheitsanspruch* eingeschrieben, der sie in die Nähe des Dogmas versetzt.

Hinzu kommt die Akzentuierung eines Schadens, der in materiellen Folgen oder an der "öffentlichen Moral" ausgemacht wird, woraus die Skandal-Rede ihre *anklägerische Emphase* bezieht. Die Rede vom Skandal hält sich dabei nicht mit der Prüfung von Ursachen für das so attribuierte Problem auf. Sie ist mit der Diagnose, die auf "Abweichung" lautet, fertig. Die Skandal-Rede ist nicht analytisch, sondern appellativ. Sie dringt auf Wiederherstellung von "Normalität" und setzt dabei zugleich ein Bild von dieser Normalität fest. Dabei simuliert die Skandal-Rede eine Urteilspraxis, in der die staatsanwaltschaftliche mit der richterlichen Autorität ideell verschmolzen sind: Sie reklamiert die Ahndung der Abweichung und die Wiederherstellung der Normalität als Werk einer kraftvoll eingesetzten öffentlichen Gewalt. Die Skandal-Rede gleicht einem *ideellen öffentlichen Gerichtsverfahren*.

Politische und Medienakteure haben ihre je eigenen Gründe, "Skandalisierungen" zu betreiben. Für politische Akteure gehört das Ausrufen von Skandalen zu den Methoden, den politischen Konkurrenten zu delegitimieren. Für die Medien gehört es unstreitig zu der "Wächterfunktion" des Journalismus in der Demokratie, Fälle von missbräuchlicher Verwendung politischer Macht aufzudecken und anzuklagen. In diesem Sinn zählen manche großen "Skandale" zu den Glanzleistungen des investigativen Journalismus (Watergate, Parteispenden). Da im Verlauf solcher Skandale die skandalisierten Akteure nicht selten aus ihren Ämtern entfernt werden, kann den Skandalen die positive Funktion nachgesagt werden, die Bindung politischer Akteure an die Regeln der Machtausübung zu festigen. Insofern macht sich der Journalismus mit dem Aufdecken von Skandalen um die Funktionsfähigkeit der Demokratie verdient.

Diese anwaltschaftliche, „dienende" Funktion eines skandalaufklärenden Journalismus paart sich mit einem Gewinn für das Medium: einem Zugewinn an verbreiteter Aufmerksamkeit, die auf die Verbindung der Verfehlungen der Mächtigen mit der Betroffenheit der Allgemeinheit zurückgeht. Medien können daher um dieses Aufmerksamkeitsgewinnes, also um ihres eigenen Konkurrenzerfolges willen auch geneigt sein, Skandale zu „suchen" oder Gefundenes zum „Skandal" zu dramatisieren – mediale „Skandalisierung" (für ein ausführlich beschriebenes Beispiel siehe Pöttker 1996, S. 67 f.).

Zu diskutieren ist daher, welche Rolle „Skandale" bzw. „Skandalisierungen" in der Berichterstattung spielen, was sie für die Konstruktion des Wirklichkeitsbildes, das die Medien anbieten, bedeuten und welche Folgen das für die gesellschaftliche Wahrnehmung der Politik haben kann.

Aus den oben beschriebenen Eigenschaften der Skandal-Rede leitet sich ab, welche eigentümliche Prägung eine Skandalberichterstattung dem medial konstruierten Wirklichkeitsbild gibt. Es beginnt damit, dass die Skandalisierung einen Maßstab für richtiges politisches Handeln einführt und dabei zugleich außer Debatte stellt, weil sie ultimativ auf verbesserter Umsetzung besteht. Beispielsweise lässt ein geläufiges Muster der medialen Thematisierung rechtsextremer Gewalttaten der Wiedergabe der Tat den in Frageform ausgestreuten Verdacht folgen, Polizei und Justiz schritten nicht energisch genug ein, worin dann ein skandalfähiger Gesichtspunkt ausgemacht ist (als Beispiel siehe den Verlauf des „Fall Sebnitz" und die (Selbst)Kritik am Umgang des Journalismus mit diesem Thema). Für diese Art der Betrachtung ist es eine ausgemachte Sache, dass ein schärferes ordnungsstaatliches Vorgehen die Antwort auf die rechtsextreme Herausforderung sein muss. Das ist aber durchaus eine Frage Wert. So gibt der Rechtsextremismusforscher Möller zu bedenken, die Gesellschaft könne sich in Reaktion auf den Rechtsextremismus paradoxerweise in eben jene Richtung bewegen, die dem extremistischen Staatsverständnis näher kommt – „Rechtsruck durch

Rechtsdruck" (Möller 1993, S. 9). Es ist natürlich nicht ausgeschlossen, dass die Frage nach Ziel und Erfolgsmaß der Politik *neben* Beiträgen der skizzierten Art thematisiert wird. In skandalisierenden Beiträgen ist die Frage, was Politik soll, allerdings überwunden, ohne gestellt und begründet beantwortet zu sein. Wo sich journalistische Thematisierung in die Perspektive der Machtausübung einschmiegt und kritisch ventiliert, ob die Politiker „ihre Sache" *gut* machen, bleibt für die öffentliche Wahrnehmung die Auseinandersetzung mit der Frage unterbelichtet, ob das, was sie tun, „unsere Sache" überhaupt sein soll.

Da dies verschiedenartige Formen journalistischer Themenbehandlung sind, die potenziell nebeneinander realisiert werden können, ist es eine empirische Frage, welche argumentativen Muster vorherrschen. Eine inhaltsanalytisch gesicherte Antwort liegt darauf noch nicht vor. Kepplinger nähert sich einer Antwort, indem er den Anteil skandalisierender Beiträge ermittelt. Dieser Anteil liegt – Kepplingers Befunden zufolge – in berichtenden Beiträgen bei 13 Prozent, in Meinungsbeiträgen bei 24 Prozent (Kepplinger 1999, S. 203 f.).

Die Aussagekraft dieser Angaben ist allerdings in verschiedener Hinsicht eingeschränkt. Gegenständlich umfasst Kepplingers Analyse allein drei führende deutsche Qualitätszeitungen. Methodisch identifiziert Kepplinger „Skandalisierung" wie ein einfaches Textmerkmal. Es ist daher nicht erkennbar, inwieweit sie als spezifisches Argumentationsmuster rekonstruiert werden kann, das sich etwa von anderen Formen der Kritik unterscheiden lässt. Mithin bliebe zu prüfen, inwieweit (und bei welchen Medien) die der „Skandalisierung" eingeschriebene Tendenz zur dogmatischen Verhärtung von Maßstäben der Politik das mediale Wirklichkeitsbild beherrscht.

Eine weitere inhaltliche Besonderheit des Weltbildes, das von der Skandalisierung erzeugt wird, liegt in dem eigentümlichen Bezug auf Leistungsfähigkeit und Befugnis von Amtsinhabern. Wird der Skandal eines Versagens oder Verschuldens identifiziert, dann steht außer Frage, dass die richtige Person im Amt für Erfolg gesorgt hätte. Daran kann aber gezweifelt werden. Es ist durchaus fraglich, ob bzw. inwieweit Politik überhaupt *imstande* ist, Risiken, die aus einer globalisierten marktwirtschaftlichen

Ordnung erwachsen, so aufzufangen, wie es in der Gesellschaft im Sinne einer öffentlichen Daseinsvorsorge erwartet wird. Die Frage gilt der Struktur und Funktion staatlicher Institutionen. Über diese Frage ist die „Skandalisierung" hinaus. Sie geht von dem *Zutrauen in die Macht* öffentlicher Ämter zur sozialen Daseinsvorsorge aus. Damit begründet sie eine Erwartungshaltung, der politische Akteure selbst Recht geben – wenn nicht in der Form des positiven Versprechens, so doch mindestens in der negativen Form, ihren Konkurrenten die Enttäuschung berechtigter Erwartungen zur Last zu legen. Politikwissenschaftler diagnostizieren demgegenüber ein diskrepantes Verhältnis zwischen der Politik*darstellung*, mit der um öffentliche Legitimierung konkurriert wird, und den Regeln und Möglichkeiten der Politik*ausübung* (Hoffmann, Sarcinelli 1999, S. 740).

Das Vertrauen in die Gestaltungsmacht öffentlicher Ämter ist innerhalb der Logik einer skandalisierenden Betrachtung selbst nicht mehr Thema. Vielmehr schafft die Skandalisierung ein neues Thema: Wenn erklärtermaßen berechtigte Erwartungen enttäuscht werden, kann dies nur an der Person liegen, die mit der Befriedigung der Erwartungen beauftragt ist. Dieser Blickwinkel setzt die Suche nach Anhaltspunkten dafür in Gang, inwieweit der oder die Zuständige Anzeichen von Unfähigkeit oder – schlimmer noch – Unwilligkeit, also bösem Willen zeigt. Die skandalisierende Optik *konstruiert* ein negatives Personenstereotyp und *kreiert* die materialen Indizien, die es füllen.

Es soll nicht ausgeschlossen werden, dass man bei Amtsinhabern Unvermögen und Unwillen entdecken kann. Vielmehr geht es um die Logik einer Betrachtungsweise, die nicht von der Entdeckung persönlicher Unzulänglichkeiten ausgeht, sondern sie umgekehrt ohne weiteres unterstellt, wenn Erwartungen enttäuscht werden. Dieser *Blickwinkel organisiert* die Inspektion und Interpretation entsprechender Indizien. Die Skandalisierung führt die Wut und die Unduldsamkeit enttäuschter Ansprüche in ihr ideelles Gerichtsverfahren ein und gibt ihnen ein Objekt: die inkriminierte politische Figur.

Ihrer inhaltlichen Logik nach funktioniert die Skandalisierung wie ein Destruktionsverfahren: Existenz und Lösung allgemeiner Probleme hängen allem Anschein nach von führenden Personen und ihren subjektiven Eigenschaften ab, die die auf sie gehefteten Erwartungen regelhaft scheitern lassen. Wenn diese Art der Darstellung zu einem wesentlichen Grundzug des medialen Politikbildes wird, liegt daher die Frage nahe, welche Konsequenzen das für die allgemeine Wahrnehmung der Politik hat. Verursacht Skandalisierung Politikverdrossenheit?

Dafür gibt es in einem strengen Sinn keinen empirischen Beweis. Es lassen sich aber Anhaltspunkte für einen solchen Zusammenhang gewinnen, indem über einen längeren Zeitraum hinweg betrachtet wird, wie sich Art und Ausmaß negativer, in Sonderheit „skandalisierender" Berichterstattung einerseits und allgemeiner Politikverdrossenheit andererseits entwickeln (vgl. Schulz 1998, 1997; Kepplinger 1996).

„Negativismus erweckt also gemeinsam mit dem Nachrichtenfaktor Personalisierung den Eindruck, als könnten einige wenige politische ‚Gladiatoren' mit Erfolg die Probleme bewältigen und die Geschicke des Staates lenken, wenn sie nur wollten. Es werden Erwartungen geweckt, die eine *Entscheidungspolitik*, bei der sich der Steuerungsbegriff angesichts einer strukturellen Überforderung mehr und mehr verflüchtigt, nicht erfüllen kann. Aus diesen Gründen bleibt die Vermutung plausibel, dass eine expandierte Politikberichterstattung, die aufgrund ökonomischer Erfordernisse Nachrichtenfaktoren wie Negativismus und Personalisierung immer stärker betont, eine Ursache für Politikverdrossenheit sei." (Hoffmann/Sarcinelli 1999, S. 740)

Die Wirkung medialer Skandalisierung erreicht auch die Medien selbst. Die aufmerksamkeitsheischende Warnung, es liege ein Skandal vor, der schnellstens Abhilfe verlangt, welcher im Regelfall aber keine erkennbaren Konsequenzen folgen, lässt sich nicht zur Tagesroutine machen, ohne dass das Vertrauen in das Urteilsvermögen und die Sachbezogenheit des Warners Schaden litte. Tatsächlich verbucht die Nutzungsforschung einen schleichenden Schwund des Vertrauens in die Medien (vgl. Kiefer 1996, S. 252).

Ein „Problem" sind publizistische Tendenzen wie die „Skandalisierung" also nicht allein im Hinblick auf die anwaltschaftlichen

Funktionen des Journalismus für die Selbstbeobachtung der Gesellschaft. Zum Problem werden sie auch für die Stellung der publizistischen Produkte in der Gesellschaft. Publizistische Tendenzen wie die „Skandalisierung" bestimmen nicht allein die gesellschaftliche Wahrnehmung der Politik; sie wirken auch zurück auf die gesellschaftliche Wahrnehmung, wofür Journalismus zu gebrauchen, inwiefern auf ihn Verlass ist. Die professionellen Mediatoren gesellschaftlicher Fremd- und Selbstbeobachtung stehen insoweit selbst „unter Beobachtung". Mit ihren publizistischen Leistungen prägen sie auch das Bild ihrer Rolle in der Gesellschaft. Mit einer zur Regel gemachten Wirklichkeitsverzerrung lösen sie das Zutrauen in ihre Brauchbarkeit als Mittel zuverlässiger Orientierung auf.

Zusammenfassung – journalistische Tendenzen als Quelle von Problemen

Eine „sensationalistische" Manier der Berichterstattung legt es auf den erregenden Eindruck an, emotionalisiert. Sie belastet die gesellschaftliche Meinungsbildung mit Orientierungsverlusten und ressentimentgeladenen Anschauungsweisen.

Die „Personalisierung" in der Darstellung politischer Prozesse entfernt die Wahrnehmung eher von deren sachlichen Gehalten, als dass sie dazu einen Zugang verschaffen könnte. Solche De-Thematisierung entzieht die Politik öffentlicher Beobachtung. Das von den Politikern gezeichnete Bild folgt z.T. dem Motivkatalog der Mythologie.

Die „Skandalisierung" ist eine rhetorische Form, die der politischen Auseinandersetzung die Gestalt eines ideellen Gerichtsverfahrens gibt. Sie verhärtet politische Positionen zu Dogmen, die mit anklägerischer Emphase vorgetragen werden. Aus der trügerischen Gewissheit, dass die Enttäuschung von Ansprüchen allein auf ein Versagen der Zuständigen zurückgehen kann, werden negative Personenstereotype der Schuldigen konstruiert. Die Skandalisierung befördert so einen unaufgeklärten Verdruss gegenüber der Politik. Dieser Verdruss holt die Medien selbst ein.

5. Dimensionen der Qualität publizistischer Produkte

Wie lässt sich die „Qualität" publizistischer Leistungen beurteilen? Dafür sind unterschiedliche Bezugspunkte denkbar (vgl. Weiß 1997, S. 185-188). Eine marktorientierte Betrachtung wird sich in erster Linie für die Akzeptanz interessieren, die durch geeignete inhaltliche Eigenschaften bei dem „Zielpublikum" hergestellt werden kann. Motto: „Gut ist, was gefällt". Einer solchen Perspektive entgeht aber Entscheidendes, nämlich die *gesellschaftlichen Funktionen* publizistischer Angebote. Die Kommunikationswissenschaft sucht von diesen Funktionen her inhaltliche Dimensionen und Maßstäbe für die Qualität publizistischer Angebote zu bestimmen.

Im Vordergrund steht dabei die Bedeutung der Publizistik für die Teilhabe der Bürger am politischen Prozess in der Demokratie. Diese Teilhabe zu vermitteln macht die „öffentliche Aufgabe" der Publizistik aus.

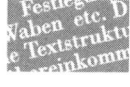

„Demnach sollen die Medien es Bürgern ermöglichen, auf der Basis umfassender Information in rationaler Weise am politischen Prozess teilzunehmen." (Hagen 1999, S. 120; siehe auch Peters 1994)

Darüber hinaus ist an die Bedeutung der publizistischen Angebote für den Wandel der „Kultur" zu denken. Medien machen die „Kultur" als Vorrat an Vorstellungen, Phantasien, Lebensentwürfen oder Identitätsvorbildern zugänglich. Das spielt für Prozesse der Identitätsbildung sowie der sozialen Integration eine wesentliche Rolle. Medienprodukte fungieren als Sozialisationsagenturen.

Die Kommunikationswissenschaft formuliert Bestimmungen der Qualität überwiegend mit Blick auf einzelne publizistische Produkte (also einzelne Pressetexte oder bestimmte Sendungen). Zum Teil beziehen sie sich einschlägige Überlegungen aber auch auf die Struktur des Angebots insgesamt. Zu dessen Qualitätsmerkmalen kann es zählen, eine Vielfalt von Einzelofferten von qualitativ gerade unterschiedlicher Machart oder eine Vielzahl von je für sich pointierten, „unausgewogenen", in ihrer Summe aber pluralen Stücken zu bieten.

Es liegen Konzepte dafür vor, wie die Qualität publizistischer Angebote in umfassender Weise bestimmt werden kann (vgl. McQuail 1992; Schatz, Schulz 1992; Hagen 1995). Daraus sollen im folgenden zentrale Dimensionen vorgestellt werden.[1]

5.1. „Vielfalt"

Die „Vielfalt" ist ein weithin unumstrittenes Kriterium für die Qualität des publizistischen Angebots. Die Kategorie der Vielfalt nimmt an den Eigenschaften des publizistischen Angebots Maß mit Blick auf ihre Funktion für die *Öffentlichkeit*. Maßstabgebend sind Merkmale für den Prozess öffentlicher Kommunikation, die sich aus der demokratischen Verfasstheit der Gesellschaft ergeben. Schuster beschreibt sie auf folgende Weise:

- „Die Suche nach dem Kompromiss verläuft über die öffentliche Diskussion, in deren Konzert alle Stimmen und Argumente gehört zu werden verdienen" (Schuster 1990, S. 128). Das macht die Pluralität der Darstellung von Positionen zum Merkmal der Qualität (Vielfalt der Akteure, Meinungsvielfalt). Es unterstellt ferner, dass kein Lebensbereich von Belang aus dem Forum öffentlicher Kommunikation ausgeschlossen bleibt (inhaltliche Vielfalt, Informationsvielfalt).
- „Die Minderheit muss die Chance haben, dereinst durch Überzeugungsarbeit Mehrheit zu werden" (Schuster 1990, S. 131). Um diese Chance zu bewahren, müssen sich Medienangebote durch die *Offenheit* für minoritäre Anschauungsweisen auszeichnen. Darüber hinaus ist die *Diskursivität* ein Gütesiegel öffentlicher Kommunikationsprozesse: Vorherrschende Meinungen sollen sich in einer inhaltlichen Auseinandersetzung durch die Einsicht in das überlegene Argument herausbilden; das verlangt eine Debatte, die konkurrierende Positionen inhaltlich ernst nimmt und aufeinander bezieht („Überzeugungsarbeit").

---

[1] Die folgenden Ausführungen gründen auf der Darstellung in Weiß (1997).

- Auf der gleichen Linie liegt die Forderung, mehrheitlich angenommene Positionen könnten „nur dann eine vernunftgeprägte Entscheidung dar(zu)stellen, wenn zuvor jeder im Ergebnis Betroffene Gelegenheit gehabt hat, seine Argumente in den Fluss der öffentlichen Meinungsbildung einzubringen" (Schuster 1990, S. 130), und wenn die Auseinandersetzung davon geprägt ist, Positionen durch überlegene Argumente zu bilden. Das verknüpft die *Pluralität* mit der *Diskursivität* als Qualitätsmerkmal medial vermittelter Anschauungsweisen. (vgl. Weiß/Rudolph 1993, S. 19-50 sowie Peters 1994)

Vielfalt meint mit Blick auf die Struktur des Gesamtangebots eine Vielfalt von Darstellungs- und Vermittlungsformen. Inhaltlich erweist sich Vielfalt im Spektrum der thematisierten Lebensbereiche (sozial, regional, ethnisch, kulturell) sowie in der Pluralität der aufgegriffenen Interessen und Positionen (vgl. Schatz/Schulz 1992, S. 693-695; Hoffmann-Riem 1991, S. 17-19; Hagen 1995, S. 52; siehe Abb. 5.5.). Vielfalt ist demzufolge nicht bereits durch die Vielzahl verfügbarer Zeitungen oder Rundfunkkanäle und die formelle Wahlmöglichkeit, die diese Vielzahl begründet, gegeben. Sie stellt sich erst mit einem breiten Spektrum substanziell verschiedenartiger kommunikativer Angebote ein, die den Zugang zu einer Vielzahl von Kulturen, Anschauungsweisen, Informationen und Meinungen eröffnet (vgl. McQuail 1992, S. 144-145).

Eine solche Vielfalt publizistischer Angebote gilt als elementare Voraussetzung der Freiheit (McQuail 1992, S. 141-143). Sie eröffnet die Freiheit *vor* der einseitigen Kontrolle von Informationen und Anschauungen durch politisch Mächtige. Sie begründet ferner die Freiheit *für* die Teilhabe verschiedener Interessen und Positionen an einem die Gesellschaft als Ganze ergreifenden Prozess der Meinungs- und Willensbildung. Dieser Prozess bedarf aber des von den Massenmedien geschaffenen Forums, auf dem verschiedene Kommunikationsströme zusammen laufen und vernetzt werden (vgl. Rossen 1992, S. 46).

Publizistische Medienprodukte

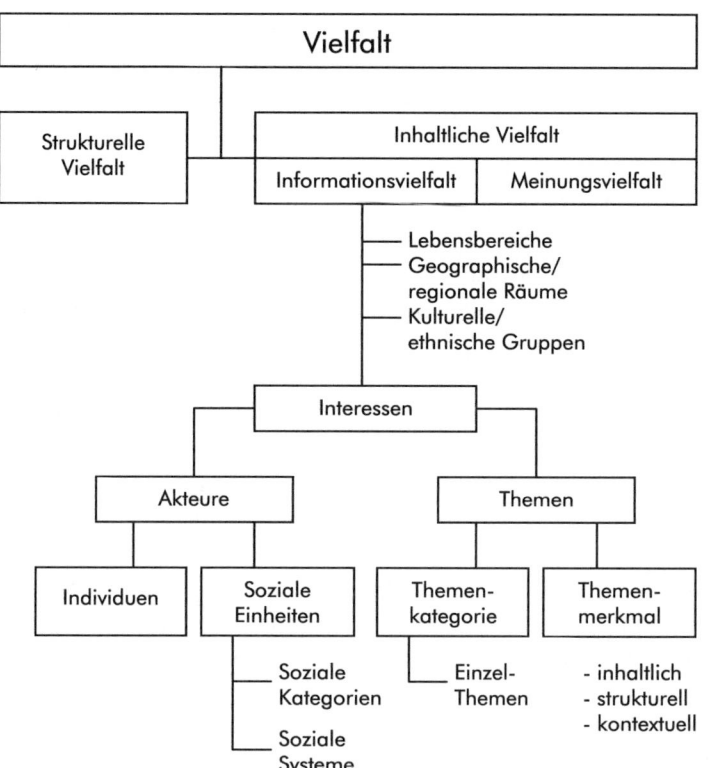

Abb. 5.5.: Aspekte der Programmvielfalt

Quelle: Schatz/Schulz 1992, S. 694

5.2. „Relevanz"

Das Qualitätskriterium der „Relevanz" stellt den Bezug zu „Befindlichkeit oder Lebenslage von Individuen oder sozialen Gruppen" und Gesellschaften her (Schatz/Schulz 1992, S. 696). Aus diesen Lebenslagen ergibt sich, was Relevanz besitzt.

Bei dem Versuch, Relevanz „messbar" zu machen, lassen sich verschiedene Relevanzebenen (Gesamtgesellschaft, soziale Gruppen und Institutionen, Individuen) und Relevanzstärken (Zahl der Betroffenen und Eintrittswahrscheinlichkeit der Betroffenheit, Intensität der Betroffenheit, Zentralität und Irreversibilität der Wirkung, Macht und Prominenz der Betroffenen) unterscheiden. Doch auch wenn man so differenziert vorgeht, gilt: Es lässt sich nicht in einer für die Gesellschaft als Ganzes ein für allemal gültigen Weise festsetzen, was „Relevanz" hat und was nicht. Denn gesellschaftliche Kräfte konkurrieren darum, dass ihre jeweiligen Interessen als vordringlich anerkannt werden. Und Parteien wollen „ihren Themen" den ersten Platz auf der Agenda des „aktuell Wichtigen" verschaffen. Es existiert daher eine gesellschaftliche Pluralität von Relevanzhierarchien, die darum konkurrieren, sich in den Medien Geltung zu verschaffen.

Daher ist es folgerichtig, wenn Schatz und Schulz als Weg zur methodischen „Messung" von Relevanz den Einsatz von „Relevanzattributoren" erwägen; damit sind Akteure wie Sozialwissenschaftler oder auch intellektuelle Beobachter des Zeitgeistes gemeint, denen ein unabhängiges Urteil darüber zugetraut werden kann, was für eine Gesellschaft „Relevanz" hat. Schatz und Schulz schlagen damit vor, die Relevanz nicht abschließend definitorisch bestimmen zu wollen, sondern als Resultat eines *kommunikativen Prozesses* zu begreifen. Diese *prozedurale Qualitätsbestimmung* kehrt zur *Pluralität* als der entscheidenden Bürgschaft für eine dem „Bedarf der Allgemeinheit" gemäße Qualität zurück.

5.3. „Professionalität"

Unter dem Titel „Professionalität" versammeln Schatz und Schulz die Anforderungen, die das Medienrecht an publizistische Leistungen formuliert. Ihnen entsprechen journalistische Berufsnormen. Mit Blick auf ihre Bedeutung für den gesellschaftlichen Prozess freier Meinungsbildung geben die Autoren folgende Merkmale der Qualität an (vgl. Schatz/Schulz 1992, S. 702-705; siehe Abbildung 5.6.):

- „Richtigkeit und Relevanz" bemessen die Sachgerechtigkeit der Informationsvermittlung. Sie sind unverzichtbar für eine kompetente Urteilsbildung durch die Informationsnutzer. Die muss von der Voreingenommenheit einer parteilichen Darstellung durch den Informationsgeber freigehalten bleiben. Diese Informationsqualitäten sind aus Publikumssicht „der Schlüssel zu Glaubwürdigkeit und Verlässlichkeit", so McQuail in seinen

Überlegungen zur „Objektivität" als Qualitätsmerkmal (vgl. McQuail 1992, S. 193; Hagen 1995, S. 52).
- „Fairness und Neutralität" sind Maßstäbe für eine Darstellung konkurrierender Positionen, die nicht bereits von sich aus über deren Chance, wahrgenommen und für gut befunden zu werden, durch Selektion oder Verzerrung entscheiden will.
- Die „analytische Qualität" ist eine professionell zu erbringende Voraussetzung dafür, dass die „zwanglose Autorität des besseren Argumentes" als unverzichtbare Regel demokratischer Meinungsbildung lebendig bleibt. Sie ist ferner eine Bedingung für die politische Teilhabe derjenigen, die die nötigen Informationen und Einsichten für eine kompetente Beurteilung politischer Prozesse nicht anders als aus den Medien beschaffen können (vgl. McQuail 1992, S. 214-216).
- Daher ist auch die „Verständlichkeit" eine wesentliche Dimension der „Informationsqualität" (vgl. Hagen 1999, S. 121).

Die Liste der „professionellen" Kriterien für die Informationsqualität publizistischer Angebote beschreibt allerdings noch nicht die berufliche Praxis. Denn die ist nicht allein von der Orientierung an professionellen Normen bestimmt (vgl. Kapitel 4). Hinzu treten Anforderungen aus dem institutionellen Kontext journalistischer Arbeit, die sich teils als Begrenzung von Handlungsmöglichkeiten teils auch als inhaltliche Festlegung geltend machen. Es bleibt daher eine prüfenswerte empirische Frage, inwieweit die oben skizzierten Dimensionen professioneller Qualität tatsächlich die Qualitäten der Profession bezeichnen.

Abb. 5.6.:
Aspekte der Professionalität

Quelle: Schatz/Schulz 1992, S. 705

Zusammenfassung: „Qualität" – Leitbegriff einer notwendigen Selbstreflexion

Die knappe Durchsicht von in der Kommunikationswissenschaft diskutierten Dimensionen der Qualität zeigt, dass das Bemühen um eine verobjektivierende Definition zu keinem erschöpfenden Ende gekommen ist. Das liegt nicht daran, dass „Qualität" gar nicht abschließbar bestimmt werden könnte. Gewiss verändert sich mit dem sozialen Wandel auch das Repertoire an Themen, Vorstellungsweisen und ästhetischen Präferenzen einer Gesellschaft. Daher lässt sich kein Katalog angeben, der ein für allemal festlegt, was Qualität hat.

Das „was" lässt sich nicht inhaltlich abschließend definieren. Für das „wie" der Themenfindung und -vermittlung können allerdings Eigenschaften beschrieben werden, an denen sich der „Gebrauchswert" der Medien-„Güter" ermessen lässt. Solche Eigenschaften werden im Rahmen der Konzepte „Vielfalt", „Relevanz" und „Professionalität" ausformuliert. Diese Dimensionen beschreiben Qualitäten, die als je differenziert anzusetzendes Maß für die Beurteilung verschiedenartiger Medienangebote fungieren können.

Die Qualitätsmaße haben Anspruch auf verbindliche Geltung. Denn nur dann, wenn sie erfüllt werden, nehmen die publizistischen Angebote ihre unverzichtbaren Funktionen für eine demokratisch verfasste Öffentlichkeit und für die kulturelle Selbstverständigung einer freiheitlichen Gesellschaft angemessen wahr.

 **Literatur**

ARD/ZDF-Medienkommission (Hrsg.) (2001): Massenkommunikation 2000: Images und Funktionen der Massenmedien im Vergleich. Frankfurt/Main: Media Perspektiven.

Blumler, Jay G. (1991): In pursuit of programme range and diversity. In: Studies of Broadcasting, 27. Jg., S. 191-206.

Blumler, Jay G./Hoffmann-Riem, Wolfgang (1992): Neue Funktionen für öffentlich-rechtliches Fernsehen in Westeuropa: Herausforderungen und Perspektiven. In: Media Perspektiven 7/1999, S. 402-415.

Brants, Kees (1998): Who's afraid of infotainment? In: European Journal of Communication, 13. Jg., S. 315-335.

Brosius, Hans-Bernd/Eps, Peter (1993): Verändern Schlüsselereignisse journalistische Selektionskriterien? Framing am Beispiel der Berichterstattung über Anschläge gegen Ausländer und Asylanten. In: Rundfunk und Fernsehen, 41. Jg., S. 512-530.

Brosius, Hans-Bernd/Esser, Frank (1995): Eskalation durch Berichterstattung? Massenmedien und fremdenfeindliche Gewalt. Opladen, Wiesbaden: Westdeutscher Verlag.

Bruns, Thomas, Frank Marcinkowski (1996): Konvergenz Revisited. Neue Befunde zu einer älteren Diskussion. In: Rundfunk und Fernsehen, 44. Jg., S. 461-478.

Dijk, Teun van (1983): Discourse analysis. Its development and application with the structure of news. In: Journal of Communication, 33. Jg., S. 20-43.

Fiske, John, Hartley, John (1978): Reading television. London: Methuen.

Franz, Gerhard/Klingler, Walter (1991): Hörfunk zu Beginn der 90er Jahre. Trends und Analysen. In: Media Perspektiven 8/1991, S. 537-552.

Galtung, Johan/Ruge, Mari Holmboe (1965): The structure of foreign news. In: Journal of Peace Research, 2. Jg., S. 65-91.

Gehrau, Volker (2001): Fernsehgenres und Fernsehgattungen. Ansätze und Daten zur Rezeption, Klassifikation und Bezeichnung von Fernsehprogrammen. München: Fischer.

Gerhard, Heinz (1999): Programmanalysen im Vergleich. In: Media Perspektiven 7/1999, S. 340-344.

Gerpott, Thorsten J./Schlegel, Maike (2000): Online-Zeitungen. Charakteristika und Anwendungspotentiale eines neuen Medienangebots. In: Medien & Kommunikationswissenschaft, 48. Jg., S. 335-353.

Goldhammer, Klaus (1995): Formatradio in Deutschland. Konzepte, Techniken und Hintergründe der Programmgestaltung von Hörfunkstationen. Berlin: Spiess.

Groebel, Jo/Hoffmann-Riem, Wolfgang/Köcher, Renate/Lange, Bernd-Peter/Mahrenholz, Ernst Gottfried/Mestmäcker, Ernst-Joachim/Scheithauer, Ingrid/Schneider, Norbert (1995): Bericht zur Lage des Fernsehens für den Präsidenten der Bundesrepublik Deutschland. Gütersloh: Bertelsmann Stiftung.

Haas, Michael H./Frigge, Uwe/Zimmer, Gert (1991): Radio-Management. Ein Handbuch für Radio-Journalisten. München: Ölschläger.

Hagen, Lutz M. (1995): Informationsqualität von Nachrichten: Meßmethoden und ihre Anwendungen auf die Dienste von Nachrichtenagenturen. Opladen, Wiesbaden: Westdeutscher Verlag.

Hagen, Lutz M. (1999): Informationsqualität von Fernsehnachrichten. Empirische Konzepte und aktuelle Problemfelder. In: Ludes, Peter (Hg.): Medienwissenschaften und Medienwertung. Opladen, Wiesbaden: Westdeutscher Verlag, S. 119-138.

Hasebrink, Uwe (2001): Die Zukunft der Fernsehnutzung. Berlin: Vistas.

Hickethier, Knut (1998): Narrative Navigation durchs Weltgeschehen. Erzählstrukturen in Fernsehnachrichten. In: Kamps, Klaus (Hg.): Fernsehnachrichten. Prozesse, Strukturen, Funktionen. Opladen, Wiesbaden: Westdeutscher Verlag, S. 185-202.

Hickethier, Knut (1997): Das Erzählen der Welt in den Fernsehnachrichten. Überlegungen zu einer Narrationstheorie der Nachricht. In: Rundfunk und Fernsehen, 45. Jg., S. 5-18.

Hickethier, Knut (1993): Reden und Rauschen. In: Der Journalist, 2/1993, S. 46-48.

Hoffmann, Jochen/Sarcinelli, Ulrich (1999): Politische Wirkungen der Medien. In: Wilke, Jürgen (Hg.): Mediengeschichte der Bundesrepublik Deutschland. Köln, Weimar, Wien: Böhlau, S. 720-748.

Hoffmann-Riem, Wolfgang (1991): Rundfunkrecht neben Wirtschaftsrecht. Baden-Baden: Nomos.

Hoffmann-Riem, Wolfgang/Schulz, Wolfgang (1998): Politische Kommunikation – Rechtswissenschaftliche Perspektiven. In: Jarren, Otfried/Sarcinelli, Ulrich/Saxer, Ulrich (Hg.): Politische Kommunikation in der demokratischen Gesellschaft. Opladen, Wiesbaden: Westdeutscher Verlag, S. 154-172.

Jäckel, Michael (1999): Die Krise der politischen Kommunikation: Eine Annäherung aus soziologischer Perspektive. In: Winterhoff-Spurk, Peter/Jäckel, Michael (Hg.): Politische Eliten in der Mediengesellschaft. Rekrutierung – Darstellung – Wirkung. München: Fischer, S. 31-55.

Jarren, Otfried/Donges, Patrick (1996): Keine Zeit für Politik? Landespolitische Berichterstattung im Rundfunk – das Beispiel Hamburg. Berlin: Vistas.

Kamps, Klaus (Hg.) (1999): Elektronische Demokratie. Perspektiven politischer Partizipation. Opladen, Wiesbaden: Westdeutscher Verlag.

Kepplinger, Hans Mathias (1999): Zeitungsberichterstattung im Wandel. In: Wilke, Jürgen (Hg.): Mediengeschichte der Bundesrepublik Deutschland. Köln, Weimar, Wien: Böhlau, S. 195-210.

Kepplinger, Hans Mathias (1996): Skandale und Politikverdrossenheit – ein Langzeitvergleich. In: Jarren, Otfried/Schatz, Heribert/Weßler, Hartmut (Hg.): Medien und politischer Prozess. Politische Öffentlichkeit und massenmediale Politikvermittlung im Wandel. Opladen, Wiesbaden: Westdeutscher Verlag, S. 41-58.

Kepplinger, Hans Mathias (1992): Ereignismanagement. Wirklichkeit und Massenmedien. Zürich: Ed. Interfrom.

Kepplinger, Hans Mathias (1989): Instrumentelle Aktualisierung. Grundlagen einer Theorie publizistischer Konflikte. In: Kaase, Max/Schulz, Winfried (Hg.): Massenkommunikation. Theorien, Methoden, Befunde. (= Kölner Zeitschrift für Soziologie und Sozialpsychologie, Sonderheft 30). Opladen, Wiesbaden: Westdeutscher Verlag, S. 199-220.

Kepplinger, Hans Mathias (1988): Die Kernenergie in der Presse. Eine Analyse zum Einfluss subjektiver Faktoren auf die Konstruktion der Realität. In: Kölner Zeitschrift für Soziologie und Sozialpsychologie, 40. Jg., S. 659-683.

Kepplinger, Hans Mathias/Mathes, Rainer (1988): Künstliche Horizonte. Die Darstellung von Technik in Zeitungen und Zeitschriften der BRD. In: Scharioth, Joachim/Uhl, Harald (Hg.): Medien und Technikakzeptanz. München: Oldenbourg, S. 111-152.

Kiefer, Marie-Luise (1996): Massenkommunikation V. Eine Langzeitstudie zur Mediennutzung und Medienbewertung 1964-1995. Baden-Baden: Nomos.

Krüger, Udo Michael (2000): Unterschiedliches Informationsverständnis im öffentlich-rechtlichen und privaten Fernsehen. Programmanalyse 1999 – ARD, ZDF, RTL, Sat.1 und ProSieben im Vergleich. In: Media Perspektiven 7/2000, S. 278-296.

Krüger, Udo Michael (1998a): Thementrends in Talkshows der 90er Jahre. Talkshows bei ARD, ZDF, RTL, SAT.1 und PRO SIEBEN im Vergleich. In: Media Perspektiven 12/1998, S. 608-624.

Krüger, Udo Michael (1998b): Zum Stand der Konvergenzforschung im dualen Rundfunksystem. In: Klingler, Walter/Roters, Gunnar/Zöllner, Oliver (Hg.): Fernsehforschung in Deutschland. Themen – Akteure – Methoden, Teilband 1. Baden-Baden: Nomos, S. 151-184.

Krüger, Udo Michael (1997): Politikberichterstattung in den Fernsehnachrichten. In: Media Perspektiven 5/1997, S. 256-268.

Krüger, Udo Michael (1992): Programmprofile im dualen Fernsehsystem. Baden-Baden: Nomos.

Krüger, Udo Michael/Zapf-Schramm, Thomas (2001): Die Boulevardisierungskluft im deutschen Fernsehen. In: Media Perspektiven 7/2001, S. 326-344.

Lippmann, Walter (1964): Die öffentliche Meinung. Übersetzung von Public Opinion (1922). München: Rütten + Loening.

Luhmann, Niklas (1996): Die Realität der Massenmedien. 2., erw. Aufl. Opladen, Wiesbaden: Westdeutscher Verlag.

Marcinkowski, Frank/Bruns, Thomas (1996): Politische Magazine im dualen Fernsehen. In: Schatz, Heribert (Hg.): Fernsehen als Objekt und Moment des sozialen Wandels. Opladen, Wiesbaden: Westdeutscher Verlag, S. 255-286.

Mast, Claudia (1994): ABC des Journalismus. Leitfaden für die Redaktionsarbeit. 7., neu bearbeitete Ausgabe. Konstanz: UVK.

McQuail, Denis (2000): Mass Communication Theory. 4. Aufl. London, Thousand Oaks, New Delhi: Sage.

McQuail, Denis (1992): Media performance. London, Newbury Park, New Delhi: Sage.

Merten, Klaus (1994): Konvergenz der deutschen Fernsehprogramme. Eine Langzeituntersuchung 1980-1993. Münster, Hamburg: Lit.

Merten, Klaus (1983): Inhaltsanalyse. Einführung in Theorie, Methode, Praxis. Opladen, Wiesbaden: Westdeutscher Verlag.

Merten, Klaus/Schmidt, Siegfried J./Weischenberg, Siegfried (Hg.) (1994): Die Wirklichkeit der Medien. Eine Einführung in die Kommunikationswissenschaft. Opladen, Wiesbaden: Westdeutscher Verlag.

Meyer, Thomas/Ontrup, Rüdiger/Schicha, Christian (2000): Die Inszenierung des Politischen. Zur Theatralität von Mediendiskursen. Opladen, Wiesbaden: Westdeutscher Verlag.

Möller, Kurt (1993): Zusammenhänge der Modernisierung des Rechtsextremismus mit der Modernisierung der Gesellschaft. In: Aus Politik und Zeitgeschichte, B 46-47/93, S. 3-9.

Neidhardt, Friedhelm (1994): Öffentlichkeit, öffentliche Meinung, soziale Bewegungen. In: ders. (Hg.): Öffentlichkeit, öffentliche Meinung, soziale Bewegungen. (= Kölner Zeitschrift für Soziologie und Sozialpsychologie, Sonderheft 34). Opladen, Wiesbaden: Westdeutscher Verlag, S. 7-41.

Neuberger, Christoph (2001): Kreatives Potenzial. Zeitungen im Netz. In: journalist 4/2001, S. 65-71.

Neuberger, Christoph (1999): Nachrichten-Recycling oder Online-Journalismus? Print- und Online-Versionen von Tageszeitungen im Vergleich. In: Neuberger, Christoph/Tonnemacher, Jan (Hg.): Online – die Zukunft der Zeitung? Das Engagement deutscher Tageszeitungen im Internet. Opladen, Wiesbaden: Westdeutscher Verlag, S. 242-264.

Oehmichen, Ekkehardt/Schröter, Christian (2000): Fernsehen, Hörfunk, Internet. Konkurrenz, Konvergenz oder Komplement? Schlussfolgerungen aus der ARD-/ZDF-Online-Studie 2000. In: Media Perspektiven 8/2000, S. 359-368.

Peters, Bernhard (1994): Der Sinn von Öffentlichkeit. In: Neidhardt, Friedhelm (Hg.): Öffentlichkeit, öffentliche Meinung, soziale Bewegungen. (= Kölner Zeitschrift für Soziologie und Sozialpsychologie, Sonderheft 34) Opladen, Wiesbaden: Westdeutscher Verlag, S. 42-76.

Literatur-Tipp

Pfetsch, Barbara (1996): Konvergente Fernsehformate in der Politikberichterstattung? Eine vergleichende Analyse öffentlich-rechtlicher und privater Programme 1985/86 und 1993. In: Rundfunk und Fernsehen, 44. Jg., S. 479-498.

Pöttker, Horst (1996): Politikverdrossenheit und Medien. Daten und Reflexionen zu einem virulenten Problem. In: Jarren, Otfried/Schatz, Heribert /Weßler, Hartmut (Hg.): Medien und politischer Prozess. Politische Öffentlichkeit und massenmediale Politikvermittlung im Wandel. Opladen: Westdeutscher Verlag, S. 59-71.

Pürer, Heinz (1991): Praktischer Journalismus in Zeitung, Radio und Fernsehen. München: Ölschläger.

Riefler, Katja (2000): Was ist das Kerngeschäft? Content-Strategien für Verlage. In: BDZV (Hg.): Zeitungen 2000. Bonn: ZV Zeitungs-Verlag Service, S. 174-185.

Rossen, Helge (1992): Rundfunkauftrag und Programmforschung – Anmerkungen zum Qualitätsverständnis und zur Untersuchungsperspektive. In: Berg, Klaus/Kiefer, Marie-Luise (Hg.): Programmprofile im dualen Fernsehsystem 1985-1990. Baden-Baden: Nomos, S. 45-67.

Ruhrmann, Georg (1999): Medienberichterstattung über Ausländer: Befunde – Perspektiven – Empfehlungen. In: Butterwegge, Christoph/Hentges, Gudrun/Sarigöz, Fatma (Hg.): Medien und multikulturelle Gesellschaft. Opladen: Leske&Budrich, S. 95-108.

Sarcinelli, Ulrich (1998): Legitimität. In: Jarren, Otfried/Sarcinelli, Ulrich/Saxer, Ulrich (Hg.): Politische Kommunikation in der demokratischen Gesellschaft. Opladen, Wiesbaden: Westdeutscher Verlag, S. 253-267.

Schatz, Heribert (1994): Rundfunkentwicklung im „dualen System" – die Konvergenzhypothese. In: Jarren, Otfried (Hg.): Politische Kommunikation in Hörfunk und Fernsehen. Elektronische Medien in der Bundesrepublik Deutschland. Opladen, Wiesbaden: Westdeutscher Verlag, S. 67-80.

Schatz, Heribert/Immer, Nikolas/Marcinkowski, Frank (1989): Der Vielfalt eine Chance? Empirische Befunde zu einem zentralen Argument für die „Dualisierung" des Rundfunks in der Bundesrepublik Deutschland. In: Rundfunk und Fernsehen, 37. Jg., S. 5-24.

Literatur-Tipp

Schatz, Heribert/Schulz, Winfried (1992): Qualität von Fernsehprogrammen. Kriterien und Methoden zur Beurteilung von Programmqualität im dualen Fernsehen. In: Media Perspektiven 11/1992, S. 690-712.

Scherer, Helmut (1998): Partizipation für alle? Die Veränderung des Politikprozesses durch das Internet. In: Rössler, Patrick (Hg.): Online-Kommunikation. Beiträge zu Nutzung und Wirkung. Opladen, Wiesbaden: Westdeutscher Verlag, S. 171-188.

Schönbach, Klaus (Hg.) (1997): Zeitungen in den Neunzigern – Faktoren ihres Erfolgs. 350 Tageszeitungen auf dem Prüfstand. Bonn: ZV Zeitungs-Verlag Service.

Schönbach, Klaus (1977): Trennung von Nachricht und Meinung. Empirische Untersuchung eines journalistischen Qualitätskriteriums. Freiburg, München: Alber.

Schulz, Winfried (1998): Media change and political effects of television. Americanization of political culture? In: Communications, 23. Jg., S. 527-543.

Schulz, Winfried (1997): Politische Kommunikation. Theoretische Ansätze und Ergebnisse empirischer Forschung. Opladen, Wiesbaden: Westdeutscher Verlag.
Literatur-Tipp

Schulz, Winfried (1996): Qualität von Fernsehprogrammen. In: Hömberg, Walter/Pürer, Heinz (Hg.): Medientransformation. 10 Jahre dualer Rundfunk in Deutschland. Konstanz: UVK, S. 45-59.

Schulz, Winfried (1989): Massenmedien und Realität. Die „ptolemäische" und die „kopernikanische" Auffassung. In: Kaase, Max/Schulz, Winfried, (Hg.): Massenkommunikation. Theorien, Methoden, Befunde.(= Kölner Zeitschrift für Soziologie und Sozialpsychologie Sonderheft 30). Opladen, S. 135-149.

Schulz, Winfried (1987): Politikvermittllung durch Massenmedien. In: Sarcinelli, Ulrich (Hg.): Politikvermittlung. Beiträge zur politischen Kommunikationskultur. Bonn: Bundeszentrale für Polit. Bildung, S. 129-144.

Schulz, Winfried (1976): Die Konstruktion von Realität in Nachrichtenmedien. Analyse der aktuellen Berichterstattung. Freiburg, München: Alber.

Schuster, Detlev (1990): Meinungsvielfalt in der dualen Rundfunkordnung. Berlin: Duncker & Humblot.

Schütz, Astrid (1999): Selbstdarstellung in der Politik. Techniken und ihre Wirkung. In: Winterhoff-Spurk, Peter/Jäckel, Michael (Hg.): Politische Eliten in der Mediengesellschaft. Rekrutierung – Darstellung – Wirkung. München: Fischer, S. 105-120.

Semetko, Holli A./Valkenburg, Patti M. (2000): Framing European Politics. A content analysis of press and television news. In: Journal of Communication, 50. Jg., S. 93-109.

Staab, Joachim Friedrich (1990): Nachrichtenwert-Theorie. Formale Struktur und empirischer Gehalt. Freiburg, München: Alber.

Stock, Martin (1992): Programmauftrag und Medienforschung – zur Bedeutung des rechtlichen Rahmens. In: Krüger, Udo Michael: Programmprofile im dualen Fernsehsystem 1985-1990. Baden-Baden: Nomos, S. 15-44.

Teichert, Will (1991): Hörerbedürfnisse. In: Arnold, Bernd-Peter/Quandt, Siegfried (Hg.): Radio heute. Trends im Hörfunkjournalismus. Frankfurt am Main: IMK, S. 275-283.

Vogel, Andreas (2001): Strategie-Wechsel. Online-Portfolio. In: journalist 4/2001, S. 72-74.

Wehner, Josef (1998): Öffentliche Meinung und Person. Zur Darstellung von Politik in den Medien. In: Imhof, Kurt/Schulz, Peter (Hg.): Die Veröffentlichung des Privaten – die Privatisierung des Öffentlichen. Opladen, Wiesbaden: Westdeutscher Verlag, S. 318-331.

Weischenberg, Siegfried (1995): Journalistik, Bd. 2. Opladen, Wiesbaden: Westdeutscher Verlag.

Weiß, Hans-Jürgen (1998): Auf dem Weg zu einer kontinuierlichen Fernsehprogrammforschung der Landesmedienanstalten. Eine Evaluations- und Machbarkeitsstudie. Berlin: Vistas.

Weiß, Hans-Jürgen (1996): Programmnormen, Programmrealität und Programmforschung. In: Hömberg, Walter/Pürer, Heinz (Hg.): Medientransformation. 10 Jahre dualer Rundfunk in Deutschland. Konstanz: UVK, S. 227-243.

Literatur-Tipp

Weiß, Hans-Jürgen/Trebbe, Joachim (2000): Fernsehen in Deutschland 1998-1999. Programmstrukturen, Programminhalte, Programmentwicklungen. Berlin: Vistas.

Weiß, Ralph (2001a): Fern-Sehen im Alltag. Zur Sozialpsychologie der Medienrezeption. Opladen, Wiesbaden: Westdeutscher Verlag.

Weiß, Ralph (2001b): Der praktische Sinn des Mediengebrauchs im Alltag. In: Maier-Rabler, Ursula/Latzer, Michael (Hg.): Kommunikationskulturen zwischen Kontinuität und Wandel. Universelle Netzwerke für die Zivilgesellschaft. Konstanz: UVK, S. 347-369.

Weiß, Ralph (1997): Lässt sich über Qualität streiten? Versuche in der Kommunikationswissenschaft zur Verobjektivierung des Qualitätsbegriffs. In: Weßler, Hartmut/Matzen, Christiane/Jarren, Otfried/Hasebrink, Uwe (Hg.): Perspektiven der Medienkritik. Die gesellschaftliche Auseinandersetzung mit öffentlicher Kommunikation in der Mediengesellschaft. Opladen, Wiesbaden: Westdeutscher Verlag, S. 185-200.

Weiß, Ralph (1996): Zwischen Anstiftung und Aufklärung. Zur Rolle der Medien gegenüber dem Rechtsextremismus – ein Forschungsüberblick. In: Jungk, Sabine (Hg.): Zwischen Skandal und Routine? Rechtsextremismus in Film und Fernsehen. Marburg: Schüren, S. 176-198.

Weiß, Ralph (1994): Die Verdruss-Spirale. Zur Kritik der öffentlichen Urteilskraft. In: Hall, Peter Ch. (Hg.): Aktualität und Erkenntnis. Informationsvermittlung auf dem Prüfstand. Mainz: ZDF, S. 57-46.

Weiß, Ralph/Rudolph, Werner (1993): Die lokale Welt im Radio. Information und Unterhaltung im Lokalradio als Beiträge zur kommunalen Kommunikation. Opladen: Leske+Buderich.

Wilke, Jürgen (1998): Analytische Dimension der Personalisierung des Politischen. In: Imhof, Kurt/Schulz, Peter (Hg.): Die Veröffentlichung des Privaten – die Privatisierung des Öffentlichen. Opladen, Wiesbaden: Westdeutscher Verlag, S. 283-294.

Ziegler, Marc/Becker, Andreas (2000): Neue Geschäftsmodelle für Zeitungen im Internet. In: BDZV (Hg.): Zeitungen 2000. Bonn: ZV, S. 162-171.

Kapitel 6
Publikum, Mediennutzung und Medienwirkung

Uwe Hasebrink

Öffentliche Kommunikation im Sinne des bisher beschriebenen Zusammenspiels von gesellschaftlichen Akteuren, Medieninstitutionen, Journalisten und den von ihnen hergestellten Medienprodukten beinhaltet als letzten entscheidenden Faktor das Publikum, die Rezipienten der Medienprodukte. Diese sind Gegenstand des folgenden Kapitels. Besondere Aufmerksamkeit gilt dabei der Beziehung zwischen dem Publikum und den Medienangeboten: Zum einen wird dargestellt, was die Rezipienten mit den verfügbaren Angeboten anstellen, wie sie sie nutzen und interpretieren. Zum anderen werden Thesen und Ergebnisse behandelt, die Aufschluss darüber geben, welche Wirkungen die Medienangebote auf ihre Rezipienten haben können. Wissen über das Publikum und über verschiedene Rezipientengruppen ist auch für die journalistische Praxis von großer Bedeutung: Sich bewusst zu machen, für wen ein bestimmtes Medienangebot eigentlich produziert wird, zu wissen, wen ein bestimmtes Angebot erreicht und wen nicht, einschätzen zu können, welche potenziellen Wirkungen bestimmte Angebote auf die Rezipienten haben können – dies alles sind wichtige Voraussetzungen für eine erfolgreiche, rezipientenorientierte Arbeit im Medienbereich.

1. Publika von Medienangeboten in der Diskussion

1.1. Warum sind Mediennutzung und Medienwirkung von Interesse?

Was wäre eine Zeitung ohne Leserinnen und Leser, ein Hörfunkprogramm ohne Hörer, die „Tagesschau" ohne Zuschauer, was wären die Medien ohne Nutzer? Eine Antwort ist schwer auszudenken – Massenmedien machen erst dann einen Sinn, wenn ein Kontakt zustande kommt zwischen den übermittelten Botschaften und einer eher größeren als kleineren Zahl von Menschen, die diese wahrnehmen und verstehen. Und sollte es einmal vorkommen, dass ein Medium keine Nutzer hat, dann wird es entweder eingestellt, oder es werden große Anstrengungen unternommen, diesen Zustand zu ändern und Nutzer zu gewinnen.

Die zuspitzende Eingangsfrage verdeutlicht, dass ohne eine Auseinandersetzung mit dem Publikum bzw. mit Mediennutzung und Medienwirkung kein angemessenes Verständnis der Funktion der Massenmedien zu erreichen ist. Demzufolge ist das Interesse an entsprechender Forschung groß. Dies gilt zunächst für die Medienanbieter, die Journalisten, die Programmplaner und -veranstalter und die Verleger, die – aus journalistischen und gestalterischen sowie aus ökonomischen Gründen – an Rückmeldungen darüber interessiert sind, ob ihre Produkte überhaupt wahrgenommen wurden, und wenn ja, wie das Publikum sie aufgenommen und bewertet hat.

Das am klarsten zu definierende Interesse an Daten zum Publikumsverhalten hat die werbetreibende Industrie: Sie möchte laufend möglichst präzise Angaben darüber bekommen, welche Personengruppe zu welcher Zeit (möglichst auch: in welcher Stimmung) mit welchem Medium erreichbar ist und wie gut die Werbung die mit ihr verbundenen Zielsetzungen erreicht.

Und schließlich sind publikumsbezogene Informationen für alle diejenigen ein wichtiges Thema, die sich mit gesellschaftlichen Entwicklungen beschäftigen: Die Massenmedien sind auf vielfältige Weise mit dem politischen, kulturellen und privaten Leben in unserer Gesellschaft verwoben – eine Tatsache, die häufig zu weit reichenden Annahmen über die Wirkungen der Massenmedien führt, sei es nun die Verrohung der Kinder und Jugendlichen durch Gewaltdarstellungen im Fernsehen, sei es eine Abnahme politischen Engagements oder gar ein Sich-zu-Tode-Amüsieren (vgl. Postman 1985), sei es die Beeinflussung einer Bundestagswahl oder ein pessimistisches Weltbild.

Dieses Kapitel soll einen Überblick über die wissenschaftliche Auseinandersetzung mit den genannten Themenbereichen bieten. Zunächst werden grundlegende Begriffe erläutert (Abschnitte 1.2. und 1.3.). Abschnitt 2 stellt die Methoden vor, derer sich die Forschung bei der Untersuchung der Mediennutzung bedient und die das Bild vom Publikum in Medienpraxis und Öffentlichkeit gleichermaßen prägen. Abschnitt 3 fasst wesentliche Ergebnisse der Nutzungsforschung zusammen und gibt damit Einblick in den Umgang der Menschen mit verschiedenen Medienangeboten. Den potenziellen Wirkungen der Medien gilt Abschnitt 4; dort werden Theorien und empirische Ergebnisse vorgestellt, die Aufschluss darüber geben, wie sich die genutzten Medienangebote auf der Ebene einzelner Nutzerinnen und Nutzer sowie auf gesellschaftlicher Ebene auswirken. Abschnitt 5 diskutiert abschließend einige ausgewählte Fragestellungen der Nutzungs- und Wirkungsforschung, die als Hintergrundwissen für die journalistische Praxis besonders relevant erscheinen.

1.2. Die Grundbegriffe

Auch wenn im Alltag Begriffe wie „Publikum", „Mediennutzung" und „Medienwirkung" recht selbstverständlich verwendet und offenbar in der Regel auch verstanden werden, tut sich die Wissenschaft nicht ganz leicht damit, klare Definitionen vorzulegen. Eine viel zitierte Systematisierung hat bereits 1963 Gerhard Maletzke vorgelegt. Er unterschied zunächst anhand der Leitfrage „Wer sagt was mit welchen Mitteln zu wem?" vier Grundfaktoren der Massenkommunikation (Maletzke 1978, S. 37):

- Kommunikator: der, der etwas sagt;
- Aussage: das, was gesagt wird;
- Medium: das Verbreitungsmittel, über das die Aussage verbreitet wird;
- Rezipient: die Person, die die Aussage aufnimmt.

Diese Einteilung entspricht offensichtlich weitgehend dem Modell der Öffentlichkeit, das diesem Band zugrunde liegt. Dies gilt insbesondere für das Thema dieses Kapitels, also für die Rezipientinnen und Rezipienten von Medienangeboten, die Maletzke in ihrer Gesamtheit „disperses Publikum" nennt (ebd.). Damit unterscheidet er das Publikum der Massenmedien von dem „Präsenzpublikum" etwa im Theater oder bei Sportveranstaltungen. Disperse Publika sind instabile Gebilde, die „jeweils von Fall zu Fall dadurch (entstehen), dass sich eine Anzahl von Menschen einer Aussage der Massenkommunikation zuwendet" (ebd., S. 28); die Mitglieder dieser Publika sind in der Regel räumlich voneinander getrennt, es bestehen keine direkten Beziehungen zwischen ihnen, sie wissen nur, dass außer ihnen noch zahlreiche andere Menschen dasselbe Medienangebot rezipieren.

Dieser Publikums-Begriff macht deutlich, dass wir es mit einem sehr flüchtigen Phänomen zu tun haben, das kaum zu fassen ist. Anders als beim Theaterpublikum ist es schwierig, exakt herauszufinden, wer denn nun tatsächlich zum Publikum einer Fernsehsendung gehört oder nicht. Gehören etwa nur die dazu, die die ganze Sendung sehen? Und wie soll es möglich sein, tatsächlich alle Mitglieder des Publikums zu finden? Die Konsequenz daraus ist, dass das Publikum eines Medienangebots immer nur näherungsweise, anhand bestimmter Anhaltspunkte abgeschätzt werden kann. Diese Anhaltspunkte sind durchaus nicht starr festgelegt, sondern fallen – abhängig von der jeweiligen Betrachtungsperspektive – sehr unterschiedlich aus. Wann immer also in Forschung und Praxis vom Publikum eines Angebots die Rede ist, handelt es sich dabei um eine Konstruktion, um eine mehr oder weniger gut begründete Setzung, was man unter einem Publikum verstehen will. Es lohnt sich also, genauer nachzufragen, was im konkreten Fall gemeint ist. In den weiteren Abschnitten wird dieser Punkt noch weiter ausgeführt und an Beispielen veranschaulicht.

Auf der Seite der Rezipienten lassen sich verschiedene Aspekte betrachten: Klassisch sind Mediennutzung und -wirkung, also die beiden anderen Leitbegriffe dieses Kapitels. Zusätzlich zu nennen sind die von der neueren Forschung in den Vordergrund gerückten Begriffe der Rezeption und der Aneignung. Der Reihe nach:

Was soll „Mediennutzung" heißen? Von Mediennutzung wird gesprochen, wann immer Menschen mit einem Medienangebot in Kontakt kommen. Dabei kann es sich um sehr unterschiedliche Situationen und Tätigkeiten handeln. Die konzentrierte Lektüre eines längeren Hintergrundberichts in einer Wochenzeitung gehört ebenso dazu wie das Überfliegen der Schlagzeilen der Boulevard-Zeitung in der Hand des U-Bahn-Nachbarn, die mit Spannung erwartete Fußball-Übertragung ebenso wie das den Hausputz begleitende Musikprogramm im Hörfunk. Streng genommen handelt es sich auch um Mediennutzung, wenn während des Einkaufs im Supermarkt das dort gespielte Point-of-Sale-Radio oder ein Muzak-Band läuft oder wenn ein Fußgänger einen mit Werbung bemalten Bus vorbeifahren sieht, nicht zu vergessen ein Besuch im Kino oder die Lektüre eines Buchs. Im Folgenden soll dieses weite Spektrum jedoch eingegrenzt werden: Es soll, der Zielgruppe dieses Buchs entsprechend, überwiegend um die Nutzung „journalistischer" Medien gehen, also um die Leserinnen und Leser von Zeitungen und Zeitschriften, um die Fernsehzuschauerinnen und -zuschauer, die Radiohörerinnen und -hörer sowie neuerdings auch die Nutzerinnen und Nutzer von Online-Medien.

Mediennutzung bezieht sich also auf den bloßen Kontakt zwischen Medienangebot und Rezipient. Davon ist die „Medienrezeption" zu unterscheiden, die darauf verweist, dass nach dem Zustandekommen eines Kontakts eines Rezipienten mit einem Medienangebot dieses Angebot aufgenommen, verarbeitet und interpretiert wird. Es geht hier also um die während der Nutzung ablaufenden kognitiven und emotionalen Verarbeitungsprozesse der Rezipienten.

Der nächste Begriff, die „Medienaneignung", wurde erst in jüngerer Zeit in seiner Bedeutung betont. Damit ist gemeint, dass die Rezipienten mit dem rezipierten Medienangebot etwas für sich anfangen, sie integrieren es in ihr Weltbild, ziehen bestimmte Konsequenzen aus ihm – oder sie entscheiden, dass sie mit dem Rezipierten nichts anfangen und es getrost vergessen können.

Wird mit den Begriffen Nutzung, Rezeption und Aneignung die Perspektive des Rezipienten in den Vordergrund gerückt, so verweist der Begriff der „Medienwirkung" auf potenzielle Einflüsse der Medienangebote auf die Menschen, die sie rezipieren, also auf Veränderungen auf Seiten der Rezipienten, die durch die Nutzung bestimmter Medienangebote zustande kommen.

Es ist offensichtlich, dass das Bild vom Publikum und den Rezipienten sehr unterschiedlich ausfallen kann – je nach dem, welcher der genannten vier Begriffe in den Vordergrund gestellt wird. Diese Unterschiede können anschaulich mit dem Begriffspaar „aktiv" und „passiv" markiert werden. Ein aktives Publikum wählt gezielt aus, interpretiert die Medienangebote vor dem Hintergrund seines Vorwissens und seiner Interessen und eignet sich die brauchbaren und nützlichen Informationen an. Diese Perspektive kann mit der Frage „Was machen die Menschen mit den Medien?" charakterisiert werden. Ein passives Publikum dagegen wird von der Fülle der Medienangebote annähernd überwältigt und hat stabile Gewohnheiten der Mediennutzung entwickelt, folgt den Aussagen der genutzten Angebote und zeigt entsprechend kurz- und langfristig Wirkungen, die auf die Nutzung dieser Medien zurückgehen. Diese Perspektive ist durch die Frage charakterisiert „Was machen die Medien mit den Menschen?".

Die Auseinandersetzung über die Rolle der Medienpublika wogt von Beginn an zwischen diesen beiden Polen hin und her. Und sie wird es weiter tun, denn eine endgültige Entscheidung ist nicht zu erwarten. Damit wird hier eine der wesentlichen Thesen dieses Kapitels an den Anfang gestellt: *Der Prozess der Rezeption von Medienangeboten kann weder allein durch das Angebot noch allein durch die Rezipienten bestimmt sein.* Vielmehr besteht er in einem vielfältigen Wechselspiel zwischen Angebot und Interpretation, zwischen „bevorzugten Lesarten", die ein Text nahe legt, und der Freiheit der Rezipienten, diesen Text umzudeuten. Der Hinweis darauf, dass es letztlich nicht möglich ist, generell festzustellen, wie Rezipienten bestimmte Angebote aufnehmen, mag aus der Sicht der Praxis auf den ersten Blick enttäuschend erscheinen. Es handelt sich aber um die notwendige Konsequenz aus der Tatsache, dass es um Kommunikation geht, um soziale und kreative Prozesse, die sich immer wieder auf sich selbst beziehen und neu definieren.

Und auf den zweiten Blick mag die Enttäuschung dadurch gemildert werden, dass die Medien- und Kommunikationswissenschaft durchaus eine Fülle von Theorien und empirischen Beobachtungen vorgelegt hat, die Orientierung im Hinblick auf die Rezipienten geben können – wenn denn immer auch berücksichtigt wird, dass es in diesem Feld erforderlich ist, die jeweils andere Perspektive zumindest im Hinterkopf zu behalten. Zugespitzt ausgedrückt: Wenn es Befunde gibt, die gegen einen direkten Einfluss bestimmter Medienangebote auf die Rezipienten sprechen, so kann daraus nicht geschlossen werden, dass das betreffende Medienangebot völlig gleichgültig ist. Und umgekehrt: Wenn es Befunde gibt, die für einen direkten Einfluss dieser Angebote sprechen, so kann daraus nicht geschlossen werden, dass dieses Angebot auf alle Rezipienten gleichermaßen wirkt.

Diese Leitthese wird sich durch die folgenden Ausführungen hindurch ziehen. Sie soll ermuntern, bei konkreten Überlegungen zu Mediennutzung und Medienwirkung stets die kritische Rückfrage mitzubedenken, ob sich das betreffende Phänomen aus der jeweils anderen Perspektive nicht deutlich anders darstellt.

2. Den Publika auf der Spur: Methoden der Reichweitenforschung

2.1. Relevanz der Reichweitenforschung

Aufgrund des flüchtigen Charakters der „dispersen Publika" und der herausragenden Bedeutung, die verlässliche Informationen über die Größe und Beschaffenheit dieser Publika für die Medienanbieter und die Werbewirtschaft haben, hat sich insbesondere die Nutzungsforschung zu einer in industriellem Maßstab arbeitenden Branche entwickelt. Jahr für Jahr werden in Deutschland Hunderttausende nach ihrem Mediennutzungsverhalten befragt. Im Vordergrund steht dabei die möglichst exakte Erfassung von Kontakten zwischen bestimmten Medienangeboten und bestimmten Rezipientengruppen.

Die dabei entwickelten methodischen Standards prägen die Vorstellungen vom Publikum bei den Auftraggebern wie auch in der Öffentlichkeit; da, wie oben gezeigt, angesichts der Flüchtigkeit von Publika jede konkrete Beschreibung eine von bestimmten Erkenntnisinteressen geprägte Konstruktion ist, lohnt es sich, sich mit den Methoden dieser Forschung und mit den damit verbundenen, zum Teil unausgesprochenen Prämissen auseinander zu setzen, um die Ergebnisse sinnvoll interpretieren und einordnen zu können.

2.2. Fernsehen

Die Fernsehzuschauerforschung kann als die technisch ausgereifteste Reichweitenforschung bezeichnet werden. Bereits sehr früh, nämlich als 1963 mit dem Start des ZDF erstmals Konkurrenz im Fernsehbereich entstand, wurden kontinuierliche Messungen des Nutzungsverhaltens begonnen. Seit damals sind dafür Messgeräte im Einsatz, die das Einschaltverhalten in ausgewählten Haushalten – zunächst minuten- heute sekundengenau – erfassen. Die Personen in den Haushalten sind aufgefordert, immer dann, wenn sie fernsehen, auf einer besonderen Fernbedienung die ihnen zugeordnete Personentaste zu drücken und sich so anzumelden bzw. sich beim Verlassen des Fernsehraums oder bei der Beendigung der Fernsehnutzung wieder abzumelden. Über die Jahre hinweg wurden die Geräte technisch weiterentwickelt, heute erfassen die Messgeräte auch die Nutzung von Teletext, Video- und Computerspielen. Zudem wurde die Datenübermittlung und -auswertung erheblich beschleunigt. Die in den Haushalten aufgezeichneten Daten eines Tages werden nachts automatisch von einem zentralen Rechner über die Telefonleitung abgerufen, so dass den Fernsehveranstaltern schon am nächsten Morgen die Ergebnisse vom Vortag zur Verfügung stehen. Neueste Entwicklungen, die derzeit in verschiedenen Ländern erprobt werden, laufen darauf hinaus, dass die Programmplanung den Reichweitenverlauf ihrer Sendungen quasi in Echtzeit verfolgen kann. Das eröffnet die Möglichkeit, unter

Umständen noch bei laufendem Programm auf Zuschauerverluste zu reagieren.

Diese kontinuierliche Fernsehforschung wird seit 1985 von der Gesellschaft für Konsum-, Markt- und Absatzforschung (GfK) in Nürnberg durchgeführt (vgl. zum folgenden Müller 2000). Im Auftrag der Arbeitsgemeinschaft Fernsehforschung (AGF), welcher die wichtigsten öffentlich-rechtlichen und privaten Fernsehveranstalter angehören, betreibt die GfK Messgeräte in etwa 5.500 Haushalten mit etwa 12.700 Personen. Grundgesamtheit dieser Messungen ist die deutsche Wohnbevölkerung mit allen Personen ab 3 Jahren. Diese Tatsache ist bei der Interpretation der Ergebnisse zu berücksichtigen: Das Fernsehpublikum, das mit dieser Methode konstruiert wird, beinhaltet nicht die Fernsehnutzung an öffentlichen Plätzen oder in Hotels; es beinhaltet auch nicht die Fernsehnutzung von in Deutschland lebenden Ausländern. Zwar werden seit 2001 auch Ergebnisse für ein so genanntes integriertes Fernsehpanel berichtet, das sich auf eine Grundgesamtheit bezieht, die neben den deutschen Haushalten auch die Haushalte von EU-Ausländern umfasst. Die Bemühungen aber, ein Panel aufzubauen, das ein repräsentatives Abbild aller in Deutschland lebenden Ausländer darstellt, sind bisher aufgrund methodischer Probleme gescheitert, so dass weiterhin die veröffentlichten und der Werbeplanung zugrunde gelegten Messungen in der Regel nur auf dem Nutzungsverhalten der deutschen Bevölkerung beruhen.

Die wichtigsten Ergebnisse dieser Forschung, im Volksmund oft „Einschaltquoten" genannt, sind folgende:

- Die pro Sendung ausgewiesene „Reichweite" gibt an, wie viele Personen der Gesamtbevölkerung oder bestimmter Zielgruppen von der Sendung erreicht wurden; dies wird entweder in absoluten Zahlen (in Mio.) ausgedrückt oder als Prozentanteil, den die registrierten Zuschauer an der Gesamtzahl der Zielgruppe ausmachen. Dieser Wert sagt vor allem etwas über die Größe des Publikums.

- Der pro Sendung angegebene „Marktanteil" gibt an, wie viel Prozent der zu dem betreffenden Zeitpunkt fernsehenden Zuschauer die Sendung erreicht hat. Dieser Wert sagt vor allem etwas über die Attraktivität einer Sendung im Vergleich zu den parallel laufenden Konkurrenzprogrammen.

Die genannten Werte, die die GfK tagtäglich liefert, haben den Status einer offiziellen Währung, wenn es um die Berechnung von Werbepreisen geht. Aber schon bei diesen vermeintlich einfachen Kriterien steckt der Teufel im methodischen Detail: Bei der Bestimmung der Reichweite einer Sendung kann die Frage, wie lange ein Zuschauer die betreffende Sendung gesehen haben muss, um als „Seher" registriert zu werden, nur durch einen mehr oder weniger willkürlichen Beschluss beantwortet werden. Derzeit wird in der Regel die Grenze bei mindestens einer Minute ununterbrochener Nutzung gesetzt. Es ist nachvollziehbar, dass eine Anhebung dieser Grenze automatisch zu geringeren Reichweiten, eine Senkung zu höheren Reichweiten führen würde. Wie gesagt: Was ein Publikum ist, wird letztlich mit solchen Setzungen entschieden.

Neben den genannten Werten, die für die Programmplaner und Werbetreibenden im Vordergrund stehen, werden die Daten der GfK auch genutzt, um monatlich und jährlich zusammenfassende Auswertungen über die Marktanteile der einzelnen Kanäle sowie über allgemeine Trends der Fernsehnutzung, etwa die durchschnittliche Sehdauer pro Tag, zu berechnen. Die Marktanteile der Kanäle über einen Monat oder ein ganzes Jahr, die angeben, welchen Anteil der Gesamtfernsehnutzungsdauer aller Zuschauer die einzelnen Kanäle für sich gewinnen konnten, haben seit einiger Zeit eine zusätzliche Bedeutung gewonnen: Die Kommission zur Ermittlung der Konzentration im Medienbereich (KEK) stützt sich bei ihrer Beurteilung der Konzentration auf eben diese Marktanteile. Gemäß Rundfunkstaatsvertrag wurde für die Programme eines Veranstalters zusammengenommen eine Obergrenze von 30 Prozent Marktanteil festgelegt (vgl. KEK 2000).

2.3. Hörfunk

Für den Hörfunk ist die entsprechende Forschung aus vielerlei Gründen bei weitem nicht so perfektioniert wie für das Fernsehen. Die wichtigste Erhebung ist die jährlich in zwei Erhebungswellen durchgeführte Media Analyse, die von der Arbeitsgemeinschaft Media Analyse (AG.MA) durchgeführt wird, der neben den Hörfunkveranstaltern und Print-Verlagen auch Werbe- und Media-Agenturen und die werbetreibende Wirtschaft angehören. Die Media Analyse beruht auf standardisierten, seit 2000 telefonisch durchgeführten Befragungen von mehr als 50.000 repräsentativ ausgewählten Befragten. Die große Zahl ist erforderlich, da die Verbreitungsgebiete des Hörfunks in Deutschland überwiegend auf regionale oder gar lokale Räume beschränkt sind, die entsprechend mit einer hinreichend großen Zahl von Befragten berücksichtigt werden müssen. Kern der Befragung ist ein so genannter Tagesablauf, anhand dessen die Befragten in 15-Minuten-Intervallen für den gestrigen Tag angeben müssen, ob sie in dem betreffenden Zeitintervall Radio gehört haben, welches Programm dies war, wo sie sich zu diesem Zeitpunkt aufgehalten und welchen Tätigkeiten sie nachgegangen sind. Anhand dieser Tagesabläufe werden dann wiederum Reichweiten der einzelnen Programme für verschiedene Zeitintervalle berechnet (z.B. Viertelstunden-, Stunden- und Tagesreichweiten) sowie die Marktanteile der Programme an der Gesamthördauer.

Diese einmal jährlich publizierten Daten stellen die entscheidende Basis für die Werbeschaltungen des ganzen folgenden Jahres dar. Damit ist die Informationsgrundlage für die Veranstalter von Hörfunkprogrammen nur sehr dürftig. Kurzfristige Hörerreaktionen in der Folge von Programmreformen sind kaum ermittelbar; sie schlagen sich frühestens mit dem Erscheinen der nächsten Media Analyse nieder. Die große Bedeutung der Media Analyse führt auch dazu, dass während der über mehrere Wochen gestreckten Befragungsphasen die Hörfunkveranstalter mit allen Mitteln, etwa Werbekampagnen, Gewinnspielen und spektakulären Aktionen, versuchen auf sich aufmerksam zu machen, um so die Wahrscheinlichkeit zu erhöhen, dass die befragten Hörer angeben, am Vortag eben dieses Programm gehört zu haben.

Ein möglicher Fortschritt in der Methodik zur Untersuchung der Hörfunknutzung wird von einigen Experten in so genannten passiven Messverfahren, etwa mit Hilfe einer „Radio-Uhr", gesehen, wie sie etwa in der Schweiz erprobt werden (z.B. Steinmann 1999). Diese werden passiv genannt, weil die Uhren in bestimmten Intervallen eine kurze Zeitspanne lang automatisch aufzeichnen und in komprimierter Form speichern, was zu hören ist. Die Uhren mit den gespeicherten Aufzeichnungen werden dann an das Forschungsinstitut gesandt, dort mit den Aufzeichnungen aller Hörfunkprogramme dieser Zeit abgeglichen, woraus sich rekonstruieren lässt, zu welchen Zeiten der betreffende Hörer welches Programm gehört hat. Der gegenüber dem Fernsehsystem, welches den untersuchten Personen abverlangt, gewissenhaft die Personentaste zu bedienen, bestehende Vorteil, dass diese Methodik passiv ist, also keine Aktivität der Untersuchungsperson erfordert, wird dadurch geschmälert, dass (noch) keine kontinuierliche Erfassung möglich ist.

Insgesamt ist die Informationslage für Hörfunkplaner bisher deutlich schlechter als für den Fernsehbereich. Für detailliertere Analysen im Hinblick auf bestimmte Programmplätze bleibt kaum eine Alternative zu eigenen gezielten Untersuchungen; da diese aufwendig sind, besteht diese Option nur für die größeren Veranstalter, die aber zahlreiche entsprechende Untersuchungen in Auftrag geben. Einen eigenen Forschungszweig stellt der Bereich der Musikforschung dar, mit der Hörfunkveranstalter laufend in Telefoninterviews testen, welche Musiktitel bei ihrer Zielgruppe ankommen.

2.4. Printmedien

Auch für die Tageszeitungen und Zeitschriften stellt die Printversion der Media Analyse die maßgebliche Grundlage für den Verkauf von Werbung dar. Anders als beim Hörfunk stellt hier die Reichweite, also die Zahl (oder der relative Anteil) der Leser einer bestimmten Zeitung die allein ausschlaggebende Information dar, während die Nutzungsdauer keine Rolle spielt. Auch hier wurden in jahrelangen Verhandlungen zwischen den beteiligten Akteuren Konventionen festgelegt, die für die Planung als Basiswährung akzeptiert werden. In den Printfragebögen werden die

Befragten für jeweils konkrete Zeitungs- oder Zeitschriftentitel gefragt, ob sie den betreffenden Titel im Erscheinungsintervall „durchgeblättert oder gelesen" haben. Wer dies bejaht, wird als Leser gezählt.

Im Printbereich spielt außer der Media Analyse auch die Informationsgemeinschaft zur Feststellung der Verbreitung von Werbeträgern (IVW) eine Rolle, die zur Auflagenkontrolle von Printmedien geschaffen wurde. Auf der Basis von Meldungen der mitwirkenden Verlage werden vierteljährlich Berichte über die verbreitete und verkaufte Auflage der einzelnen Titel veröffentlicht. Die Meldungen der Mitglieder werden regelmäßig von unabhängigen Prüfern im Hinblick auf die Einhaltung der IVW-Richtlinien überprüft (siehe www.ivw.de).

2.5. Online-Medien

Der sich derzeit noch explosionsartig entwickelnde Bereich der Online-Medien kann aufgrund seiner kurzen Geschichte noch nicht so ausdifferenzierte und vor allem nicht so breit akzeptierte Erhebungsmethoden vorweisen wie die älteren Medien. Auf den ersten Blick scheinen Nutzungsanalysen einfach zu sein, da jeder Anbieter einer Website die anfallenden Verbindungsdaten auswerten kann; entsprechend erfährt man auf vielen Websites ungefragt, der wievielte Besucher in einem bestimmten Zeitintervall man ist. Für systematische Analysen und insbesondere für den Vergleich zwischen verschiedenen Angeboten sind Daten dieser Art jedoch unzureichend.

Weit gediehen ist mittlerweile der Versuch, die Häufigkeit der Nutzung von Online-Angeboten auch über die IVW zu erfassen. Dort werden zwei Kennwerte zur Beschreibung der Nutzung angegeben:

- Als „Page Impression" wird die Anforderung einer HTML-Seite bezeichnet, unabhängig davon, wie viele Elemente diese enthält und wie viele davon vom Nutzer angeklickt werden.

- „Visits" (Besuche, Nutzungsvorgänge) entsprechen dem Werbeträgerkontakt im Online-Bereich. Ein Besuch kommt dann zustande, wenn ein Nutzer zu einer Webadresse gelangt, er dauert so lange, wie der Nutzer sich auf den Seiten dieser Adresse aufhält bzw. bis er eine neue Adresse außerhalb dieses Angebots besucht. Kehrt er von dort wieder zurück, zählt dies als neuer Visit. Anders als bei den Reichweitenangaben der anderen Medien lässt sich hier also nicht ohne weiteres angeben, wie viele Personen die Website besucht haben.

Ein Spezifikum der Online-Medien im Hinblick auf Methoden der Nutzungsforschung besteht darin, dass sie ihrerseits für Befragungen genutzt werden können. Die Fragebögen können unmittelbar in die jeweils interessierenden Webangebote integriert werden und erlauben damit eine der Nutzungssituation sehr nahe Datenerhebung. Problem vieler Online-Untersuchungen ist aber bisher, dass kaum etwas über Grundgesamtheiten und damit über die Qualität der untersuchten Stichproben ausgesagt werden kann.

2.6. Fazit zur Reichweitenforschung

Die mit hohem Aufwand erhobenen Reichweiten- und Marktanteilsdaten der verschiedenen Medien stellen innerhalb des Mediensystems eine relevante Marktmacht dar (vgl. Siegert, 1992). Sie entscheiden über den ökonomischen Erfolg oder Misserfolg einzelner Medien, sie stellen die Grundlage dar für inhaltliche, gestalterische und konzeptionelle Entscheidungen der Redaktionen, und sie prägen das Bild, das sich Medienschaffende, Wirtschaft, Politik und die Öffentlichkeit von den Rezipientinnen und Rezipienten machen. Angesichts dieser hohen Bedeutung gehört die Reichweitenforschung zu den professionellsten Forschungsbereichen der Sozialwissenschaft überhaupt.

Diese Professionalität sowie die festen Standards und Routinen, die diese Forschung entwickelt hat, erwecken manchmal den Eindruck, die entsprechenden Ergebnisse stellten „die letzte Wahrheit" über das Publikum dar und nicht nur eine mehr oder wenig gut begründete, als gemeinsamer Standard akzeptierte und damit höchst praktische Konvention. Bei bestimmten Fragestellungen, etwa im Hinblick auf die Neukonzeption eines publizistischen Produkts oder auf die differenzierte Beurteilung möglicher sozialer und kultureller Folgen bestimmter Angebote, kann sich diese Selbstverständlichkeit als Nachteil oder als Denkbarriere erweisen. Daher ist es für den praktischen Umgang mit Ergebnissen der Reichweitenforschung wichtig, sie einerseits für die Zwecke, für die sie entwickelt wurden, professionell zu nutzen und zu interpretieren, andererseits aber auch ihre Grenzen zu kennen und sie kritisch daraufhin zu hinterfragen, ob das zugrunde liegende Konzept vom Publikum für die gerade anstehende Fragestellung auch tatsächlich angemessen ist.

3. Was machen die Menschen mit den Medien? Thesen und Ergebnisse der Nutzungs- und Rezeptionsforschung

Was können die Anbieter von Medieninhalten, was können Journalistinnen und Journalisten über ihre Publika wissen? Die folgenden Ausführungen geben einen Überblick über grundlegende Befunde zur Mediennutzung; sie sollen damit Orientierung über wichtige Merkmale des Nutzungsverhaltens liefern, die bei Entscheidungen über die Konzipierung, Gestaltung und Präsentation von Medienangeboten zu berücksichtigen sind. Die Darstellung erfolgt in drei Schritten: Zum Ersten geht es um Ergebnisse, die sich auf den bloßen Kontakt mit Medienangeboten beziehen, auf die Größe von Publika und das Ausmaß der Mediennutzung in verschiedenen Bevölkerungsgruppen. Zum Zweiten geht es um Fragen der Auswahl konkreter Angebote, um die Erwartungen und Kriterien der Rezipienten, die sie mit der Nutzung ganz bestimmter Angebote verbinden. Und zum Dritten geht es um die Ebene der oben definierten Rezeptions- und Aneignungsprozesse, also um die Frage, was die Rezipienten mit den ausgewählten Angeboten anstellen.

3.1. Medienkontakte: Reichweiten und Nutzungsdauern

3.1.1. Technische Erreichbarkeit

Die notwendige Voraussetzung für die Nutzung der elektronischen Medien ist deren technische Verfügbarkeit, die Nutzung von Hörfunk, Fernsehen und Online-Angeboten setzt entsprechende Geräte voraus. In Bezug auf die Rundfunkmedien ist diese Voraussetzung seit langem kein Thema mehr: Eine Vollversorgung der bundesdeutschen Haushalte ist seit Anfang der 60er Jahre bei den Hörfunk-, seit Mitte der 70er Jahre auch bei den Fernsehgeräten gegeben; Abbildung 6.1. gibt einen Überblick über den Stand im Jahr 2001.

Abb. 6.1.: Geräteausstattung der Haushalte in Deutschland

Personen in Haushalten mit ... (in %)	2000
Fernsehgerät	**98,0**
ein Gerät	61,4
zwei und mehr Geräte	36,6
Gerät mit Fernbedienung	96,9
Teletextempfang	82,1
Videorecorder	67,8
Pay-TV-Decoder/d-box	7,6
Radiogerät	**98,8**
eine Geräteart	7,0
zwei Gerätearten	20,3
drei Gerätearten	25,5
vier und mehr Gerätearten	45,9
Autoradio	82,8
Computer	**43,4**
Modem	20,7

Quelle: Media Perspektiven, Basisdaten 2001, S.67

Neben der Grundausstattung an Hörfunk- bzw. Fernsehempfangsgeräten haben in den 80er Jahren verschiedene zusätzliche Techniken, mit denen die Funktionen der Basismedien erweitert werden, Bedeutung gewonnen. Beim Fernsehen steigt die Zahl der Haushalte, in denen mehr als ein Fernsehgerät vorhanden ist. Fast eine Selbstverständlichkeit ist heute, dass zumindest das meistgenutzte Gerät über eine Fernbedienung verfügt. Annähernd verdoppelt hat sich im Laufe der 90er Jahre die Zahl der Personen, die Teletext (früher Videotext genannt) nutzen können – vier Fünftel der Bevölkerung verfügen in ihrem Gerät über den Decoder für diesen das Fernsehen ergänzenden Textdienst. Anscheinend an eine Obergrenze gestoßen ist die Verbreitung des Videorecorders, nach rascher Ausbreitung in den 80er und frühen 90er Jahren schwanken die Werte der letzten drei Jahre um zwei Drittel der Bevölkerung. Noch in den Anfängen steckt die Entwicklung des digitalen Fernsehens, die zur Zeit noch identisch ist mit der Verbreitung des Angebots von Premiere World; 2001 verfügten 7,6 Prozent der Bevölkerung über einen Decoder zum Empfang dieses digitalen Programmpakets bzw. des analogen Vorgängers, des Pay-TV-Programms Premiere.

Wesentlich für die Nutzung des Fernsehens ist außerdem der Verbreitungsweg, über den die Haushalte ihre Fernsehprogramme empfangen. Durch eine forcierte Verkabelungspolitik in den 80er Jahren ist der Anteil der Haushalte, die ihre Programme über ein Kabelnetz empfangen in Deutschland im Vergleich zu anderen großen europäischen Ländern sehr hoch: Wie Abbildung 6.2. zeigt, ist der terrestrische Empfang über Haus- oder Wohnungsantennen mittlerweile nur noch der drittwichtigste Verbreitungsweg hinter dem Kabel und dem Satelliten. Dies führt dazu, dass ein Fernsehhaushalt Ende des Jahres 2000 im Durchschnitt insgesamt 38 verschiedene Programme empfangen konnte (Darschin/Kayser 2001, S. 162).

Fernsehhaushalte mit Empfangsweg ...	in Mio.	in %
Terrestrisch	3,5	10,4
Kabel	18,9	56,4
Satellit	11,2	33,2

Quelle: Media Perspektiven, Basisdaten 2001, S. 8

Abb. 6.2.: Fernsehempfang der Haushalte in Deutschland

Das Radio hat in sehr verschiedenen Formen seinen Platz in den Haushalten gefunden. Wie die Zahlen in Abbildung 6.1. zeigen, verfügt die Mehrzahl der Hauhalte über mehrere Radioarten, also etwa als Teil einer Stereoanlage, als stationäres oder als tragbares Radio, als Radiowecker oder als Autoradio.

In den letzten Jahren von besonderem Interesse ist die Entwicklung des Computers und der Online-Medien. Im Jahr 2001 verfügten gut zwei Fünftel der Bevölkerung über einen Computer in ihrem Haushalt, gut ein Fünftel konnte von zu Hause aus über ein Modem Online-Medien nutzen. Die diesbezüglichen Zahlen entwickeln sich in den letzten Jahren rasch, hier ist vorerst weiter mit deutlichen Steigerungen zu rechnen.

Literaturhinweis

Als Nachschlagequelle für Basisdaten zu zahlreichen Fragen der Medienausstattung und Mediennutzung, aber auch zu ökonomischen und angebotsbezogenen Aspekten der Medienlandschaft empfiehlt sich die folgende, jährlich aktualisierte Broschüre: Media Perspektiven: Basisdaten. Daten zur Mediensituation in Deutschland 2001. Frankfurt/Main: Media Perspektiven.

3.1.2. Reichweiten der Medien

Nach der Frage der technischen Erreichbarkeit, häufig auch als "technische Reichweite" bezeichnet, stellt sich die weitere für die Mediennutzung grundlegende Frage, welche Personen oder Gruppen denn tatsächlich durch welche Medien erreicht werden, zwischen welchen Personen und welchen Angeboten es überhaupt zu einem Kontakt kommt. Ein in diesem Zusammenhang wichtiger Kennwert ist die so genannte Tagesreichweite der Medien:

Die *Tagesreichweite* eines Mediums ist der Anteil der Bevölkerung oder einer bestimmten Zielgruppe, der an einem durchschnittlichen Tag mindestens einmal Kontakt mit dem betreffenden Medium hatte.

Publikum, Mediennutzung und Medienwirkung 341

An einem durchschnittlichen Tag im Jahre 2000 erreichte das Fernsehen knapp drei Viertel und der Hörfunk knapp vier Fünftel der Bevölkerung, etwa ebenso groß ist der Anteil derjenigen, die mindestens eine Tageszeitung lesen (siehe Abbildung 6.3.). Umgekehrt ausgedrückt: An einem durchschnittlichen Tag sieht knapp ein Viertel der Bevölkerung gar nicht fern, ein Fünftel hört kein Radio, gut ein Fünftel liest keine Zeitung. Diese Werte sind über die letzten Jahre hinweg recht stabil geblieben. Die Aufgliederung für die Tageszeitungen zeigt, dass bei der Zeitungsnutzung die regionalen Abonnementszeitungen im Vordergrund stehen, während die im Hinblick auf ihr Renommee oft im Blickpunkt stehenden überregionalen Tageszeitungen bundesweit nur auf bescheidene Reichweiten kommen, die noch deutlich unter denen der Kaufzeitungen liegen und insgesamt nur ein Drittel der Reichweite der Bild-Zeitung erzielen.

Fernsehen	72,4	
Hörfunk	79,0	
Tageszeitungen*	78,0	
Regionale Abo-Zeitungen	68,1	
Überregionale Abo-Zeitungen	5,5	
FAZ		*1,4*
SZ		*1,8*
Kaufzeitungen	21,0	
Bild		*17,5*

*) Bezogen auf Montag bis Samstag
Quelle: Media Perspektiven, Basisdaten 2000

Abb. 6.3.: Tagesreichweiten tagesaktueller Medien 2000 (in %)

Eine der in den 60er Jahren heiß umstrittenen Fragen, nämlich ob durch die Ausbreitung des damals noch relativ "neuen" Mediums Fernsehen die "alten" Medien, insbesondere die Tageszeitung, an Reichweite verlieren würden, wiederholt sich derzeit im Hinblick auf die Online-Medien und ihre Konsequenzen für die anderen Medien (siehe dazu unten). Bisher ist das Ergebnis eindeutig: Ein einmal etabliertes Medium wird nicht ohne weiteres durch ein neues Medium verdrängt. Diese These ist in der Forschung als das „Riepl'sche Gesetz" bekannt: Wolfgang Riepl hatte 1913 in seiner Arbeit über das Nachrichtenwesen des Altertums herausgearbeitet, dass neue Medien die alten nicht ersetzen, sondern ergänzen, wobei sich jeweils gewisse Funktionsverschiebungen ergeben können.

Das Nebeneinander, das sich im Sinne dieser These zwischen Fernsehen, Hörfunk und Tageszeitungen herausgebildet und von den 70er bis in die 90er Jahre weitgehend stabilisiert hat, kommt in Befunden darüber zum Ausdruck, wie die Menschen mehrere Medien miteinander kombinieren. Dass an einem Tag in der Regel gleich mehrere Medien genutzt werden, spiegelt sich deutlich in der folgenden Übersicht wider (s. Abbildung 6.4.): 1995 wurde an einem durchschnittlichen Tag fast die Hälfte aller Erwachsenen von allen drei Medien erreicht, nur drei Prozent nutzten gar kein Medium. Eine Entwicklung dahin, dass sich die Bürger aus mehreren unterschiedlichen Quellen informieren, mindert die Gefahr einer Abhängigkeit von nur einer Quelle und damit auch einer einseitigen Beeinflussung.

Tabelle. 6.4.: Überschneidungen in den Reichweiten der tagesaktuellen Medien im Jahr 1995

Pro Tag wurden erreicht von ... Medien (in % der Erwachsenen)	
drei Medien	46
zwei Medien	36
TV+HF	19
TV+TZ	10
HF+TZ	7
einem Medium	15
TV	9
HF	4
TZ	2
keinem der drei Medien	3
mittlere Zahl der Medien	*2,3*

Quelle: Berg/Kiefer 1996, S. 64.

Betrachtet man sich die Reichweiten der drei tagesaktuellen Medien im Tagesverlauf, werden klare Funktionsunterschiede sichtbar (Ridder/Engel 2001, S. 105 f.). Von morgens bis in den späten Nachmittag ist der Hörfunk das meistgenutzte Medium; zwischen 7.00 Uhr und 12.30 Uhr erreicht das Radio laufend etwa

30 Prozent der Bevölkerung, bis 18.00 Uhr nimmt die Reichweite auf etwa 20 Prozent ab. Das Radio ist damit der wichtigste Begleiter durch den Tag, was auch darin zum Ausdruck kommt, dass immerhin 40 Prozent der Radionutzungsdauer auf Situationen außer Haus, also etwa im Auto oder bei der Arbeit entfällt (Klingler/Müller 2000, S. 420).

Ab 18 Uhr beginnt dann die Domäne des Fernsehens, das gegen 21.00 Uhr mit 58 Prozent der Bevölkerung seine höchste Reichweite erzielt. Die Tageszeitung erreicht ihre Nutzungsspitzen von ungefähr neun Prozent in der Zeit zwischen 6.00 und 9.00 Uhr. Diese seit Jahren recht stabilen Tagesverläufe stellen für die Medienpraxis entscheidende Rahmenbedingungen für ihre Angebotsplanung dar.

3.1.3. Nutzungsdauer der Medien

Die Nutzung von Medien braucht Zeit, die verschiedenen Medien konkurrieren tagtäglich untereinander sowie mit nicht-medien bezogenen Aktivitäten um die 24 Stunden maximal verfügbarer Zeit.

Als *Nutzungsdauer* eines Mediums wird der durchschnittliche Zeitaufwand pro Tag bezeichnet, den alle Personen aus der Bevölkerung bzw. der jeweils untersuchten Zielgruppe dem Medium widmen. Darin sind also auch die Personen berücksichtigt, die das Medium an einem Tag gar nicht nutzen. Nutzungsdauern werden in der Regel in Minuten oder Stunden pro Tag angegeben.

Die in Abbildung 6.5. angegebenen Nutzungsdauern, die in der Studie „Massenkommunikation" im Jahr 2000 ermittelt wurden (Basis: deutschsprechende Bevölkerung ab 14 Jahren in Deutschland), ergeben in der Summe immerhin 8 Stunden und 22 Minuten Mediennutzung pro Person und Tag (Ridder/Engel 2001, S. 104 f.).

Abb. 6.5.: Nutzungsdauer verschiedener Medien 2000 (in Minuten pro Tag)

Hörfunk	206
Fernsehen	185
CD/MC/LP	36
Tageszeitung	30
Bücher	18
Internet	13
Zeitschriften	10
Video	4
Gesamt	502

Quelle: Massenkommunikation 2000, Ridder/Engel 2001, S. 105.

Dieser Wert berücksichtigt nicht, dass einige Medien auch parallel genutzt werden, also dass bei der Zeitungslektüre Radio gehört wird. Daher liegt die Netto-Nutzungsdauer etwas geringer, was aber nichts daran ändert, dass Medien offenbar große Strecken des Tages begleiten. Die höchste Nutzungsdauer erreichen Hörfunk und Fernsehen mit jeweils über drei Stunden pro Tag. Aber auch andere Medien nehmen erhebliche Teile des täglichen Zeitbudgets der Bevölkerung in Anspruch. Über die Jahrzehnte hinweg haben die verschiedenen neu hinzukommenden Medien in der Regel keine Nutzungszeit von anderen Medien abgezogen. Der Haupttrend seit Beginn der 60er Jahre besteht vielmehr in einer Ausweitung der Gesamtmediennutzung (vgl. Berg/Kiefer 1996, S. 49). Dies ist auch derzeit bei der ansteigenden Verbreitung und Nutzung der Online-Medien zu beobachten, die bisher keine erkennbaren Spuren in den Nutzungsdauern der „alten Medien" hinterlassen haben.

Die bisherigen Darstellungen beziehen sich jeweils auf die Gesamtbevölkerung. Für tiefergehende Fragen ist es oft ratsam, zwischen verschiedenen Bevölkerungsgruppen zu differenzieren, die sich in ihrem Umgang mit den Medien teilweise erheblich unterscheiden. An dieser Stelle sollen zunächst einige „Daumenregeln" genügen, die sich in vielen Studien als stabile Ergebnisse erwiesen haben. Ein wesentlicher Faktor ist das Alter bzw. die mit dem Alter verbundene spezifische Position in der Gesellschaft (vgl. Weiß 1996). Mit zunehmendem Alter wird weitaus länger ferngesehen (siehe Abbildung 6.6.). Seit Jahren stabil sind auch

Befunde dahingehend, dass in Ostdeutschland deutlich mehr ferngesehen wird als in Westdeutschland. Als die ausdauerndsten Radiohörer erweisen sich die 30- bis 50-Jährigen mit ungefähr vier Stunden täglicher Hördauer, während Jugendliche und über 70-Jährige nur auf knapp zweieinhalb Stunden täglich kommen (vgl. Klingler/Müller 2000, S. 420). Auch der Grad der formalen Bildung schlägt sich in Nutzungsdauern nieder, insbesondere beim Fernsehen. Je höher die formale Bildung, desto niedriger die Sehdauer. Beim Hörfunk sind die Bildungsunterschiede nicht so ausgeprägt, erhebliche Unterschiede sind dagegen zwischen Berufstätigen mit hoher Hördauer und Nicht-Berufstätigen mit niedriger Hördauer zu beobachten. Bei der Tageszeitung steigen die Nutzungsdauern mit dem Alter, und formale höher Gebildete lesen länger Zeitung als Personen mit geringerer formaler Bildung.

	West	Ost
3-13 Jahre	91	123
14-19 Jahre	112	132
20-29 Jahre	147	143
30-39 Jahre	169	191
40-49 Jahre	200	231
50-64 Jahre	222	263
Ab 65 Jahre	262	299

Quelle: AGF/GfK, Darschin/Kayser 2001, S. 163.

Abb. 6.6.: Fernsehdauer in Ost und West nach Altersgruppen im Jahr 2000 (in Minuten pro Tag)

Bei den hier nur angedeuteten Unterschieden in der Mediennutzung verschiedener Bevölkerungsgruppen handelt es sich um sehr stabile Befunde, die sich so oder ähnlich auch in anderen Untersuchungen und zu anderen Zeitpunkten bestätigen. In den folgenden Abschnitten wird es immer wieder, aus verschiedenen Blickwinkeln, um solche Unterschiede zwischen verschiedenen Gruppen von Rezipientinnen und Rezipienten gehen, wobei dann auch Gründe für diese Unterschiede behandelt werden.

Literaturhinweis

> Überblicke über die aktuelle Entwicklung der Fernseh- und der Hörfunknutzung erscheinen jährlich in der Zeitschrift Media Perspektiven, in der Regel im April über das Fernsehen, im September oder Oktober über den Hörfunk; zuletzt: Darschin, Wolfgang/Kayser, Susanne (2001): Tendenzen im Zuschauerverhalten. Fernsehgewohnheiten und Programmbewertungen 1999. In: Media Perspektiven 4/2001, S. 162-175; Klingler, Walter/Müller, Dieter K. (2001): MA 2001 Radio: Kontinuität bei Methode und Ergebnissen. Hörfunknutzung in Deutschland. In: Media Perspektiven 9/2001, S. 434-449. Aktuelle Übersichten über die Auflagen und Reichweiten von Presseerzeugnissen werden z.B. regelmäßig in dem Informationsdienst „Medien aktuell" publiziert.

3.2. Medienauswahl: Bedürfnisse, Motive, Vorlieben und die Auswahlentscheidungen der Rezipienten

3.2.1. Theoretischer Hintergrund: Nutzen und Belohnung durch Mediennutzung

Neben der bloßen Erreichbarkeit und der Nutzungsdauer für verschiedene Medien beschäftigt sich die Publikumsforschung intensiv mit der Frage, welche Angebote es sind, die die Nutzerinnen und Nutzer sich auswählen. Im Hinblick auf Fragestellungen, die mit dem Auswahlverhalten des Publikums verknüpft sind, ist insbesondere die Forschungstradition des Nutzen- und Belohnungs-Ansatzes (im englischen Original: Uses-and-Gratifications-Approach) zu nennen. Die Prominenz, die sich dieser Forschungsansatz in den 60er und 70er Jahren erwerben und zum Teil bis heute bewahren konnte, rührte zunächst daher, dass die Forschung bis zum Zeitpunkt seiner Entwicklung durch eine sehr einfache Vorstellung dominiert war, der zufolge das Publikum als den Massenmedien passiv ausgeliefert angesehen wurde. Prägend für diese Vorstellung waren einerseits Erfahrungen mit dem systematischen Einsatz von Medien zu Propagandazwecken in den Jahren des Nationalsozialismus und der Kriegspropaganda, andererseits theoretische Vorstellungen aus dem Bereich der Massenpsychologie, die dem Individuum in der Massengesell-

Publikum, Mediennutzung und Medienwirkung

schaft Orientierungs- und Bindungslosigkeit und damit eine hohe Empfänglichkeit für massenmediale Botschaften zuschrieben. Diese Vorstellungen gingen entsprechend einher mit einer ersten Blüte der Medienwirkungsforschung (siehe unten Abschnitt 4).

Im Rahmen solcher Vorstellungen spielen die Rezipienten eine denkbar passive Rolle, sie geraten lediglich als Opfer starker Medienwirkungen in den Blick der Forschung. Dieses eingeschränkte Bild wurde allerdings bald erweitert: Da die Medienwirkungsforschung nur unbefriedigende Ergebnisse erzielte und sich überdies das Hörfunk- und später auch das Fernsehangebot ausdifferenzierte und somit den Nutzern mehr Auswahloptionen zur Verfügung standen, gewann der Gedanke an Bedeutung, dass es ja die Mediennutzer sind, die zunächst einmal ein konkretes Angebot auswählen müssen, bevor es zu irgendeiner Form von Wirkung kommen kann. Aus diesem Gedanken wurde der Nutzen- und Belohnungs-Ansatz entwickelt, dessen Grundstruktur in Abbildung 6.7. schematisch wiedergegeben wird.

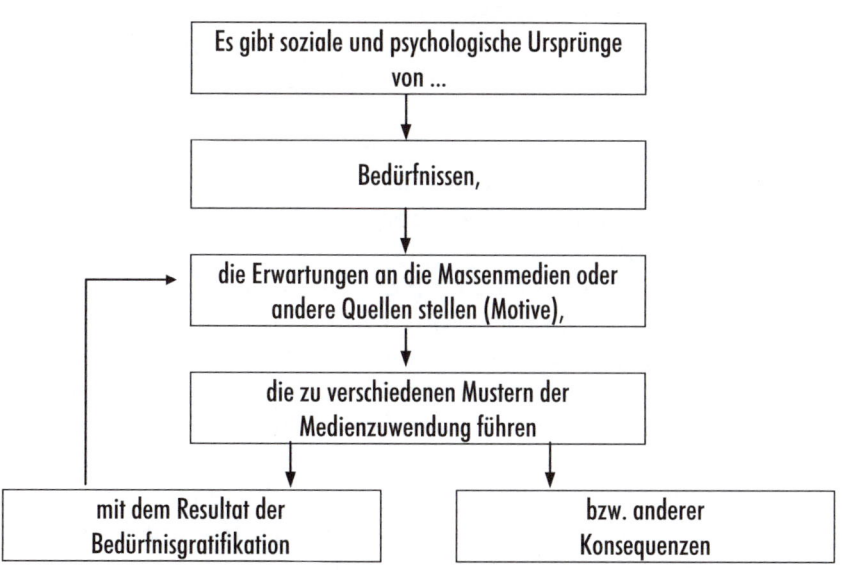

Abb. 6.7.: Elemente des Nutzen- und Belohnungs-Ansatzes

Quelle: Schenk 1987, S. 384, bzw. Katz/Blumler/Gurevitch 1974

Im Kern handelt es sich hier um einen motivationalen Ansatz, der zu erklären versucht, wie es dazu kommt, dass Mediennutzer sich ganz bestimmten Angeboten zuwenden. Er unterscheidet dabei Bedürfnisse – etwa das Informationsbedürfnis –, aus denen auf der Basis von Erwartungen gegenüber bestimmten Medien konkrete Motive entwickelt werden, ein ganz bestimmtes Medienangebot zu nutzen. Erfüllt das Medium die Erwartungen, erhält also der Nutzer die „Gratifikation", die er sich von der Nutzung versprochen hat, erhöht das wiederum die Wahrscheinlichkeit, dass bei der nächsten Gelegenheit, bei der sich das betreffende Bedürfnis einstellt, wieder dasselbe Medium ausgewählt wird.

Dieses recht einfache handlungstheoretische Modell, das der Forschung zum Nutzen- und Belohnungs-Ansatz zugrunde liegt, ist in der Folge in zahlreichen Studien überprüft und verfeinert worden (siehe die Überblicke von Rosengren u.a. 1985, Rubin 1982, 1994). Wesentliche Konsequenzen der Forschung für die heutige Medien- und Forschungspraxis bestehen zum einen darin, dass der Grundgedanke eines „aktiv" auswählenden Publikums mittlerweile zum theoretischen Allgemeingut geworden ist. Zum anderen sind im Zuge dieser Forschung vielfältige Motivkataloge erarbeitet worden, mit denen die Nutzung verschiedener Medienarten untersucht werden kann. Ein frühes Beispiel für einen solchen Katalog stellen die so genannten Motivdimensionen der Fernsehnutzung von Greenberg (1973, 1974; deutsch nach Schenk 1987) dar:

Stand bei den frühen Studien dieses Ansatzes noch das theoretisch ambitionierte Ziel im Vordergrund, überhaupt zu zeigen, dass das Mediennutzungsverhalten des Publikums mit solchen Motiven erklärt werden kann, dass das Publikum also in diesem Sinne „aktiv" ist, so traten später die pragmatischen Vorteile dieser Forschungsrichtung in den Vordergrund: Insbesondere in der medienbezogenen Marktforschung finden laufend Fragebogenerhebungen statt, in denen Motive für die Nutzung der verschiedensten Medienangebote erfasst werden.

Die Feinheiten, die die angewandte wie die theoretische Forschung zu diesem Bereich hervorgebracht hat, können hier nicht im einzelnen nachvollzogen werden. Wesentlich bleibt der allen

Modellen gemeinsame Kern, dass die Mediennutzer sich ihrer Motive und Ziele bewusst sind und auf dieser Grundlage die Angebote auswählen, die diesen Motiven und Zielen am besten entsprechen. Aus theoretischer wie empirischer Perspektive ist gegen diese Ausgangsthese immer wieder vorgebracht worden, dass die These von dem Bewusstsein der eigenen Motive doch zumindest fragwürdig sei – gerade im Umgang mit dem Fernsehen sei doch immer wieder zu beobachten, dass sich geplante und tatsächliche Nutzung durchaus deutlich unterscheiden könne. Außerdem vernachlässige die Forschung in der Tradition des Nutzen- und Belohnungs-Ansatzes die Bedingungen, die das jeweils verfügbare Angebot für das Auswahlverhalten vorgebe. Die angemessene Antwort auf diese Streitfrage ist es, zunächst verschiedene Aspekte des Auswahlverhaltens empirisch zu beobachten, um dann zu beurteilen, inwiefern das Publikum „aktiv" auswählt oder doch eher „passiv" sich berieseln lässt.

Motivation	Ich sehe fern, ...
Entspannung	• weil es mich entspannt • weil es mich beruhigt, wenn ich Ärger habe • weil es angenehm ist
Geselligkeit	• damit ich nicht allein bin • wenn ich niemand anderes da habe • um weniger einsam zu sein
Information	• damit ich über das Geschehen in der Welt lernen kann • damit ich Dinge kennen lerne, die ich sonst nicht kennen würde
Gewohnheit	• aus Gewohnheit • weil ich es gerne tue • weil ich Freude daran habe
Zeitfüller	• wenn ich nichts Besseres zu tun habe • um die Zeit zu verbringen • damit ich etwas zu tun habe
Selbstfindung	• um über mich etwas zu erfahren • um zu erfahren, was mir alles passieren könnte • damit ich sehe, dass andere Leute dieselben Probleme haben
Spannung	• weil es spannend ist • weil es mich aufregt • weil es mich hochbringt
Eskapismus	• um Schule und Hausarbeiten zu vergessen • um mich von der Familie zurückzuziehen • um mich abzulenken

Abb. 6.8.: Motivdimensionen der Fernsehnutzung

Um einen anschaulichen Überblick über wesentliche Faktoren des Auswahlverhaltens zu geben, eignet sich das von Webster und Wakshlag (1983) vorgelegte Modell der Fernsehprogrammauswahl (siehe Abbildung 6.9.). Die in diesem Modell letztlich interessierende Variable ist das Programmwahlverhalten der Zuschauer. Die unterstellte Einflusskette hat zwei Ausgangspunkte: einerseits die Struktur der Angebote, andererseits die Bedürfnisse der Zuschauer. Diese Bedürfnisse prägen im Sinne des beschriebenen Nutzen- und Belohnungs-Ansatzes die sparten- und genrebezogenen Vorlieben sowie die Vorlieben für bestimmte Einzelangebote. Sie beeinflussen außerdem, ob die potenziellen Zuschauer für das Fernsehen überhaupt erreichbar sind (bzw. sich erreichbar machen). Vorlieben und Erreichbarkeit prägen die Programmwahl direkt. Vermittelt werden kann diese Beziehung außerdem durch die Anwesenheit weiterer Personen, die es z.B. erforderlich machen, sich auf eine gemeinsame Auswahlentscheidung zu einigen. Nach diesem Modell haben aber nicht nur die Bedürfnisse der Rezipienten, sondern auch die Struktur des Angebots einen Einfluss auf die Programmwahl; dieser wird zudem vermittelt durch die Kenntnis des Angebots.

Abb. 6.9.: Schematisches Modell der Programmauswahl

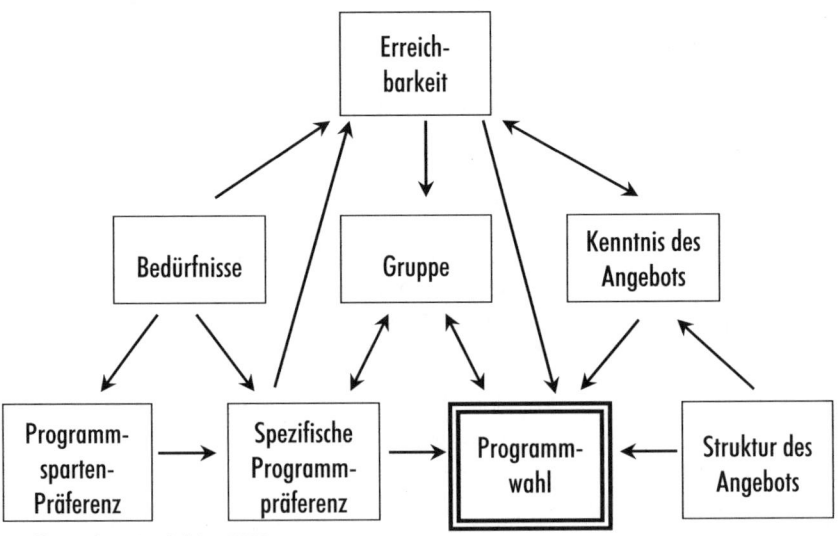

Quelle: Webster/Wakshlag 1983

In den folgenden Abschnitten sollen, jeweils unter Rückgriff auf das angegebene Modell, verschiedene für die Forschung relevante Aspekte des Auswahlverhaltens aufgegriffen und vertieft werden.

3.2.2. Stimmungsmanagement: Medienauswahl „aus dem Bauch"

Die Forschung in der Tradition des Nutzen- und Belohnungs-Ansatzes geht davon aus, dass die Mediennutzer sich ihrer Nutzungsmotive bewusst sind, sich also quasi selber erklären können, weshalb sie ein bestimmtes Medienangebot auswählen. Eine andere Forschungsrichtung, die insbesondere mit dem Namen Dolf Zillmann verbunden ist, interessiert sich mehr für die Anteile des Auswahlprozesses, die weniger klar greifbar sind, die flüchtig sind, an konkrete Situationen gebunden. Die Ausgangsthese besteht darin, dass Mediennutzung der Stimmungsregulierung („mood management") dient (Zillmann 2000). In experimentellen Untersuchungen konnte gezeigt werden, dass Rezipienten in Situationen, in denen sie gelangweilt sind, verstärkt anregende oder aufregende Angebote auswählen; umgekehrt bevorzugen sie in angespannten Situationen eher beruhigende Inhalte und Darstellungsformen. Die entsprechende Forschung hat für die verschiedensten Arten von Medienangeboten und die verschiedensten situativen Bedingungen nachgewiesen, dass die situative Befindlichkeit das Auswahlverhalten mit prägt, ohne dass dies im Sinne des Nutzen- und Belohnungs-Ansatzes in vorhergehenden oder nachträglichen Befragungen explizit abfragbar wäre.

3.2.3. Alltägliche Mediennutzung: Routinen und Nutzungsmuster

Ein weiterer Aspekt des Auswahlverhaltens, der auf den ersten Blick kaum das Bild von aktiv auswählenden Mediennutzern nahe legt, ist die Bildung von Gewohnheiten. Die tagesaktuellen Medien sind auf die Herausbildung von Nutzungsroutinen ausgerichtet. Entsprechend ist Mediennutzung hoch habitualisiert. Zeitungs- und Zeitschriftenabonnements, die abendliche Institution „Tagesschau", der feste Kinotag, die Lieblingsbuchhandlung oder gar der Buchclub schaffen ein stabiles Gerüst für den Umgang mit den Medien. In der Forschungsliteratur wird die habitualisierte Mediennutzung oft von der oben behandelten selektiven bzw. „aktiven" Nutzung abgegrenzt und als eher „passiver" Umgang mit den Medien angesehen. Dieser durchaus negative Beigeschmack, der sich mit der Gewohnheitsbildung verbindet, ist allerdings unangebracht. Die Herausbildung von Routinen ist ein entscheidendes Instrument, um wichtigen Bedürfnissen und Aufgaben im Alltag einen festen Platz zu schaffen, ohne diese täglich neu organisieren zu müssen. Niemand denkt jeden Tag neu darüber nach, welche Tageszeitung es denn heute sein soll.

Diese Gewohnheitsbildung und die mit ihr verbundenen stabilen Nutzungsmuster sind insbesondere für das Fernsehen intensiv untersucht worden. Dabei kommt zunächst einem Aspekt der in Abbildung 6.9. aufgeführten „Struktur des Angebots" große Bedeutung zu, nämlich die Anordnung des Fernsehangebots in „Kanälen". Das Gesamtprogramm des Fernsehens erreicht die Zuschauer in Kanäle verpackt, Kanäle sind bisher das wesentliche Strukturmerkmal der Gesamtveranstaltung Fernsehen. Neben der Grundentscheidung, ob und wann überhaupt ferngesehen wird, ist die Auswahl eines bestimmten Kanals, der ein bestimmtes Programm transportiert, die wichtigste Aktionsform der Fernsehzuschauer.

Im Laufe der Fernsehentwicklung haben Untersuchungen zum Zuschauerverhalten klare Hinweise darauf erbracht, dass die konkrete Nutzung eng mit dem Strukturmerkmal Kanal zusammenhängt. Die klassischen Untersuchungen zu diesem Bereich (vgl. etwa Goodhardt u.a. 1987; Barwise/Ehrenberg 1988) haben zum einen das Phänomen der *Kanaltreue* sichtbar gemacht: Zuschauer zeigen die Tendenz, unabhängig vom konkreten Inhalt die Angebote bestimmter bevorzugter Kanäle eher zu sehen als die anderer Kanäle. Damit zusammen hängen die so genannten *Vererbungseffekte*: Zwischen zwei aufeinander folgenden Sendungen eines Kanals bestehen besonders hohe Publikumsüberlappungen. Befunde dieser Art sind seit Jahren maßgeblich für die Programmierung von Fernsehen: Programmplaner versuchen, solche Effekte gezielt auszunutzen und noch zu steigern, um optimale „audience flows" zu erreichen, also die Mitnahme möglichst vieler Zuschauer zur jeweils folgenden Sendung – nicht zuletzt mit dem Ziel, dass auch der dazwischen liegende Werbeblock angesehen wird.

Neben der Anordnung in Kanälen begünstigen weitere Merkmale des Angebots die Herausbildung von Routinen. Dazu gehören die regelmäßigen und festen Sendeplätze für bestimmte Serien oder Reihen, auf die sich die Zuschauer einstellen können. Die Gewohnheitsbildung geht zwar durchaus nicht so weit, dass die Zuschauer alle Episoden einer bestimmten Serie oder Reihe ansehen. Als Daumenregel für die „Programmbindung" kann einer Untersuchung auf Basis der GfK-Daten zufolge unterstellt werden, dass etwa knapp ein Drittel der Zuschauer einer Episode auch die nächste Episode eben dieser Serie oder Reihe sehen (vgl. Zubayr 1996, S. 148). Es lässt sich aber zeigen, dass die große Mehrheit derjenigen, die zum Zeitpunkt der nächsten Episode diese nicht sehen, also „untreu" sind, nicht etwa eine andere Sendung sehen, sondern überhaupt nicht fernsehen – etwa dadurch, dass sie keine Gelegenheit dazu haben und somit die in Abbildung 6.9. aufgeführte Voraussetzung der Erreichbarkeit nicht gegeben ist.

Die bisher skizzierten Einflüsse auf das Auswahlverhalten sind in Abbildung 6.9. durch die direkte Verbindung zwischen der „Struktur des Angebots" und der Programmauswahl symbolisiert. Daneben beinhaltet das Modell einen indirekten Einflussweg von der Angebotsstruktur zur Nutzung, der über den Faktor „Kenntnis des Angebots" führt – ein Faktor, der mit zunehmender Zahl an verfügbaren Optionen offensichtlich an Bedeutung gewinnt.

3.2.4. Repertoirebildung und Kanalheimaten

In Untersuchungen zum Umgang mit Vielkanalfernsehen lassen sich verschiedene Strategien der Zuschauer beobachten, die Fülle der potenziellen Angebote überschaubar zu halten und für sich zu bewältigen. Eine erste Selektions- und Vereinfachungsstrategie bezieht sich auf die überhaupt beachteten und dann auch genutzten Kanäle. Nach wie vor entfällt ein Großteil der Fernsehnutzung auf eine durchaus überschaubare Zahl von Vollprogrammen. Dies entspricht internationalen Erfahrungen, wonach „mit steigender Zahl verfügbarer Kanäle anteilmäßig immer weniger auch tatsächlich genutzt werden" (Winterhoff-Spurk 1991, S. 165).

Die Konzentration der Nutzung auf eine relativ geringe Zahl von Kanälen ist ein Weg, das unübersichtlich gewordene Angebot überschaubarer zu machen: Zuschauer legen ihren Auswahlentscheidungen von vornherein nur ein eingeschränktes persönliches Kanalrepertoire zugrunde, sie entwickeln ein „relevant set" aus etwa sieben bis zehn Kanälen, in dem sie sich zumeist bewegen, während die Angebote anderer Kanäle gar nicht erst beachtet werden. Man kann von so genannten „Kanalheimaten" sprechen, auf die sich die Zuschauer konzentrieren und in denen sie sich gut auskennen. Für die übrigen Kanäle erweist sich dagegen der Faktor „Kenntnis des Angebots" als schwer zu nehmende Hürde. Viele Zuschauer wissen gar nicht, welche Kanäle sie empfangen können, geschweige denn, was diese ihnen zu bieten haben.

Abb. 6.10.:
Verteilung der Sehdauer auf Kanäle 1985 bis 1994 (Zuschauer ab 14 Jahren, nur Westdeutschland)

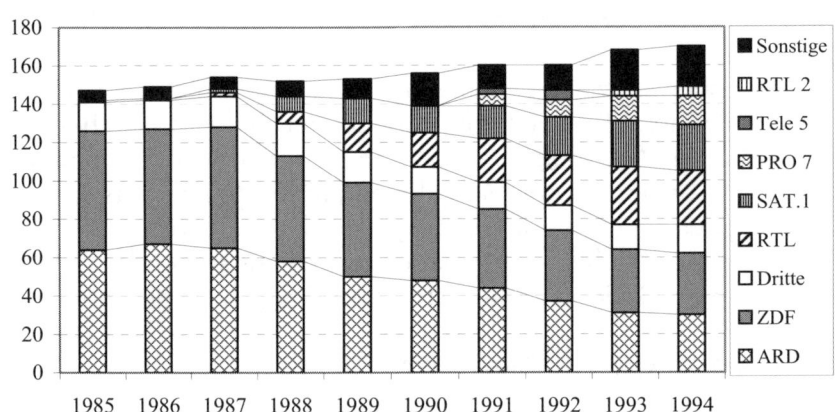

Quelle: AGF/GfK-Fernsehforschung

Die Konzentration des Großteils der Fernsehnutzung auf vergleichsweise wenige Kanäle kommt auch in den Marktanteilen der letzten Jahre zum Ausdruck. Durch die deutliche Zunahme der Kanäle bei gleichzeitig nur moderat steigender Sehdauer ist es seit der Mitte der 80er Jahre zwar zunächst zu fast dramatischen Veränderungen gekommen (siehe Abbildung 6.10.): Nach

Publikum, Mediennutzung und Medienwirkung

1985 fächert die Nutzung förmlich aus, das Publikum scheint sich über die gestiegene Zahl der Kanäle zu verstreuen.
Doch seit 1994 scheint auch auf dieser Ebene Ruhe eingekehrt zu sein (siehe Abbildung 6.11.). Trotz der auch seitdem kontinuierlich weiter gestiegenen Zahl von empfangbaren Programmen entsteht der Eindruck eines gewissen, zumindest vorübergehenden Gleichgewichts zwischen der öffentlich-rechtlichen und der privaten Seite des dualen Systems, zwischen einigen wenigen Vollprogrammen, einigen wenigen zielgruppenspezifischeren Vollprogrammen und einer Zahl von Spartenprogrammen, die – in der Abbildung als „Sonstige" aufgeführt – zwar kontinuierlich, aber doch nur in sehr geringem Ausmaß steigende Nutzungsanteile aufweisen.

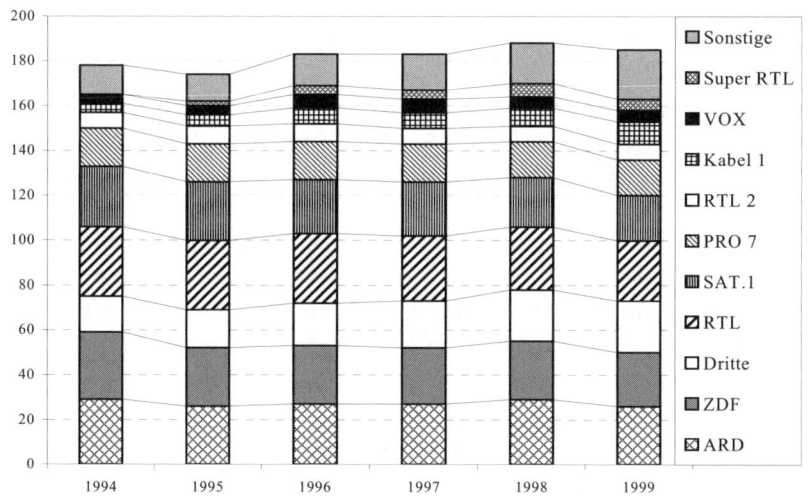

Quelle: AGF/GfK-Fernsehforschung

Abb. 6.11.:
Verteilung der Sehdauer auf Kanäle
1994 bis 1999
(Zuschauer ab drei Jahren, Deutschland gesamt)

In den Begriffen des Modells der Programmauswahl (siehe Abbildung 6.9.) hat sich der Faktor „Struktur des Angebots" also zunächst so ausgewirkt, dass sich die Auswahl auf mehr Kanäle verteilte. Dieser Prozess führte aber nicht so weit, dass die verfügbare Nutzungszeit nunmehr gleichmäßig über alle Kanäle verteilt wird; vielmehr bleiben erhebliche Unterschiede zwischen Vollprogrammen, zielgruppenorientierten Vollprogrammen und Spartenprogrammen bestehen.

Die Frage der begrenzten Repertoires, aus denen ausgewählt wird, stellt sich für den *Hörfunk* noch schärfer. Im Vergleich zum Fernsehen ist beim Hörfunk eine außerordentliche Kanaltreue zu beobachten. Von der in den 80er und 90er Jahren erheblich gestiegenen Zahl empfangbarer Programme machten die einzelnen Hörer nur in sehr eingeschränktem Maße Gebrauch. Im Laufe von zwei Wochen wurden über Jahre hinweg weitgehend unverändert im Durchschnitt 2,8 verschiedene Programme gehört; und diejenigen, die an einem bestimmten Tag vom Hörfunk erreicht wurden, hörten an diesem Tag im Schnitt 1,3 verschiedene Programme; erst mit der Einführung der telefonischen Erhebungsmethode im Rahmen der Media Analyse seit dem Jahr 2000 ergaben sich leicht höhere Werte mit 4,0 Programmen im Laufe von zwei Wochen und 1,5 Programmen pro Tag. Angesichts der großen Zahl verfügbarer Hörfunkprogramme dokumentieren aber auch diese Zahlen, dass sich die Radiohörer jeweils auf ein sehr eng begrenztes Repertoire von Programmen beschränken.

Für die Veranstalter von Hörfunkprogrammen hat dieses Verhalten erhebliche Konsequenzen: Sie sind darauf angewiesen, möglichst viele Stammhörer zu bekommen, die große Teile des Programms hören; auf keinen Fall dürfen Hörer zu einem anderen Programm schalten – denn dann ist den oben genannten Ergebnissen zufolge die Wahrscheinlichkeit gering, dass sie wieder zurückkommen. Das bedeutet in der Tendenz, dass im gesamten Tagesverlauf möglichst keine Sendung enthalten sein sollte, die u.U. eine nennenswerte Zahl von Hörern zum Umschalten bewegen könnte – Konsequenz ist die für viele Hörfunkprogramme geltende oberste Maxime, möglichst "durchhörbar" zu sein.

3.3. Medienrezeption und -aneignung: Verarbeitung, Interpretation und Verwendung von medialen Angeboten

Ein Großteil der publikumsbezogenen Forschung beschränkt sich auf Fragestellungen der vorangegangenen Abschnitte, es geht um Reichweiten, Nutzungsdauern und um die Auswahl zwischen verschiedenen konkurrierenden Angeboten. Deutlich weniger Aufmerksamkeit findet die eigentliche Rezeption von Medienangeboten, also das, was die Nutzer mit dem, was sie ausgewählt haben, tatsächlich machen – dabei stellen naheliegenderweise gerade diese Rezeptionsprozesse das entscheidende Bindeglied zwischen Mediennutzung und Medienwirkung dar. An dieser Stelle kann auch nur eine grobe Übersicht über wesentliche Grundgedanken heutiger Rezeptionsforschung gegeben werden.

3.3.1. Die Rezeptionssituation

Die Rezeption eines ausgewählten Medienangebots kann in sehr unterschiedlicher Intensität, unter sehr unterschiedlichen situativen Bedingungen erfolgen. Sie kann im Vordergrund der Situation stehen, und der Rezipient bzw. die Rezipientin konzentriert sich ganz auf das Medienangebot, ist „involviert" und zeigt eine hohe innere Beteiligung an dem dargestellten Medieninhalt (vgl. Donnerstag 1996). Die Rezeption eines Medienangebots kann aber auch Nebensache, Begleitung einer Hauptaktivität sein. Letztere Rolle wird seit einigen Jahren insbesondere dem Hörfunk zugeschrieben, der besonders häufig mit anderen Tätigkeiten kombiniert wird (vgl. z.B. Klingler/Müller 2000, S. 422).

Aber auch das Fernsehen wird in den letzten Jahren unter diesem Aspekt diskutiert. Insbesondere Opaschowski vertritt seit längerem die These, dass „'Fernsehen pur' nicht mehr gefragt" sei (Opaschowski 1992, S. 4). Grundlage war damals der Befund, dass 1992 nur 38 Prozent der Zuschauer angaben, am vorangegangenen Fernsehabend nur ferngesehen zu haben, also keinen anderen Tätigkeiten nachgegangen zu sein; 1991 waren es noch 44 Prozent gewesen. Als Nebentätigkeiten wurden genannt: Unterhaltungen mit anderen, Essen, Lesen, Telefonieren, verschiedene Hausarbeiten und anderes mehr.

In Opaschowskis Sinne verstreut sich das Publikum des Fernsehens, während das Gerät läuft, auf die verschiedensten persönlichen Beschäftigungen – „so als ob es das Fernsehen nicht gäbe" (ebd.). In späteren Befragungen setzte sich der Trend fort: 1996 gaben noch 38 Prozent, 1999 noch 36 Prozent an, am Vorabend ohne Nebentätigkeiten ferngesehen zu haben (vgl. Opaschowski 1999, S. 190).

Andere Studien widersprechen dem insofern, als sie darauf verweisen, dass zwar durchaus neben dem Fernsehen auch andere Tätigkeiten verfolgt werden, dass dies im Vergleich zu anderen Medien aber wenig ins Gewicht falle. Angesichts der in diesem Zusammenhang vorgelegten widersprüchlichen Befunde werden Defizite der bisherigen öffentlichen wie wissenschaftlichen Diskussion über Fernsehnutzung offensichtlich: Es fehlt an systematischen Unterscheidungen zwischen verschiedenen Formen des Umgangs mit dem Medium, die von Situation zu Situation variieren können; „richtige" Fernsehnutzung wird schlicht gleichgesetzt mit der vollen Aufmerksamkeit für das Bildschirmgeschehen und der vollständigen Rezeption von Sendungen – gemessen an diesem Maßstab muss die eng mit individuellen Tagesabläufen und Haushaltsstrukturen verwobene tatsächliche Fernsehnutzung zwangsläufig defizitär erscheinen. Gerade in der Einbettung des Mediums in die Alltagsorganisation kommt aber die erhebliche Bedeutung des Fernsehens zum Ausdruck – in dieser Hinsicht kann von einem Funktionsverlust des Mediums sicherlich nicht die Rede sein. Je mehr sich das Fernsehangebot ausdifferenziert, desto unangebrachter wird es werden, generell von Fernsehnutzung zu sprechen. Im Hinblick auf die Begleitfunktion des Mediums macht es entscheidende Unterschiede, ob es um Nachrichten oder Videoclips, um einen Spielfilm oder die ganztägige Live-Übertragung aus dem „Big Brother"-Container geht.

3.3.2 Die Beziehung zwischen Text und Leser

Die Auseinandersetzung mit Prozessen der Rezeption von Medienangeboten setzte erst dann ernsthaft ein, als sowohl in der Psychologie als auch in der Soziologie ein stark durch Reiz-Reaktions-Schemata geprägtes Menschenbild verblasste. Solange menschliches Verhalten im wesentlichen als Reaktion auf äußere Reize betrachtet wurde, konnte kein Platz sein für Rezeptionsprozesse. Mit der „kognitiven Wende" der Psychologie wuchs dann aber das Bewusstsein dafür, dass menschliche Wahrnehmungs- und Informationsverarbeitungsprozesse sowohl Selektions- als auch Konstruktionsleistungen voraussetzen. Um Medienangebote zu verstehen, aktivieren die Rezipienten ihr Vorwissen, in Abhängigkeit von ihrem Interesse und von ihrer persönlichen Betroffenheit nehmen sie daher Medienberichte sehr unterschiedlich wahr, sie interpretieren sie nach ihren Vorstellungen, nach ihren Schemata (siehe dazu umfassend Früh 1994). Konsequenz dessen ist etwa, dass Medienutzer mit unterschiedlicher Parteizugehörigkeit eine Meldung über Aktivitäten einer bestimmten Partei ganz unterschiedlich interpretieren und einordnen können.

Das damit zum Ausdruck gebrachte Verständnis der Beziehung zwischen Medienangeboten und Rezipienten oder in einem weiten Sinne zwischen Texten und Lesern stellt eine theoretische Basis der Forschung im Rahmen der so genannten Cultural Studies dar, die von Stuart Hall (1973, deutsch: 1998) als Text-Leser-Modell konzipiert wurde, das zwischen der Encodierung von Bedeutungen bei der Produktion von Medienangeboten und der Decodierung von Bedeutungen bei der Rezeption unterscheidet. Die Prämissen dieses Modells lauten wie folgt (vgl. Livingstone 1996, S. 165):

1. Bedeutung ist nicht einfach im Text enthalten, weshalb Encodierung und Decodierung nicht unbedingt zu gleichen Bedeutungen führen und wir die in der Gesellschaft zirkulierenden Bedeutungen nicht allein aus der Kenntnis des Textes vorhersagen können.
2. Texte sind notwendig zumindest teilweise offen und vieldeutig: Ihnen sind zwar bevorzugte Lesarten eingeschrieben, die aber nicht zwingend sind; sie gehen zwar vom idealen Leser aus, benötigen aber den tatsächlichen Leser für ihre Realisation.
3. Leser üben ihre interpretierende Rolle auf unterschiedliche Weise aus, Publika sind heterogen; die Rezeption hängt ab von soziodemographischen Variablen – von Geschlecht, Alter, Schicht und kulturellem Milieu – und von der jeweiligen Nutzungssituation.

4. Leser sind informiert und kreativ – ihre sozialen Kenntnisse, Ansichten und Überzeugungen, ihre persönlichen Interessen und Erfahrungen gehen in die Ausübung ihrer Rolle als Leser/Zuschauer ein.
5. Aber auch Texte sind heterogen; ihre Rezeption hängt vom Genre und der Art der Beteiligung ab, zu der der Text einlädt – etwa durch die Konstruktion einer bestimmten Erzählperspektive; Menschen reagieren nicht auf das Medium als Ganzes, sondern auf bestimmte Genres in bestimmten Kanälen.
6. Jede Wirkungsdiskussion muss den Rezeptionsprozess berücksichtigen, denn dieser vermittelt die Wirkungen – es bleibt die Hoffnung, dass die Schwierigkeiten, auf die die Wirkungsforschung bei der Suche nach einer klaren kausalen Beziehung zwischen Text und Wirkung gestoßen ist (siehe dazu unten, Abschnitt 4), durch die Untersuchung der Frage abgebaut werden können, wie tatsächliche Publika bestimmten Texten Bedeutung verleihen.

3.3.3. Rezeption und Alltagsrationalität

Die Forschung, die sich im Sinne des obigen Verständnisses von Text-Leser-Beziehungen mit der Rezeption von konkreten Medienangeboten befasst, führt insbesondere vor Augen, dass die Rezeption und Aneignung von Medieninhalten eng mit dem jeweiligen Alltag, mit dem alltagskulturellen Milieu und den gerade aktuellen handlungsleitenden Themen der Rezipienten zusammenhängen. Im Hinblick auf einen besonders intensiv untersuchten Medienbereich, nämlich die Rezeption von Nachrichten hat Brosius (1995) ein Modell der Alltagsrationalität in der Nachrichtenrezeption formuliert, das sich von den üblichen normativ geprägten Erwartungen an die Nachrichtennutzung abgrenzt.

Nach diesem Modell ist „Nachrichtenrezeption unter den Modellannahmen wissenschaftlicher Rationalität [...] die Ausnahme, Rezeption unter den Modellannahmen der Alltagsrationalität die Regel." Dabei lässt sich letztere von der wissenschaftlichen Rationalität wie folgt abgrenzen: „Die Art der Verarbeitung ist nicht systematisch und vollständig, sondern heuristisch und schemageleitet. Dadurch werden berichtete Sachverhalte in ihrer Komplexität reduziert und in bereits bestehende kognitive Strukturen eingepasst." (ebd., S. 305) Die Konsequenzen dieses Modells für die Rolle der Rezipienten bei der Nachrichtenrezeption sind in der folgenden Übersicht stichwortartig zusammengefasst.

Thesen zur „Alltagsrationalität" in der Medienrezeption (nach Brosius 1995):
- Rezipienten verarbeiten nicht alle ihnen zur Verfügung stehenden Informationen.
- Rezipienten ziehen zur Urteilsbildung bevorzugt solche Informationen heran, die ihnen zum Zeitpunkt des Urteils besonders leicht zugänglich sind.
- Rezipienten überführen Einzelheiten der präsentierten Meldungen schon während der Informationsaufnahme in allgemeine semantische Kategorien.
- Rezipienten bilden ihre Urteile schon während der Rezeption und nicht erst im Anschluss daran.
- Rezipienten verkürzen und vereinfachen Probleme und Sachverhalte. Sie verwenden Faustregeln, Verallgemeinerungen, Schlussfolgerungen und Stereotype, die sich bewährt haben.
- Rezipienten orientieren sich bei ihrer Beurteilung von Sachverhalten hauptsächlich an Informationen, die ihnen aus dem Alltag vertraut sind.
- Rezipienten wenden sich Nachrichteninhalten in der Regel mit geringer Involviertheit zu.

3.4. Fazit: Bewusste Auswahl oder „Couch potatoe"?

Ob die Mediennutzer nun als stets ihrer aktuellen Bedürfnisse bewusste wählerische Optimierer ihrer individuellen Interessen – gern auch als „mündige Medienkonsumenten" bezeichnet – anzusehen sind, oder ob auf sie eher das Negativ-Klischee der „couch potatoe" zutrifft, des im Fernsehsessel ergeben den auf ihn einströmenden Medienangeboten ausgesetzten Mediennutzers, ist von Beurteiler zu Beurteiler, von Nutzer zu Nutzer und insbesondere von Situation zu Situation verschieden. Das oben skizzierte Modell der Auswahl von Medienangeboten veranschaulicht, dass sich Rezipienten- und Medienmerkmale bei der Auswahl wie bei der Rezeption verschränken, dass dabei mal die eine, mal die andere Seite ein Übergewicht hat. Dieses Wechselspiel ist für die Medienmacherinnen und -macher von höchster Bedeutung und erfordert sorgfältige Beobachtung – und letztlich Kreativität: Mediennutzer suchen Orientierung, in festen Erscheinungsrhythmen, in Programmstrukturen, in vertrauten Genrekonventionen; zugleich suchen sie das Neue, sie suchen Überraschung und Innovation. Und zur Ehrenrettung der oft beschimpften „couch potatoes", die als Inbegriff „passiver" Mediennutzung gelten: Warum sollten sich mündige und aktiv auswählende Mediennutzer nicht ganz bewusst entscheiden, nach einem anstrengenden Tag am Abend einfach mal vor dem Fernseher „abzuhängen" und sich berieseln zu lassen?

4. Was machen die Medien mit den Menschen? Thesen und Ergebnisse der Wirkungsforschung

4.1. Der Begriff der Medienwirkung

Angesichts ihrer hohen Präsenz im Alltag der Bevölkerung werden die Medien ununterbrochen von einer mehr oder weniger intensiven Diskussion um ihre Wirkungen begleitet. Jedes neue Medium, jedes neue Angebotsformat lässt diese Diskussion anschwellen, wobei in der Regel überwiegend negative Wirkungen thematisiert werden. Aus einer Alltagsperspektive heraus erscheint es geradezu zwangsläufig, dass Medien auf ihre Rezipienten wirken. Um so mehr muss es erstaunen, dass die Wissenschaft sich mit klaren Nachweisen von Medienwirkungen schwer tut – ein Umstand, der der Wissenschaft in der Medienpraxis und in der Öffentlichkeit auch oft vorgeworfen wird. Um diese Diskrepanz zwischen eigentlich auf der Hand liegenden Phänomenen und der Schwierigkeit, diese wissenschaftlich zu bestätigen, aufzuklären, ist ein wenig Begriffsarbeit erforderlich, eine Klärung dessen, was wir in Alltagskontexten unter Wirkungen und verwandten Begriffen verstehen und was die Wissenschaft unter Wirkung versteht.

Der Alltagsbegriff von „Wirkung" unterstellt erstens einen *Zusammenhang* zwischen zwei Sachverhalten, die gemeinsam auftreten; er unterstellt zweitens, dass der eine dieser Sachverhalte die *Ursache* für das Auftreten des anderen Sachverhaltes ist. In der Medienwirkungsforschung wird diese Vorstellung mit den Begriffen Stimulus bzw. Reiz (S) und Reaktion (R) gekennzeichnet: Ein Medienstimulus führt zu einer bestimmten Reaktion bei den Rezipienten.

$$S \longrightarrow R$$

In den meisten Fällen liegen uns aber nur Beobachtungen über bestimmte *Zusammenhänge* vor. Um ein Beispiel zu nennen: Die Auswertung von Zuschauerdaten möge ergeben, dass Fernsehdiskussionen, an denen Gregor Gysi teilnimmt, in den neuen Bundesländern besonders hohe Marktanteile erzielen. Ein solcher Zusammenhang lässt noch völlig offen, wie er zustande kommt; mindestens zwei Erklärungsrichtungen sind denkbar:

1. Der Marktanteil ist hoch, weil Gysi teilnimmt.
2. Gysi nimmt teil, weil er in dieser Sendung mit hohen Marktanteilen im Osten rechnen kann.

Als schwächerer Begriff, der einen vorliegenden Zusammenhang zwar in einer bestimmten Richtung interpretiert, aber noch keine eindeutige Wirkung unterstellt, ist *Einfluss* gebräuchlich. Von einem Einfluss sprechen wir dann, wenn ein Sachverhalt zu einer Reihe von mehreren Sachverhalten gehört, die in der Regel zu einem anderen Sachverhalt führen. Am Beispiel: Wenn Gysi an Diskussionsrunden teilnimmt, das Thema für den Osten relevant ist und nicht gleichzeitig auf einem anderen Programm eine im Osten auch sehr beliebte Volksmusiksendung mit Carmen Nebel läuft, erzielt die Sendung höhere Marktanteile im Osten. Die Anwesenheit von Gysi ist somit einer von mehreren Faktoren, die zu höheren Marktanteilen führen können, sie hat Einfluss auf den Marktanteil der Sendungen.

Im Zusammenhang mit Medienwirkungen ist oft von *beabsichtigten bzw. intendierten Wirkungen* die Rede. Damit ist der Versuch gemeint, bekannte oder vermutete Einflüsse für bestimmte Ziele zu nutzen. Ein Fernsehsender könnte, um höhere Marktanteile im Osten zu erzielen, gezielt Gregor Gysi und Carmen Nebel häufig im Programm einsetzen.

Wo Wirkungen beabsichtigt sind, sind meist auch (unbeabsichtigte) Nebenwirkungen oder *Auswirkungen* nicht weit: Das Ziel eines Fernsehsenders, mit Hilfe von Gregor Gysi und Carmen Nebel möglichst hohe Marktanteile im Osten zu erzielen, geht einher mit sinkenden Marktanteilen anderer Programme. Dauerhaft angewendet, können solche Strategien auch *langfristige Folgen* haben: Die skizzierte Programmstrategie des Fernsehsenders könnte zur Stabilisierung unterschiedlicher Mediennutzungsmuster in Ost und West beitragen.

Alle diese im Alltag gebräuchlichen Begriffe bilden zusammen ein Bedeutungsspektrum, das sich von einem bloßen Zusammenhang zwischen zwei Sachverhalten, die regelmäßig zusammen auftreten, und einer Ursache-Wirkungs-Beziehung im strengen Sinne erstreckt. Als Hilfsmittel, sich in konkreten Fällen klar zu machen, womit man es bei einem vorliegenden Zusammenhang zwischen einem Medienstimulus S und einer Publikumsreaktion R zu tun hat, eignen sich in Anlehnung an die Logik die Fragen, ob der Stimulus a) eine notwendige und b) eine hinreichende Bedingung für die Reaktion darstellt. Ein Stimulus S ist dann hinreichende Bedingung von R, wenn immer dann, wenn S auftritt, auch R auftritt. Ein Stimulus ist dann notwendige Bedingung von S, wenn R nur dann auftritt, wenn S auftritt. Im strengen Sinne von Wirkung spricht man dann, wenn der Stimulus sowohl notwendige als auch hinreichende Bedingung der Reaktion ist. Es kann hier vorab gesagt werden, dass es in der empirischen Realität nur in sehr eingeschränktem Sinne Wirkungen in diesem strengen Sinne gibt. In praktischen Situationen, in denen es darum geht, Wirkungsbehauptungen zu beurteilen, erweist sich eine Fragehaltung nach dem obigen Schema (Führt diese Maßnahme tatsächlich in jedem Fall zu dem erwünschten Ziel? Kann es nicht auch andere Maßnahmen geben, die zu demselben Ziel führen?) als hilfreich, um Kurzschlüsse zu vermeiden und mögliche Alternativen zu erkennen.

Nach diesen abstrakten Vorklärungen zum Wirkungsbegriff im allgemeinen ist nun zu fragen, was denn inhaltlich unter Medienwirkungen verstanden werden kann. Nach Berelson und Steiner (1972, S. 334) ist Medienwirkung „jeder Wechsel im Verhalten des Publikums als Folge der Tatsache, dass es einer bestimmten Kommunikation ausgesetzt war, sei es offenes Verhalten (wie Wählen, Eintritt in einen Verein, Schreiben oder Kaufen) oder subjektives (wie besser informiert sein oder seine Meinung ändern)." Hier stellen Medienwirkungen also Verhaltens- oder Meinungswechsel beim Publikum in Folge eines Medieneinflusses dar. Einen anderen Vorschlag macht Kepplinger (1982): „Ein Sachverhalt stellt eine Wirkung der Berichterstattung dar, wenn sie eine funktionale Voraussetzung für seine Existenz ist. Jeder Sachverhalt, den es ohne Berichterstattung nicht gäbe, ist Wirkung (also z.B. auch Angestellte in Rundfunkanstalten)." Neben der Erweiterung des Gegenstandbereichs über das Publikum hinaus auch auf Medienanbieter und -produzenten oder auf Menschen, die zum Gegenstand der Berichterstattung werden, ist an dieser Definition wichtig, dass ihr zufolge Medienwirkungen nicht nur in einer Veränderung oder einem Wechsel, sondern auch darin bestehen können, dass gegebene Sachverhalte bestätigt oder stabilisiert werden, die sich ansonsten, ohne Einfluss durch Medien, womöglich geändert hätten.

Literaturhinweis

Als Überblick über die Medienwirkungsforschung empfiehlt sich nach wie vor: Schenk, Michael (1987): Medienwirkungsforschung. Tübingen: Mohr. Außerdem: Bonfadelli, Heinz (1999): Medienwirkungsforschung I. Grundlagen und theoretische Perspektiven. Konstanz: UVK Medien (Uni-Papers; 10); Jäckel, Michael (1999): Medienwirkungen. Ein Studienbuch zur Einführung. Wiesbaden: Westdeutscher Verlag.

4.2. Medienwirkungen auf individueller Ebene

Mit Wirkungen von Medien auf der Ebene individueller Rezipienten tut sich die Wirkungsforschung vergleichsweise am leichtesten. Dies gilt zumindest für kurzfristige Wirkungen, die den frühen, noch sehr an einem Reiz-Reaktions-Paradigma orientierten Vorstellungen von den Rezipienten entgegen kommen, da sie sich ohne allzu großen Aufwand experimentell untersuchen lassen.

4.2.1. Wirkungen konkreter Darstellungsformen auf Einstellungen: Persuasionsforschung

Als klassischer Kern der Wirkungsforschung kann die Tradition der unter Leitung von Carl Hovland an der Yale University durchgeführten Studien über den Wandel von Einstellungen durch Kommunikation bezeichnet werden (vgl. Hovland u.a. 1970; siehe dazu auch Schenk 1987, S. 33-102). Diese Forschung wird Persuasionsforschung genannt, weil im Mittelpunkt die Frage stand, wie und unter welchen Bedingungen eine Veränderung von Einstellungen durch Kommunikation erzielt wird, auf welche Weise sich also Menschen mehr oder weniger gut überzeugen lassen. Die Leistung von Carl I. Hovland bestand insbesondere darin, ein Modell der an Überzeugungsprozessen beteiligten Faktoren entwickelt und systematisch mit zahlreichen Experimenten untersucht zu haben.

Die erste Gruppe von Faktoren, die in den Überzeugungsprozess eingehen, beziehen sich auf den damals so genannten „kommunikativen Stimulus", also auf das Medienangebot. Zu der Fülle der diesbezüglichen Befunde gehört etwa, dass die Wirksamkeit einseitiger oder zweiseitiger Argumentation, die also auch potenzielle Gegenargumente einbezieht, abhängig ist von der zuvor bestehenden Meinung und vom Bildungsniveau: Höher Gebildete ändern ihre Einstellung eher in Richtung der beabsichtigten Botschaft, wenn diese auch Gegenargumente benennt, während Personen mit geringerer formaler Bildung bei einseitigen Botschaften stärkere Effekte zeigen. Untersucht wurde auch die Wirksamkeit emotionaler Appelle, etwa furchterregender Kommunikation im Zusammenhang mit Anti-Raucher-Kampagnen. Der Theorie nach versetzen solche Appelle die Rezipienten in einen Spannungszustand (z.B. Angst vor gesundheitlichen Konsequenzen des Rauchens), der dann einen Antrieb liefert, diesen Zustand zu verbessern, also die Spannung zu reduzieren. Die Reduktion der Spannung erfolgt dabei durch andere Aussagen, die angeben, wie die Spannung (Angst) überwunden werden kann (Einstellen des Rauchens). Empirisch erweist sich in solchen Zusammenhängen ein „mittleres Maß" als besonders wirksam: Ein zu wenig furchterregender Reiz bietet keinen Anlass, die Einstellung zu ändern, wohingegen ein zu starker Reiz zu Abwehrreaktionen führen kann. Neben den Merkmalen der Botschaft und ihrer Präsentation spielt auch der Kommunikator eine Rolle, dessen Wirksamkeit entscheidend von seiner Glaubwürdigkeit und der wahrgenommenen Sachkenntnis abhängt.

Die zweite Faktorengruppe bezieht sich auf Merkmale der Rezipienten. Untersucht wurde etwa, inwieweit sich Personen hinsichtlich ihrer allgemeinen Überredbarkeit unterscheiden. Rezipienten mit hoher Intelligenz sind danach insbesondere wegen ihrer Fähigkeit, Schlussfolgerungen zu ziehen, stärker beeinflussbar, wenn rational und logisch argumentiert wird; aufgrund ihres Kritikvermögens werden sie seltener durch unlogische, falsche und irrationale Argumente beeinflusst.

Die Yale-Studien stellen eine in erster Linie pragmatische Forschungsrichtung dar, deren zahlreiche Befunde nicht mit einer einheitlichen Theorie erklärbar sind und aufgrund der zum Teil sehr künstlichen Laborsituation, die den Rezipienten kaum eine Selektionsmöglichkeit, wie sie ja – siehe oben – die normale Mediennutzung kennzeichnet, einräumt, kaum verallgemeinerbar erscheinen. Nach einer ersten Welle dieser Forschung setzte sich denn auch die so genannte *Verstärkungshypothese* durch, die betonte, dass sich Rezipienten selektiv den Informationen zuwenden, die ihre bestehende Meinung verstärken (vgl. Klapper 1960) – eine These, die den Medien kaum Einfluss auf die Meinungsbildung der Rezipienten zubilligt.

Gleichwohl war diese Schule Ausgangspunkt für einen heute noch sehr lebendigen Forschungszweig – verwiesen sei hier nur auf ein in jüngster Zeit intensiv untersuchtes Phänomen: So zeigen verschiedene Experimente, dass Fallbeispiele in der Berichterstattung einen hohen Einfluss auf die Urteile und Meinungen der Rezipienten haben; dieser geht unter Umständen sogar so weit, dass sich die Rezipienten im Falle widersprüchlicher Aussagen zwischen der eigentlichen Botschaft des Berichts und den Fallbeispielen eher an letzteren orientieren (vgl. z.B. Brosius 1996). Für die journalistische Praxis sind den entsprechenden Forschungsergebnissen zwar keine generell gültigen „Rezepte" zu entnehmen, sie bieten aber durchaus Leitlinien, die bei der Auswahl und Gestaltung bestimmter Inhalte im Sinne einer reflektierten Orientierung an den Interessen und Rezeptionsformen der Nutzer hilfreich sein können.

4.2.2. Wirkungen von Gewaltdarstellungen

Die Wirkung von Gewaltdarstellungen in den Medien, insbesondere auf Kinder und Jugendliche, wird immer wieder kontrovers diskutiert – meist dann, wenn Erklärungen für gewalttätige Ausschreitungen von Jugendlichen gesucht werden. Die entsprechende Forschung, deren Umfang im Bereich der Medienforschung ihresgleichen sucht, hat dazu eine Fülle von Befunden und Thesen vorgelegt, ohne dass sich ein einheitliches Bild ergeben würde. Das Spektrum der Theorien und Vermutungen ist breit, sie können hier nur skizziert werden.

Die auf die griechische Tragödie zurückgehende *Katharsis-These*, der zufolge das Mitvollziehen von an Modellen beobachteten Gewaltakten eine Art homöopathische Reinigung der Affekte mit sich bringt, wodurch die Bereitschaft der Rezipienten abnimmt, selbst Gewalt zu zeigen, gilt als weitgehend widerlegt: Die Gewaltdarstellungen in den Medien machen die Gesellschaft nicht friedlicher. Eine andere Vermutung ergibt sich aus der *Stimulationsthese*, die annimmt, dass durch das Ansehen von Gewaltdarstellungen unter bestimmten Umständen, etwa nach vorausgegangenen Frustrationen, aggressives Verhalten stimuliert wird. Die *Habitualisierungsthese* wiederum geht davon aus, dass Rezipienten sich durch häufige Gewaltdarstellungen auch an reale Gewalt gewöhnen und diese als normales Alltagsverhalten ansehen und daher eher tolerieren. Auf spektakuläre Einzelfälle bezieht sich die *Suggestionsthese:* Die Beobachtung einer Gewalttat kann danach bei einzelnen Rezipienten zu einer mehr oder weniger direkt anschließenden Nachahmungstat führen – in Anlehnung an die nach dem Erscheinen von Goethes Werk „Die Leiden des jungen Werther" gehäuft aufgetretenen Selbstmorde junger Männer ist hier vom „Werther-Effekt" die Rede. Auch wenn diese These mangels wissenschaftlicher Überprüfbarkeit heute als solche nicht mehr vertreten wird, liegen immer wieder Einzelbeobachtungen vor, die für Zusammenhänge zwischen bestimmten herausgehobenen Mediendarstellungen und der Häufigkeit ähnlicher Vorkommnisse in der Realität sprechen (z.B. Selbstmorde, Totschlag etc.).

Von besonderem wissenschaftlichen Interesse ist die Sozialkognitive *Lerntheorie*, die sich mit dem Lernen am Modell bzw. Beobachtungslernen befasst. Sie unterscheidet zwischen dem Erwerb eines Verhaltens durch die Beobachtung von (Medien-) Modellen und der tatsächlichen Ausführung dieses Verhaltens, die insbesondere abhängig von den Konsequenzen des Verhaltens für das Modell oder den Beobachter ist. Die Ausführung eines latenten, gelernten Verhaltens wird dieser Theorie zufolge dann erfolgen, wenn Belohnungen erwartet werden, also das Verhalten einen instrumentellen Wert für die Erreichung spezifischer Ziele besitzt. Wie sich zeigt, werden Modelle um so eher nachgeahmt, je realitätsnäher und je ähnlicher sie den Beobachtern sind. Erfolgreiche Modelle werden eher nachgeahmt als erfolglose Modelle bzw. Modelle, die für ihr Verhalten bestraft werden.

Es ist offensichtlich, dass diese verschiedenen Thesen zu höchst widersprüchlichen Vorhersagen über den Zusammenhang zwischen Mediengewalt und Rezipientenverhalten gelangen. Als Konsequenz haben verschiedene Autoren auch die *These der Wirkungslosigkeit* aufgestellt, der zufolge die beobachteten sehr geringen Zusammenhänge nicht bedeutsam seien; im Hinblick auf Gewalt bestünden klare gesellschaftliche Normen, weshalb Mediengewalt gemessen an den anderen Einflussfaktoren auf die Genese von Gewalt bedeutungslos sei.

Neuere Arbeiten kritisieren an der bisherigen Forschung insbesondere die Täter-Orientierung (vgl. Röser 2000): Während das Interesse oft der Frage gilt, inwieweit Mediengewalt die Aggressionsbereitschaft potenzieller Täter fördere, wird die Auseinandersetzung mit der Perspektive der Opfer vernachlässigt, aus welcher Gewaltdarstellungen in erster Linie bedrohlich und beängstigend wirken. Im Vordergrund heutiger Forschung steht denn auch weniger der wiederholte Versuch, eindeutige Ursache-Wirkungs-Beziehungen festzustellen, sondern im Sinne der oben skizzierten Konzepte der Rezeptions- und Aneignungsforschung zu untersuchen, was die Rezipienten überhaupt als Gewalt wahrnehmen, was sie als mehr oder weniger bedrohlich empfinden. Dabei ergibt sich etwa, dass reale Gewalt als bedrohlicher wahrgenommen wird als nicht-reale, dass also die „Tagesschau" für die Gewaltdebatte mindestens so relevant ist wie der „Tatort".

4.3. Medienwirkungen auf interpersonaler und gesellschaftlicher Ebene

Parallel zu den skizzierten Bemühungen, auf individueller Ebene Wirkungen der Medien zu erfassen, befassen sich verschiedene Forschungszweige mit dem Versuch, Wirkungen auf interpersonaler und gesellschaftlicher Ebene nachzuspüren. An dieser Stelle sollen aus der Vielzahl verschiedener Wirkungsannahmen lediglich drei prominente Ansätze skizziert werden.

4.3.1. Der Zwei-Stufen-Fluss der Kommunikation und das Meinungsführerkonzept

Ein für die Medienwirkungsforschung entscheidender und bereits recht früher Schritt war die berühmte Wahl-Studie von Lazarsfeld, Berelson und Gaudet (1944/1969), der zufolge die Wähler ihre Entscheidung weniger durch die Massenmedien als durch die direkten Kontakte mit anderen Personen in ihrer Umgebung beeinflussen ließen. Das in diesem Zusammenhang entwickelte Konzept der Meinungsführer (Opinion Leader) bezieht sich auf Personen, die öfter versuchen, Menschen in ihrer Umgebung von ihren politischen Ansichten zu überzeugen, oder die von Anderen um Rat gebeten werden. Solche Personen interessieren sich stärker für die Wahl und nutzen auch die Massenmedien häufiger. Daraus wurde die Hypothese des „Two-Step-Flow of Communication" entwickelt: Ideen gelangen auf einer ersten Stufe von den Massenmedien zu den Meinungsführern und von diesen dann in einer zweiten Stufe zu den weniger aktiven Bevölkerungsmitgliedern.

Auch wenn die These später in verschiedener Hinsicht differenziert wurde – so dahingehend, dass der eigentliche Informationsfluss durchaus direkt von den Medien zu den Rezipienten verläuft und Meinungsführer lediglich auf der Ebene der Meinungsbildung wirksam werden –, hat sie nachhaltig das Bewusstsein dafür geschärft, dass die Rezipienten den Medien nicht als isolierte Einzelpersonen gegenüberstehen, sondern dass sie sich in vielfältigen persönlichen Netzwerken befinden, in denen die Medieninhalte besprochen und bewertet werden (vgl. Schenk 1995).

4.3.2. Agenda-Setting: Medien bestimmen die Tagesordnung

„While the mass media may have little influence on the direction or intensity of attitudes, it is hypothesized that the mass media set the agenda for each political campaign, influencing the salience of attitudes toward the political issues." (McCombs/Shaw 1972, S. 177)

Die zitierte frühe Arbeit zum Agenda-Setting-Ansatz verschiebt den Fokus der Aufmerksamkeit der Wirkungsforschung abermals: Im Mittelpunkt dieser Perspektive steht nicht, ob die Medien Einstellungen und Verhalten der Menschen beeinflussen, sondern wie die Massenmedien den Grad der Wichtigkeit beeinflussen, der einem Thema im öffentlichen Diskurs zugemessen wird. In den Worten von Maletzke (1983, S. 118): „Diejenigen Themen der politischen Diskussion, welche die Medien hervorheben, werden in der Folge auch von den Rezipienten als wichtig betrachtet." Nicht *was* Rezipienten denken, sondern *worüber* sie nachdenken, ist das für diese Forschung entscheidende Kriterium.

In der Medienberichterstattung werden verschiedene Themen unterschiedlich auffällig („salient") präsentiert, was sich an der Häufigkeit, dem Umfang und der Aufmachung der jeweiligen Berichterstattung ablesen lässt. Die Auffälligkeit führt zu positiver Selektion durch die Rezipienten und überträgt sich auf deren Einschätzung, welches die momentan wichtigen Themen der öffentlichen Diskussion sind, während andere, von den Medien gar nicht oder weniger beachtete Themen marginalisiert werden. Beim Agenda-Setting geht es also um die Strukturierung der Wahrnehmung der Welt, um die „Themenwelt" der öffentlichen Kommunikation.

Während die frühe Agenda-Setting-Forschung sich auf die Einflussrichtung von den Medien zu den Rezipienten konzentrierte, wurden im Laufe der Zeit auch alle Wechselbeziehungen zwischen den Agenden der Medien, der Politik und des Publikums einbezogen. Die genannte Themenwelt der öffentlichen Kommunikation wird von allen drei Seiten geprägt; Strategien des „Agenda-Building" zielen im Rahmen der Öffentlichkeitsarbeit politischer Akteure darauf ab, sich diese Prozesse für den Aufbau der jeweils gewünschten Themenstrukturen zunutze zu machen.

4.3.3. Kultivierungshypothese

Bezieht sich die Agenda-Setting-Forschung überwiegend auf den Bereich der politischen Kommunikation, so hat die maßgeblich von George Gerbner entwickelte Kultivierungshypothese ihren Ursprung in der Frage, welcher kulturelle Einfluss dem Medium

Fernsehen längerfristig zukomme. Gerbner vertrat die Auffassung, die Funktion des Fernsehens „besteh(e) darin, soziale Verhaltensmuster zu verbreiten und zu stabilisieren, nicht Veränderungen zu kultivieren, sondern im Gegenteil Resistenz gegenüber Veränderungen zu schaffen. Fernsehen ist das Medium, das die meisten Leute sozialisiert, ihnen standardisierte Rollen und Verhaltensweisen vermittelt. Seine Funktion ist, mit einem Wort, *Enkulturation*." (Gerbner u.a. 1976, deutsches Zitat: Schenk 1987, S. 346).

Sein Forschungsprogramm, der so genannte „Cultural Indicators Approach" umfasst zwei Hauptbestandteile: eine *Message System Analysis* als möglichst vollständige Analyse der Welt des Fernsehens, bei der etwa ermittelt wird, wie wahrscheinlich es für verschiedene Bevölkerungsgruppen ist, als Täter oder Opfer in Verbrechen verwickelt zu sein. Hinzu kommt die *Cultivation Analysis* als Erfassung der durch Fernsehkonsum „kultivierten" Rezipientenmerkmale. Vielseher, die den beschriebenen Angebotsmerkmalen also besonders oft ausgesetzt sind, werden dabei mit Wenigsehern daraufhin verglichen, ob sie häufiger fernsehtypische Antworten geben – z.B. im Hinblick auf die Wahrscheinlichkeit, Opfer eines Verbrechens zu werden; diese wird einigen Untersuchungen der Gerbner-Gruppe zufolge von Vielsehern höher eingeschätzt als von Wenigsehern (vgl. Signorielli/Morgan 1990).

Zu der Ausgangsthese hinzu trat später das *Mainstreaming*-Konzept, welches folgendes besagt: Durch den Einfluss des Fernsehens werden ursprünglich sehr unterschiedliche Einsichten und Ansichten in den Mainstream geführt. Einstellungsunterschiede zwischen Wenigsehern aus verschiedenen politischen Lagern sind ausgeprägter als zwischen Vielsehern aus diesen Lagern.

4.4. Fazit zur Medienwirkungsforschung

An dieser Stelle kann die Vielfalt der verschiedenen Wirkungsannahmen nicht annähernd dargestellt werden (siehe dazu die oben aufgeführten Literaturhinweise). Um die verschiedenen Denkweisen aus der Perspektive alltäglicher journalistischer Praxis einordnen zu können, eignet sich das folgende Schema. Es kombiniert zwei Dimensionen, die sich in der öffentlichen und wissenschaftlichen Debatte über die potenziellen Wirkungen der Medien immer wieder finden:

1. die Unterscheidung zwischen gesellschaftlich positiven bzw. funktionalen und negativen bzw. dysfunktionalen Wirkungen,
2. die Unterscheidung zwischen eher homogenisierenden oder eher differenzierenden Wirkungen.

In jedem der entstehenden Felder finden sich spezifische Thesen und Annahmen wieder. So kann das Agenda-Setting als positiv zu wertende homogenisierende Funktion betrachtet werden: Die Medien schaffen in der Gesellschaft eine gemeinsam Agenda, gemeinsame Themen. Demgegenüber thematisiert die Kultivierungsforschung homogenisierende Wirkungen als negativ, im Sinne des Verlusts von Vielfalt, der Pflege von Stereotypen. Als Beispiel für differenzierend-dysfunktionale Funktionen ist in dem Schema die hier nicht im einzelnen dargestellte Hypothese von der wachsenden Wissenskluft aufgeführt, die besagt, dass die Einführung und Verbreitung neuer Medien die bereits zwischen verschiedenen Bevölkerungsgruppen bestehenden Wissens- oder Kompetenzunterschiede noch verstärken, anstatt sie tendenziell auszugleichen. Schließlich wird als positive differenzierende Funktion auf den Uses-and-Gratifications-Ansatz verwiesen, der die Rolle individueller Bedürfnisse bei der Medienauswahl und damit die Spielräume zur Entwicklung unterschiedlicher Lebensstile in den Vordergrund rückt.

	Funktional	Dysfunktional
Homogenisierung	Agenda-Setting Gemeinsame Wissensbestände und Themen	Kultivierung Vorurteile Stereotype „Massengeschmack"
Differenzierung	Uses-and-Gratifications Vielfalt der Lebensstile	Wachsende Wissenskluft Desintegration Fragmentierung

Quelle: Bonfadelli 1999, S. 159

Abb. 6.12.: Übersicht über Perspektiven der Wirkungsforschung

Ergänzend zu dieser Einordnung sollen die folgenden Leitsätze eine prägnante und für den Alltag taugliche Zusammenfassung des komplizierten Feldes der Medienwirkungsforschung geben (vgl. Früh 1994):

- Medien wirken nicht – wenn unter Wirkung eine eindeutige Kausalbeziehung zwischen einem oder mehreren Medienangeboten und einem oder mehreren Rezipienten verstanden wird. ==Medien sind nicht allein verantwortlich für bestimmte soziale Phänomene.==
- Medien wirken – wenn unter Wirkung die gegenseitige Beziehung zwischen Medienangeboten und Rezipienten im Sinne einer wechselseitigen Beeinflussung verstanden wird, im Zuge derer sich alle Beteiligten auch selbst verändern. ==Medien sind für das Zustandekommen bestimmter sozialer Phänomene nicht gleichgültig.==
- Im Prozess der Medienkommunikation sind beide Beteiligten, die Rezipienten wie auch die Kommunikatoren sowohl „aktiv" als auch „passiv". Der Kommunikator ist *aktiv*, indem er Informationen auswählt, Akzente setzt und (vermutete) Eigenschaften, Bedürfnisse und Gewohnheiten des Publikums gezielt ausnutzt, um seiner Botschaft optimale Wirkungschancen zu geben. *Passiv* ist er insofern, als er mit den Bedingungen leben muss, die ihm sein Medium, das Publikationsorgan und die Rezipienten setzen. Der Rezipient ist *passiv* insofern, als er nur aus denjenigen Informationen auswählen kann, die ihm auch angeboten werden. *Passiv* ist er auch beim täglichen, unwillkürlichen Kontakt mit Aussagen der Massenkommunikation (habitualisiertes Medienverhalten). Die *aktive* Komponente des Rezipientenverhaltens umfasst insbesondere Selektionsstrategien, die es dem Rezipienten ermöglichen, ganz bestimmte Informationen aus dem Angebot auszuwählen und unerwünschten auszuweichen. Hinzu kommt die Elaboration von Kommunikationsinhalten, die dazu führt, dass der Rezipient zunächst unverbundene Informationen selbständig zu einem subjektiv sinnvollen Ganzen zusammenzufügen versucht und dabei durchaus auch nicht vorhandene Informationen ergänzt.

Was folgt aus dieser Ausgangssituation für den Status vorliegender Ansätze und Befunde der Medienwirkungsforschung? Medienwirkungsforschung liefert kein Rezeptwissen darüber, wie ein bestimmtes Medienangebot in einer bestimmten Situation auf bestimmte Rezipienten wirkt. So etwas ist nach den oben genannten Prämissen auch prinzipiell unmöglich. Medienwirkungsforschung bietet aber stattdessen etwas Praktischeres: Theorien und Hypothesen auf einer relativ allgemeinen Ebene, die herangezogen werden können, um konkrete Fragen, wie sie sich im Alltag stellen, zu lösen.

5. Problemfelder der Publikumsforschung

Die bisherigen Ausführungen folgen einem systematischen Ansatz, sie sollen eine Basis für allgemeines Wissen über Publika und Rezipientinnen und Rezipienten bieten. Demgegenüber sollen im Folgenden eher exemplarisch solche Fragestellungen und Problemfelder dargestellt und diskutiert werden, die in der fachlichen und öffentlichen Debatte um Mediennutzung und Medienwirkung immer wieder aufkommen und für den beruflichen Alltag von Journalistinnen und Journalisten besonders relevant sein dürften. Da es sich dabei weniger als in den vorangegangenen Kapiteln um die Darstellung gesicherten Wissens, sondern stärker um eine diskussionsorientierte Auseinandersetzung mit dem handelt, was Medienforschung und Medienpraxis aus den Rezipientinnen und Rezipienten machen, werden sich diese Abschnitte anders lesen – das Ziel ist es, das Verständnis für publikumsbezogene Fragestellungen zu vertiefen, den professionellen Zweifel an vorliegenden, vermeintlich eindeutigen Ergebnissen der Publikumsforschung zu schüren und die Phantasie für innovative Wege, das Publikum kennen zu lernen, anzuregen.

5.1. Keine Chance für Politik? Zur Informations- und Unterhaltungsorientierung des Publikums

Politikvermittlung über Medien – und damit eine der entscheidenden Funktionen journalistischer Medienangebote überhaupt – setzt voraus, dass die jeweils verfügbaren politischen Medienangebote genutzt werden, dass ihnen Zeit und Aufmerksamkeit gewidmet wird. Darüber, wie weit diese Voraussetzung als erfüllt angesehen werden kann, herrscht in der öffentlichen Diskussion tiefe Skepsis vor. Der großen Mehrheit der Bevölkerung wird eine klare Unterhaltungsorientierung sowie die Tendenz zugeschrieben, informierenden Medienangeboten, zumal solchen über politische Themen, eher aus dem Wege zu gehen. Auch die wissenschaftliche Auseinandersetzung mit der Nutzung von Medien ist weitgehend dadurch geprägt, dass die Zuwendung der Menschen zu unterhaltenden Angeboten zumindest implizit als „zu hoch", die Zuwendung zu informierenden Angeboten als „zu gering" angesehen wird. Vor diesem Hintergrund muss die insbesondere im Unterhaltungsbereich weiter fortschreitende Ausdifferenzierung der Medienangebote, die dazu führt, dass jederzeit zielgruppengerechte Unterhaltungsangebote verfügbar sind, zwangsläufig zu besorgten Prognosen hinsichtlich der Möglichkeiten von Politikvermittlung führen. Inwieweit sind diese Sorgen berechtigt? Wird die Politik aus den Medienmenüs der Nutzer verschwinden?

5.1.1. Reichweiten politischer Informationsangebote in den drei tagesaktuellen Medien

Mediengestützte Politikvermittlung im engeren Sinne kann nur so weit wirksam werden, wie die politischen Informationsangebote der Medien in der Bevölkerung reichen. 1995 wurden an einem durchschnittlichen Werktag (Montag bis Samstag) 82 Prozent der deutschen Bevölkerung ab 14 Jahren von politischen Informationsangeboten erreicht. Bezogen auf verschiedene Bevölkerungsgruppen zeigt sich folgendes Bild (s. Abbildung 6.13.).

Gesamt	82		
Alter:		*Bildung:*	
14-19 Jahre	59	Niedrig	77
20-29 Jahre	77	Mittel	83
30-39 Jahre	80	Hoch	84
40-49 Jahre	88	*Politisches Interesse:*	
50-59 Jahre	88	Stark	90
60-69 Jahre	87	Mittel	81
70 Jahre und älter	88	Schwach	66

(in Prozent, 1995, Mo-So)
Quelle: Berg/Kiefer 1996, S. 332

Jüngere und politisch wenig Interessierte werden danach besonders schlecht von politischen Angeboten erreicht. Die formale Bildung hängt dieser Auswertung zufolge nur schwach mit der Politik-Reichweite zusammen – zumindest werden auch von den geringer Gebildeten täglich mehr als drei Viertel erreicht.

Abb. 6.13.: Anteil der Bevölkerung bzw. bestimmter Bevölkerungsgruppen, die pro Tag von einem politischen Informationsangebot in mindestens einem Medium erreicht werden

5.1.2. Das Beispiel Fernsehen: Gezielte Vermeidung von Informationsangeboten durch Unterhaltungsslalom?

Welche Vorlieben zeigen die Fernsehzuschauer bei der Programmauswahl? Diese Frage wird meist mit der Gegenüberstellung von Information und Unterhaltung verknüpft, wobei meist vereinfachend unterstellt wird, dass Unterhaltungssendungen massenattraktiver seien als andere Angebotssparten und daher die noch weiter zunehmende Kanalzahl zu einem verstärkten „Unterhaltungsslalom" führe. In der Tat gibt es einige empirische Anhaltspunkte für eine solche generelle Unterhaltungsorientierung der Zuschauer: So lässt sich anhand der täglichen Reichweitenkurven beobachten, dass dann, wenn auf eine attraktive Unterhaltungssendung ein Informationsangebot folgt und gleichzeitig auf einem anderen Programm eine Unterhaltungssendung beginnt, regelmäßig eine beträchtliche Zuschauerwanderung einsetzt (vgl. z.B. Grajczyk/Zöllner 1996, S. 587).

Ein weiterer Anhaltspunkt für eine generelle Unterhaltungsorientierung kann auch darin gesehen werden, dass der Anteil von fiktionalen Angeboten und Unterhaltungssendungen an der

Nutzung in der Regel höher ist, als dies ihrem Anteil am Angebot entspricht: 1999 etwa entfielen 30 Prozent des Angebots der 20 wichtigsten deutschen Fernsehprogramme auf fiktionale Sendungen (Filme und Serien); diese Sendungen machten aber 40 Prozent der Gesamtnutzung in diesem Jahr aus (Gerhards/-Grajczyk/Klingler 2000, S. 461). Für nicht-fiktionale Unterhaltungssendungen zeigte sich bei dieser Auswertung ein annähernd ausgeglichenes Verhältnis (11 Prozent des Angebots, 13 Prozent der Nutzung). Dagegen erreichten Informationssendungen bei weitem nicht den Anteil an der Nutzung (30 Prozent), den sie am Angebot einnahmen (42 Prozent). Innerhalb der Informationssparte ist allerdings zu differenzieren, denn Nachrichtensendungen wurden überproportional genutzt (7 Prozent der Nutzung gegenüber 5 Prozent des Angebots); im Durchschnitt verwendeten die Zuschauer die „Zutat" Nachrichten in ihren Fernsehmenüs also stärker, als sich dies in der Angebotsstruktur widerspiegelt. Im Mehrjahresvergleich lassen sich kaum systematische Verschiebungen der inhaltlichen Vorlieben der Zuschauer beobachten – etwa im Sinne einer kontinuierlich abnehmenden Informationsnutzung. In den letzten drei Jahren blieb der Anteil von Informationssendungen an der Fernsehnutzung weitgehend stabil bzw. stieg sogar leicht von 27 auf 30 Prozent. Dieser Anteil liegt zwar immer noch unter dem Anteil von Informationssendungen am Gesamtangebot, widerspricht aber der These von einer generell zunehmenden Unterhaltungsorientierung der Zuschauer.

Dass insbesondere Nachrichten nach wie vor wichtiger Bestandteil der Fernsehnutzung zu sein scheinen, zeigt sich auch an anderen Ergebnissen. Bei Befragungen im Hinblick auf das Interesse an verschiedenen Programmsparten liegen „Nachrichten" in der Regel unangefochten an erster Stelle (Blödorn/Gerhards/Klingler 2000, S. 171). Das schlägt sich zum Teil auch in der Nutzung nieder: So ist die 20.00 Uhr-Ausgabe der ARD-„Tagesschau" in den letzten Jahren jeweils mehrfach unter den reichweitenstärksten Sendungen des Jahres vertreten; im Jahr 2000 erreichte sie täglich im Durchschnitt 9,32 Millionen Zuschauer.

5.1.3. Perspektiven der Nutzung politischer Information

Unterhalb dieser recht stabil erscheinenden Zahlen deuten sich im Hinblick auf die Perspektiven der Politikvermittlung über Massenmedien verschiedene problematische Konsequenzen an: Zum einen ist es insgesamt schwerer geworden, die Menschen mit politischen Informationsangeboten zu erreichen. Zum anderen scheint die Kluft zwischen denjenigen, die immerhin noch erreichbar sind, und denen, die sich ganz auf politikferne Angebote konzentrieren und zudem ein sehr negatives Bild von der Politik haben und sich auch kaum am politischen Prozess beteiligen, zu wachsen. Diese Einschätzung klingt zwar plausibel, sie soll im Folgenden jedoch kritisch darauf hinterfragt werden, ob die veränderten Medienbedingungen nicht auch verlangen, dass die Leitbilder der Politikvermittlung, an denen wir uns bisher orientiert haben, renovierungsbedürftig sind.

Die bisherigen Studien zum Verstehen und Behalten von Nachrichten basieren meist auf der Prämisse, dass es eine gemeinsame Realität gibt, von der die abendliche Nachrichtensendung einen Ausschnitt abbildet, dem wiederum die Gesellschaft das Vertrauen entgegenbringt, dass dies die wichtigsten Meldungen des Tages sind. Die einschlägigen Ergebnisse zur Nachrichtenrezeption zeigen, dass diese gemeinhin als wichtig angesehenen Meldungen keineswegs für alle Zuschauer gleichermaßen relevant und in ihre kognitiven Strukturen einzuordnen sind. Solange aber die Vorstellung, dass die Nachrichten zuverlässig das Wichtigste vom Tage bringen, lebendig ist, werden diese dennoch angesehen.

Es mehren sich jedoch die Anzeichen, dass diese Vorstellung verblasst. Zwar hat sich die „Tagesschau" bis heute als stabilster Orientierungspunkt im Gesamtangebot des Fernsehens bewährt, so dass sich so gut wie alle konkurrierenden Veranstalter mit ihrer Programmierung dem Ende dieser Sendung angepasst haben. Gleichwohl ist die Gesamtreichweite gegenüber früheren Jahren deutlich zurückgegangen. Mit der Verteilung des Nachrichtenpublikums auf verschiedene Sendungen wächst die Wahrscheinlichkeit, dass die Prämisse von der einen Realität und der einen „richtigen" Abbildung dieser Realität in Zweifel gezogen wird, mehr und mehr Zuschauer machen die Erfahrung, dass Nachrichten zu ein und demselben Tag durchaus unterschiedlich aussehen können, ohne dass klar entschieden werden könnte, welche Version der Realität besser gerecht wird – damit ist für die klassischen Nachrichtensendungen ein ähnlicher Bindungsverlust zu beobachten, wie ihn seit mehreren Jahren viele traditionelle gesellschaftliche Institutionen erfahren. In dieser Situation gewinnt dann die Frage an Bedeutung, ob die jeweiligen Nachrichten einen Ausschnitt aus dem aktuellen Geschehen präsentieren, der für die je eigenen Interessen und die eigene Lebenssituation relevant ist. Damit ist ein Anknüpfungspunkt für eine Ausdifferenzierung gegeben, den die Medienanbieter zu nutzen versuchen. Zur konsequenten Umsetzung ihrer Zielgruppenstrategien orientieren sie sich bereits vorab an den vermuteten Relevanzstrukturen und Interessen ihrer Zielgruppe, so dass im Ergebnis verschiedene Nachrichtenangebote entstehen, die sich von vornherein auf Meldungen konzentrieren, von denen angenommen wird, dass sie für die Zielgruppe relevant sind.

Die oben skizzierte Idealvorstellung von Politikvermittlung ist noch mit Blick auf einen weiteren Aspekt zu modifizieren. Dieser betrifft die Unterscheidung zwischen Information und Unterhaltung. In den letzten Jahren haben sich die dem Informationsbereich im weiteren Sinne zugerechneten Sendungen stark ausdifferenziert, wobei die Grenzen zwischen zuvor relativ klar definierten Angebotsformen zusehends verschwimmen. Bezeichnungen wie "Politisches Magazin" erhalten eine neue Bedeutung, wenn Angebote wie "Explosiv" (RTL) darunter gefasst werden. Neben dieser Schwierigkeit auf der Angebotsseite ist es auch auf der Rezeptionsseite nicht sinnvoll, Information und Unterhaltung als Gegensätze zu behandeln, denn, wie Elisabeth Klaus (1996) es ausgedrückt hat: „Der Gegensatz von Information ist Desinformation, der Gegensatz von Unterhaltung ist Langeweile." Somit kann es nicht von vornherein als ausgemacht gelten, dass die so genannten Informationssendungen für die Politikvermittlung in jeder Hinsicht relevanter sind als die so genannten Unterhaltungs- oder Fictionangebote. Letztlich entscheidend wird in dieser Hinsicht sein, wie sich die Zusammensetzung der Medienmenüs verschiedener Zuschauergruppen entwickeln wird. Es

spricht viel dafür, dass die zu beobachtende Spezialisierung der Mediennutzer in der Regel nicht zur völligen Exklusivnutzung bestimmter Angebote führt. Dies gilt für die Unterscheidung zwischen Information und Unterhaltung ebenso wie für die Unterscheidung zwischen öffentlich-rechtlich und privat orientierten Nutzergruppen. Detailanalysen der Wanderungen von Zuschauern deuten nämlich darauf hin, „dass es offenbar keine echte 'Systemgrenze' zwischen öffentlich-rechtlichen und privaten Sendern gibt" (Grajczyk/Zöllner 1996, S. 587). Die meisten Zuschauer kombinieren in ihrem Fernsehmenü Angebote der öffentlich-rechtlichen und privaten Programme (vgl. Hasebrink/ Krotz 1996).
Dass solche Grenzüberschreitungen nicht verebben, dazu kann sicherlich auch dadurch beigetragen werden, dass alle Ansätze gestärkt werden, die geeignet sind, das Mediensystem seinerseits zu beobachten und zu thematisieren, wenn sich kommunikative Abspaltungen zeigen, die die Verständigung zwischen bestimmten Bevölkerungsgruppen behindern oder zum Erliegen kommen lassen (siehe dazu Weßler u.a. 1997). In jedem Fall ist vor vorschnellen Vorwürfen gegenüber den offenbar nur bedingt an politischen Informationsangeboten interessierten Mediennutzern zunächst zu fragen, ob nicht die Nicht-Nutzung bestimmter Angebote ein durchaus rationales Verhalten darstellt, das auch im Hinblick auf die Ziele von Politikvermittlung nicht nachteilig zu sein braucht.

5.2. Ergänzung oder Ersatz? Zu den Konsequenzen der Ausbreitung „neuer" Medien für die Nutzung „alter" Medien

Die Entwicklung der Online-Nutzung ist von herausragender Bedeutung für die eingeführten Medien. Sie wird von ihnen daher sehr intensiv beobachtet. Anhand der bisherigen ARD/ZDF-Online-Studien lässt sich der rasche Anstieg der Zahl der Internet-Nutzer von 6,5 Prozent der Bevölkerung ab 14 Jahren im Jahre 1997 auf fast 30 Prozent im Jahre 2001 ablesen (Eimeren/Gerhard/Frees 2001; 383, siehe Abbildung 6.14.).

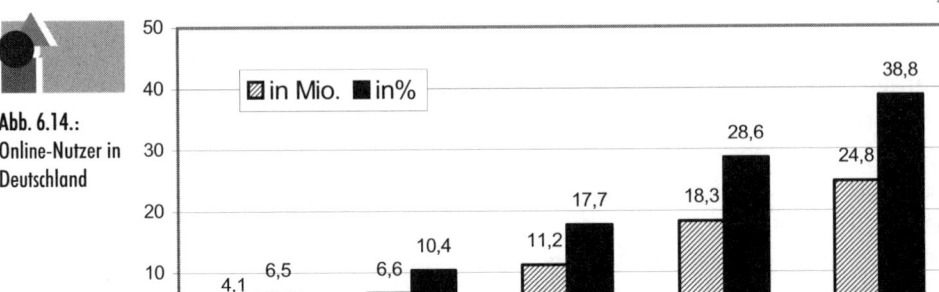

Abb. 6.14.:
Online-Nutzer in Deutschland

Quelle: Eimeren/Gerhard/Frees 2001, S. 383

Mit der steigenden Verbreitung der Online-Nutzung hat sich in den letzten Jahren zwar bereits eine gewisse Annäherung der Online-Nutzerschaft an die Gesamtbevölkerung ergeben. Diese kann aber nichts daran ändern, dass der Zugang zu Online-Medien in der Gesellschaft nach wie vor extrem ungleich verteilt ist. Insbesondere für ältere Menschen mit niedriger formaler Bildung sind Online-Medien nach wie vor quasi nicht-existent. Demgegenüber gehören sie insbesondere bei der Gruppe mit Studium bereits weitgehend zum Alltag.

Die Diskussion über die Konsequenzen für das Fernsehen und andere „alte Medien" wird heute unter anderem deshalb verstärkt geführt, weil die Online-Medien mehr und mehr ihre ursprünglichen Ausgangsszenen, also Universitäten und Büros verlassen und in die Privathaushalte einziehen. Hatten noch 1997 fast 60 Prozent der Online-Nutzer ausschließlich am Arbeitsplatz oder an der Ausbildungseinrichtung Zugang zu Online-Medien, so waren es vier Jahre später nur noch gut 20 Prozent – mittlerweile gibt es mehr Nutzer, die Online-Medien ausschließlich von zu Hause nutzen (vgl. Eimeren/Klingler/Frees 2001, S. 384). Damit rücken die neuen Angebote näher an die Domäne des Fernsehens, an das private Umfeld heran, die Online-Kommunikation wird zunehmend auch zu einem Element der *häuslichen Privatwelt*. Entsprechend verschärft sich die Frage nach dem Verhältnis zwischen den alten und den neuen Medien.

Publikum, Mediennutzung und Medienwirkung

Die Online-Medien rücken dem Fernsehen auch in zeitlicher Hinsicht näher: Den Befunden der ARD/ZDF-Online-Studie zufolge ist die Nutzung in den letzten vier Jahren insbesondere in der Zeit zwischen 18 und 21 Uhr angestiegen, also während der Prime Time des Fernsehens: Im Jahr 2000 gaben fast 50 Prozent der Online-Nutzer an, in dieser Zeit online zu sein, deutlich mehr als zu jeder anderen Tageszeit (vgl. Eimeren/Klingler 2000). Dieser Befund gewinnt weiter dadurch an Gewicht, dass im Laufe der Jahre nicht nur die Zahl der Nutzer, sondern auch die durchschnittliche Dauer der Online-Nutzung kontinuierlich gestiegen ist: 2001 verbrachten die Online-Nutzer an Werk- und Wochenendtagen rund 1 ¾ Stunden online (vgl. Eimeren/Klingler/Frees 2001, S. 388). Damit erreicht diese Tätigkeit ein Volumen, das nicht ohne weiteres im Alltag unterzubringen ist und die Frage aufwirft, welche anderen Aktivitäten entsprechend zurückgedrängt werden.

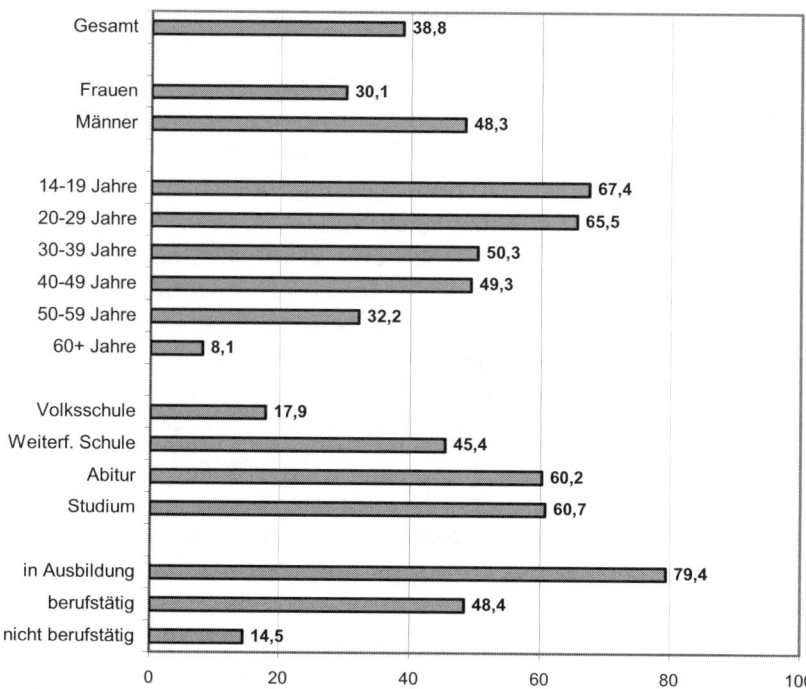

Abb. 6.15.: Anteil der Online-Nutzer in verschiedenen Bevölkerungsgruppen im Jahr 2001 (in Prozent der jeweiligen Gruppe)

Quelle: Eimeren/Gerhard/Frees 2001, S. 383

Der Zeitaufwand für die Online-Nutzung wird zum Teil durch die Zeitersparnis aufgrund des Wegfalls anderer Tätigkeiten (Korrespondenz, Einkauf, Besuch bei der Bankfiliale) möglich. Daneben spielen offenbar auch Paralleltätigkeiten eine große Rolle: Viele Nutzer geben an, dass sie gleichzeitig mit der Nutzung von Online-Medien Musik (48 Prozent) oder Radio (41 Prozent) hören, sich mit anderen unterhalten (45 Prozent) oder auch – deutlich seltener – fernsehen (23 Prozent) oder Zeitschriften lesen (11 Prozent) (vgl. Eimeren/Klingler 2000). Der Anteil derjenigen, die das Fernsehen mit der Online-Nutzung verbinden, hat sich gegenüber 1997 (13 Prozent) deutlich erhöht – ein weiterer Hinweis, dass die beiden Medien näher aneinander heranrücken, womöglich aber auch darauf, dass das Fernsehen zunehmend als Begleitmedium zu anderen Aktivitäten genutzt wird.

Neben den genannten Effekten der Zeitersparnis und der Parallelaktivitäten liegen jedoch auch Hinweise darauf vor, dass sich die Online-Nutzung auf Kosten der Nutzungsdauer für andere Medien im Alltag ausbreitet; dies betrifft insbesondere das Fernsehen (vgl. Eimeren u.a. 1998, S. 430 f.; Eimeren/Gerhard 2000; Gleich 1997, S. 459; Hagen 1998, S. 121). Die meisten vorliegenden Untersuchungen stützen diese Aussage auf eine Selbsteinschätzung der Online-Nutzer, die gefragt werden, ob sie seit dem Zeitpunkt, zu dem sie begonnen haben, Online-Medien zu nutzen, die Nutzungsdauer für andere Medien geändert haben (vgl. Oehmichen/Schröter 2000, S. 363). In großer Übereinstimmung führen Fragen dieser Art sowohl in Deutschland als auch in den USA und anderen Ländern zu dem Ergebnis, dass zwischen einem Drittel und einer Hälfte der Befragten vermuten, dass sie ihre Fernsehnutzung reduziert haben. 2001 ging dieser Anteil in Deutschland auf 25% zurück (vgl. Eimeren/Klingler/Frees 2001, S. 389); ob dies bereits einen neuen Trend anzeigt, kann derzeit nicht geklärt werden. Übereinstimmung besteht zwischen den Studien dahingehend, dass der Hörfunk weniger Verluste zu erleiden hat, ja zum Teil auch nennenswert gewinnen kann. Dies mag ein vorübergehendes Phänomen sein, das darauf zurückzuführen ist, dass das Internet bisher noch vergleichsweise stumm ist und überdies bei weitem nicht alle Online-Nutzer über eine Ausstattung verfügen, die ihnen die Nutzung von Soundfiles ermöglichen würde.

Die bisherigen Erkenntnisse bieten hinreichend Anlass zu der Frage, in welcher Hinsicht Online-Medien die Funktionen der anderen Medien und insbesondere des Fernsehens teilweise ersetzen bzw. welche Leistungen, die bisher das Fernsehen erbracht hat, von der Online-Kommunikation übernommen oder abgelöst werden können – und welche nicht. Mit der Ausdehnung der Online-Nutzung in die häusliche Welt erweitert sich das Spektrum an Funktionen, die „im Netz" erfüllt werden. Neben rein instrumentelle Gebrauchsweisen, etwa im Zusammenhang mit Berufsarbeit oder Ausbildung, treten Momente des Selbstzweckhaften: Online-Nutzer schreiben diesem „Medium" die Kraft zu, zu „faszinieren"; 81 Prozent surfen häufiger ziellos im Internet, unter den Jugendlichen (14-19 Jahre) betrug der entsprechende Anteil 2000 sogar 92 Prozent (Eimeren/Gerhard 2000, S. 342). Auch der Besuch bei Foren für den themen- oder personenzentrierten Austausch nimmt an Bedeutung zu. 52 Prozent aller Online-Nutzer machen 2000 von dieser Möglichkeit Gebrauch. Bei den Jugendlichen sind es gar 78 Prozent. Es finden sich demnach vermehrt Anzeichen dafür, dass die Online-Kommunikation eine eigenständige Rolle im Alltag gewinnt bzw. zu einer eigenständigen „kulturellen Praxis" wird.

Bei alledem ist jedoch in Erinnerung zu rufen, dass die skizzierten Entwicklungen auf absehbare Zeit bei weitem nicht für die gesamte bundesdeutsche Gesellschaft von Bedeutung sein werden; van Eimeren/Gerhard/Frees (2001, S. 396) gehen bei ihrem Resümee der ARD/ZDF-Online-Studie davon aus, dass sich der Anteil der Internetnutzer in Deutschland mittelfristig bei rund 50 Prozent einpendeln dürfte; andere Prognosen gehen zwar von höheren Werten aus, einig sind sich aber alle Studien darin, dass vorerst nicht mit einer flächendeckenden Verbreitung der Online-Medien zu rechnen ist. Wenn sich also bei Online-Nutzern die Rolle des Fernsehens verändert, verschiebt sich damit noch nicht in gleichem Maßstab die Bedeutung des Fernsehens (und entsprechend der anderen Medien) in der Gesellschaft insgesamt. Darauf stützen sich Einschätzungen, die mit Blick auf die Gesamtbevölkerung auf mittlere Sicht für das Fernsehen nur schwache Veränderungen erwarten (vgl. z.B. Coffey/Stipp 1997; Gleich 1997, S. 448; Bild/Prognos 1998, S. 45 f.; Zerdick u.a. 1999, S. 247). Gleichwohl kann es Medienanbieter sowie die politischen und kulturellen Institutionen nicht gleichgültig lassen, wenn – wie oben gesehen (siehe Abbildung 6.15.) – gerade die intellektuell und professionell mobilsten, innovativsten und die jüngeren Teile der Bevölkerung ihre Medien- und Kommunikationsgewohnheiten in einer Weise ändern, die dem Fernsehen eine veränderte und zum Teil deutlich beschnittene Bedeutung zuweist.

5.3. Individualisierung oder Integration? Konsequenzen der zielgruppenorientierten Ausdifferenzierung der Medien

Eine prominente These, die im Hinblick auf die durch Digitalisierung und Vernetzung beschleunigte Medienentwicklung oft zu hören ist, geht dahin, dass die Vervielfachung und Ausdifferenzierung der Medienangebote und die damit einhergehende verstärkte Zielgruppenorientierung zur Fragmentierung des Publikums, zur Auflösung von Öffentlichkeit und zu gesellschaftlicher Desintegration führe, insbesondere das Fernsehen drohe seine Integrationsfunktion zu verlieren. Was ist von dieser These zu halten?

5.3.1. Anhaltspunkte für die Fragmentierung des Publikums

Anlässe für die Wahrnehmung, dass sich mit den Angeboten auch die Mediennutzung ausdifferenziert, dass „sich das Publikum verstreut" (Hasebrink 1994) und damit die Integrationsfunktion der Medien ausgehöhlt wird, ergeben sich in mehrfacher Hinsicht. Im Vordergrund steht dabei meist die Entwicklung des Fernsehens und der Fernsehnutzung. Dies mag daran liegen, dass die bis Mitte der 80er Jahre recht stabile und überschaubare Angebotssituation gerade in diesem Medium und die damit herausragende Rolle insbesondere der Hauptnachrichtensendungen von ARD und ZDF eine prototypische Vorstellung von „Integration" geprägt hat – noch heute lässt sich mancher Klage über die Fragmentierung des Publikums die implizite Prämisse herauslesen, gesellschaftliche Integration bestehe in 100-prozentigen Reichweiten der „Tagesschau".

Seit 1985 war es die offensichtlichste Folge der zahlreichen zusätzlichen Programmangebote, dass sich die Fernsehnutzung auf die verschiedenen Kanäle verteilte. Auch andere Merkmale der Fernsehnutzung werden im Sinne einer zunehmenden Fragmentierung interpretiert: Der tendenziell zunehmende Anteil der Fernsehnutzung außerhalb der Prime Time, das durch Zweit- und Drittgeräte bzw. durch die wachsende Zahl der Ein-Personen-Haushalte begünstigte Alleinsehen, das vermehrte Umschalten und die Nebenbei-Nutzung des Fernsehens (vgl. dazu ausführlich Jäckel 1996, insbesondere S. 167-245). Aus diesen Einzelbeobachtungen ergibt sich insgesamt das Bild, dass sich durch die gestiegene „Wahlfreiheit in der Fernsehnutzung" (ebd.) zunehmend individualisierte, an individuellen Bedürfnissen, Interessen und Vorlieben orientierte Formen der Fernsehnutzung herausbilden (vgl. Berens u.a. 1997), während die Strukturen der Medienangebote im Prozess der Massenkommunikation an Prägekraft verlieren.

Diese Wahrnehmung fügt sich, zumindest beim ersten Hinsehen, nahtlos ein in die Bereiche der allgemeinen soziologischen Diskussion, die sich in den letzten Jahren mit dem Konzept der Individualisierung und mit der Lebensstilforschung befasst haben. Diese beiden Konzepte sind in der öffentlichen Diskussion zu Schlagwörtern geworden, mit denen die Auflösung von Bindungen an traditionelle Werte und Institutionen sowie die Akzentuierung der Differenzen zwischen verschiedenen Bevölkerungsgruppen assoziiert wurden und die sich daher im Hinblick auf die Medienentwicklung zur Stützung des Bildes von zunehmender Fragmentierung und Desintegration verwenden ließen. Einen weiteren Schub in dieselbe Richtung erfährt diese Diskussion im Zuge der Einführung digitalen Fernsehens und der raschen Ausbreitung der Zugangsmöglichkeiten zum Internet und zu Online-Diensten. Im Zeichen entgeltfinanzierter Fernsehangebote – die auf Exklusivität setzen müssen und somit zu klaren Unterscheidungen zwischen denen führen, für die eine Information verfügbar wird, und denen, für die dies nicht der Fall ist – sowie jederzeit individuell abrufbarer Informationen aller Art erscheint kaum mehr vorstellbar, wie die klassische Integrationsfunktion der Massenmedien künftig erfüllbar sein könnte. Die neuen Angebote setzen auf Differenzierung, auf Sparten- und Nischenangebote, auf Special Interest und damit auf eine noch konsequentere Unterscheidung von Zielgruppen bis hin zur unmittelbaren Ansprache individueller Rezipientinnen und Rezipienten (vgl. Jarren/Krotz 1998).

Insgesamt sprechen also zahlreiche Beobachtungen und Argumente für eine zunehmende Fragmentierung des Publikums, für ein Bild von der Medienentwicklung, das durch Trennungen und Klüfte zwischen verschiedenen Segmenten der Bevölkerung gekennzeichnet ist, zwischen denen nicht nur keine direkte Kommunikation stattfindet, sondern auch die Massenmedien nicht vermitteln können. Dieses – hier überpointiert gezeichnete – Bild soll mit den folgenden Überlegungen überprüft werden.

5.3.2 Zur Konstruktion von Zielgruppen

Die Debatte um die Fragmentierung des Publikums ist eng mit dem Konzept der Zielgruppe verbunden. Die Orientierung an Zielgruppen ist im Zeichen verschärften Wettbewerbs zwischen den Fernsehanbietern zum herausragenden Kriterium für erfolgreiche Angebotsstrategien geworden; Zielgruppenorientierung ist nicht nur die erste Lektion für alle, die im Medienmanagement tätig werden, sie gehört auch für sämtliche Mitarbeiterinnen und Mitarbeiter, die mit der Planung, Gestaltung, Präsentation und dem Marketing von Medienangeboten zu tun haben, zum beruflichen Alltag. Wie so oft bei quasi omnipräsenten Begriffen, die vermeintlich eine Selbstverständlichkeit bezeichnen, wird nur selten hinterfragt, was denn mit dem Begriff der Zielgruppe gemeint ist, mit welcher besonderen Perspektive auf Prozesse der Mediennutzung er verbunden ist.

Die Rekonstruktion des üblichen Zielgruppenbegriffs zeigt eine große Nähe zum Publikumsbegriff. In der Mediaforschung – und aufgrund der Dominanz dieses Bereichs der Medienforschung auch weit darüber hinaus – werden die Zuschauer wie in Abschnitt 2 gezeigt, als *Publikum* konstruiert (vgl. Ang 1991). Das Publikum einer bestimmten Fernsehsendung ist definiert als die Menge derjenigen Menschen, die das jeweils zugrunde gelegte

Publikum, Mediennutzung und Medienwirkung

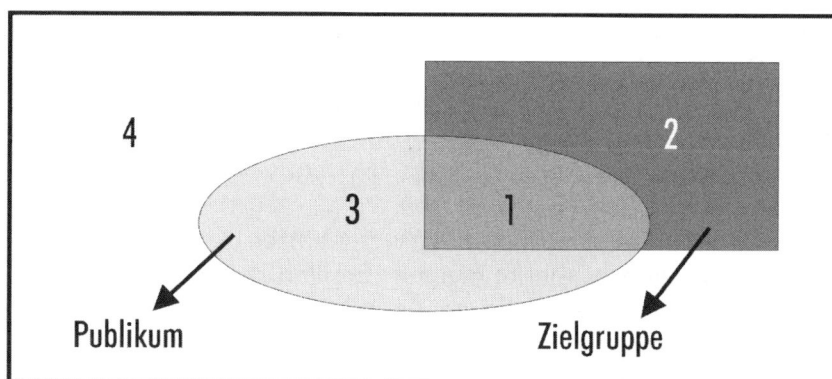

Abb. 6.16.: Veranschaulichung des Publikums- und des Zielgruppenbegriffs

Kriterium für Fernsehnutzung erfüllen, sich also etwa für eine bestimmte Mindestzeit in einem Raum zu befinden, in dem ein Fernsehgerät mit der betreffenden Sendung läuft. Analog dazu ist eine Zielgruppe definiert als die Menge derjenigen Menschen, die ein bestimmtes (Zielgruppen-)Kriterium erfüllen, indem sie etwa ein bestimmtes Alter oder eine Katze im Haushalt oder Baupläne haben. Diese Definitionen haben den Vorteil, dass sich auf ihrer Basis die Menschen leicht und eindeutig in vier Gruppen unterteilen lassen (s. Abbildung 6.16.).

(1) Erreichte Zielgruppenmitglieder („Ausschöpfung"),
(2) nicht erreichte Zielgruppenmitglieder (mangelnde „Ausschöpfung"),
(3) erreichte Nicht-Zielgruppenmitglieder („Streuverluste") und
(4) nicht erreichte Nicht-Zielgruppenmitglieder.

Das Ziel zielgruppenorientierter Angebote ist einfach: Möglichst alle Mitglieder der Zielgruppe sollen auch Mitglieder des Publikums sein (Maximierung der Zielgruppen-Ausschöpfung), das heißt die erste Gruppe soll möglichst groß, die zweite möglichst klein sein. Da es technischen und/oder finanziellen Aufwands bedarf, ein großes Publikum zu erreichen, verfolgen die Anbieter meist ein weiteres Ziel: Möglichst kein Nicht-Mitglied der Zielgruppe soll Mitglied des Publikums sein (Minimierung der Streuverluste). Das Angebot soll genau die Zielgruppe erreichen, niemanden sonst; das heißt, die dritte Gruppe soll möglichst klein sein. Die vierte Gruppe ist in der Regel für die Anbieter nicht von Interesse; ihre Größe spiegelt wider, wie spezifisch die Zielgruppe definiert wurde und ein wie großer Teil der Grundgesamtheit in der Zielgruppe berücksichtigt bzw. aus ihr ausgeschlossen wurde.

In dieser Sichtweise treten die Mediennutzer nur als Träger eindeutig feststellbarer Merkmale auf: Erfüllen sie das Zielgruppen-Kriterium oder nicht? Gehören sie zum Publikum oder nicht? Im Hinblick auf die hier interessierende Frage nach der Fragmentierung des Publikums ist relevant, dass diese Konzeption von Mediennutzung die Vorstellung nahe legt, dass Rezipienten, die zur Zielgruppe und zum Publikum eines bestimmten Angebots gehören, damit für andere Angebote vergeben sind: Kein Stück des Kuchens, als der der Gesamtmarkt der Mediennutzungszeit gern dargestellt wird und aus dem sich die Anbieter möglichst große Stücke herausschneiden, kann zweimal gegessen werden. Konsequenz daraus ist, dass mit einer wachsenden Zahl von Angeboten die Vorstellung verbunden wird, die endliche Menge der Rezipienten verteile sich in immer kleiner werdenden und einander nicht überlappenden Teilmengen auf stark zielgruppenorientierte Angebote, die es darauf anlegen, ihre jeweilige Zielgruppe ausschließlich an sich zu binden. Aus einer solchen Perspektive, so könnte polemisch zugespitzt werden, bestünde dann gesellschaftliche Integration nur noch aus den Streuverlusten dieser hochdifferenzierten Angebote.

Aus der Rezipientenperspektive jedoch stellt sich die Situation anders dar. Sie wählen aus der Palette der verfügbaren Angebote diejenigen aus, die ihren situationsübergreifenden oder momentanen Bedürfnissen und Vorlieben am besten entsprechen. Und diese können durchaus verschieden ausfallen – nach der sozialen Konstellation, der Stimmung, der Nachrichtenlage usw. kann ein und derselbe Zuschauer, kann ein und dieselbe Zuschauerin durchaus unterschiedliche Dinge mit dem Fernsehen anstellen. So entstehen Kompositionen bzw. Medienmenüs aus womöglich ganz unterschiedlichen Angeboten. Zuschauerinnen und Zuschauer sind aus dieser Perspektive also nicht Mitglieder des Publikums eines bestimmten Angebots, sondern dieses

Angebot ist eine Facette ihrer jeweiligen medialen Umgebung und ihres alltagskulturellen Milieus.

Aus dieser Perspektive stellt sich die Frage nach den Folgen der weiteren Angebotsvermehrung gleich ganz anders: Welche der vielen Medienangebote werden von welchen Gruppen miteinander kombiniert? Welche schließen sich offenbar aus? Inwiefern wird ein bestimmtes Medienmenü um andere kulturelle und kommunikative Aktivitäten ergänzt? Und wo ergeben sich dann Gelegenheiten zu gemeinsamen rezeptiven Erfahrungen oder direktem Austausch zwischen den Gruppen, die, betrachtete man sie als die Publika verschiedener Spartenkanäle, als voneinander völlig abgetrennte Teilöffentlichkeiten betrachtet würden? So besehen wird erkennbar, dass einzelne Nutzerinnen und Nutzer durchaus verschiedenen Zielgruppen angehören (können), die auf den ersten Blick nichts miteinander gemein haben, dass sie also ganz unterschiedliche Arten von Medienangeboten miteinander kombinieren.

Aus diesen Überlegungen folgt: In den meisten Fällen, in denen von *Zielgruppen* die Rede ist, wäre das Wort *Zielinteressen* angebrachter. Medienangebote werden auf bestimmte Zielinteressen zugeschnitten, die Rezipienten nutzen sie, um diesen Interessen nachzugehen, und da diese Interessen von Situation zu Situation sehr unterschiedlich sein können, ergeben sich durchaus vielfältige Medien-Menüs der Zuschauer. Eine verstärkte Zielgruppenorientierung gefährdet also nicht zwangsläufig die Integrationsfunktion der Medien: Dies *kann* zwar so sein, zunächst ist aber empirisch zu klären, inwieweit die verschiedenen Zielgruppen auch solche Angebote in ihre Medienmenüs aufnehmen, denen sich auch die Mitglieder anderer Zielgruppen zuwenden.

5.4. Konsument oder Bürger? Journalistische Qualität aus der Perspektive des Publikums

Im Journalismus wie in der Medienforschung hat das Thema Qualität, Qualitätssicherung und Qualitätsmanagement Konjunktur. Was soll nun aber ausgerechnet das Publikum über journalistische Qualität zu sagen haben? Werden denn nicht immer wieder die Rezipienten der Medien und ihre vermeintlichen Interessen und Vorlieben bemüht, wenn es darum geht zu rechtfertigen, dass Medienanbieter von den hehren Ansprüchen an Qualitätsjournalismus abweichen? Gängige Prämisse der Qualitäts-Debatte ist das vermeintliche Auseinanderklaffen zwischen der Qualität eines Medienangebots und dessen Akzeptanz beim Publikum; das Motto „Qualität oder Quote" zieht sich als Denkfigur durch zahlreiche Diskussionen. Vermutlich würden auch viele Rezipienten selbst der Aussage zustimmen, dass „Qualitätsangebote" eher kleine Publika erreichen, ja dass auch sie selbst solche Angebote nicht oft nutzen. Offenbar ist das Stichwort „Qualität" in unserer Kultur nach wie vor mit bildungsbürgerlich geprägten Assoziationen verbunden, die sich nur schwer mit Massenattraktivität vereinbaren lassen. Im Hinblick auf die Frage nach Konzepten für journalistische Qualitätssicherung, legt dies den Schluss nahe, dass die Medienpublika als konstruktive Kritiker in Sachen Qualität denkbar ungeeignet sind.

Auf den Medienmärkten ist angesichts dieser Situation vor allem eine Schlussfolgerung zu beobachten: Die Mehrzahl der Anbieter erhebt die Nachfrage des Publikums zum entscheidenden Kriterium für ihre Angebote. Der skizzierte Gegensatz zwischen Qualität und Quote wird dadurch aufgelöst, dass Qualität als das definiert wird, was viele Zuschauer erreicht. Oder der Qualitätsaspekt wird schlichtweg für irrelevant erklärt; in den Worten des ehemaligen RTL-Geschäftsführers Helmut Thoma: „Wir lassen den Öffentlich-Rechtlichen die Gebühren und damit die Querelen um Qualität. Wir verlassen uns auf die Quote." (zitiert nach Gugel 1994, S. 36)

Die Qualitäts-Debatte, soweit sie sich überhaupt auf die Perspektive der Publika einlässt, befindet sich also offensichtlich in einem Dilemma: Entweder Qualität verweist auf abstrakte Zielvorstellungen, die an den Interessen der Menschen vorbeigehen oder ihnen sogar zuwider laufen und den Verdacht nahe legen, bei der Debatte gehe es in erster Linie um den bildungsbürgerlich-elitären Versuch, die Rezipienten zu bevormunden. Oder Qualität wird mit Zuschauernachfrage gleichgesetzt, wodurch von vornherein jeder Versuch im Keim erstickt wird, Qualitätskriterien zu entwickeln, die der Vielfalt der potenziellen Funktionen der Medien gerecht werden. Dieses Dilemma ist zum Teil das Ergebnis einer missverstandenen Publikumsforschung, weshalb im Folgenden erkundet werden soll, inwieweit es möglich ist, den Rezipienten und ihrem alltäglichen Umgang mit den Medien einen etwas prominenteren und angemesseneren Platz in der Qualitäts-Debatte zuzuweisen.

5.4.1. Zum Qualitätsbegriff

Qualität von Medienangeboten ist keine Eigenschaft der Angebote selbst, sondern eine Eigenschaft der Beziehung zwischen Angebot und Rezipienten, zwischen den Bedürfnissen der Rezipienten einerseits und den spezifischen Eigenschaften von Medienangeboten, die diese mehr oder weniger geeignet machen, diese Bedürfnisse zu erfüllen, andererseits (siehe auch Kapitel 5, Abschnitt 5). Medienangebote „haben" keine Qualität, sondern diese muss sich immer erst in der Rezeption „erweisen". Die Qualität eines Medienangebots ergibt sich also aus der kommunikativen Funktion, die das Angebot im Hinblick auf bestimmte Zielsetzungen bzw. auf die in Abschnitt 3.2. dargestellten gesuchten Gratifikationen der Nutzer erfüllt.

Wenn Urteile über die Qualität von Medienangeboten gefällt werden, dann sind zunächst verschiedene Wertmaßstäbe zu unterscheiden, die mit unterschiedlichen Konzepten vom Publikum bzw. von den Rezipientinnen und Rezipienten einhergehen. In Hinblick auf eine Qualitätsbeurteilung muss man zwangsläufig zu unterschiedlichen Ergebnissen kommen, wenn man a) die individuellen Bedürfnisse der Rezipienten zum Maßstab nimmt und diese somit in erster Linie als Konsumenten auffasst, oder b) die Rezipienten als zu schützende Individuen betrachtet, deren Persönlichkeitsrechte und religiösen, sittlichen und moralischen Empfindungen und Wertvorstellungen zu berücksichtigen sind, oder c) die Rezipienten als Mitglieder der Gesellschaft und der Kultur ansieht, die ein Interesse daran haben, dass die Medien die ihnen zukommenden gesellschaftlichen und kulturellen Funktionen erfüllen.

In der Praxis der Medienevaluation wird dem Umstand unterschiedlicher Bewertungsmaßstäbe bereits Rechnung getragen. Verfahren zur laufenden Evaluation von Medienangeboten und zum Programm-Controlling, wie sie die SRG als Pionier sowie z.B. der ORF und der WDR im Fernsehbereich praktizieren, unterscheiden explizit zwischen der Akzeptanz und der Qualität eines Angebots (für einen Überblick siehe Breunig 1999). Die beiden Merkmale werden also als unabhängig betrachtet: Angebote mit hohen Zuschauerzahlen – wie auch solche mit niedrigen – können qualitativ hoch oder niedrig eingeschätzt werden. Dies ist insofern positiv zu bewerten, als sich damit der vermeintliche Gegensatz zwischen Qualität und Quote gar nicht mehr stellt. Allerdings sollte dabei nicht der Fehler begangen werden, die Zuschauer nur auf den Akzeptanz-Aspekt zu reduzieren und die Qualitätsbeurteilung wieder nur den Experten zu übertragen. Auch die Rezipienten haben etwas zur Qualität von Angeboten zu sagen, sie sind daher in die Qualitäts-Beurteilung, in die Verständigung über die Angebotsentwicklung einzubeziehen.

Ausgehend von diesen Grundüberlegungen möchte ich im Folgenden kurz auf beispielhafte Fragen und Befunde eingehen, die sich auf die Qualität von Medienangeboten aus der Publikumsperspektive beziehen und die für weitere Überlegungen zur Einbeziehung von Publika in die Evaluation von Medienangeboten relevant sind.

5.4.2. *Qualität aus der Perspektive des Publikums: Missverständnisse und empirische Evidenzen*

Der erste Punkt betrifft ein typisches Missverständnis in der Interpretation von Befunden aus der Publikumsforschung. *Das* Publikum gibt es bekanntlich nicht. Dies gilt nicht nur in dem Sinne, dass sich verschiedene Rezipientengruppen in ihren medienbezogenen Interessen und Bedürfnissen unterscheiden. Sondern dies gilt auch und gerade in dem abstrakten Sinne, dass sehr sorgfältig zu unterscheiden ist, auf welcher Aggregationsebene die Publikumsperspektive behandelt wird. Ist das (potenzielle) Gesamtpublikum gemeint, geht es um spezielle Zielgruppen oder aber um die Qualitätskriterien einzelner Rezipienten?

Ein Beispiel für die Folgen der Verwechslung dieser Ebenen möge die Bedeutung dieser Unterscheidung verdeutlichen: Im November 1996 wurde in einigen deutschen Zeitungen über eine Umfrage einer Programmzeitschrift berichtet, der zufolge die durchschnittliche Bewertung fast aller Moderatorinnen und Moderatoren von Unterhaltungssendungen schlechter geworden sein soll. Schlussfolgerung in den entsprechenden Artikeln: Das Unterhaltungsangebot ist aus der Sicht der Rezipienten schlechter geworden. Dieser Schluss ist nicht zulässig, bei näherem Nachdenken über aktuelle Trends der Fernsehentwicklung sogar vermutlich falsch. Denn je genauer das Fernsehen mit seinen Angeboten bestimmte Zielgruppen anspricht – also Qualitätsverbesserungen auf der Ebene von Zielgruppen anstrebt –, desto schlechter müsste das durchschnittliche Urteil über diese Angebote in der Gesamtbevölkerung ausfallen, da in solchen Untersuchungen dann ja auch alle Zuschauer miturteilen, die nicht der Zielgruppe angehören und somit das Angebot womöglich gar nicht gut finden *sollen*.

5.4.3. *Zielgruppenorientierung und Integrationsfunktion als Qualitätsmerkmale*

Gegenüber den bloß quantitativen Kriterien der Reichweite und des Marktanteils hat die Zusammensetzung des Publikums eines bestimmten Angebots in den letzten Jahren als Erfolgs- bzw. Qualitätskriterium an Bedeutung gewonnen. Dies liegt überwiegend an dem Interesse der Werbetreibenden, mit ihren Spots genau ihre jeweiligen Zielgruppen zu erreichen – und möglichst nur diese. Insofern werden etwa Ergebnisse, denen zufolge ein Angebot fast nur 14- bis 49-Jährige erreicht, als Erfolg gewertet. Beschränkt man sich nicht nur auf die Logik der Werbetreibenden, so könnte es analog als Erfolg gelten, wenn eine Sendung zum größten Teil ältere Frauen erreicht; offenbar wird hier ein Angebot gemacht, das in besonders gelungener Weise den Bedürfnissen dieser Bevölkerungsgruppe gerecht wird.

Beide Beispiele zielen darauf ab, Angebote zielgruppengerecht zu gestalten. Die Qualität dieser Angebote soll darin bestehen, dass sie sehr genau auf die Bedürfnisse bestimmter Gruppen zugeschnitten sind – und damit andere Gruppen eher ausschließen. Dies verdeutlicht noch einmal die Notwendigkeit, die Qualitäts-Debatte differenziert und anhand verschiedener Zielkriterien zu führen. Denn ein anderes Qualitätsmerkmal für Medienangebote könnte gerade darin bestehen, verschiedene Bevölkerungsgruppen gleichermaßen anzusprechen, also etwa Eltern und Kinder, Alte und Junge, Deutsche und Türken, Ostdeutsche und Westdeutsche etc., um diesen gemeinsame Rezeptionserfahrungen zu ermöglichen und somit Qualität im Sinne einer Integrationsfunktion zu zeigen.

5.4.4. Fazit: Die Rolle des Publikums bei der Verständigung über journalistische Medienqualität(en)

Es besteht weithin Einigkeit, dass es *die* Qualität von Medienangeboten nicht geben kann. Das spricht nicht gegen eine Qualitäts-Debatte, sondern macht sie im Gegenteil gerade erforderlich. Denn angesichts der Bedeutung der Medien in Alltag, Kultur und Gesellschaft bedarf es einer Verständigung über die kommunikativen Qualitäten, die bestimmte Medienangebote erfüllen oder nicht erfüllen. Dazu sind aus den jeweiligen Perspektiven Zielkriterien zu definieren und offen zu legen, an denen sich Programmangebote messen lassen sollen. Diese Kriterien sollten, da es ja letztlich um *kommunikative Funktionen* geht und die Qualität von Medienangeboten immer auch eine Qualität im Hinblick auf ein bestimmtes Kommunikationsbedürfnis ist, auch die letztlich zustande gekommene Beziehung zwischen den Angeboten und den Rezipienten berücksichtigen. Und die lässt sich nicht allein in Kategorien quantitativer Akzeptanz erfassen, sondern anhand der Qualitäten, die die Rezipienten an den Angeboten wahrnehmen oder auch vermissen. Insofern kommt den Publika in der Qualitäts-Debatte eine deutlich ernster zu nehmende Rolle zu, als dies gemeinhin der Fall ist.

5.5. Gefährdung oder Kompetenz? Zur Debatte um potenziell schädliche Auswirkungen von Medienangeboten

Jenseits der den Alltag von Medienforschung und Medienpraxis vornehmlich prägenden Nutzungsforschung entsteht die Frage der Medienwirkungen meist in der öffentlichen Diskussion. Jede Veränderung im Mediensystem, insbesondere aber jedes inhaltlich oder formal neue Medienangebot führt zu der Befürchtung, es könnten sich negative Folgen ergeben. Diese Befürchtungen beziehen sich oft auf Kinder und Jugendliche, oft aber auch die

Verfassung der Demokratie oder der Kultur. Die entsprechenden Diskussionen verlaufen oft unerquicklich: Während die eine Seite von den negativen Auswirkungen überzeugt ist, hält die andere Seite dagegen, die mündigen Nutzer seien hinreichend medienkompetent und nicht gefährdet. Da diese Debatten immer wieder von neuem entstehen und auch Medienpraktiker immer wieder in sie verwickelt werden, soll dieser abschließende Exkurs einige Argumente aus wissenschaftlicher Sicht liefern, mit denen die Diskussionen fruchtbarer gestaltet werden können.

In dem bisherigen Kapitel sollte deutlich geworden sein, wie unterschiedlich die Perspektiven auf das Publikum sind. Der entscheidende Unterschied ist dabei, welche Grundhaltung gegenüber dem Publikum eingenommen wird – ob ich frage, was die Menschen mit den Medien machen oder was die Medien mit den Menschen machen. Als Beispiel für eine Diskussion, anhand derer diese gegensätzlichen Perspektiven veranschaulicht werden können, soll im Folgenden die Talkshow-Nutzung von Jugendlichen herangezogen werden. Die nachmittäglichen Talkshows gerieten in den späten 90er Jahren erheblich in die Diskussion. Die dabei geäußerte Befürchtung: Durch Emotionalisierung, Veröffentlichung des Intimen, durch den Wettbewerb um immer neue Sensationen und Abstrusitäten sowie durch flächendeckende Präsenz, einen täglichen Ausstrahlungsrhythmus und durch die mit diesem Genre inszenierte Authentizität des Dargestellten haben Talkshows mit besonders hoher Wahrscheinlichkeit Auswirkungen auf die Realitätswahrnehmung von Jugendlichen – insbesondere bei denjenigen, die diese Sendungen häufig sehen, bei denen die Daily Talks also zu einer wesentlichen Informationsquelle etwa über zwischenmenschliche Beziehungen werden.

Um diese Frage zu klären, wurde eine umfangreiche Studie durchgeführt, in der Jugendliche mit standardisierten Fragebögen, in Gruppendiskussionen und Einzelinterviews nach ihrem Umgang mit diesen Sendungen gefragt wurden (Paus-Haase u.a. 1999). Wie sich zeigte, lassen sich Typen von Jugendlichen bestimmen, die sich darin, wie sie die Talk-Formate sehen und beurteilen und wozu sie sie gebrauchen, sehr deutlich unterscheiden. Manche schreiben ihnen klar eine Orientierungsfunktion zu, sie sehen in ihnen Angebote zur Orientierung und Problembearbeitung. Andere Jugendliche dagegen halten sie für amüsante Spektakel. Wieder andere kritisieren sie heftig, da sie – aus der Sicht dieser Jugendlichen – Menschen aus kommerziellen Interessen in aller Öffentlichkeit bloßstellen und sich lächerlich machen lassen. Und schließlich gibt es eine Gruppe von Jugendlichen, die keinerlei Interesse an Sendungen dieser Art haben.

Entsprechend diesen Orientierungen sehen die jeweiligen Jugendlichen sehr unterschiedliche Qualitäten der Talkshows – ein weiteres Beispiel für die in Kapitel 5.4. behandelten Unterschiede in der Wahrnehmung von Medienqualitäten: Wer Orientierung sucht, schätzt es, wenn die gestellten Probleme sachlich und lösungsorientiert behandelt werden. Wer Amüsement sucht, schätzt Eskalationen und emotional geführte Auseinandersetzungen. Im Hinblick auf die Qualitätsbeurteilungen von Rezipienten interessant ist auch der Befund, dass gerade diejenigen, die die Talkshows besonders schätzen, eine Fülle konkreter Kritikpunkte an den Themen und Darstellungsformen äußern: Sie wollen etwas von diesen Sendungen und messen sie daher an kritischeren Maßstäben. Für alle Gruppen lässt sich zeigen, dass ihr spezifischer Umgang mit den Talkshows eng mit ihrem lebensweltlichen Umfeld verwoben sind, sie machen mit ihnen, was in ihrem Alltag Sinn macht.

Dieses Ergebnis der wissenschaftlichen Untersuchung betont die Kompetenz-Perspektive: „Denn sie wissen, was sie tun" – so die Schlagzeile der Süddeutschen Zeitung im Anschluss an die Präsentation der Studie. In der Tat sind die Befunde geeignet, Befürchtungen über die negativen Folgen der Talkshows zu zerstreuen, zumal sich kaum Anhaltspunkte für Zusammenhänge zwischen der Häufigkeit der Talkshow-Nutzung und eventuell problematischen Merkmalen der Realitätswahrnehmung ergaben. Allerdings ist dies nur die halbe Wahrheit. Denn der Nicht-Nachweis klarer Besorgnis erregender Zusammenhänge ist kein Beweis der Unbedenklichkeit der entsprechenden Angebote. Zum einen wurden nennenswerte Gruppen von Jugendlichen, meist aus schwierigen Lebensbedingungen, identifiziert, die die Talkshows in einem klaren Sinne als Orientierungsangebote wahrnehmen und nutzen; zumindest in diesen Gruppen kommt den Sendungen daher große Verantwortung zu für die Realitätseindrücke, die die jugendlichen Zuschauer von den Sendungen erhalten. Zum anderen ist es eine verfehlte Erwartung, potenzielle Wirkungen eines Angebotsgenres, seien diese nun positiv oder negativ, eindeutig nachweisen zu können. Die Zusammenhänge zwischen den Angeboten, die einen mehr oder weniger offenen Interpretationsspielraum bieten, und den verschiedenen Rezipienten, die das Angebot in ganz unterschiedliche soziale Bedingungen einbetten – das Publikum gibt es nicht –, sind so komplex, dass sie systematisch gar nicht erfassbar sind. Daraus wird nun oft der Schluss gezogen, die wissenschaftliche Auseinandersetzung mit solchen Fragen mache keinen Sinn, da ja nicht eindeutig gesagt werden könne, ob nun von Kompetenz oder Gefährdung auszugehen sei. Dem ist nun aber entgegenzuhalten, dass tatsächlich beide Perspektiven gleichzeitig richtig sind.

Es stimmt, dass Mediennutzer in der Regel kompetent und im Hinblick auf ihre lebensweltlichen Bedingungen sinnvoll mit den Medien umgehen und sie sich zunutze machen.

Zugleich ist es aber, um es salopp auszudrücken, keineswegs egal, was die Medien anbieten. Es macht einen Unterschied, ob Talkshows mehr oder weniger konfrontativ gestaltet werden, ob die Gäste mit Überraschungsgästen konfrontiert werden oder nicht. Es macht einen Unterschied, ob die politische Berichterstattung sich zunehmend auf die Personen der handelnden Politiker konzentriert und strukturelle Aspekte vernachlässigt. Auch wenn nicht in jedem Einzelfall nachgewiesen werden kann, wie ein bestimmtes Medienangebot oder eine Angebotssparte auf die Rezipienten wirkt, kann dies nicht bedeuten, dass sich diese Angebote nicht der Verantwortung stellen müssen, die ihnen im Hinblick auf potenzielle Einflüsse auf die Rezipienten zukommt. Forschung im Hinblick auf den Gebrauch, den die Rezipienten von Medienangeboten machen, und im Hinblick auf die potenziellen Wirkungen dieses Mediengebrauchs kann zu einer aufgeklärteren Debatte darüber beitragen, was die Gesellschaft von ihren Medien erwarten kann. Diese Forschung wäre missverstanden, wenn sie allein dazu genutzt würde, die Medien entweder als die allein Schuldigen an gesellschaftlichen Problemen oder aber als frei von jeder Verantwortung darzustellen.

Zusammenfassung

Die Rolle des Publikums bzw. der Rezipientinnen und Rezipienten von Medienangeboten ist aus zwei verschiedenen Perspektiven zu betrachten. Aus einer *Nutzungsperspektive* wird untersucht, welche Kontakte verschiedene Nutzergruppen mit bestimmten Medienangeboten haben, welche Angebote sie auswählen, wie sie diese interpretieren und in ihren Alltagskontext einfügen. Die Reichweitenforschung, mit der die Verbreitung einzelner Medienangebote in der Bevölkerung und in einzelnen Zielgruppen untersucht wird, hat sich zu einem wesentlichen Faktor der Medienwirtschaft entwickelt, der für viele auch inhaltliche Entscheidungen ausschlaggebende Bedeutung hat.

Aus einer *Wirkungsperspektive* wird untersucht, welche potenziellen Wirkungen die Nutzung bestimmter Angebote auf die Rezipienten hat. Solche Wirkungen können sich von der Mikroebene, also von den Einstellungen, Gefühlen oder Realitätswahrnehmungen einzelner Nutzer, bis zur Makroebene erstrecken, also zu umfassenden Verschiebungen von Weltbildern oder von politischer Partizipation auf der Ebene der Gesamtbevölkerung.

Für beide Perspektiven gilt die Grundvoraussetzung, die sich aus dem besonderen Status des Publikums von Massenmedien ergibt: Es handelt sich um disperse Publika, um eine Vielzahl von Menschen, die räumlich verstreut, in ganz unterschiedlichen sozialen Kontexten, zu ganz unterschiedlichen Zwecken Gebrauch von Medienangeboten machen. Solche Publika lassen sich nicht eindeutig erfassen, es lassen sich nur mehr oder weniger theoretisch plausible und praktische Annahmen heranziehen, anhand derer abhängig von der jeweiligen Frage, ein konkretes Modell vom Publikum konstruieren lässt. Solche Konstruktionen können praktisch sein – solange nicht aus den Augen gerät, dass es möglicherweise auch andere ebenso berechtigte Konstruktionen gibt, die sich im Hinblick auf eine bestimmte Frage als fruchtbarer herausstellen.

 **Literatur**

Ad'Link (2000): European Media Research / 2: New media usage. April 2000 (http://www.adlink.de/research/reskurzbeschreibung.php).

Ang, Ien (1991): Desperately seeking the audience. London: Routledge.

Axel Springer Verlag (1995): Relations. Programmzeitschriften und Fernsehen. Hamburg: ASV.

Barwise, Patrick/Ehrenberg, Andrew (1988). Television and its audience. London u.a.: Sage.

Beck, Klaus/Glotz, Peter/Vogelsang, Georg (2000): Die Zukunft des Internet: Internationale Delphi-Befragung zur Entwicklung der Online-Kommunikation. Konstanz: UVK.

Beckert, Bernd/Kubicek, Heribert (1999): Multimedia möglich machen: Vom Pilotprojekt zur Markteinführung. In: Media Perspektiven, 3/1999, S. 128-143.

Berelson, Bernard/Steiner, Gary A. (1972): Menschliches Verhalten. Kapitel „Massenkommunikation". Weinheim, Berlin, Basel: Beltz, S. 333-351.

Berens, Harald/Kiefer, Marie-Luise/Meder, Arne (1997): Spezialisierung der Mediennutzung im dualen Rundfunksystem. Sonderauswertung zur Langzeitstudie Massenkommunikation. In: Media Perspektiven, 2/1997, S. 80-91.

Berg, Klaus/Kiefer, Marie-Luise (Hg.) (1996): Massenkommunikation V. Eine Langzeitstudie zur Mediennutzung und Medienbewertung 1964-1995. Baden-Baden: Nomos.

Blödorn, Sascha/Gerhards, Maria/Klingler, Walter (2000): Fernsehen im neuen Jahrtausend – ein Informationsmedium? Bestandsaufnahme auf der Basis aktueller Studien. In: Media Perspektiven, 4/2000, S. 171-180.

Bonfadelli, Heinz (1999): Medienwirkungsforschung I. Grundlagen und theoretische Perspektiven. Konstanz: UVK Medien.

Bonfadelli, Heinz (1985): Die Wissenskluft-Konzeption: Stand und Perspektiven der Forschung. In: Saxer, Ulrich (Hg.): Gleichheit oder Ungleichheit durch Massenmedien? München: Ölschläger, S. 65-86.

Breunig, Christian (1999): Programmqualität im Fernsehen. Entwicklung und Umsetzung von TV-Qualitätskriterien. In: Media Perspektiven, 3/1999, S. 94-110.

Brosius, Hans-Bernd (1996): Der Einfluss von Fallbeispielen auf Urteile der Rezipienten. Die Rolle der Ähnlichkeit zwischen Fallbeispiel und Rezipient. In: Rundfunk und Fernsehen, 44. Jg., S. 51-69.

Brosius, Hans-Bernd (1995): Alltagsrationalität in der Nachrichtenrezeption. Ein Modell zur Wahrnehmung und Verarbeitung von Nachrichteninhalten. Opladen, Wiesbaden: Westdeutscher Verlag.

Brosius, Hans-Bernd (1994): Agenda-Setting nach 25 Jahren Forschungsaktivität: Methodischer und theoretischer Stillstand? In: Publizistik, 39. Jg., S. 269-288.

Buß, Michael (1991): Formen der Programmnutzung: Läßt sich das Publikum verplanen? In: Weiß, Ralph (Hg.): Aufgaben und Perspektiven des öffentlich-rechtlichen Fernsehens. Baden-Baden, Hamburg: Nomos, S. 144-154.

Coffey, Steve/Stipp, Horst (1997): The interactions between computer and television usage. In: Journal of Advertising Research, 37. Jg., S. 61-67.

Darschin, Wolfgang (1999): Tendenzen im Zuschauerverhalten. Fernsehgewohnheiten und Programmbewertungen 1998. In: Media Perspektiven, 4/1999, S.154-166.

Darschin, Wolfgang/Kayser, Susanne (2001): Tendenzen im Zuschauerverhalten. Fernsehgewohnheiten und Programmbewertungen 2000. In: Media Perspektiven, 4/2001, S. 162-175.

Darschin, Wolfgang/Kayser, Susanne (2000): Tendenzen im Zuschauerverhalten. Fernsehgewohnheiten und Programmbewertungen 1999. In: Media Perspektiven, 4/2000, S. 146-158.

Donnerstag, Joachim (1996): Der engagierte Mediennutzer: Das Involvement-Konzept in der Massenkommunikationsforschung. München: R. Fischer.

Eimeren, Birgit van/Gerhard, Heinz (2000): ARD/ZDF-Online-Studie 2000: Entwicklung der Onlinemedien in Deutschland. In: Media Perspektiven, 8/2000, S. 338-349.

Eimeren, Birgit van/Gerhard, Heinz/Frees, Beate (2001): ARD/ZDF-Online-Studie 2001: Internetnutzung stark zweckgebunden. In: Media Perspektiven, 8/2001, S. 382-397.

Eimeren, Birgit van/Gerhard, Heinz/Oehmichen, Ekkehardt/Schröter, Christian (1998): ARD/ZDF-Online-Studie 1998: Onlinemedien gewinnen an Bedeutung. In: Media Perspektiven, 8/1999, S. 423-435.

Eimeren, Birgit van/Oehmichen, Ekkehardt (1999): Mediennutzung von Frauen und Männern. Daten zur geschlechtsspezifischen Nutzung von Hörfunk, Fernsehen und Internet/Online 1998. In: Media Perspektiven, 4/1999, 187-201.

Eurich, Claus/Würzberg, Gerd (1980): 30 Jahre Fernsehalltag. Reinbek bei Hamburg: Rowohlt.

Früh, Werner (1994): Realitätsvermittlung durch Massenmedien. Transformation der Wirklichkeit. Opladen, Wiesbaden: Westdeutscher Verlag.

Gerbner, George/Gross, Larry/Morgan, Michael/Signorielli, Nancy (1994): Growing up with television: The cultivation perspective. In: Bryant, Jennings/Zillmann, Dolf (Hg.): Media Effects. Advances in theory and research. Hillsdale, N.J.: Lawrence Erlbaum, S. 17-42.

Gerhards, Maria/Grajczyk, Andreas/Klingler, Walter (2000): Programmangebote und Spartennutzung im Fernsehen 1999. Daten aus der GfK-Programmcodierung. In: Media Perspektiven, 11/2000, S. 458-463.

Gleich, Uli (1997): Digitale Kommunikation: Nutzung, Chancen und Wirkung von Onlinemedien. Media Perspektiven, 8/1997, S. 456-462.

Goodhardt, Gerald J./Ehrenberg, Andrew S.C./Collins, M. A. (1987). The Television Audience. Patterns of Viewing. An Update. 2nd Edition. Aldershot: Gower.

Grajczyk, Andreas/Zöllner, Oliver (1996): Fernsehverhalten und Programmpräferenzen älterer Menschen. Daten zur Fernsehnutzung der ab 50jährigen 1995. In: Media Perspektiven, 11/1996, S. 577-588.

Gugel, Katharina (1994): Wie man Quoten interpretiert. Vom schwierigen Umgang mit dem gemessenen Zuschauer. In: Adolf-Grimme-Institut (Hg.): Jahrbuch Fernsehen 1993/1994. Marl: AGI.

Hagen, Lutz M. (1998): Online-Nutzung von Massenmedien. Eine Analyse von Substitutions- und Komplementärbeziehungen. In: Rössler, Patrick (Hg.): Online-Kommunikation. Beiträge zu Nutzung und Wirkung. Wiesbaden: Westdeutscher Verlag, S. 105-122.

Hall, Stuart (1999): Kodieren/dekodieren. In: Bromley, Roger (Hg.): Cultural studies: Grundlagentexte zur Einführung. Lüneburg: zu Klampen, S. 92-112.

Handel, Ulrike (2001): Die Fragmentierung des Medienpublikums. Bestandsaufnahme und empirische Untersuchung eines Phänomens der Mediennutzung. Wiesbaden: Westdeutscher Verlag.

Hasebrink, Uwe (1997): Ich bin viele Zielgruppen. Anmerkungen zur Debatte um die Fragmentierung des Publikums aus kommunikationswissenschaftlicher Sicht. In: Scherer, Helmut/Brosius, Hans-Bernd (Hg.): Zielgruppen, Publikumssegmente, Nutzergruppen. Beiträge aus der Rezeptionsforschung. München: R. Fischer, S. 262-280.

Hasebrink, Uwe (1994): Das Publikum verstreut sich. Zur Entwicklung der Fernsehnutzung. In: Jarren, Otfried (Hg.): Medienwandel – Gesellschaftswandel? 10 Jahre dualer Rundfunk in Deutschland. Eine Bilanz. Berlin: Vistas, S. 265-287.

Hasebrink, Uwe/Krotz, Friedrich (1993): Wie nutzen Zuschauer das Fernsehen? Konzept zur Analyse individuellen Nutzungsverhaltens anhand telemetrischer Daten. In: Media Perspektiven, 11-12/1993, S. 515-527.

Hasebrink, Uwe/Krotz, Friedrich (1996): Fernsehnutzung im dualen System: duales Publikum und duales Nutzungsverhalten. In: Hömberg, Walter/Pürer, Heinz (Hg.): Medien-Transformation. Zehn Jahre dualer Rundfunk in Deutschland. Konstanz: UVK, S. 359-373.

Hofsümmer, Karl-Heinz/Müller, Dieter K. (1999): Zapping bei Werbung – ein überschätztes Phänomen: Eine Bestandsaufnahme des Zuschauerverhaltens vor und während der Fernsehwerbung. In: Media Perspektiven, 6/1999, S. 296-300.

Hovland, Carl I./Janis, Irving L./Kelley, Harold H. (1953): Communication and persuasion. New Haven: Yale University Press.

Interactive Media (Hg.) (1997): Teletext: Typologie der TV-Nutzer. Hamburg: Springer.

Jäckel, Michael (1996): Wahlfreiheit in der Fernsehnutzung. Eine soziologische Analyse zur Individualisierung der Massenkommunikation. Opladen, Wiesbaden: Westdeutscher Verlag.

Jäckel, Michael/Winterhoff-Spurk, Peter (Hg.) (1996): Mediale Klassengesellschaft? Politische und soziale Folgen der Medienentwicklung. München: R. Fischer.

Jarren, Otfried/Krotz, Friedrich (Hg.) (1998): Öffentliche Kommunikation unter Viel-Kanal-Bedingungen. Baden-Baden, Hamburg: Nomos.

Katz, Elihu/Blumler, Jay G./Gurevitch, Michael (1974): Utilization of Mass Communication by the Individual. In: Blumler, Jay G./Katz, Elihu (eds.): The Uses of Mass Communications. Beverly Hills: Sage. S. 19-32.

KEK / Kommission zur Ermittlung der Konzentration im Medienbereich (2000): Fortschreitende Medienkonzentration im Zeichen der Konvergenz. Bericht der Kommission zur Ermittlung der Konzentration im Medienbereich (KEK) über die Entwicklung der Konzentration und über Maßnahmen zur Sicherung der Meinungsvielfalt im privaten Rundfunk. Berlin: Vistas.

Kepplinger, Hans Matthias (1982): Die Grenzen des Wirkungsbegriffs. In: Publizistik, 27. Jg., S. 98-113.

Klapper, Joseph T. (1960): The effects of mass communication. New York: The Free Press.

Klaus, Elisabeth (1996): Der Gegensatz von Information ist Desinformation, der Gegensatz von Unterhaltung ist Langeweile. In: Rundfunk und Fernsehen, 44. Jg., S. 402-417.

Klingler, Walter/Roters, Gunnar/Gerhards, Maria (Hg.) (1998): Medienrezeption seit 1945: Forschungsbilanz und Forschungsperspektiven. Baden-Baden: Nomos.

Klingler, Walter/Müller, Dieter K. (2001): MA 2001 Radio: Kontinuität bei Methode und Ergebnissen. Hörfunknutzung in Deutschland. In: Media Perspektiven, 9/2001, S. 434-449.

Krotz, Friedrich (2001): Die Mediatisierung von sozialen Beziehungen, Alltag und Kultur. Wiesbaden: Westdeutscher Verlag.

Krotz, Friedrich (1998): Öffentlichkeit aus Sicht des Publikums. In: Jarren, Otfried/Krotz, Friedrich (Hg.): Öffentliche Kommunikation unter Viel-Kanal-Bedingungen. Baden-Baden, Hamburg: Nomos, S. 95-117.

Kubicek, Herbert/Welling, Stefan (2000): Vor einer digitalen Spaltung in Deutschland? Annäherung an ein verdecktes Problem von wirtschafts- und gesellschaftspolitischer Relevanz. In: Medien & Kommunikationswissenschaft, 48. Jg., S. 497-517.

Lazarsfeld, Paul F./Berelson, Bernard/Gaudet, Hazel (1944): The People's Choice. How the Voter Makes Up His Mind in a Presidential Campaign. New York: Duell, Sloan & Pierce. (deutsch 1969: Wahlen und Wähler. Neuwied: Luchterhand)

Levy, Mark R./Windahl, Sven (1985): The concept of audience activity. In: Rosengren, Karl Erik/Wenner, Lawrence A./Palmgreen, Philipp (Hg.): Media Gratifications Research: Current perspectives. Beverly Hills: Sage, S. 109-122.

Livingstone, Sonia (1996): Die Rezeption von Unterhaltungsangeboten. In: Hasebrink, Uwe/Krotz, Friedrich (Hg.): Die Zuschauer als Fernsehregisseure? Zum Verständnis individueller Nutzungs- und Rezeptionsmuster. Baden-Baden, Hamburg: Nomos, S. 163-177.

Lull, James (1990): Inside family viewing. Ethnographic research on television's audiences. London, New York: Routledge.

Lull, James (Hg.) (1988): World Families Watch Television. Newbury Park: Sage.

Maletzke, Gerhard (1978; Erstauflage 1963). Psychologie der Massenkommunikation. Hamburg: Hans-Bredow-Institut.

McCombs, Maxwell E./Shaw, Donald L.: The agenda-setting function of the mass media. In: Public Opinion Quarterly, 36. Jg., 176-187.

Media Perspektiven (2001): Basisdaten. Daten zur Mediensituation in Deutschland 2001. Frankfurt/Main: Media Perspektiven.

Mikos, Lothar (1994): Fernsehen im Erleben der Zuschauer: vom lustvollen Umgang mit einem populären Medium. Berlin: Quintessenz.

Morley, David (1996): Medienpublika aus der Sicht der Cultural Studies. In: Hasebrink, Uwe/Krotz, Friedrich (Hg.): Die Zuschauer als Fernsehregisseure? Zum Verständnis individueller Nutzungs- und Rezeptionsmuster. Baden-Baden, Hamburg: Nomos, S. 37-51.

Morley, David (1992): Television, Audiences and Cultural Studies. London: Routledge.

Morley, David (1986): Family Television: Cultural Power and Domestic Leisure. London: Comedia.

Müller, Dieter K. (2000): Fernsehforschung ab 2000 – Methodische Kontinuität. Organisatorische Modifikationen und inhaltliche Erweiterungen beim System der AGF/GfK Fernsehforschung. In: Media Perspektiven, 1/2000, S. 2-7.

Neverla, Irene (1992): Fernseh-Zeit. Zuschauer zwischen Zeitkalkül und Zeitvertreib. Eine Untersuchung zur Fernsehnutzung. München: Ölschläger.

Nielsen Media Research (1999): TV Viewing in Internet Households. (http://www.nielsenmedia.com) (Data sources: National People Meter data, May 1999, Nielsen//NetRatings, May 1999).

Oehmichen, Ekkehardt/Schröter, Christian (2000): Fernsehen, Hörfunk, Internet: Konkurrenz, Konvergenz oder Komplement? Schlussfolgerungen aus der ARD/ZDF-Online-Studie 2000. In: Media Perspektiven, 8/2000, S. 359-368.

Opaschowski, Horst W. (1999): Generation @. Die Medienrevolution entlässt ihre Kinder: Leben im Informationszeitalter. Freizeit und Fernsehkonsum im Wandel. Hamburg: B.A.T. Freizeitforschungsinstitut.

Opaschowski, Horst W. (1992): Freizeit und Fernsehkonsum im Wandel. Aktuelle Ergebnisse aus der laufenden B.A.T. Grundlagenforschung. Hamburg: B.A.T. Freizeit-Forschungsinstitut.

Ottler, Simon (1998): Zapping. Zum selektiven Umgang mit Fernsehwerbung und dessen Bedeutung für die Vermarktung von Fernsehwerbezeit. München: R. Fischer.

Paus-Haase, Ingrid/Hasebrink, Uwe/Mattusch, Uwe/Keuneke, Susanne/Krotz, Friedrich (1999): Talkshows im Alltag von Jugendlichen. Der tägliche Balanceakt zwischen Orientierung, Amüsement und Ablehnung. Opladen: Leske + Budrich.

Peiser, Wolfram (1996): Die Fernsehgeneration. Eine empirische Untersuchung ihrer Mediennutzung und Medienbewertung. Opladen, Wiesbaden: Westdeutscher Verlag.

Postman, Neil (1985): Wir amüsieren uns zu Tode. Urteilsbildung im Zeitalter der Unterhaltungsindustrie. Frankfurt am Main: R. Fischer.

Ridder, Christa-Maria/Engel, Bernhard (2001): Massenkommunikation 2000: Images und Funktionen der Massenmedien im Vergleich. In: Media Perspektiven, 3/2001, S. 102-125.

Riepl, Wolfgang (1913): Das Nachrichtenwesen des Altertums. Mit besonderer Rücksicht auf die Römer. Leipzig, Berlin: Teubner.

Röser, Jutta (2000): Fernsehgewalt im gesellschaftlichen Kontext : eine cultural studies-Analyse über Medienaneignung in Dominanzverhältnissen. Opladen, Wiesbaden: Westdeutscher Verlag.

Rössler, Patrick (1998): Wirkungsmodelle: die digitale Herausforderung. Überlegungen zu einer Inventur bestehender Erklärungsansätze der Medienwirkungsforschung. In: Patrick Rössler (Hg.): Online-Kommunikation. Beiträge zu Nutzung und Wirkung. Opladen, Wiesbaden: Westdeutscher Verlag, S. 17-46.

Rosengren, Karl Erik/Wenner, Lawrence A./Palmgreen, Philipp (Hg.) (1985): Media Gratifications Research: Current perspectives. Beverly Hills: Sage.

Rubin, Alan M. (1994): Media Uses and Effects: A Uses-and-Gratifications-Perspective. In: Bryant, Jennings/Zillmann, Dolf (Hg.) (1994): Media Effects. Advances in theory and research. Hillsdale, N.J.: Lawrence Erlbaum, S. 417-436.

Rubin, Alan M. (1984): Ritualized and Instrumental Television Viewing. In: Journal of Communication, 34. Jg., S. 67-77.

Rubin, Alan M. (1983): Television Uses and Gratifications: The Interactions of Viewing Patterns and Motivations. In: Journal of Broadcasting, 21. Jg., S. 355-369.

Schenk, Michael (1995): Soziale Netzwerke und Massenmedien: Untersuchungen zum Einfluß der persönlichen Kommunikation. Tübingen: Mohr.

Schenk, Michael (1987): Medienwirkungsforschung. Tübingen: Mohr.

Schenk, Michael/Büchner, Bernd/Rössler, Patrick (1986): TV-Programmvergleich. Ein Test neuer Ansätze in der Publikumsforschung. In: Rundfunk und Fernsehen, 34. Jg., S. 73-86.

Scherer, Helmut (1998): Partizipation für alle? Die Veränderung des Politikprozesses durch das Internet. In: Rössler, Patrick (Hg.): Online-Kommunikation. Beiträge zu Nutzung und Wirkung. Opladen, Wiesbaden: Westdeutscher Verlag, S. 171-188.

Schmidt, Claudia (1995): Fernsehverhalten und politische Interessen Jugendlicher und junger Erwachsener. In: Media Perspektiven, 5/1995, S. 220-227.

Siegert, Gabriele (1992): Marktmacht Medienforschung: die Bedeutung der empirischen Medien- und Publikumsforschung im Medienwettbewerbssystemen. München: R. Fischer.

Signorielli, Nancy/Morgan, Michael (Hg.) (1990): Cultivation Analysis. New Directions in Media Effects Research. Newbury Park: Sage.

Steinmann, Matthias (1999): Das Radiocontrol-System: Ein elektronisches Meßsystem für die Radioforschung. In: Zuschaueranteile als Maßstab vorherrschender Meinungsmacht: die Ermittlung der Zuschaueranteile durch die KEK nach § 27 des Rundfunkstaatsvertrages. Berlin: Vistas, S. 141-150.

Stipp, Horst (2000): Nutzung alter und neuer Medien in den USA. Neue Erkenntnisse über die Wechselwirkung zwischen Online- und Fernsehkonsum. In: Media Perspektiven, 3/2000, S. 127-134.

Stipp, Horst (1989): Neue Techniken, neue Zuschauer? Zum Einfluß von Fernbedienung und Programmangebot auf das Zuschauerverhalten. In: Media Perspektiven, 3/1989, S. 164-167.

Turecek, Oliver/Grajczyk, Andreas/Roters, Gunnar (2000): Digitale Konkurrenz für das Medium Video? Videonutzung und Videomarkt 1999. In: Media Perspektiven, 4/2000, S. 181-189.

UCLA Center for Communication Policy (2000): The UCLA Internet Report. Surveying the Digital Future. Los Angeles: UCLA.

Vorderer, Peter (1992): Fernsehen als Handlung. Fernsehfilmrezeption aus motivationspsychologischer Perspektive. Berlin: edition sigma.

Webster, James G./Wakshlag, Jacob J. (1983): A theory of television program choice. In: Communication Research, 10. Jg., S. 430-446.

Weinreich, Frank (1998): Nutzen- und Belohnungsstrukturen computergestützter Kommunikationsformen. Zur Anwendung des Uses and Gratifications Approach in einem neuen Forschungsfeld. In: Publizistik, 43. Jg., 2, S. 130-142.

Weiß, Ralph (1996): Soziographie kommunikativer Milieus. Wege zur empirischen Rekonstruktion der sozialstrukturellen Grundlagen alltagskultureller Handlungsmuster. In: Rundfunk und Fernsehen, 44. Jg., S. 325-345.

Weiß, Ralph/Hasebrink, Uwe (1995): Hörertypen und ihr Medienalltag. Eine Sekundärauswertung der Media-Analyse '94 zur Radiokultur in Hamburg. Berlin: Vistas.

Wenner, Lawrence A. (1985): The nature of news gratifications. In: Rosengren, Karl Erik/Wenner, Lawrence A./Palmgreen, Philip (Hg.): Media gratifications research. London: Sage, S. 171-194.

Weßler, Hartmut/Matzen, Christiane/Jarren, Otfried/Hasebrink, Uwe (Hg.) (1997): Perspektiven der Medienkritik. Die gesellschaftliche Auseinandersetzung mit öffentlicher Kommunikation in der Mediengesellschaft. Opladen, Wiesbaden: Westdeutscher Verlag.

Winterhoff-Spurk, Peter (1996): Gewalt in Fernsehnachrichten. In: Jäckel, Michael/Winterhoff-Spurk, Peter (Hg.): Mediale Klassengesellschaft? Politische und soziale Folgen der Medienentwicklung. München: R. Fischer, S. 55-69.

Winterhoff-Spurk, Peter (1991): Wer die Wahl hat ... – Medienpsychologische Aspekte der Fernsehprogrammvermehrung. In: Jäckel, Michael/Schenk, Michael (Hg.): Kabelfernsehen in Deutschland. Pilotprojekte, Programmvermehrung, private Konkurrenz. Ergebnisse und Perspektiven. München: R. Fischer, S. 159-180.

Zillmann, Dolf (2000): Mood Management in the Context of Selective Exposure Theory. In: Roloff, Michael E. (Hg.): Communication yearbook 23. London: Sage, S.103-123.

Zubayr, Camille (1996). Der treue Zuschauer? Zur Programmbindung im deutschen Fernsehen. München: R. Fischer.

Autorenverzeichnis

Dr. Frank Esser ist Hochschulassistent am Institut für Publizistik der Johannes-Gutenberg-Universität Mainz

Prof. Dr. Uwe Hasebrink ist Direktor des Hans-Bredow-Instituts für Medienforschung und Professor für Kommunikationswissenschaft an der Universität Hamburg

Prof. Dr. Otfried Jarren ist Direktor des IPMZ - Institut für Publizistikwissenschaft und Medienforschung der Universität Zürich

Dr. Werner A. Meier ist wissenschaftlicher Mitarbeiter am IPMZ - Institut für Publizistikwissenschaft und Medienforschung der Universität Zürich

Prof. Dr. Barbara Pfetsch ist Professorin für Politik- und Kommunikationswissenschaft an der Universität Stuttgart-Hohenheim

Dr. Stefan Wehmeier ist Hochschulassistent am Institut für Kommunikations- und Medienwissenschaft der Universität Leipzig

PD Dr. Ralph Weiß ist Wissenschaftlicher Referent am Hans-Bredow-Institut für Medienforschung an der Universität Hamburg

Prof. Dr. Hartmut Weßler ist Professor für Kommunikations- und Medienwissenschaft an der International University Bremen

Jürgen Friedrichs, Ulrich Schwinges
Das journalistische Interview

1999. 222 S. Br. EUR 19,90 ISBN 3-531-13425-6

Anja Maria Hoppe
Glossenschreiben

Ein Handbuch für Journalisten
2000. 208 S. Br. EUR 14,90 ISBN 3-531-13539-2

Josef Kurz, Daniel Müller, Joachim Pötschke, Horst Pöttker
Stilistik für Journalisten

2000. 482 S. Br. EUR 34,00 ISBN 3-531-13434-5

Martin Löffelholz (Hrsg.)
Theorien des Journalismus

Ein diskursives Handbuch
2000. 578 S. Br. EUR 39,00 ISBN 3-531-13341-1

Siegfried Weischenberg
Journalistik. Theorie und Praxis aktueller Medienkommunikation

Band 1: Mediensysteme, Medienethik, Medieninstitutionen
2., überarb. und akt. Aufl. 1998. 388 S. Br. EUR 27,00 ISBN 3-531-13111-7

Band 2: Medientechnik, Medienfunktionen, Medienwirkungen
2., überarb. Aufl. 2002. ca. 480 S. Br. ca. EUR 32,50 ISBN 3-531-32378-4

Siegfried Weischenberg, Markus Kriener
Band 3: Quiz und Forum (Fragen/Antworten, Diskussion, Evaluation)
1998. 238 S. Br. EUR 18,00 ISBN 3-531-13153-2

Siegfried Weischenberg
Nachrichten-Journalismus

Anleitungen und Qualitäts-Standards für die Medienpraxis
Unter Mitarbeit von Judith Rakers
2001. 298 S. Geb. EUR 24,95 ISBN 3-531-13727-1

LEHRBÜCHER

Journalismus

www.westdeutschervlg.de

Abraham-Lincoln-Str. 46
65189 Wiesbaden
Tel. 06 11. 78 78 - 285
Fax. 06 11. 78 78 - 400

Erhältlich im Buchhandel oder beim Verlag.
Änderungen vorbehalten. Stand: März 2002.

Westdeutscher Verlag

LEHRBÜCHER

Otto Altendorfer
Das Mediensystem der Bundesrepublik Deutschland 1

2001. 344 S. Br. EUR 24,50 ISBN 3-531-13435-3

Otto Altendorfer
Mediensystem der Bundesrepublik Deutschland 2

2002. ca. 300 S. Br. ca. EUR 24,00 ISBN 3-531-13436-1

Udo Branahl
Medienrecht

Eine Einführung. Bearbeitet von R. Rumphorst, A. Pudack, E. Halder
4. Aufl. 2002. ca. 330 S. Br. ca. EUR 24,00 ISBN 3-531-52319-8

Otfried Jarren, Hartmut Weßler (Hrsg.)
Journalismus - Medien - Öffentlichkeit

Kommunikationswissenschaft für Medienpraktiker
2002. ca. 400 S. Br. ca. EUR 29,90 ISBN 3-531-13514-7

Hans-Bernd Brosius, Friederike Koschel
Methoden der empirischen Kommunikationsforschung

Eine Einführung
2001. 251 S. (Studienbücher zur Kommunikations- und Medienwissenschaft) Br. EUR 18,00 ISBN 3-531-13365-9

Michael Jäckel
Medienwirkungen

Ein Studienbuch zur Einführung
2., überarb. und erw. Aufl. 2002. ca. 320 S. (Studienbücher zur Kommunikations- und Medienwissenschaft) Br. EUR 24,00 ISBN 3-531-33073-X

Christina Holtz-Bacha, Arnulf Kutsch (Hrsg.)
Schlüsselwerke für die Kommunikationswissenschaft (Arbeitstitel)

2002. ca. 500 S. Br. ca. EUR 29,00 ISBN 3-531-13429-9

Gebhard Rusch (Hrsg.)
Einführung in die Medienwissenschaft

Konzeptionen, Theorien, Methoden, Anwendungen
2002. 393 S. Br. EUR 25,90 ISBN 3-531-13323-3

Kommunikation

www.westdeutschervlg.de

Erhältlich im Buchhandel oder beim Verlag.
Änderungen vorbehalten. Stand: März 2002.

Abraham-Lincoln-Str. 46
65189 Wiesbaden
Tel. 06 11. 78 78 - 285
Fax. 06 11. 78 78 - 400

Westdeutscher Verlag